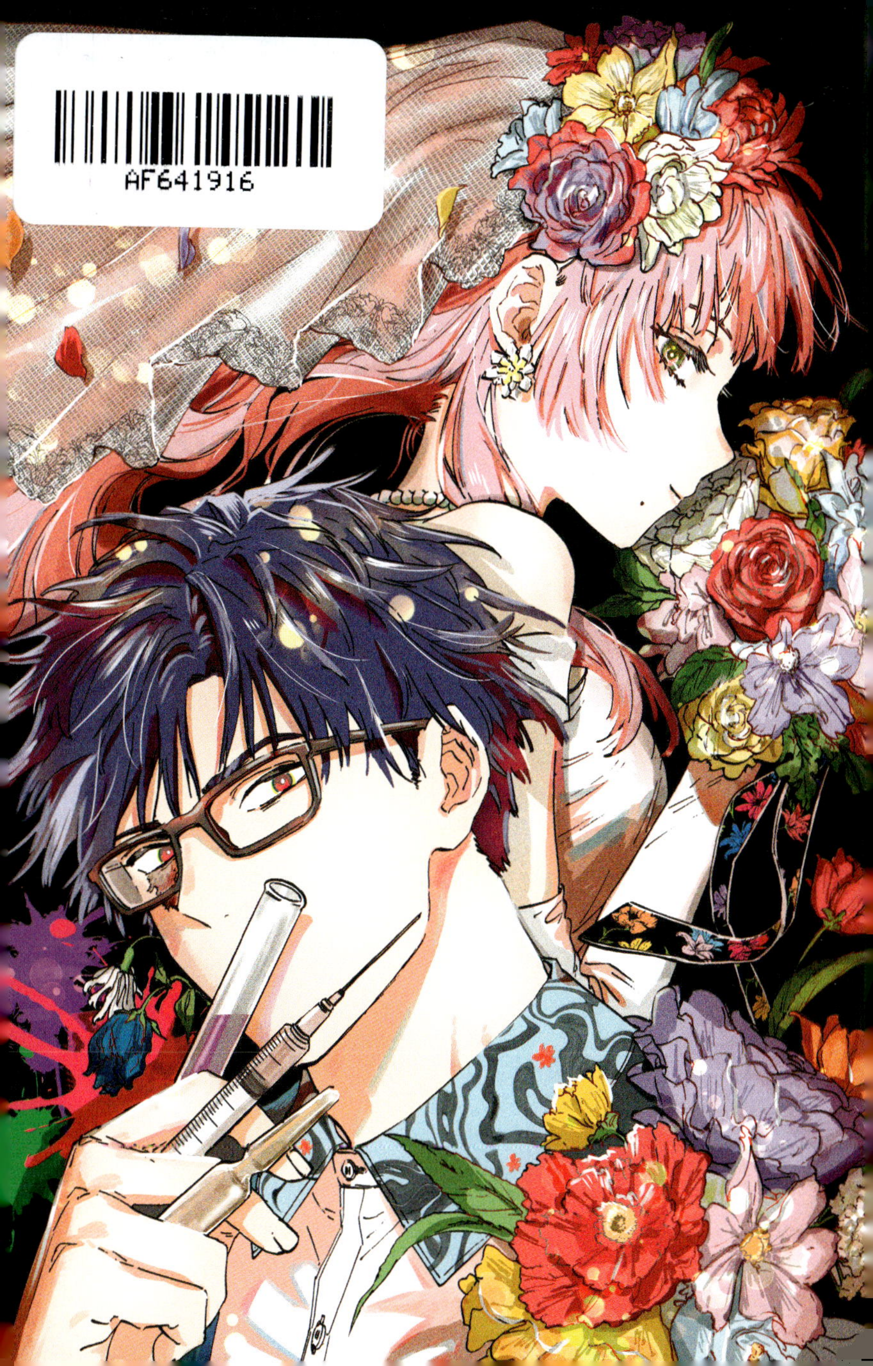

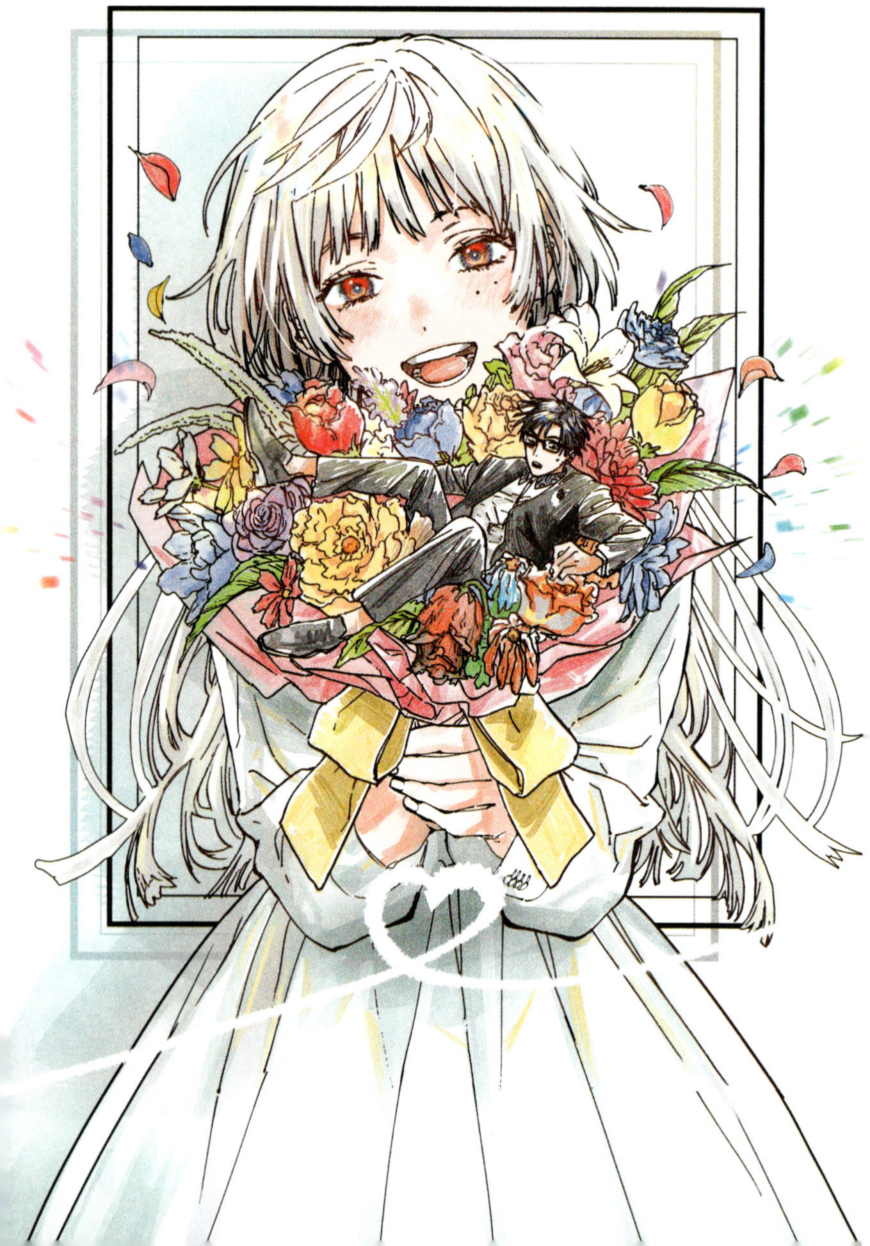

MARRIAGE TOXIN

Story: Joumyaku   Art: Mizuki Yoda

1

INHALT

#1 Ein Giftmeister auf Brautfang

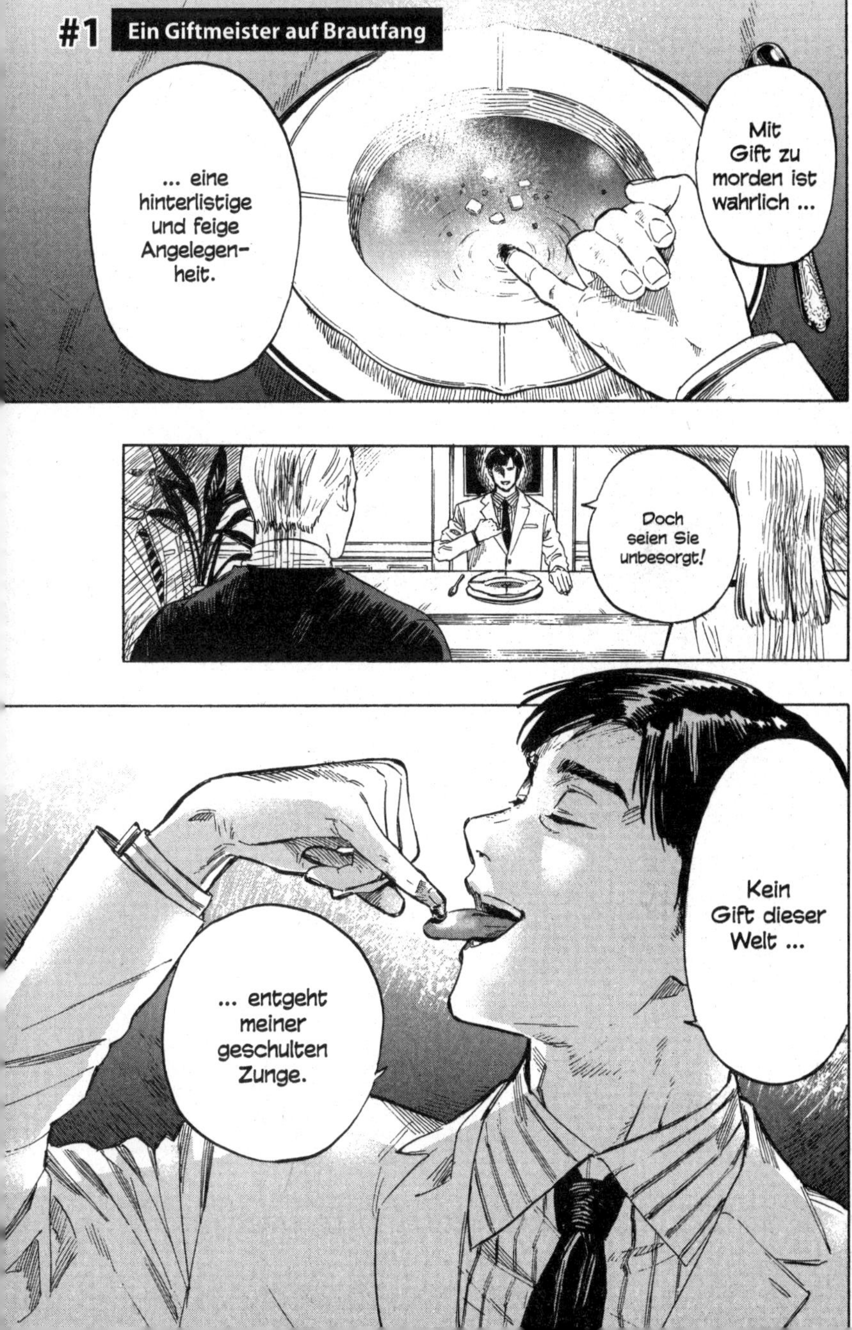

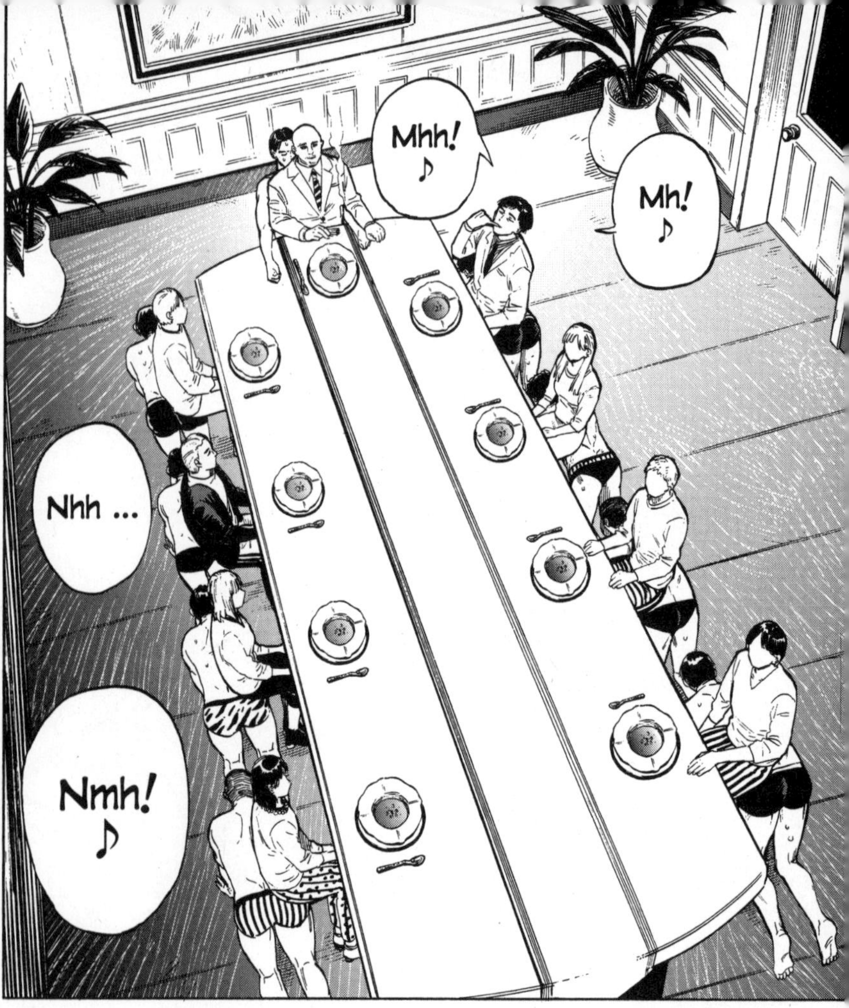
Mh!
♪
Mhh!
♪
Nhh ...
Nmh!
♪

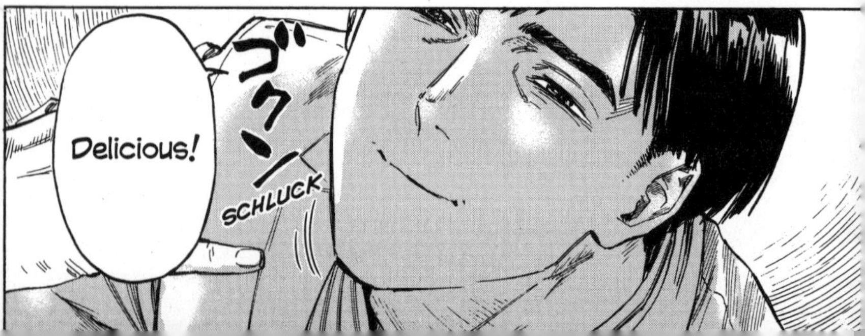
SCHLUCK
Delicious!

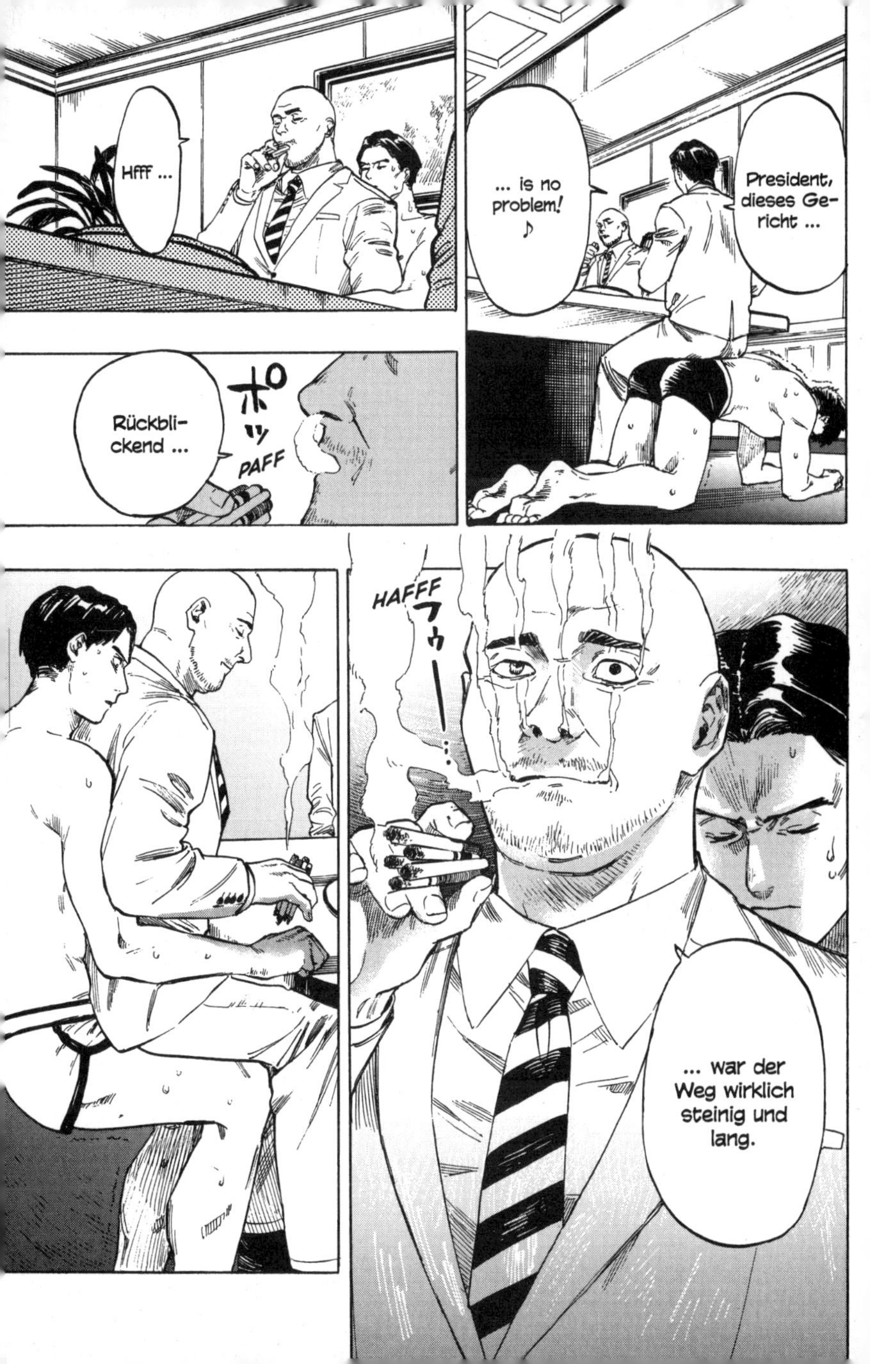
President, dieses Gericht ...
... is no problem! ♪
Hfff ...
ポッ
PAFF
Rückblickend ...
HAFFF
フゥー
... war der Weg wirklich steinig und lang.

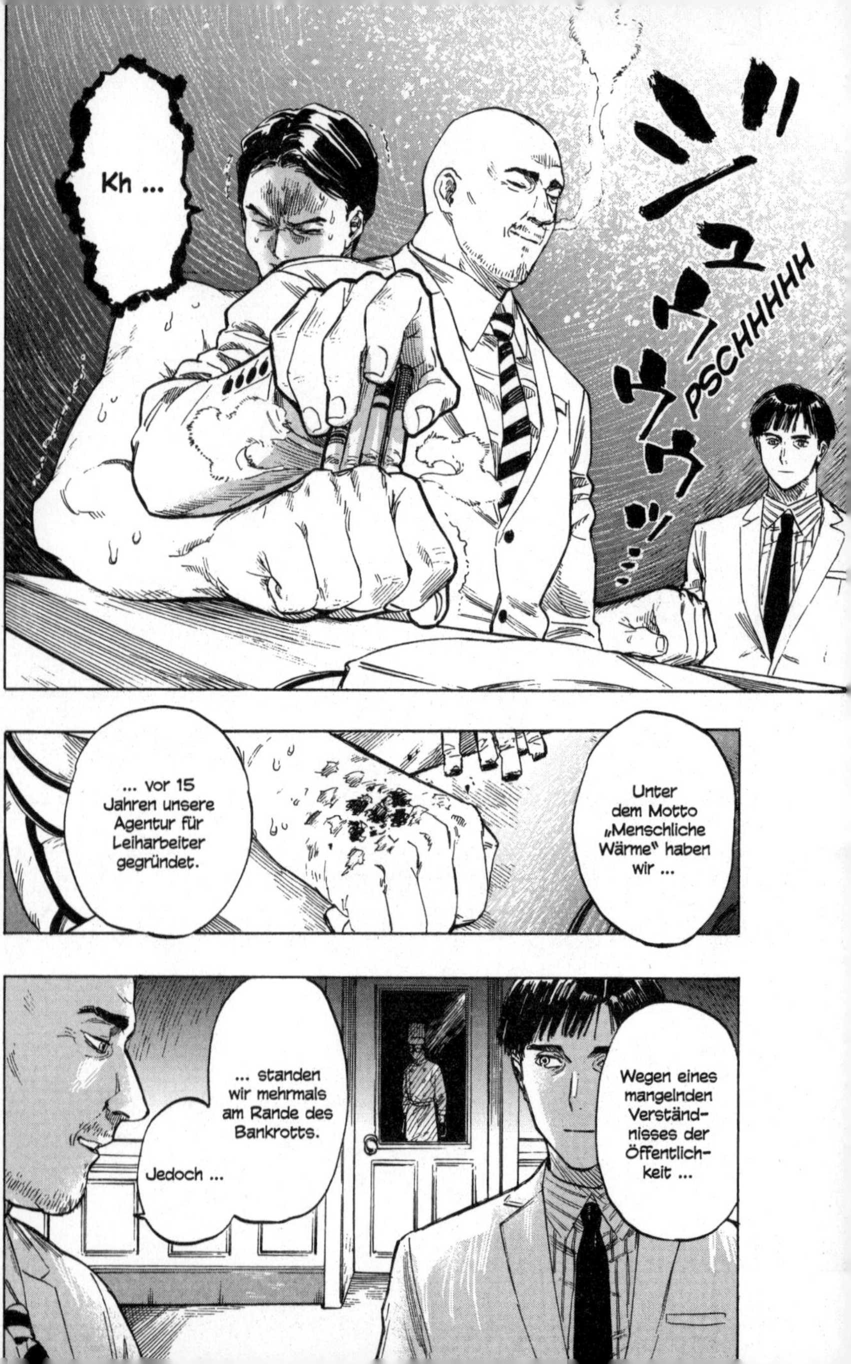
Kh ...
ジュウウウッ
PSCHHHHH
Unter dem Motto „Menschliche Wärme" haben wir ...
... vor 15 Jahren unsere Agentur für Leiharbeiter gegründet.
Wegen eines mangelnden Verständnisses der Öffentlichkeit ...
... standen wir mehrmals am Rande des Bankrotts.
Jedoch ...

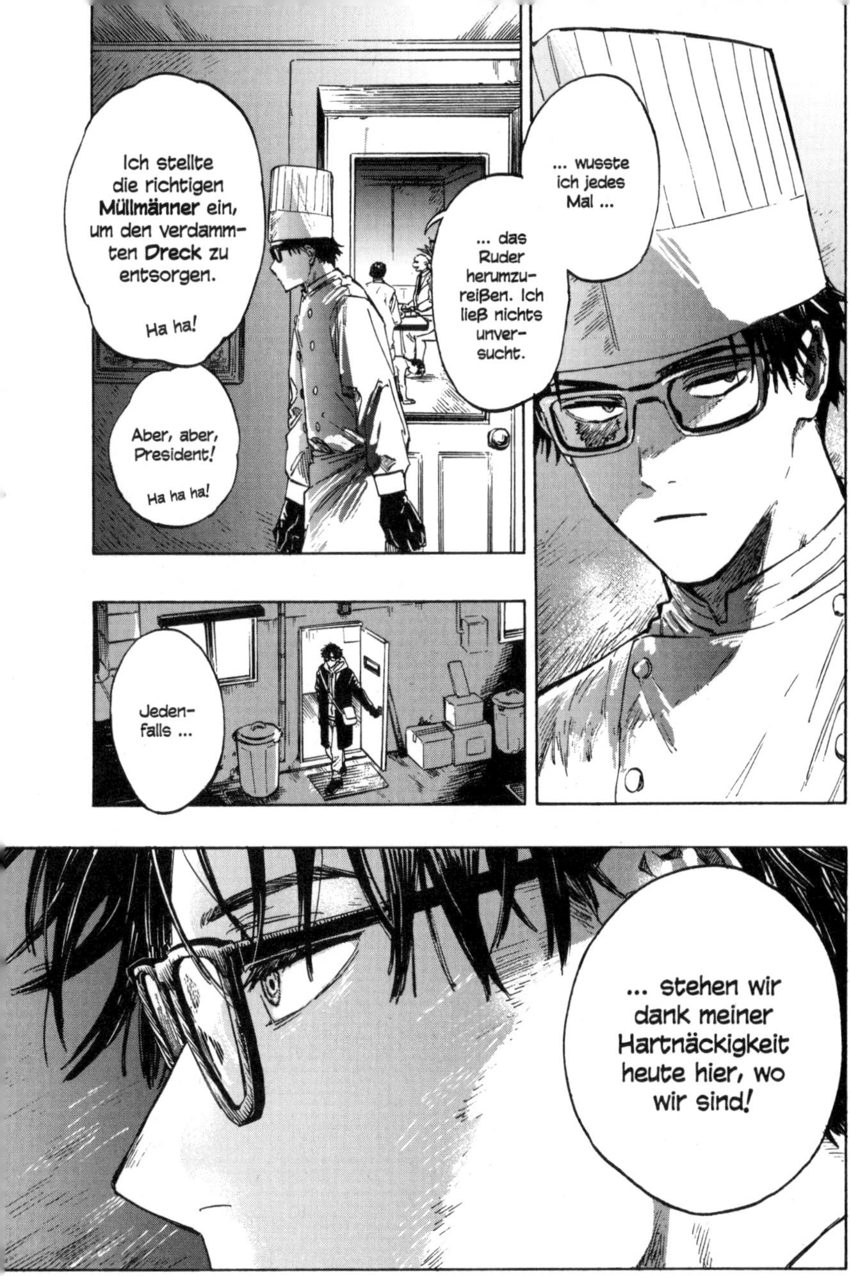
... wusste ich jedes Mal ...
... das Ruder herumzureißen. Ich ließ nichts unversucht.
Ich stellte die richtigen Müllmänner ein, um den verdammten Dreck zu entsorgen.
Ha ha!
Aber, aber, President!
Ha ha ha!
Jedenfalls ...
... stehen wir dank meiner Hartnäckigkeit heute hier, wo wir sind!

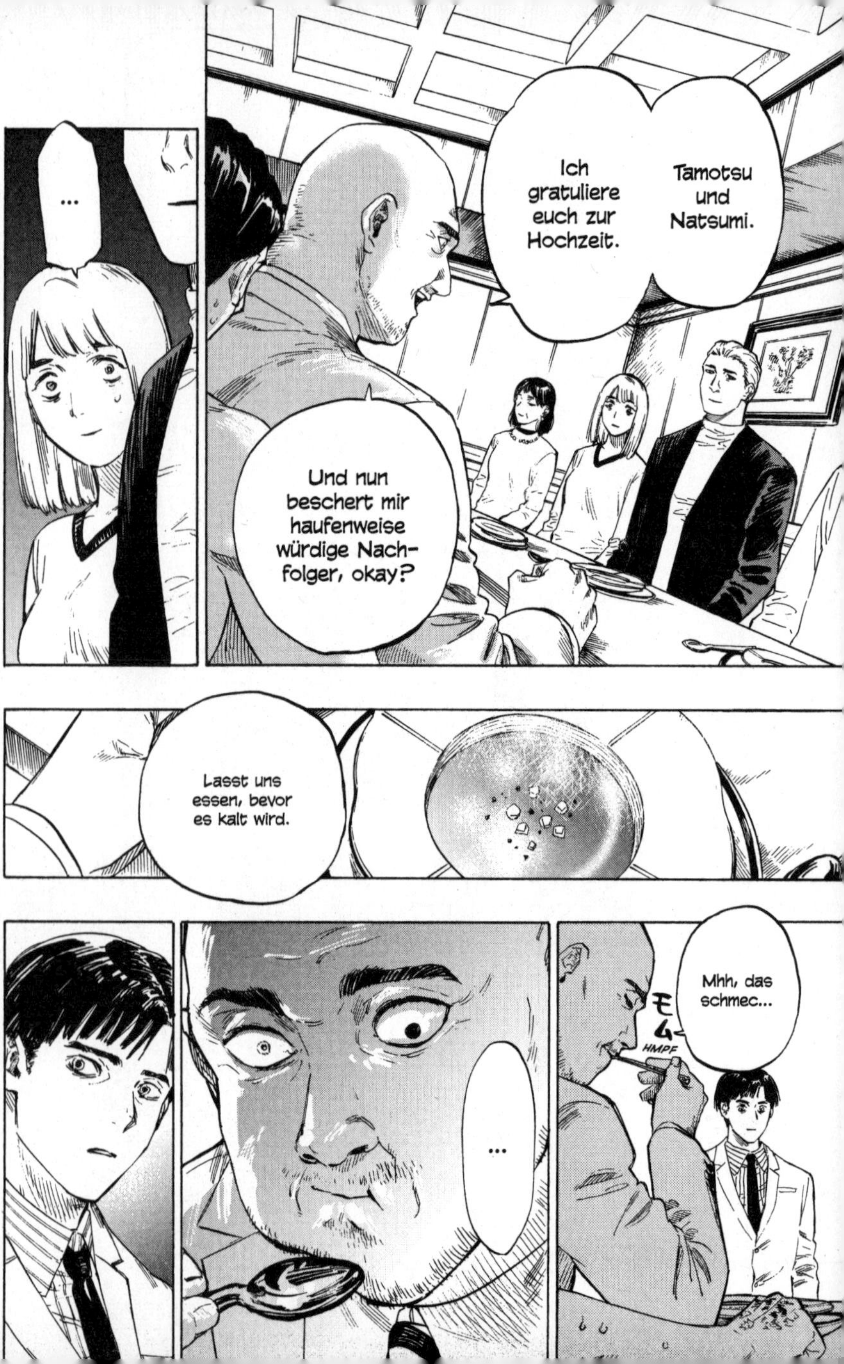

Tamotsu und Natsumi.
Ich gratuliere euch zur Hochzeit.
Und nun beschert mir haufenweise würdige Nachfolger, okay?
...
Lasst uns essen, bevor es kalt wird.
Mhh, das schmec...
モム
HMPF
...

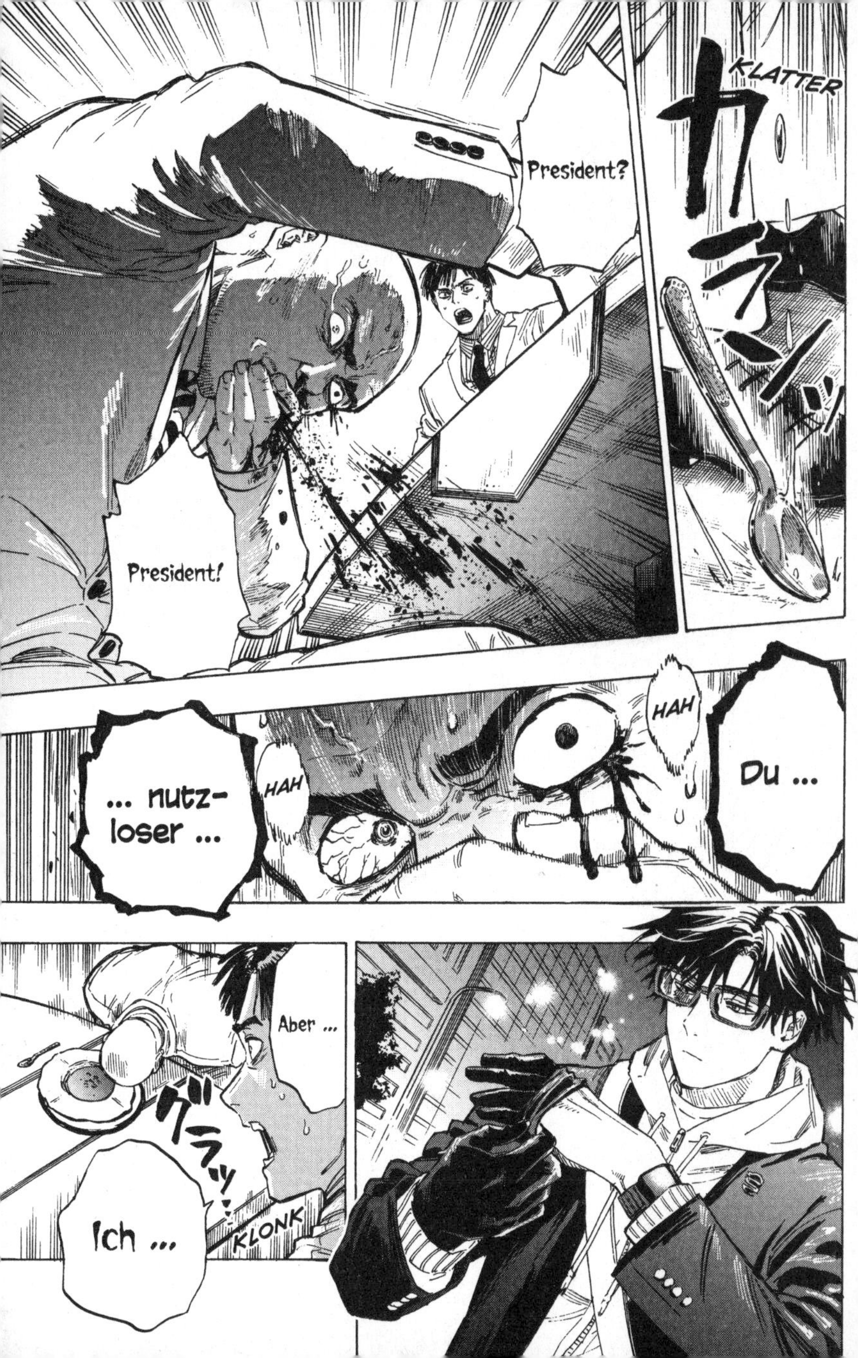
KLATTER
President?
President!
HAH
Du ...
HAH
... nutz-
loser ...
Aber ...
Ich ...
KLONK

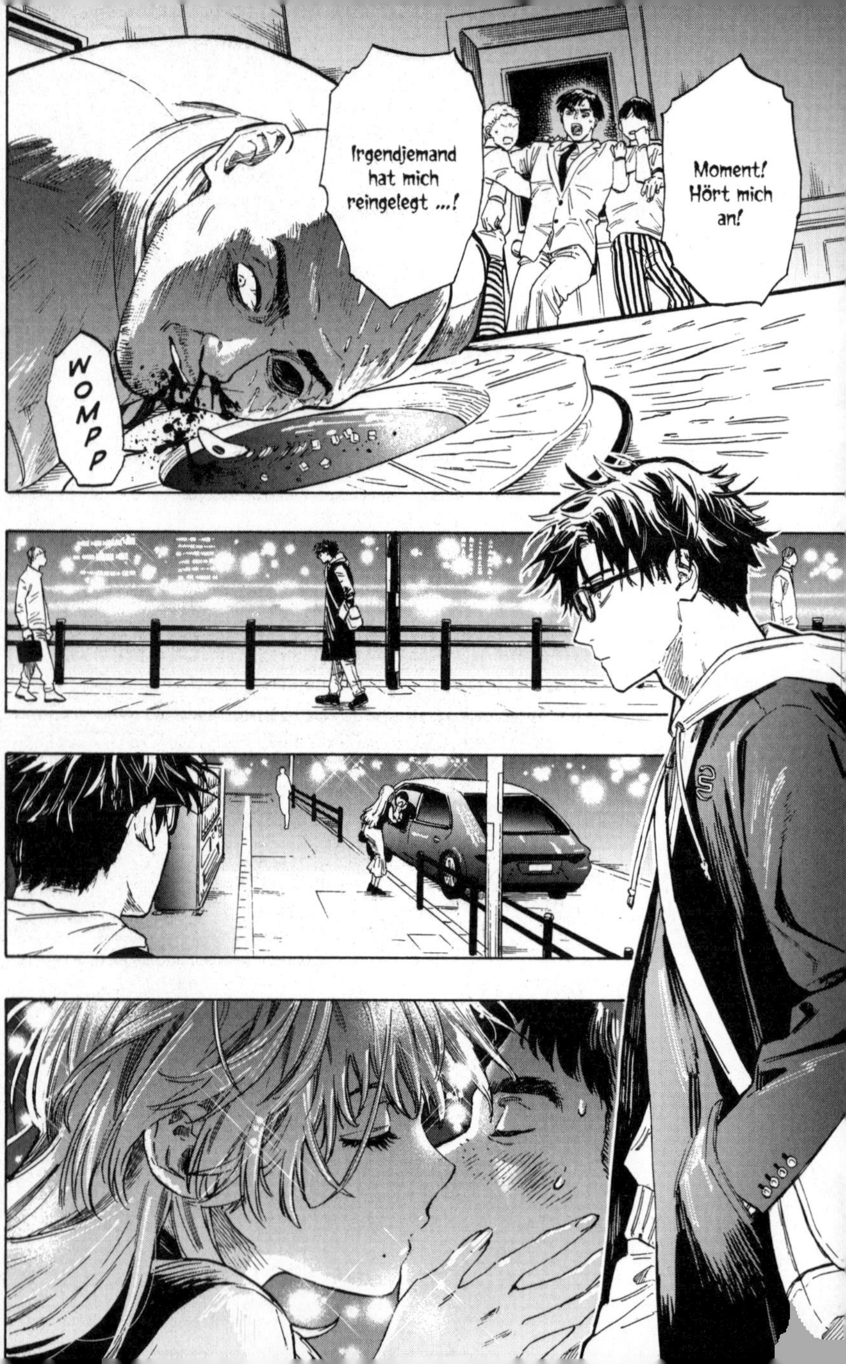
Moment! Hört mich an!
Irgendjemand hat mich reingelegt ...!
WOMPP

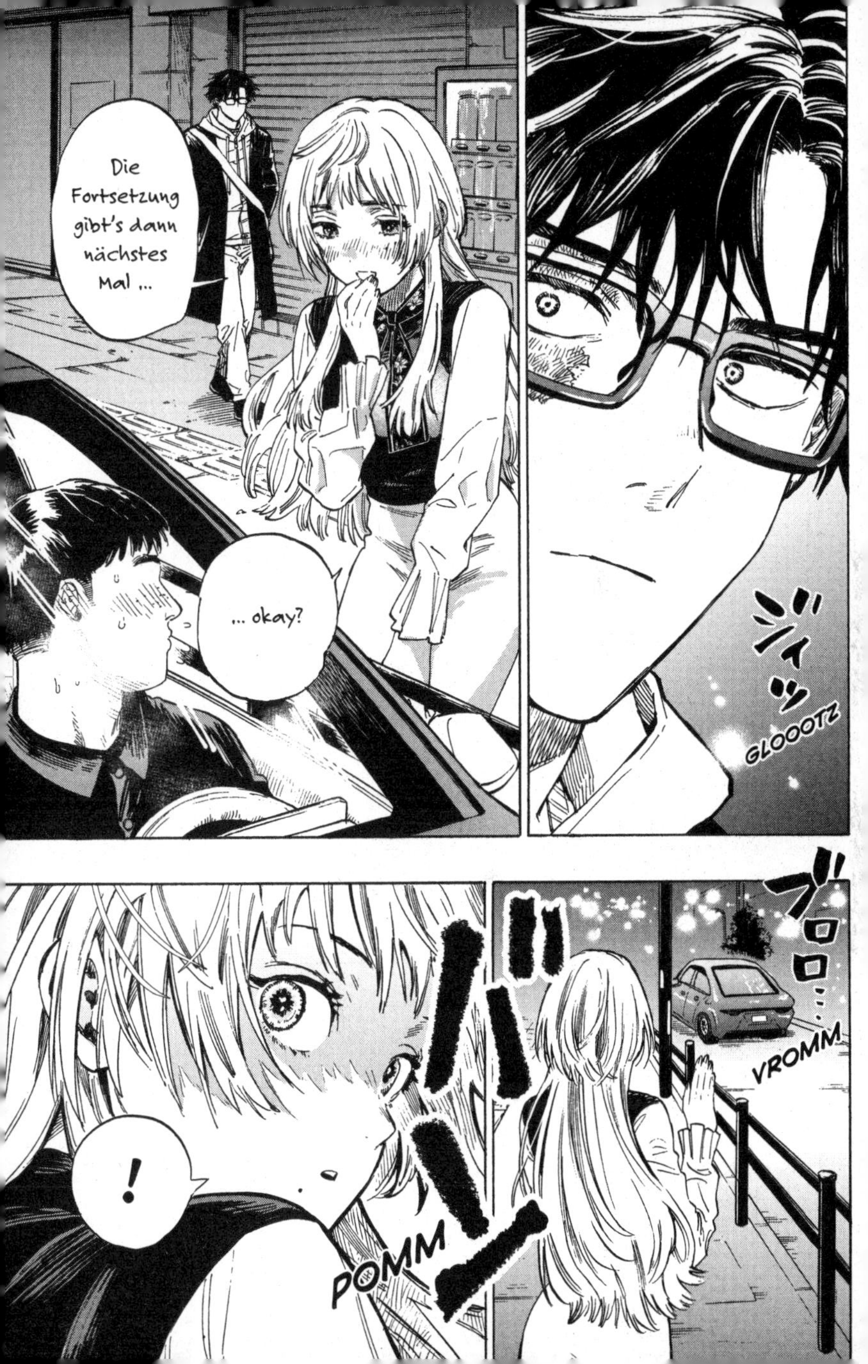
Die Fortsetzung gibt's dann nächstes Mal ...
... okay?
ジイッ
GLOOOTZ
ブロロ・・・
VROMM
!
POMM

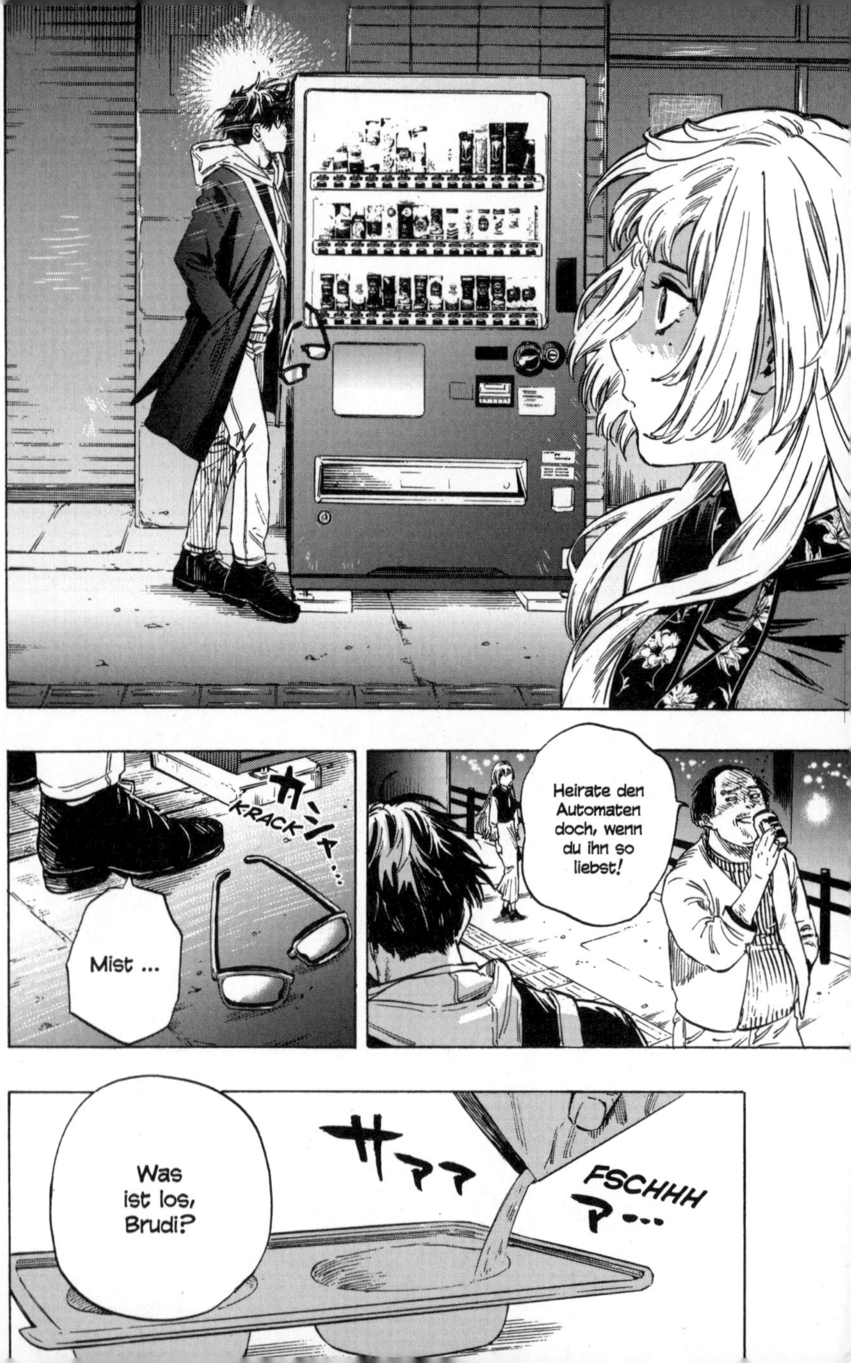

カシャ…
KRACK
Mist ...
Heirate den Automaten doch, wenn du ihn so liebst!
Was ist los, Brudi?
サァァァ…
FSCHHH

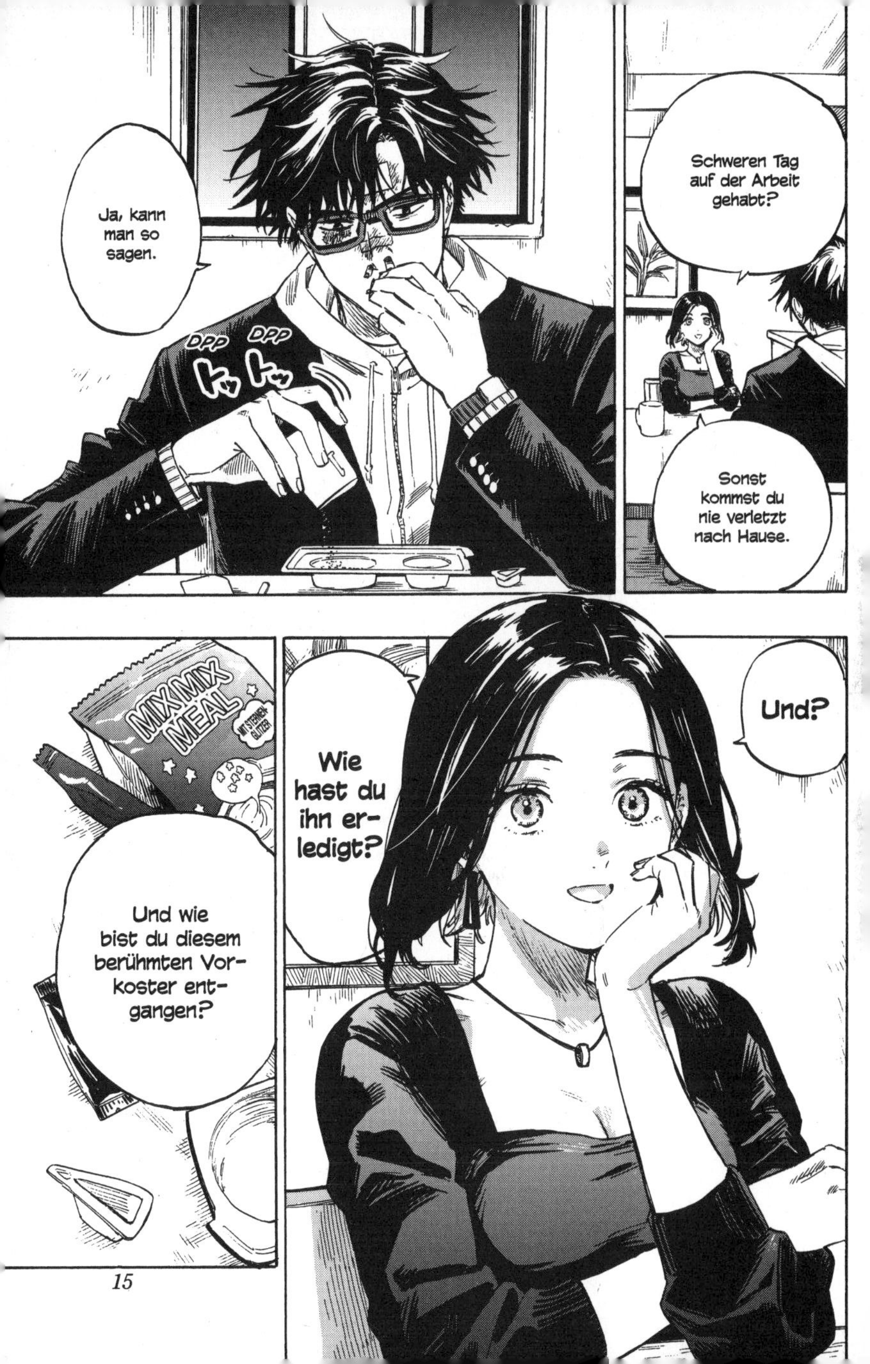
Schweren Tag auf der Arbeit gehabt?
Sonst kommst du nie verletzt nach Hause.
Ja, kann man so sagen.
DPP DPP
トッ トッ
Und?
Wie hast du ihn erledigt?
Und wie bist du diesem berühmten Vorkoster entgangen?
MIX MIX MEAL
MIT STERNEN-GLITZER

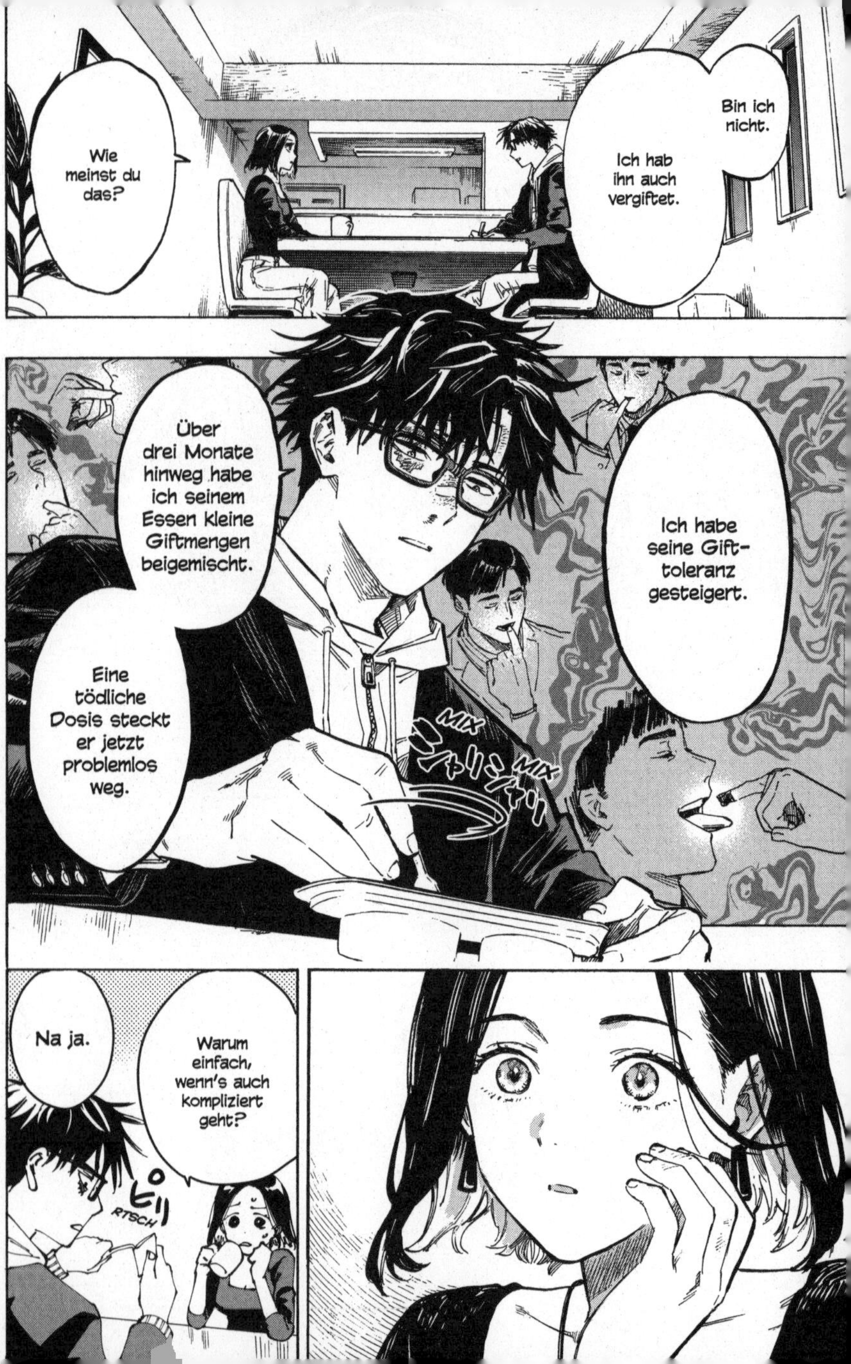
Bin ich nicht.
Ich hab ihn auch vergiftet.
Wie meinst du das?
Ich habe seine Gifttoleranz gesteigert.
Über drei Monate hinweg habe ich seinem Essen kleine Giftmengen beigemischt.
Eine tödliche Dosis steckt er jetzt problemlos weg.
MIX
MIX
Warum einfach, wenn's auch kompliziert geht?
Na ja.
RTSCH

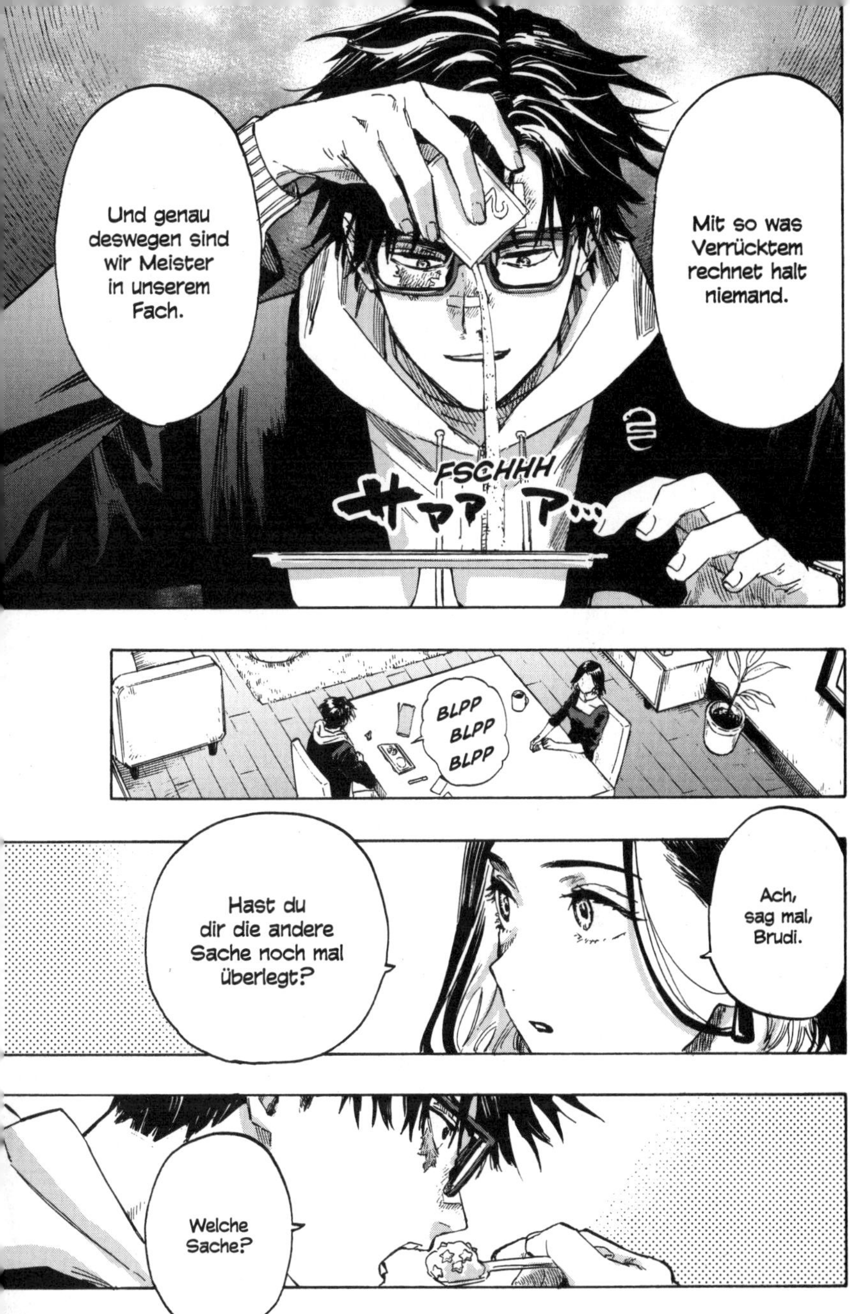
Mit so was Verrücktem rechnet halt niemand.
Und genau deswegen sind wir Meister in unserem Fach.
FSCHHH
BLPP BLPP BLPP
Ach, sag mal, Brudi.
Hast du dir die andere Sache noch mal überlegt?
Welche Sache?

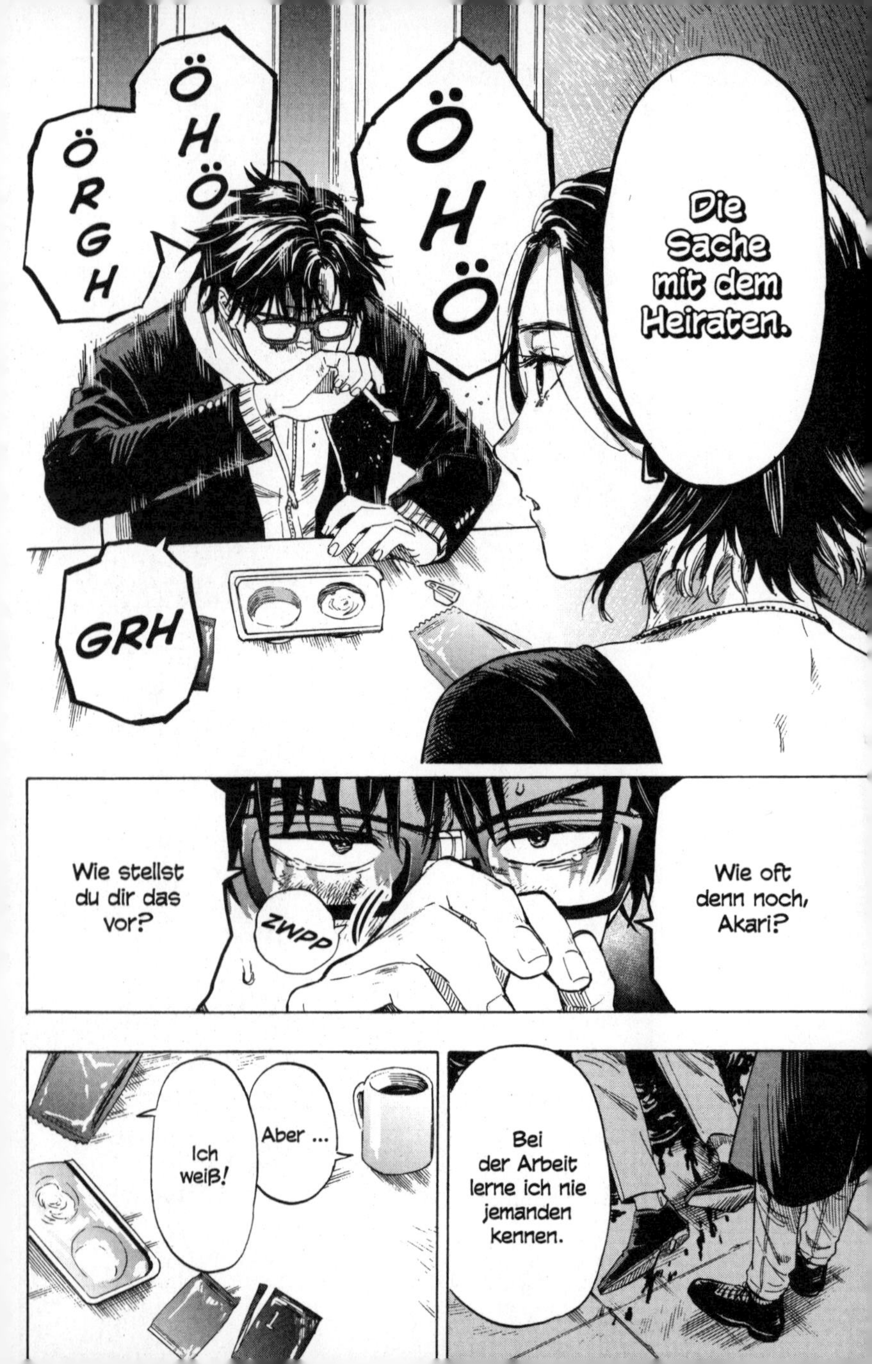
Die Sache mit dem Heiraten.
ÖHÖ
ÖHÖ
ÖRGH
GRH
Wie oft denn noch, Akari?
ZWPP
Wie stellst du dir das vor?
Bei der Arbeit lerne ich nie jemanden kennen.
Aber ...
Ich weiß!

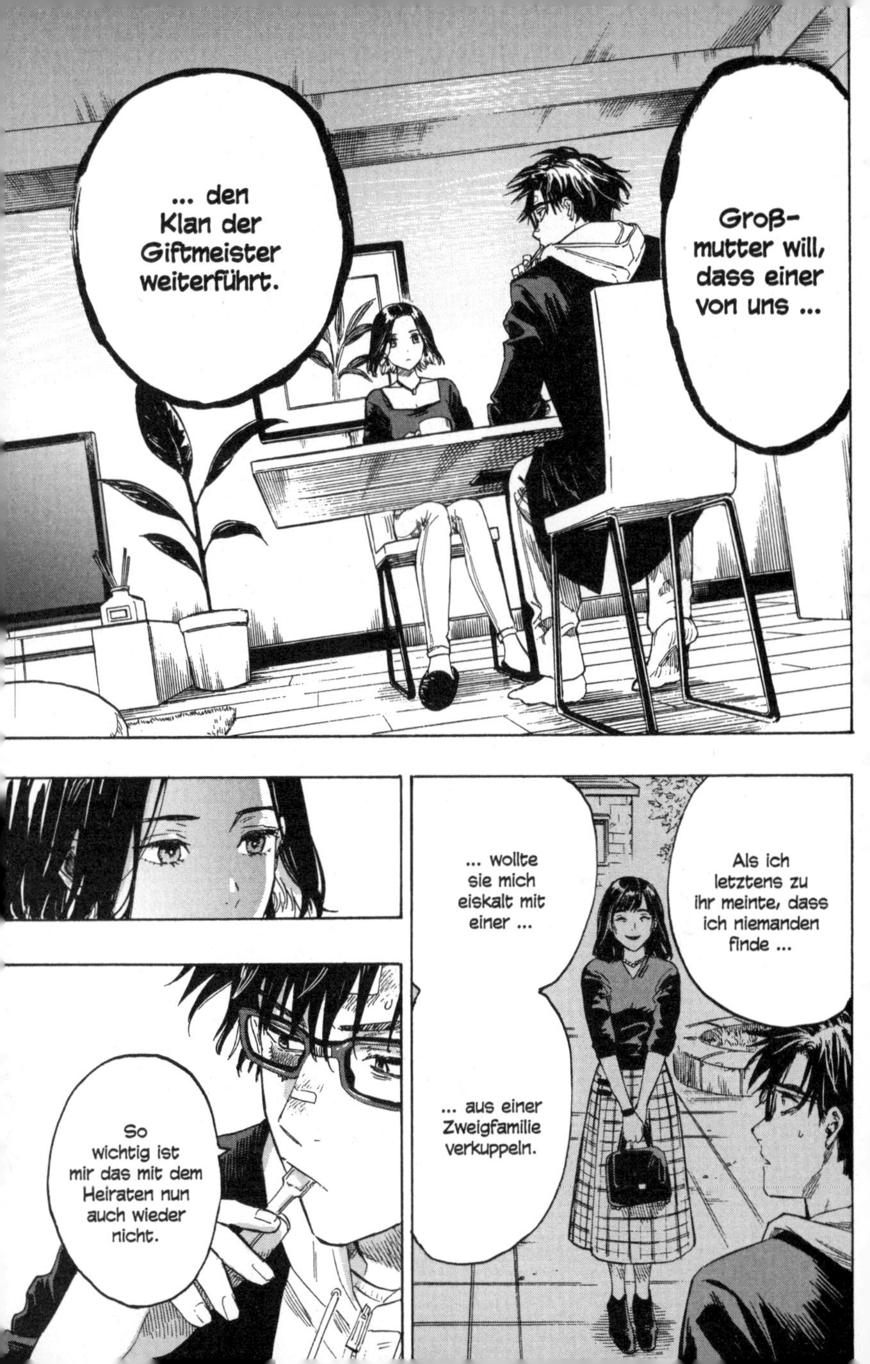
Großmutter will, dass einer von uns ...
... den Klan der Giftmeister weiterführt.
Als ich letztens zu ihr meinte, dass ich niemanden finde ...
... wollte sie mich eiskalt mit einer ...
... aus einer Zweigfamilie verkuppeln.
So wichtig ist mir das mit dem Heiraten nun auch wieder nicht.

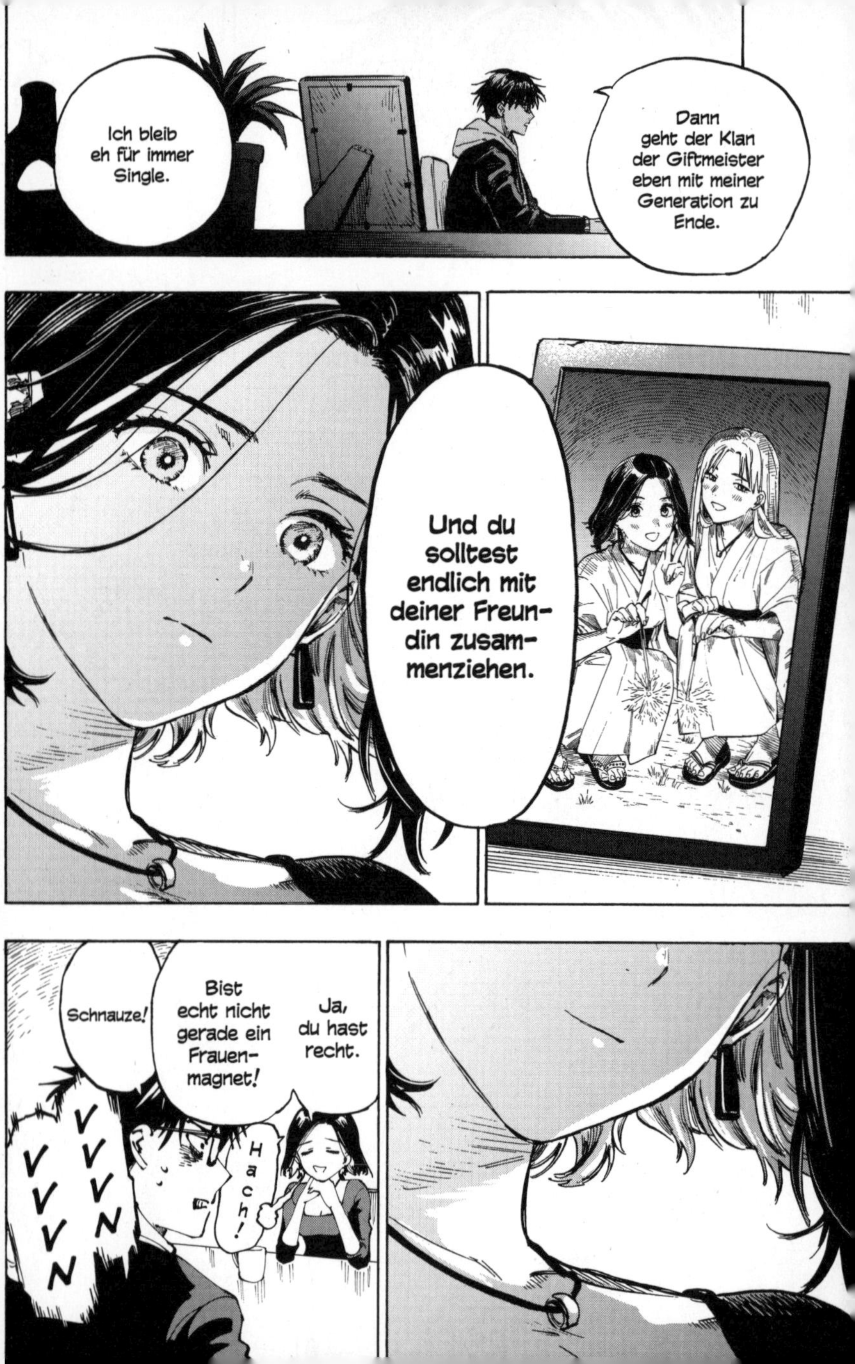
Dann geht der Klan der Giftmeister eben mit meiner Generation zu Ende.
Ich bleib eh für immer Single.
Und du solltest endlich mit deiner Freundin zusammenziehen.
Ja, du hast recht.
Bist echt nicht gerade ein Frauenmagnet!
Schnauze!
Hach!
VVVN
VVVVN

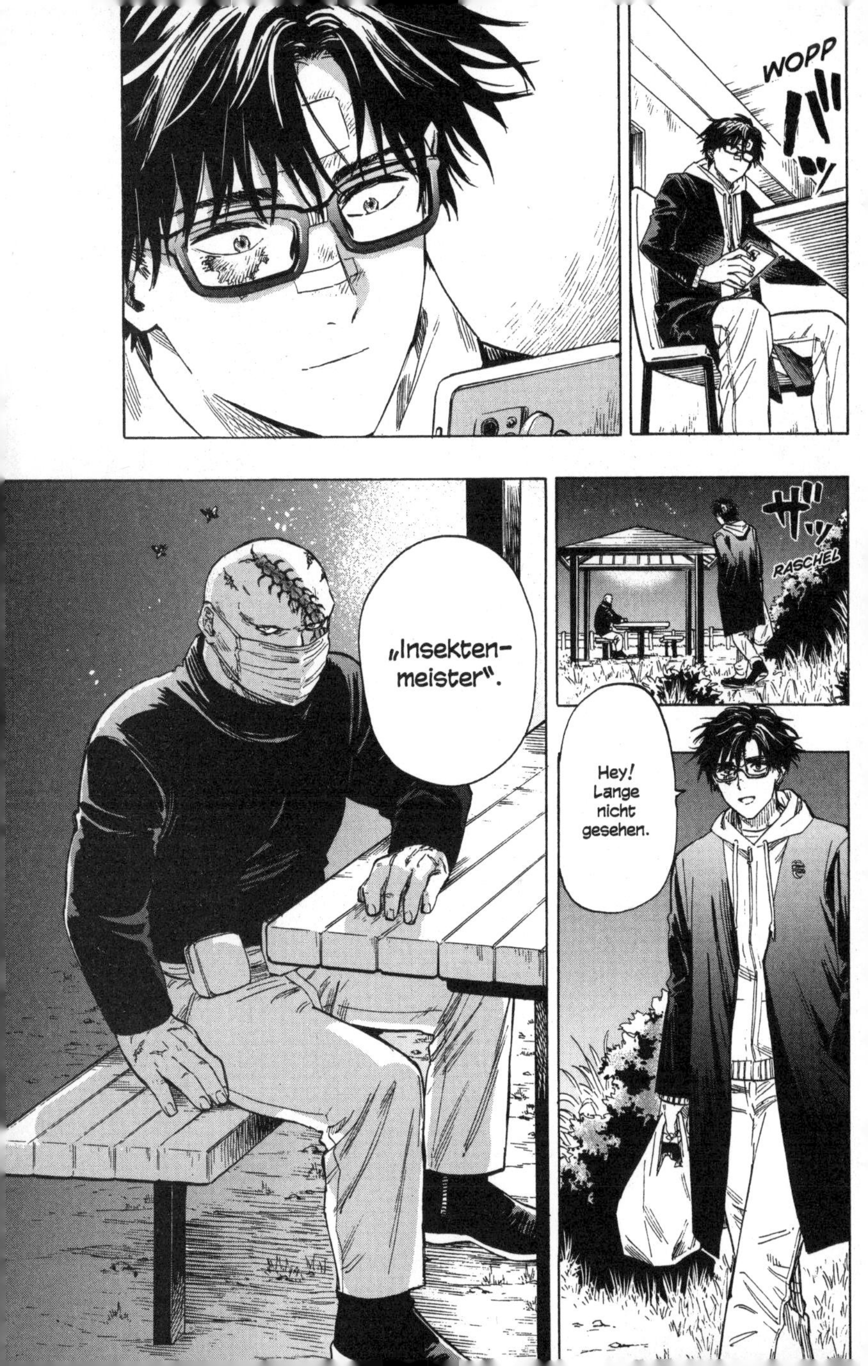

WOPP
バッ
ザッ
RASCHEL
Hey! Lange nicht gesehen.
„Insekten-meister“.

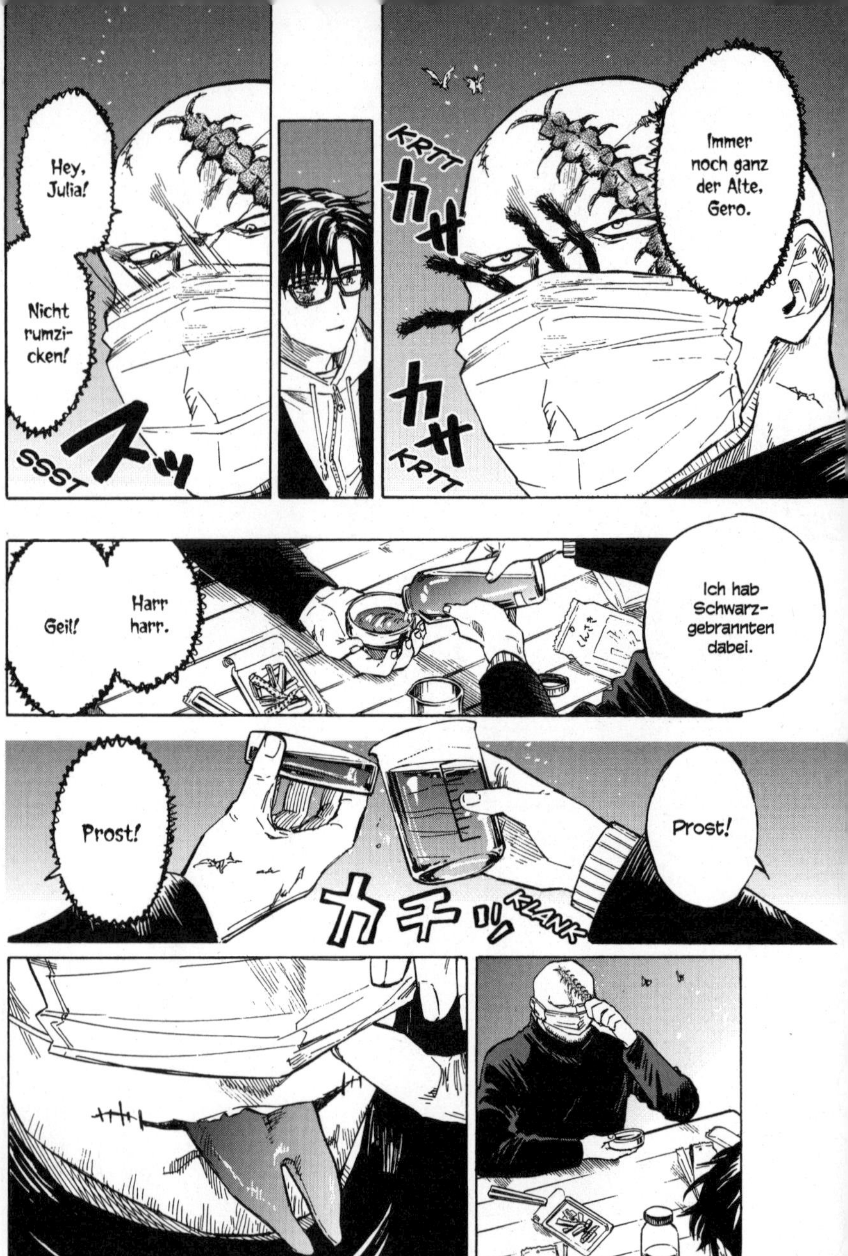
Immer noch ganz der Alte, Gero.
KRTT
KRTT
Hey, Julia!
Nicht rumzicken!
SSST
Ich hab Schwarzgebrannten dabei.
Harr harr.
Geil!
Prost!
Prost!
KLANK

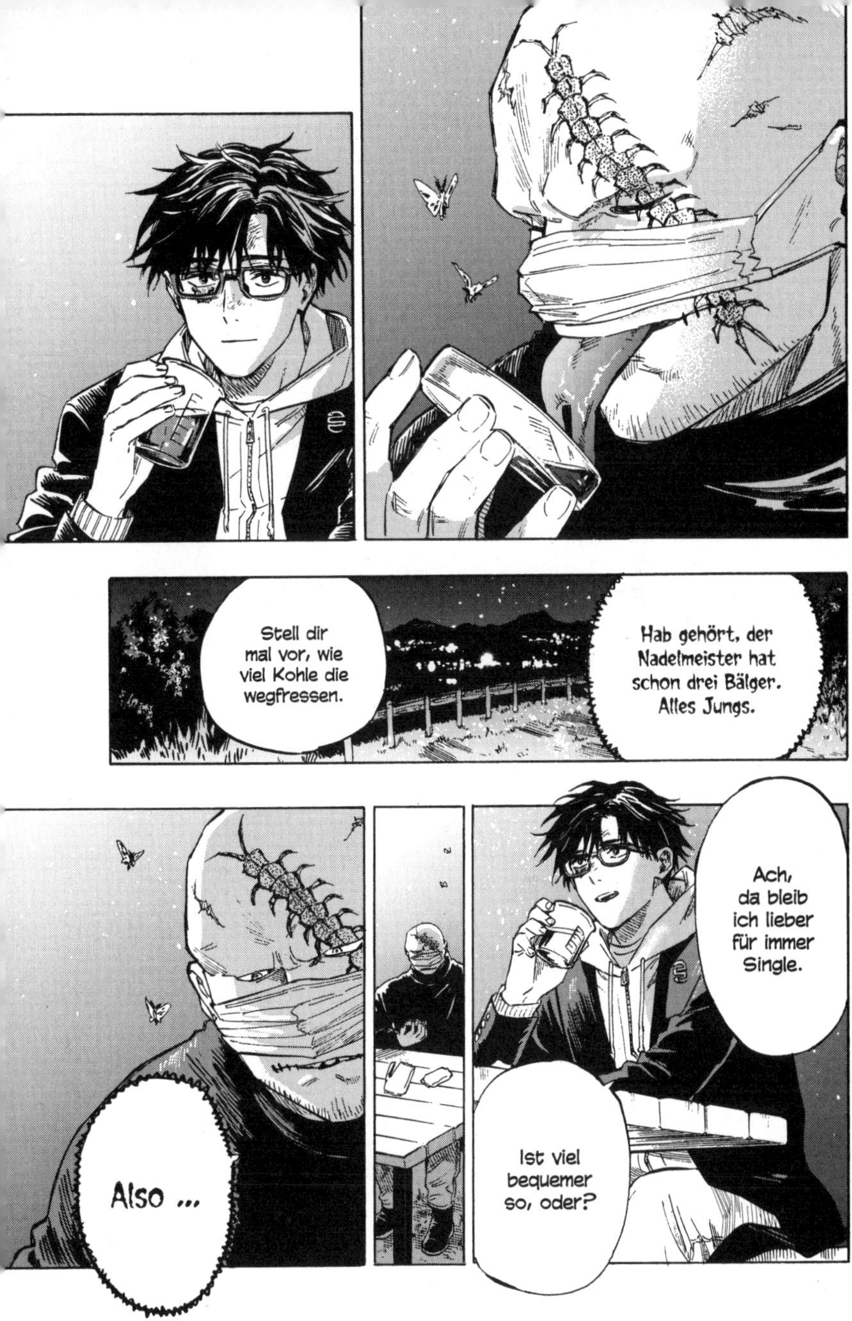
Hab gehört, der Nadelmeister hat schon drei Bälger. Alles Jungs.
Stell dir mal vor, wie viel Kohle die wegfressen.
Ach, da bleib ich lieber für immer Single.
Ist viel bequemer so, oder?
Also ...

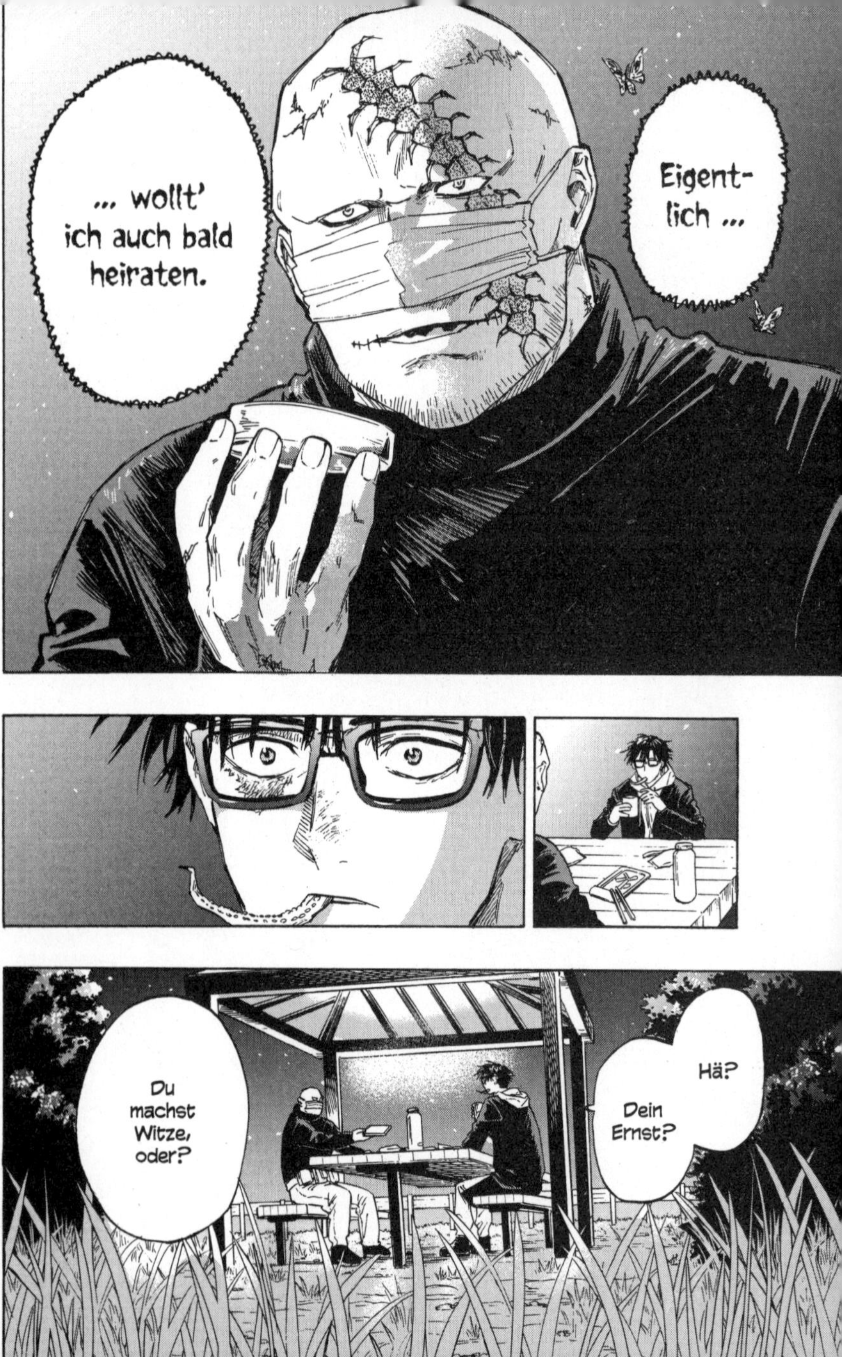
Eigentlich ...
... wollt' ich auch bald heiraten.
Hä?
Dein Ernst?
Du machst Witze, oder?

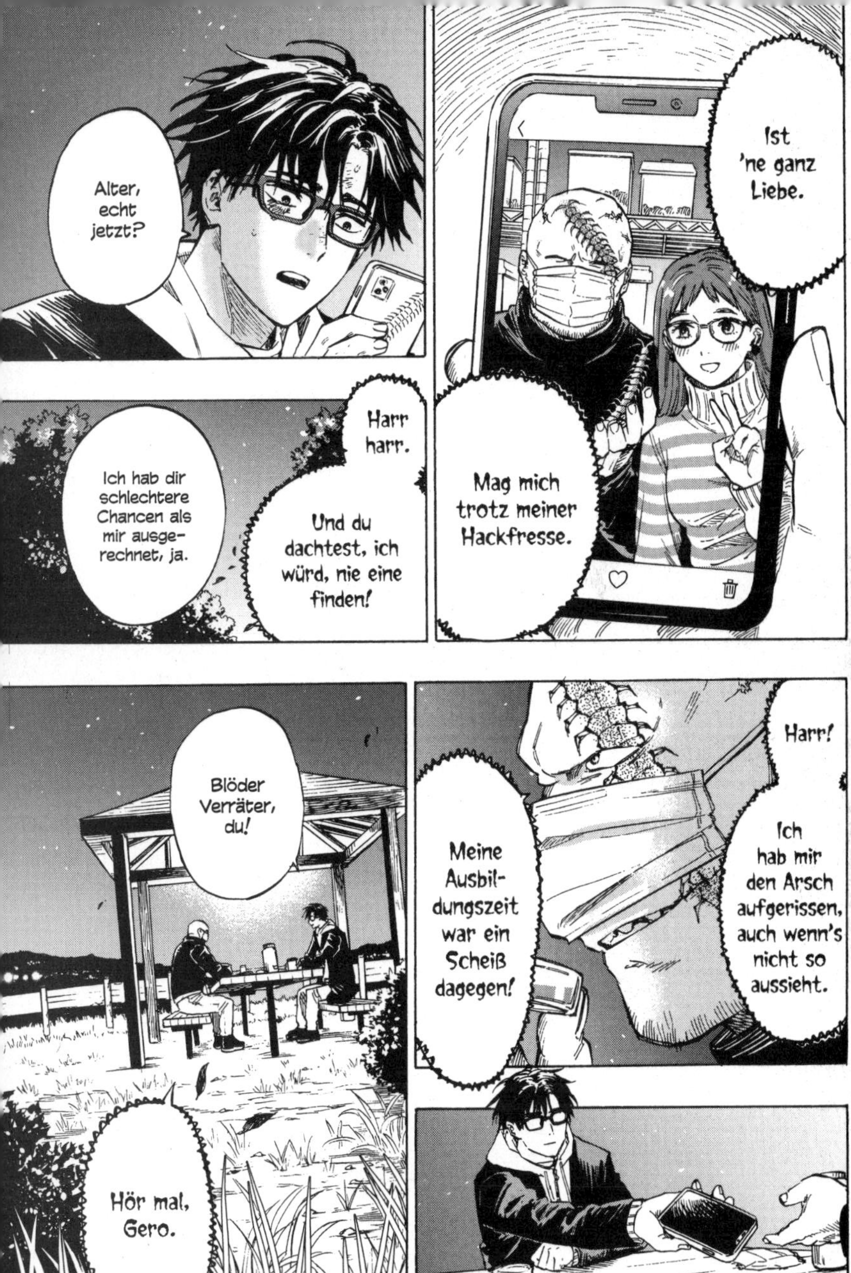
Ist 'ne ganz Liebe.
Mag mich trotz meiner Hackfresse.
Alter, echt jetzt?
Harr harr.
Und du dachtest, ich würd, nie eine finden!
Ich hab dir schlechtere Chancen als mir ausge-rechnet, ja.
Harr!
Ich hab mir den Arsch aufgerissen, auch wenn's nicht so aussieht.
Meine Ausbil-dungszeit war ein Scheiß dagegen!
Blöder Verräter, du!
Hör mal, Gero.

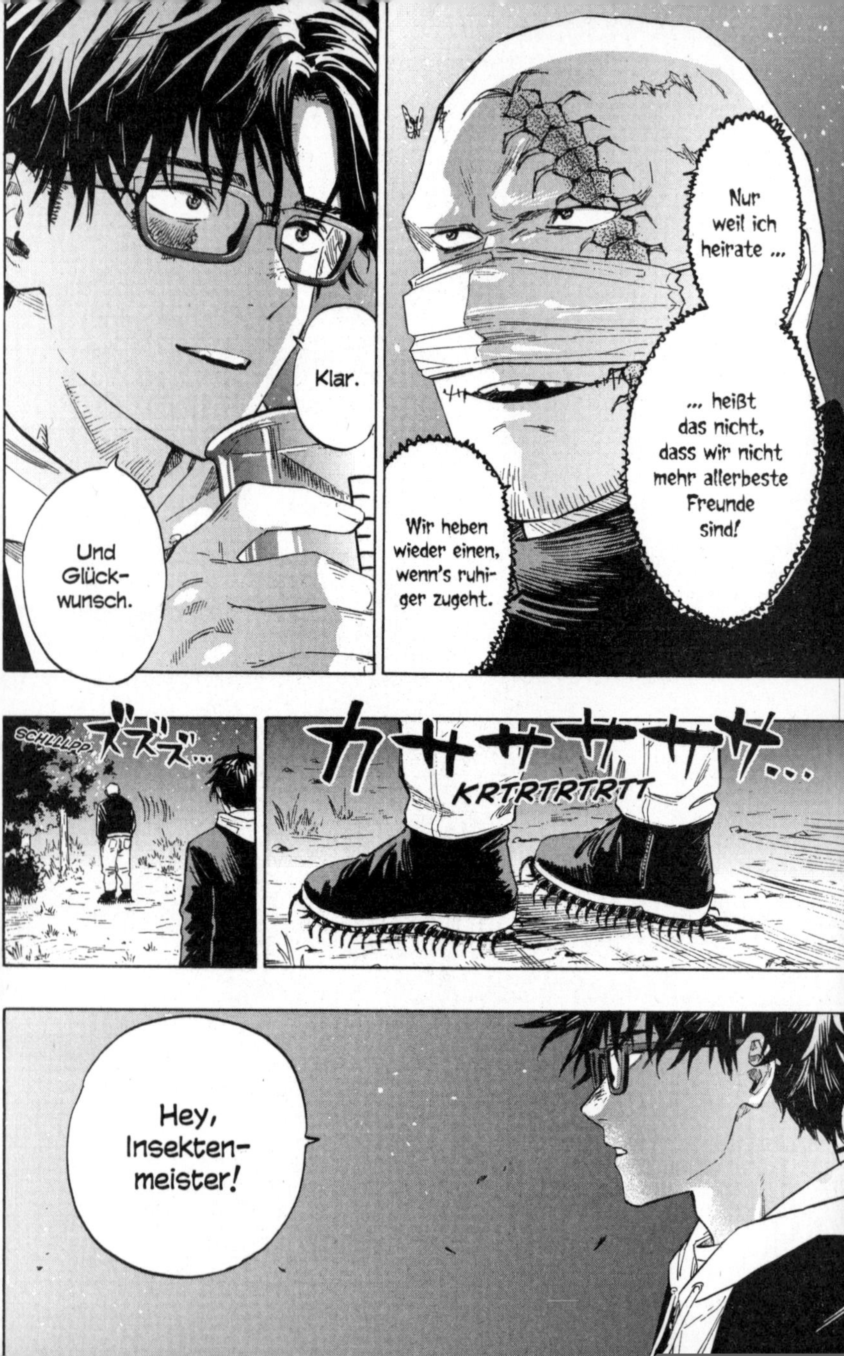

Nur weil ich heirate ...
... heißt das nicht, dass wir nicht mehr allerbeste Freunde sind!
Wir heben wieder einen, wenn's ruhiger zugeht.
Klar.
Und Glückwunsch.
カサササササ...
KRTRTRTRTT
ズズズ...
SCHLLLLPP
Hey, Insektenmeister!

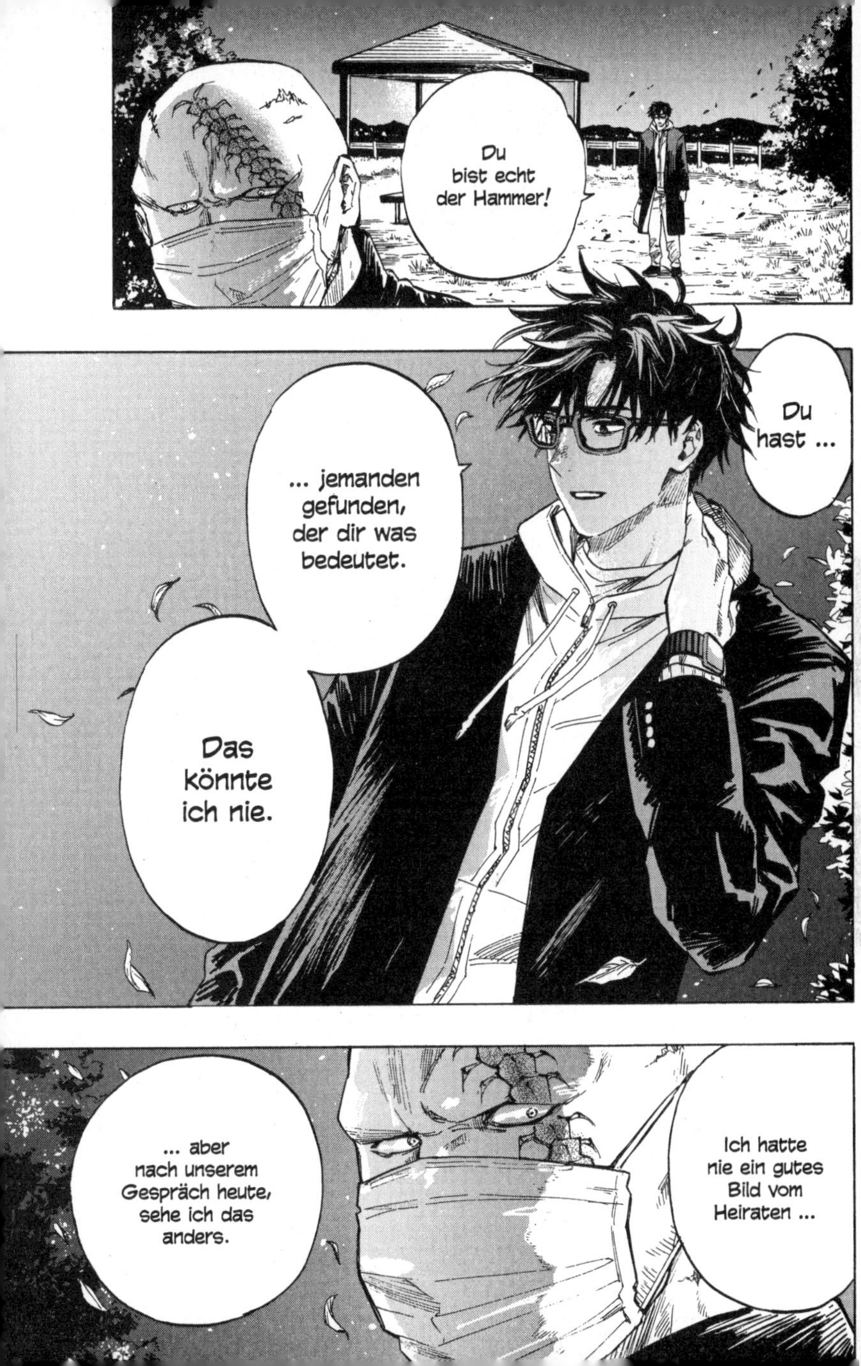
Du bist echt der Hammer!
Du hast ...
... jemanden gefunden, der dir was bedeutet.
Das könnte ich nie.
Ich hatte nie ein gutes Bild vom Heiraten ...
... aber nach unserem Gespräch heute, sehe ich das anders.

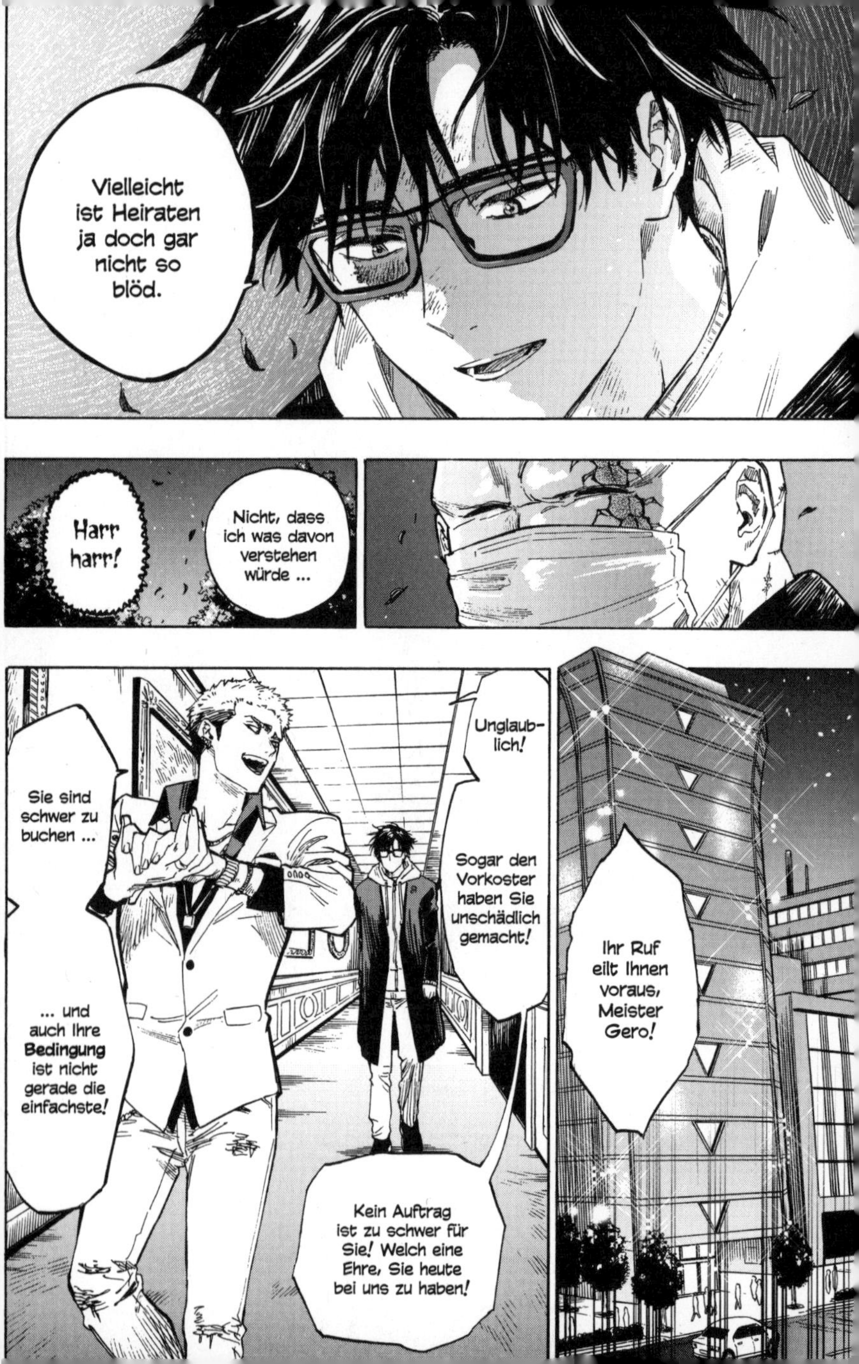
Vielleicht ist Heiraten ja doch gar nicht so blöd.
Nicht, dass ich was davon verstehen würde ...
Harr harr!
Ihr Ruf eilt Ihnen voraus, Meister Gero!
Unglaublich!
Sogar den Vorkoster haben Sie unschädlich gemacht!
Sie sind schwer zu buchen ...
... und auch Ihre Bedingung ist nicht gerade die einfachste!
Kein Auftrag ist zu schwer für Sie! Welch eine Ehre, Sie heute bei uns zu haben!

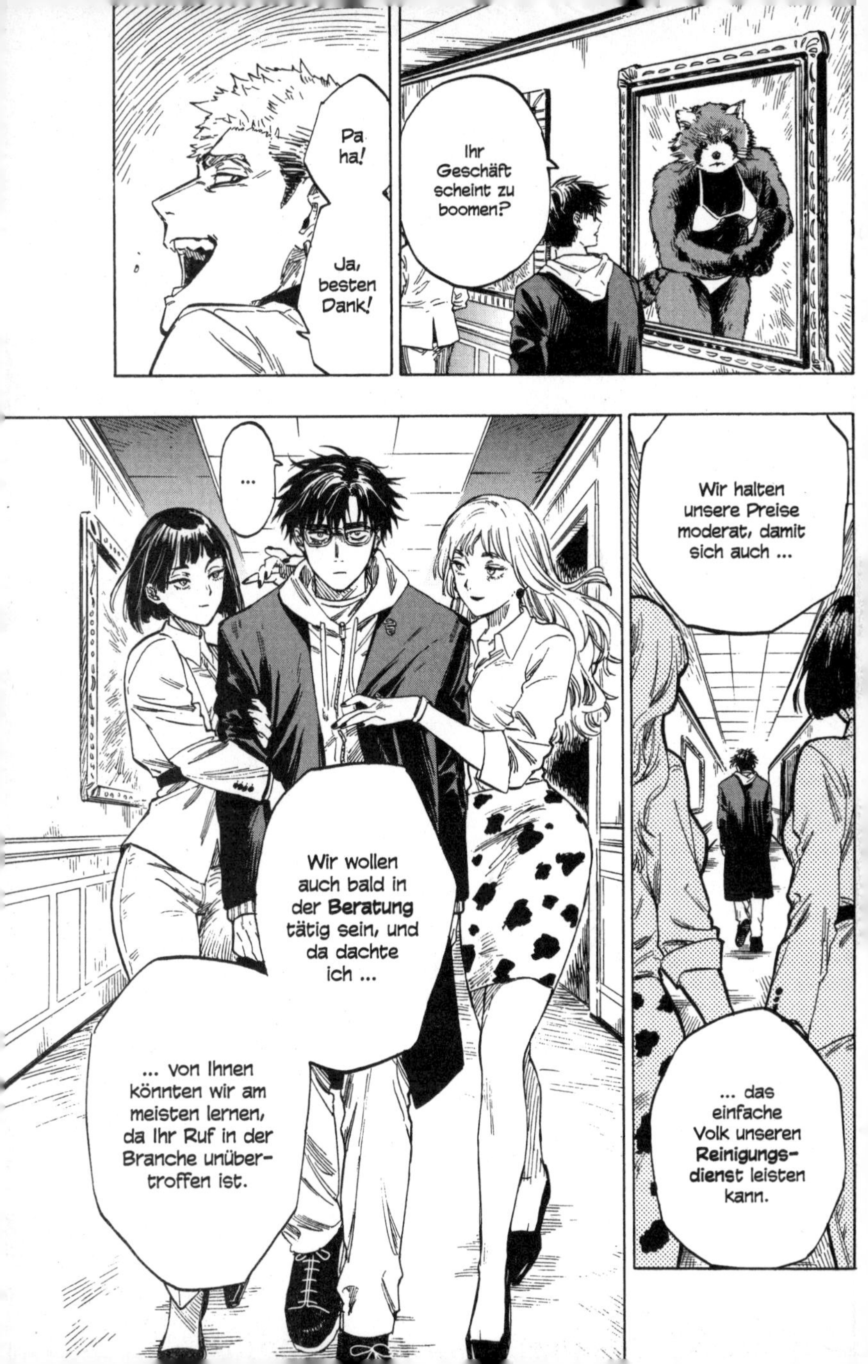
Ihr Geschäft scheint zu boomen?
Pa ha!
Ja, besten Dank!
Wir halten unsere Preise moderat, damit sich auch ...
... das einfache Volk unseren Reinigungsdienst leisten kann.
...
Wir wollen auch bald in der Beratung tätig sein, und da dachte ich ...
... von Ihnen könnten wir am meisten lernen, da Ihr Ruf in der Branche unübertroffen ist.

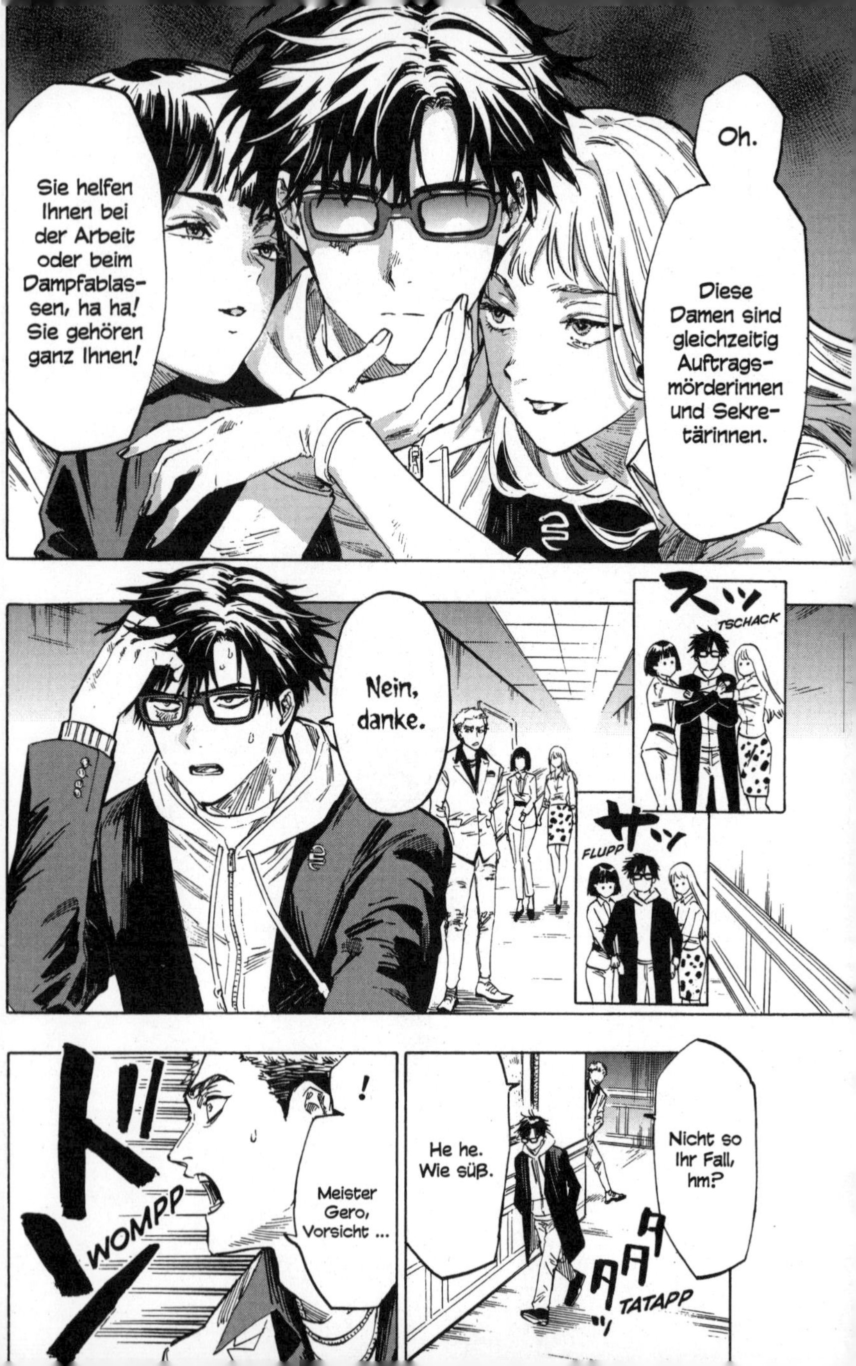
Oh.
Diese Damen sind gleichzeitig Auftrags-mörderinnen und Sekre-tärinnen.
Sie helfen Ihnen bei der Arbeit oder beim Dampfablas-sen, ha ha! Sie gehören ganz Ihnen!
スッ
TSCHACK
サッ
FLUPP
Nein, danke.
Nicht so Ihr Fall, hm?
He he. Wie süß.
TATAPP
!
Meister Gero, Vorsicht ...
WOMPP

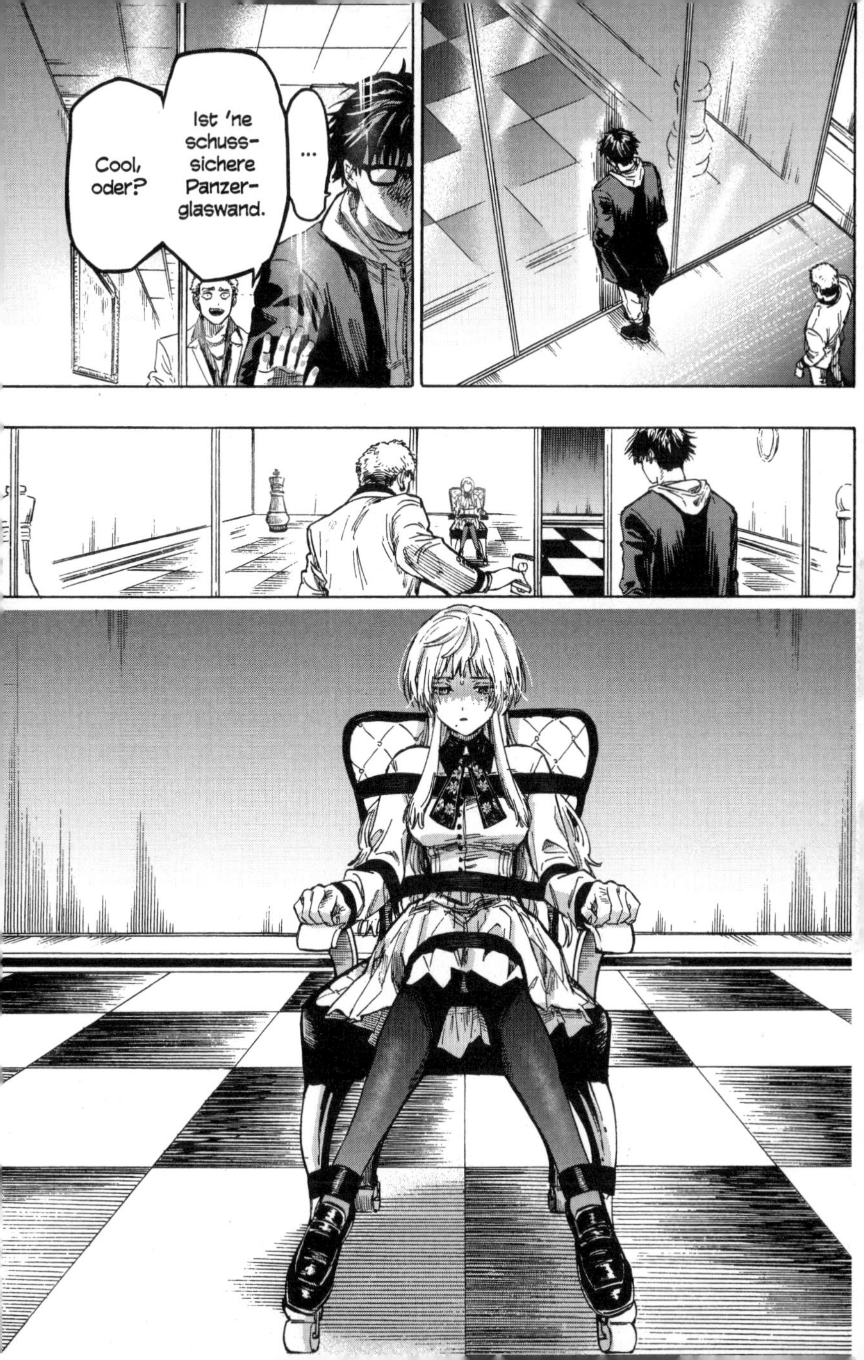
...
Ist 'ne schuss-sichere Panzer-glaswand.
Cool, oder?

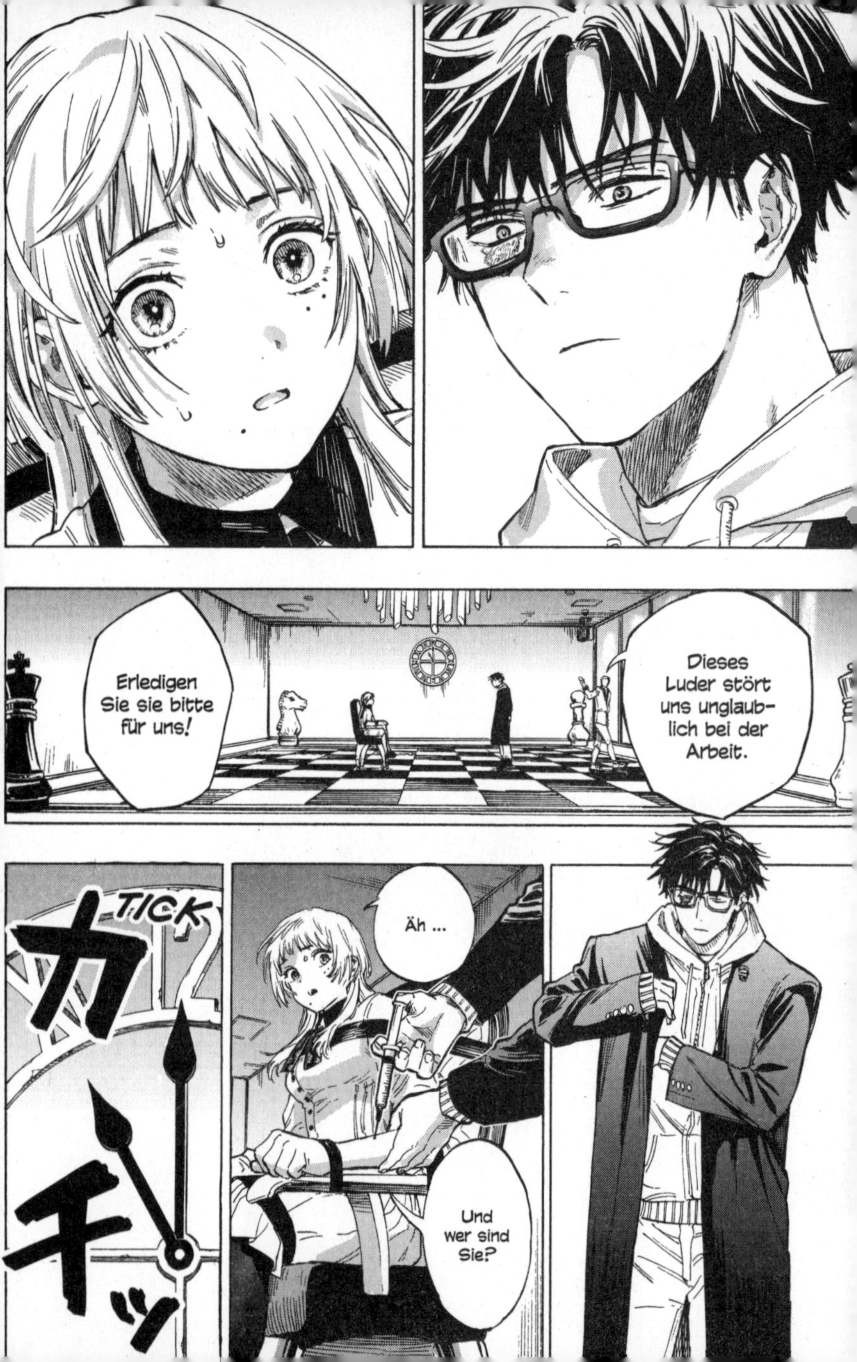
Dieses Luder stört uns unglaublich bei der Arbeit.
Erledigen Sie sie bitte für uns!
Äh ...
Und wer sind Sie?
TICK
カチッ

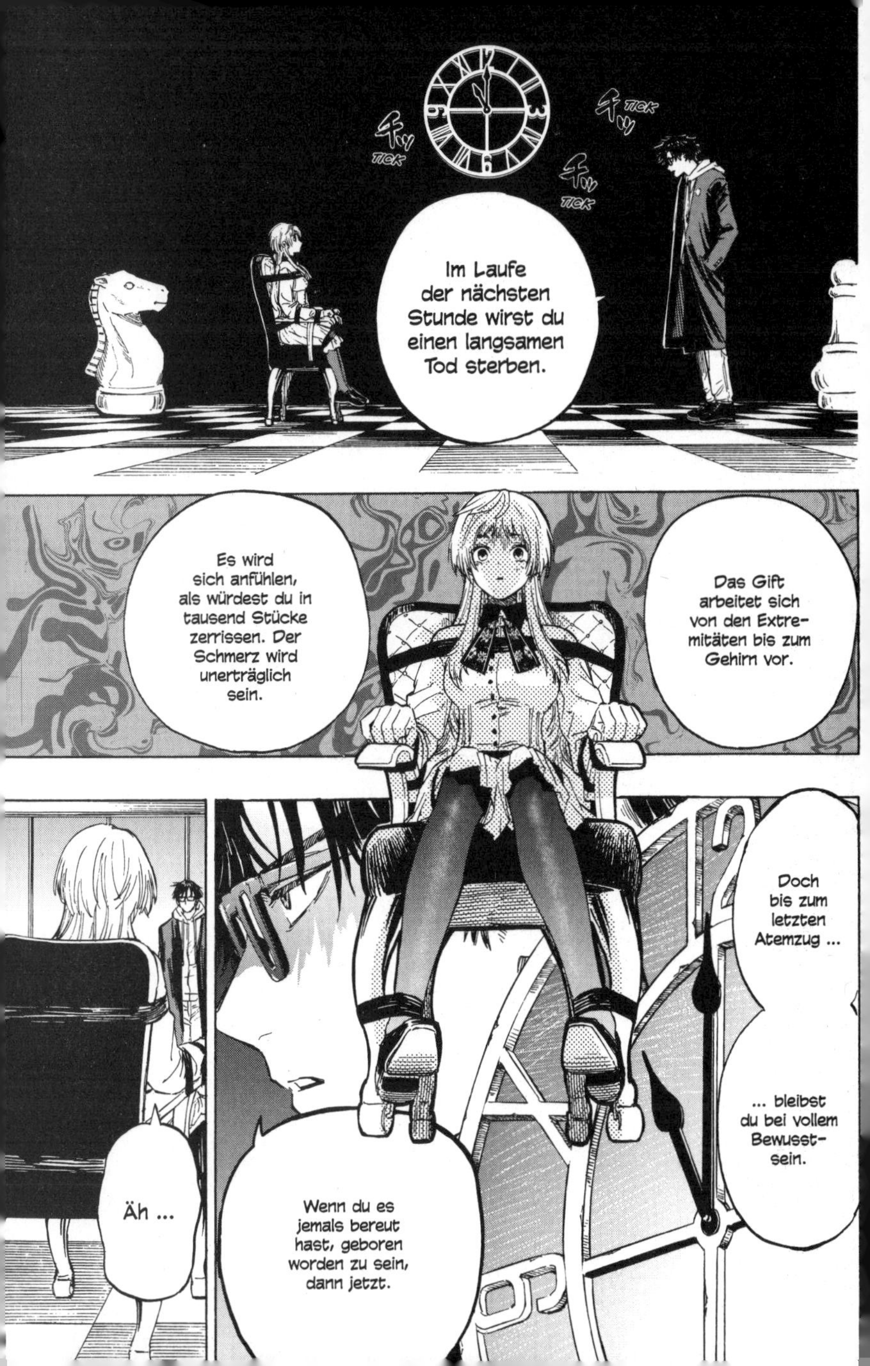
チッ TICK
チッ TICK
チッ TICK
Im Laufe der nächsten Stunde wirst du einen langsamen Tod sterben.
Das Gift arbeitet sich von den Extremitäten bis zum Gehirn vor.
Es wird sich anfühlen, als würdest du in tausend Stücke zerrissen. Der Schmerz wird unerträglich sein.
Doch bis zum letzten Atemzug ...
... bleibst du bei vollem Bewusstsein.
Wenn du es jemals bereut hast, geboren worden zu sein, dann jetzt.
Äh ...

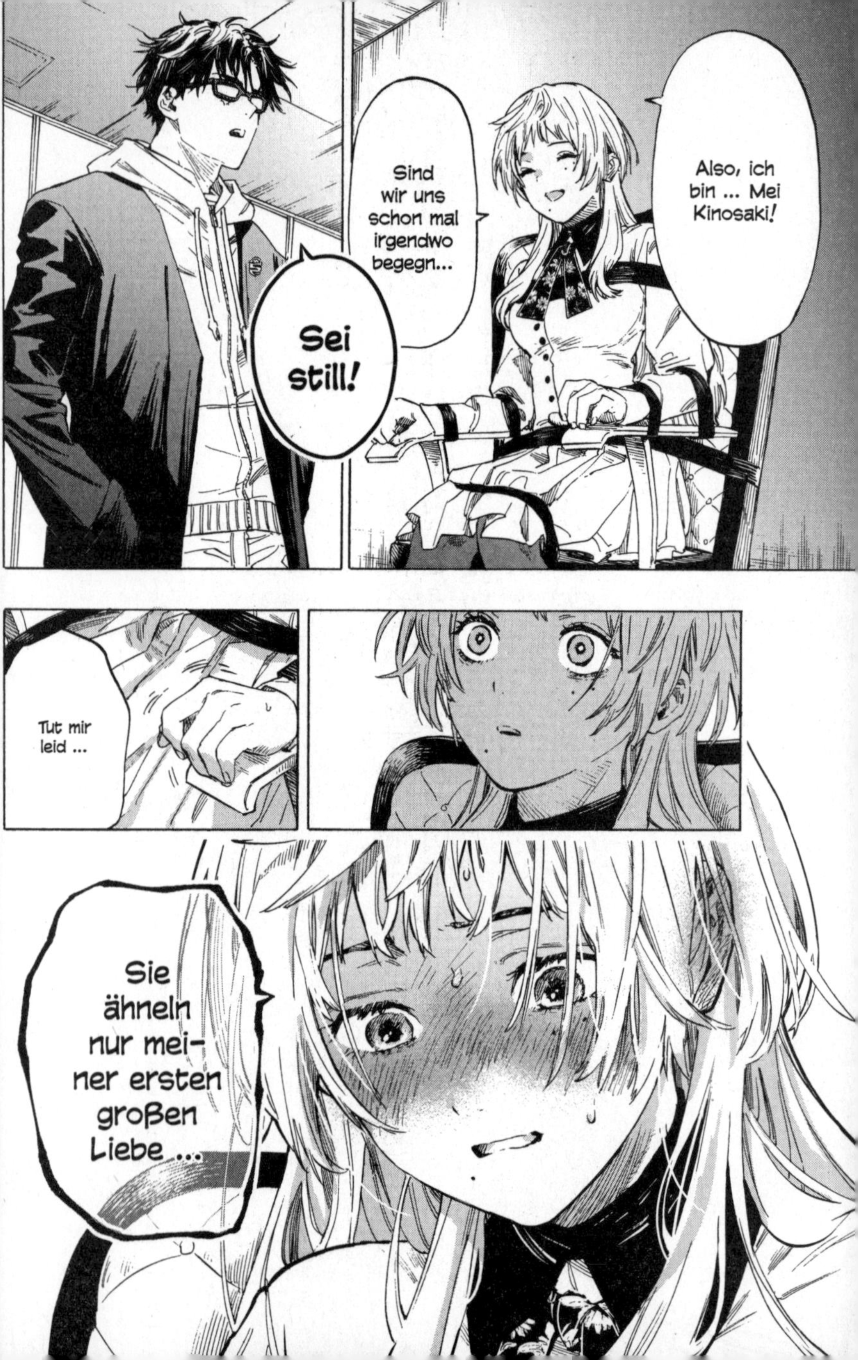

Also, ich bin ... Mei Kinosaki!
Sind wir uns schon mal irgendwo begegn...
Sei still!
Tut mir leid ...
Sie ähneln nur meiner ersten großen Liebe ...

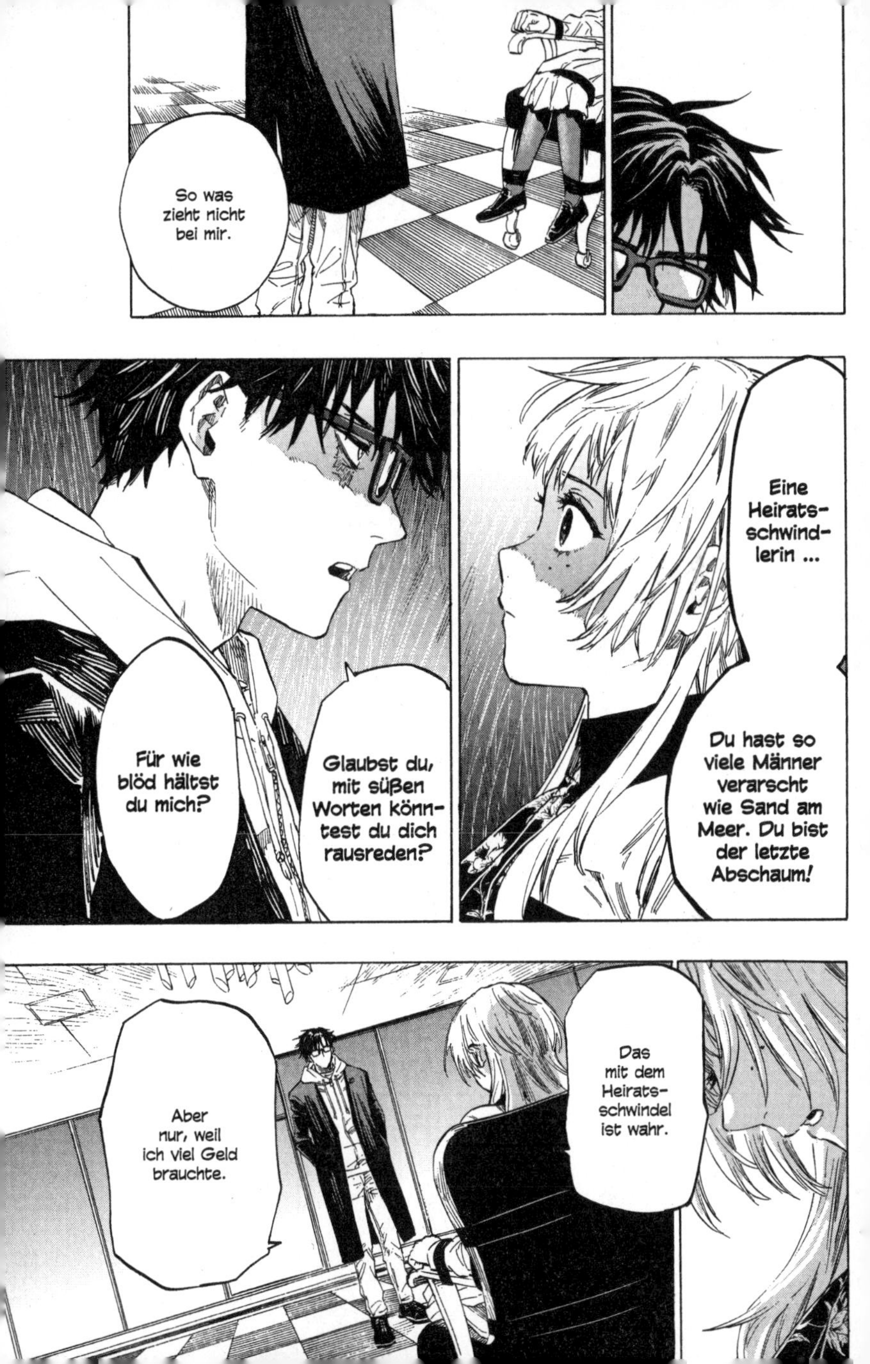
So was zieht nicht bei mir.
Eine Heirats-schwindlerin ...
Du hast so viele Männer verarscht wie Sand am Meer. Du bist der letzte Abschaum!
Glaubst du, mit süßen Worten könntest du dich rausreden?
Für wie blöd hältst du mich?
Das mit dem Heirats-schwindel ist wahr.
Aber nur, weil ich viel Geld brauchte.

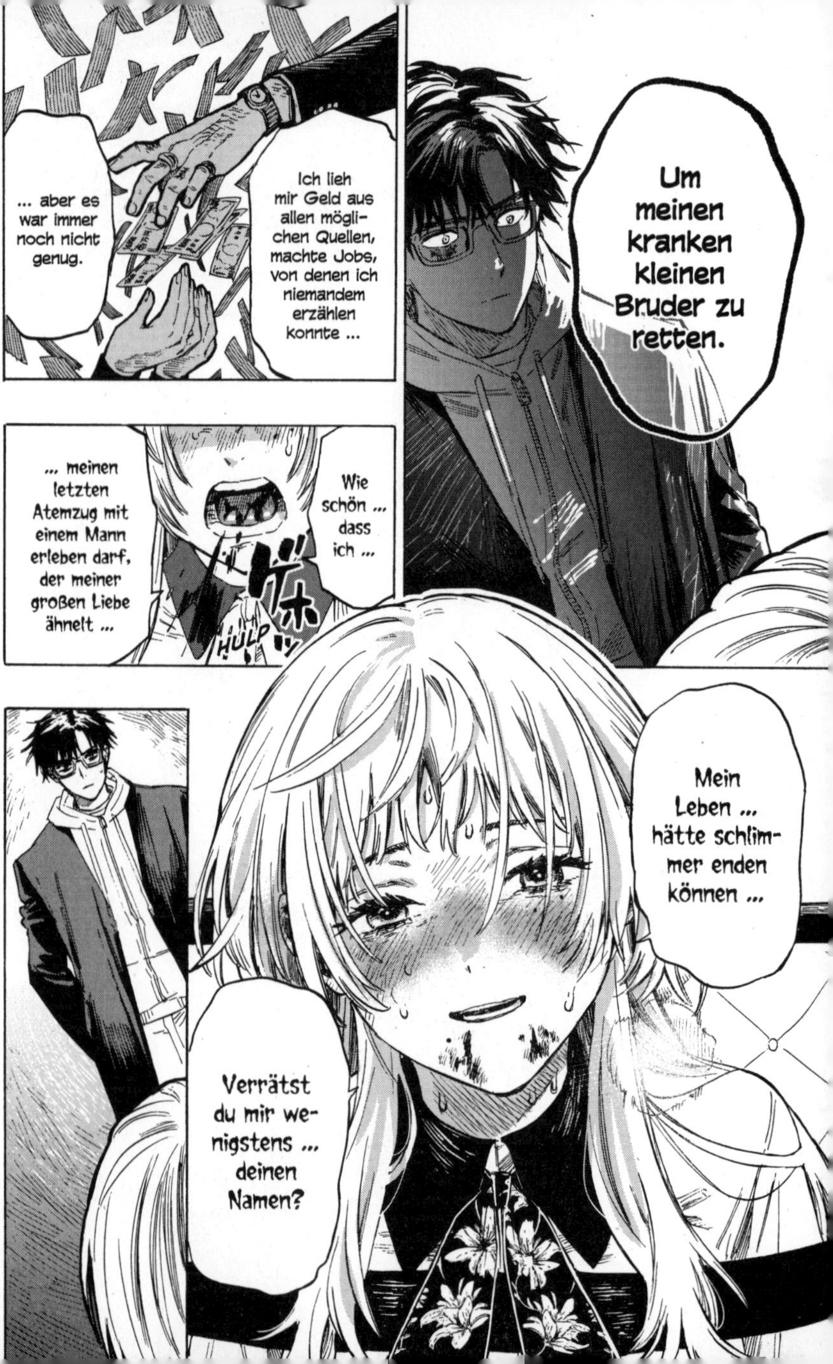
Um meinen kranken kleinen Bruder zu retten.
Ich lieh mir Geld aus allen mögli- chen Quellen, machte Jobs, von denen ich niemandem erzählen konnte ...
... aber es war immer noch nicht genug.
Wie schön ... dass ich ...
... meinen letzten Atemzug mit einem Mann erleben darf, der meiner großen Liebe ähnelt ...
HULP
Mein Leben ... hätte schlim- mer enden können ...
Verrätst du mir we- nigstens ... deinen Namen?

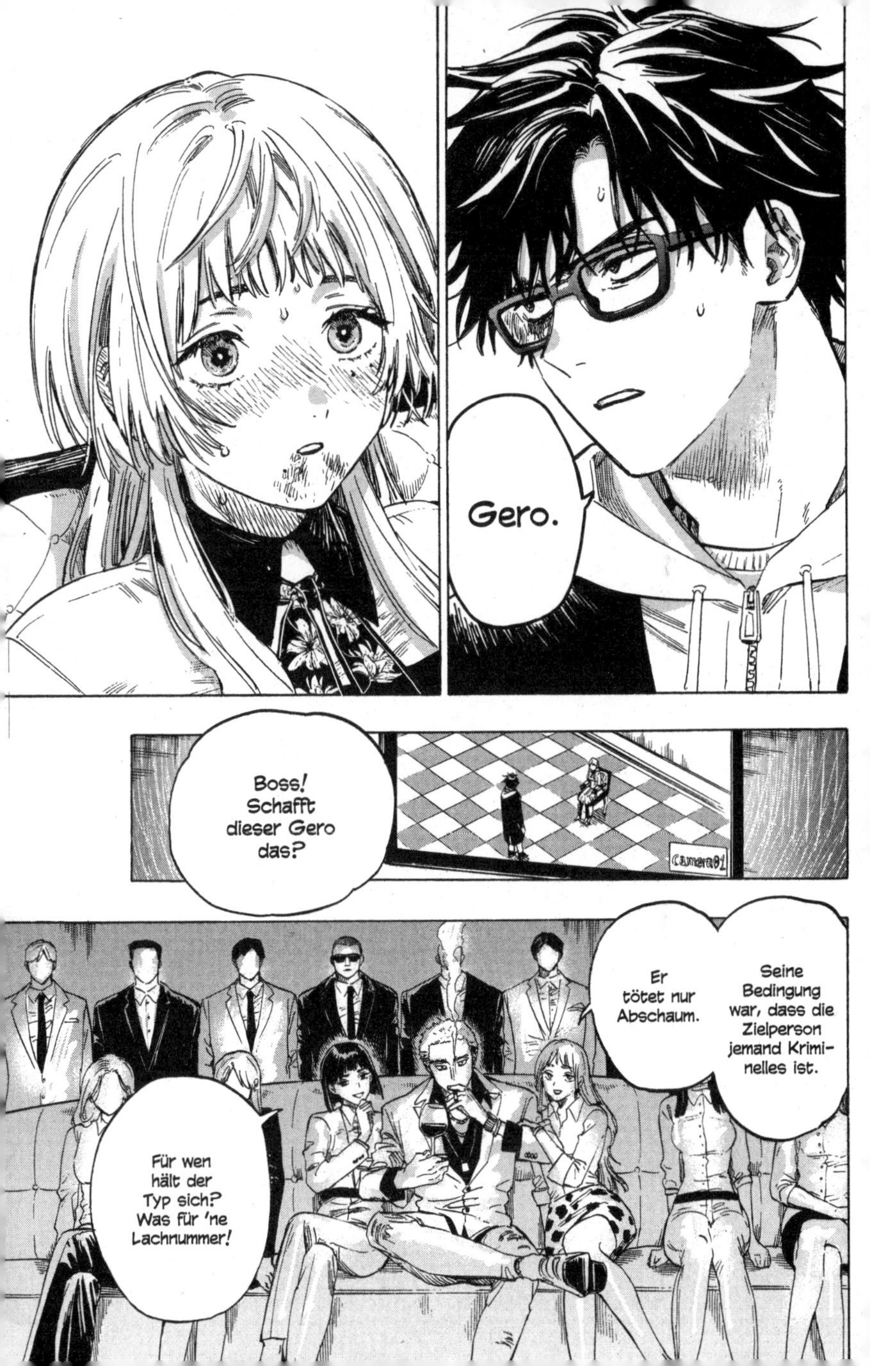
Gero.
Boss! Schafft dieser Gero das?
Camera01
Seine Bedingung war, dass die Zielperson jemand Krimi-nelles ist.
Er tötet nur Abschaum.
Für wen hält der Typ sich? Was für 'ne Lachnummer!

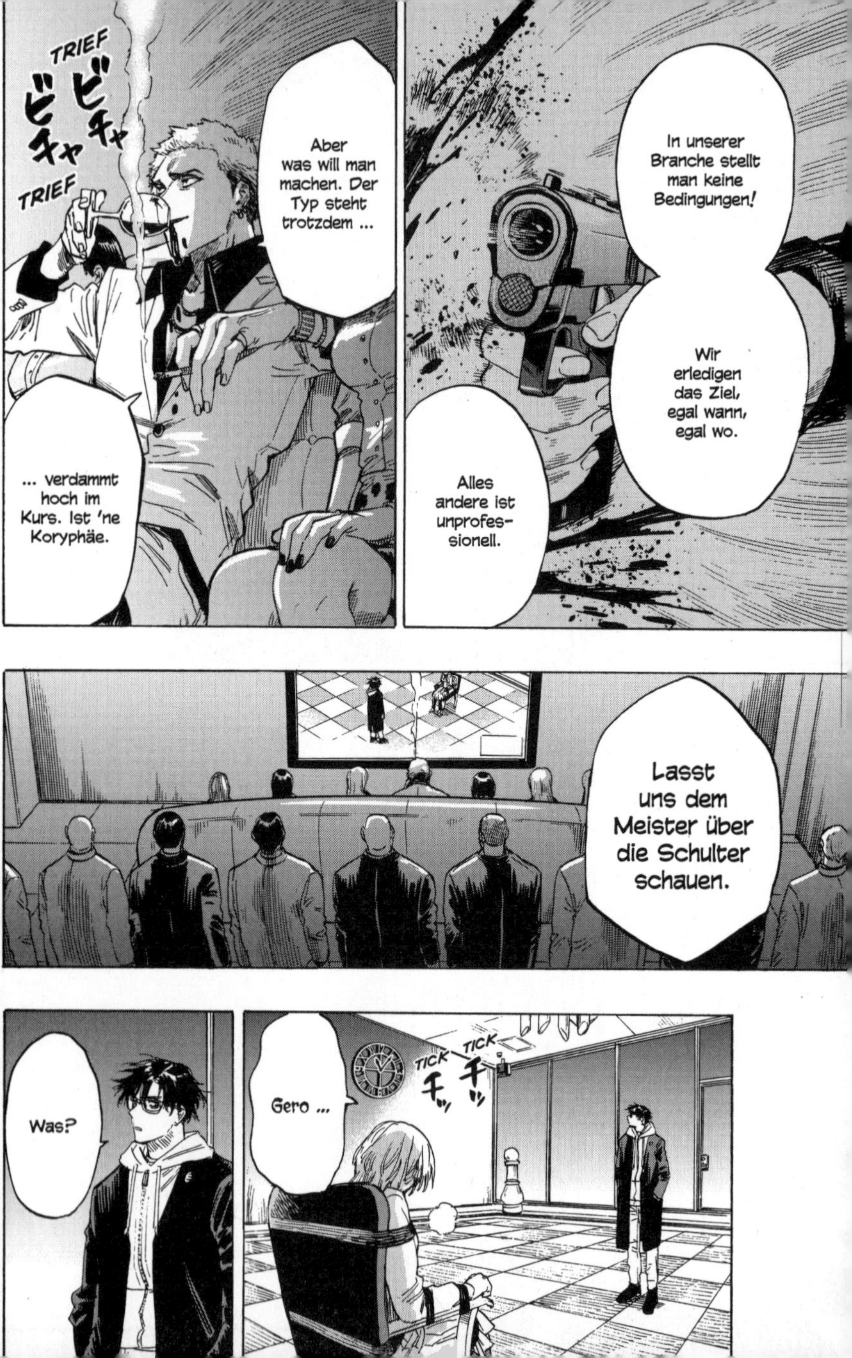
In unserer Branche stellt man keine Bedingungen!
Wir erledigen das Ziel, egal wann, egal wo.
Alles andere ist unprofessionell.
TRIEF
ビチャ
ビチャ
TRIEF
Aber was will man machen. Der Typ steht trotzdem ...
... verdammt hoch im Kurs. Ist 'ne Koryphäe.
Lasst uns dem Meister über die Schulter schauen.
TICK
チッ
TICK
チッ
Gero ...
Was?

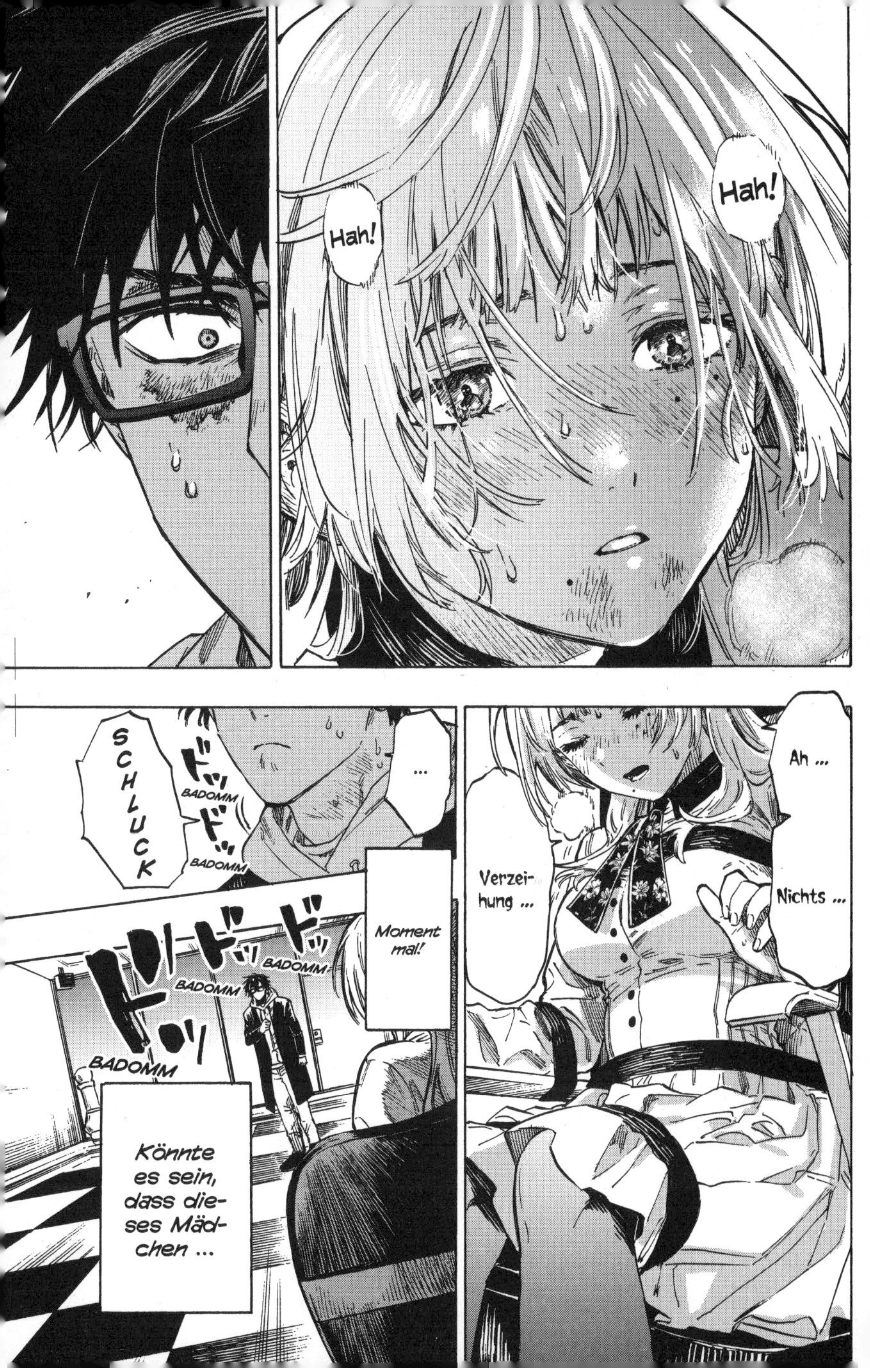

Hah!
Hah!
Ah ...
Nichts ...
Verzei-
hung ...
...
SCHLUCK
ドッ
BADOMM
ドッ
BADOMM
Moment mal!
ドッドッドッ
BADOMM
BADOMM
BADOMM
Könnte es sein, dass die-
ses Mäd-
chen ...

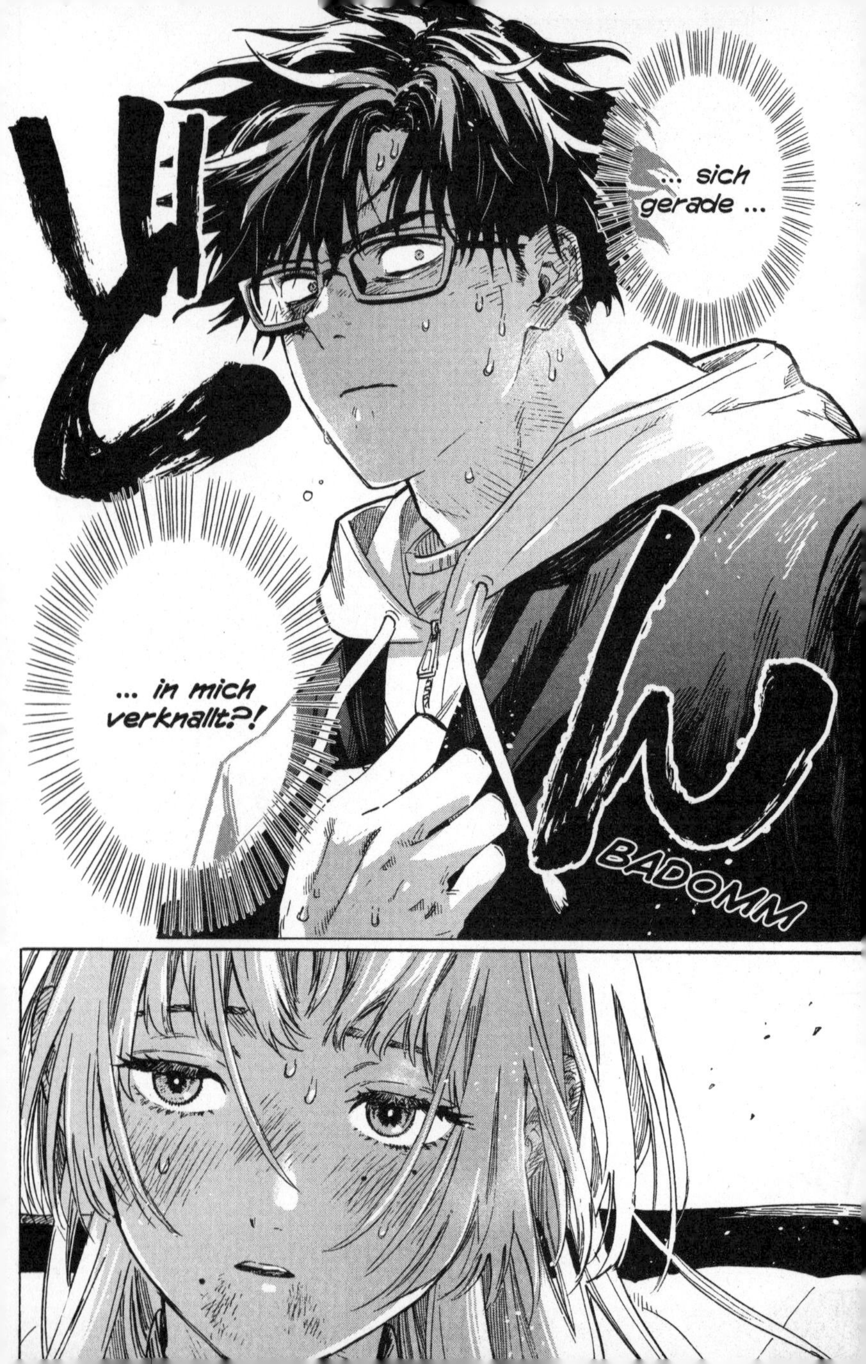

... sich gerade ...
... in mich verknallt?!
BADOMM

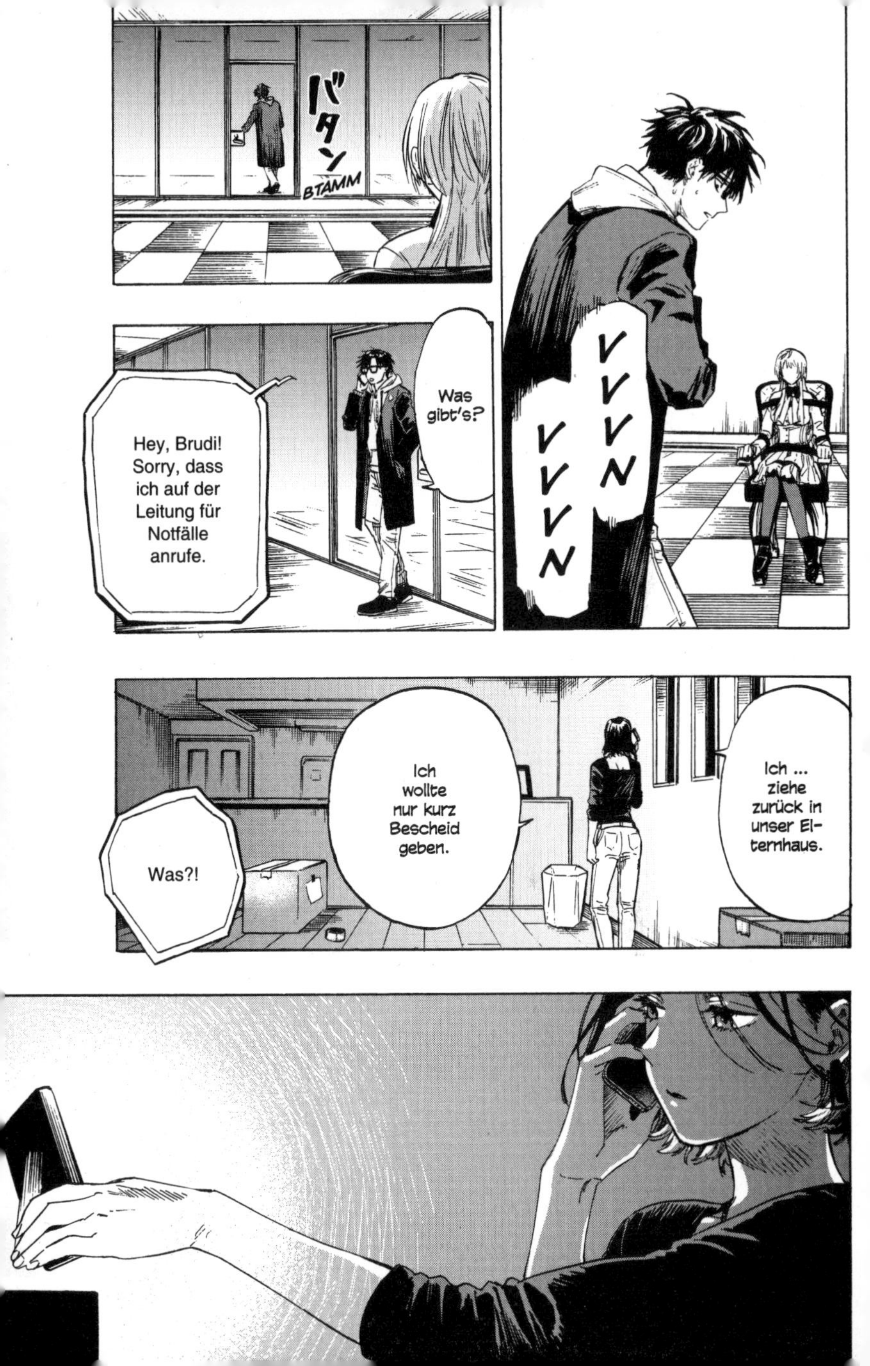
バタン
BTAMM
VVVN
VVVN
Was gibt's?
Hey, Brudi! Sorry, dass ich auf der Leitung für Notfälle anrufe.
Ich ... ziehe zurück in unser Elternhaus.
Ich wollte nur kurz Bescheid geben.
Was?!

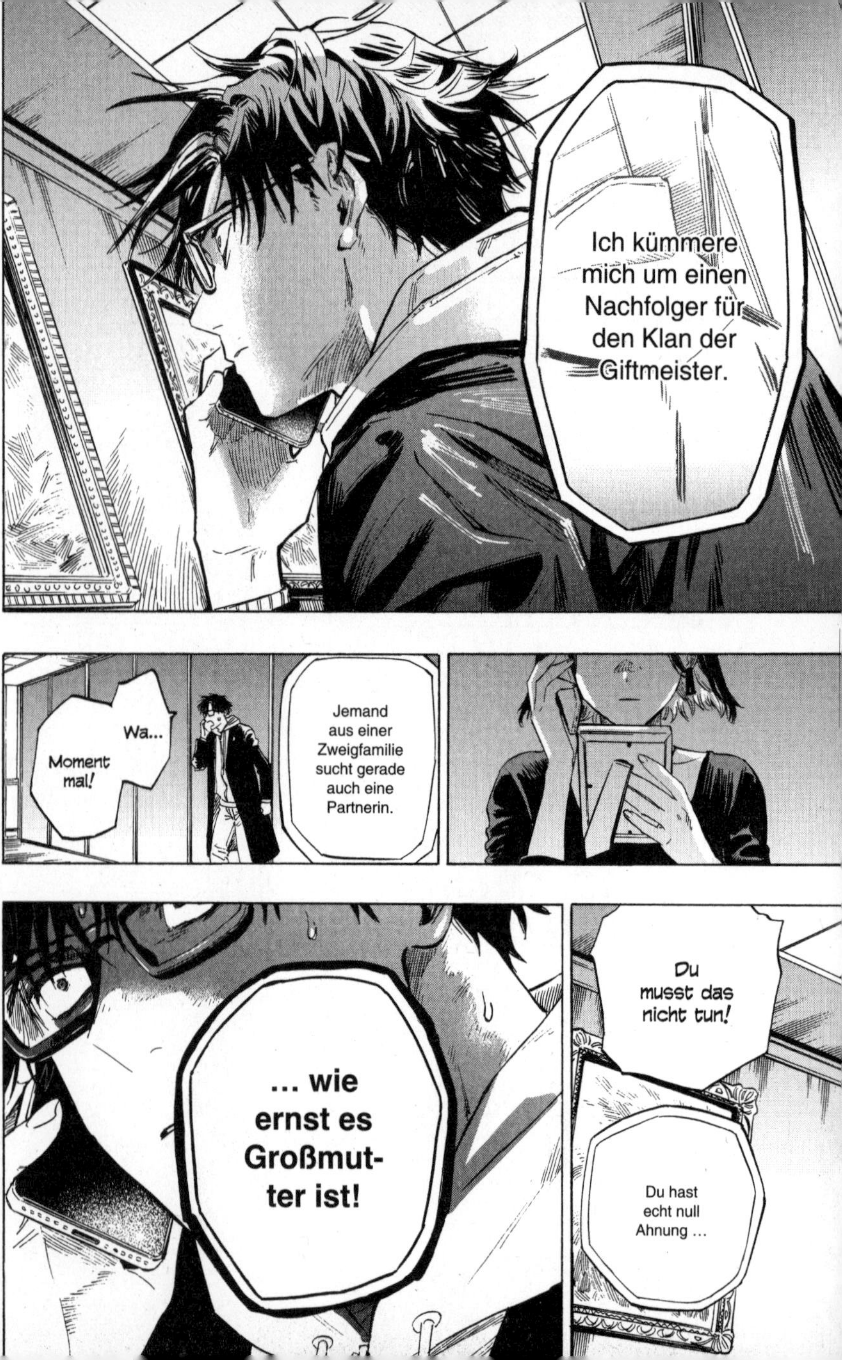
Ich kümmere mich um einen Nachfolger für den Klan der Giftmeister.
Jemand aus einer Zweigfamilie sucht gerade auch eine Partnerin.
Wa...
Moment mal!
Du musst das nicht tun!
Du hast echt null Ahnung …
… wie ernst es Großmutter ist!

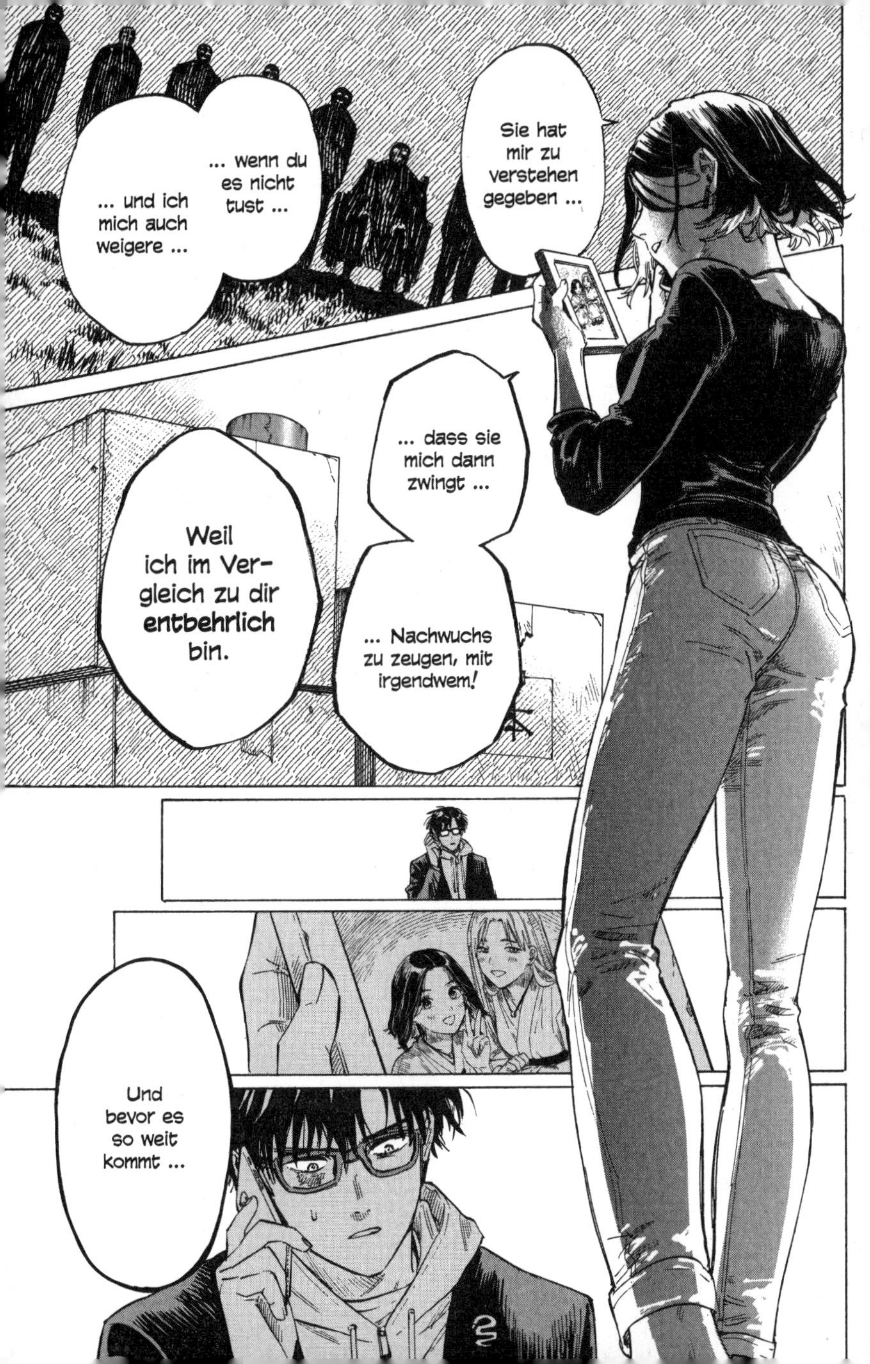
Sie hat mir zu verstehen gegeben ...
... wenn du es nicht tust ...
... und ich mich auch weigere ...
... dass sie mich dann zwingt ...
... Nachwuchs zu zeugen, mit irgendwem!
Weil ich im Vergleich zu dir entbehrlich bin.
Und bevor es so weit kommt ...

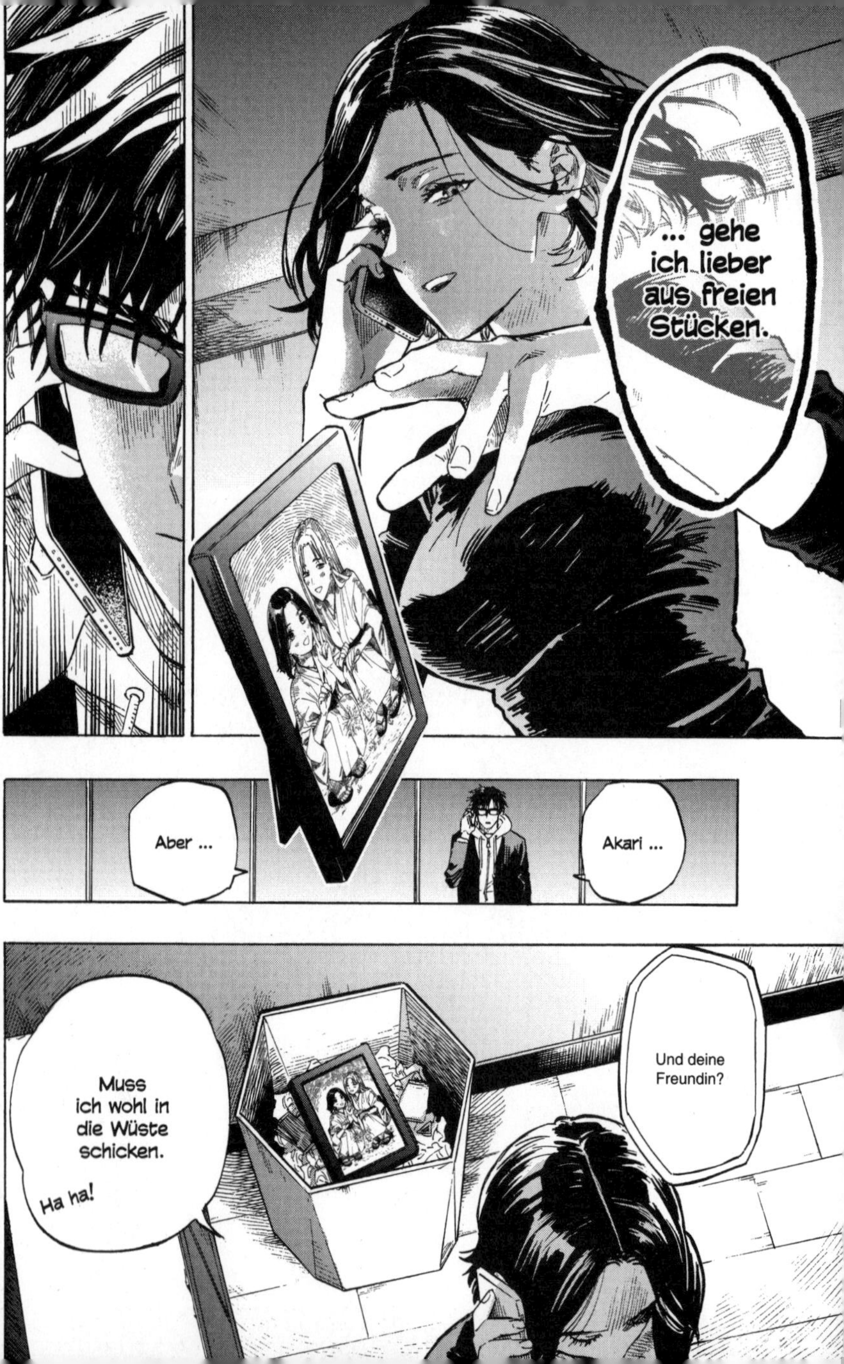

... gehe ich lieber aus freien Stücken.
Akari ...
Aber ...
Und deine Freundin?
Muss ich wohl in die Wüste schicken.
Ha ha!

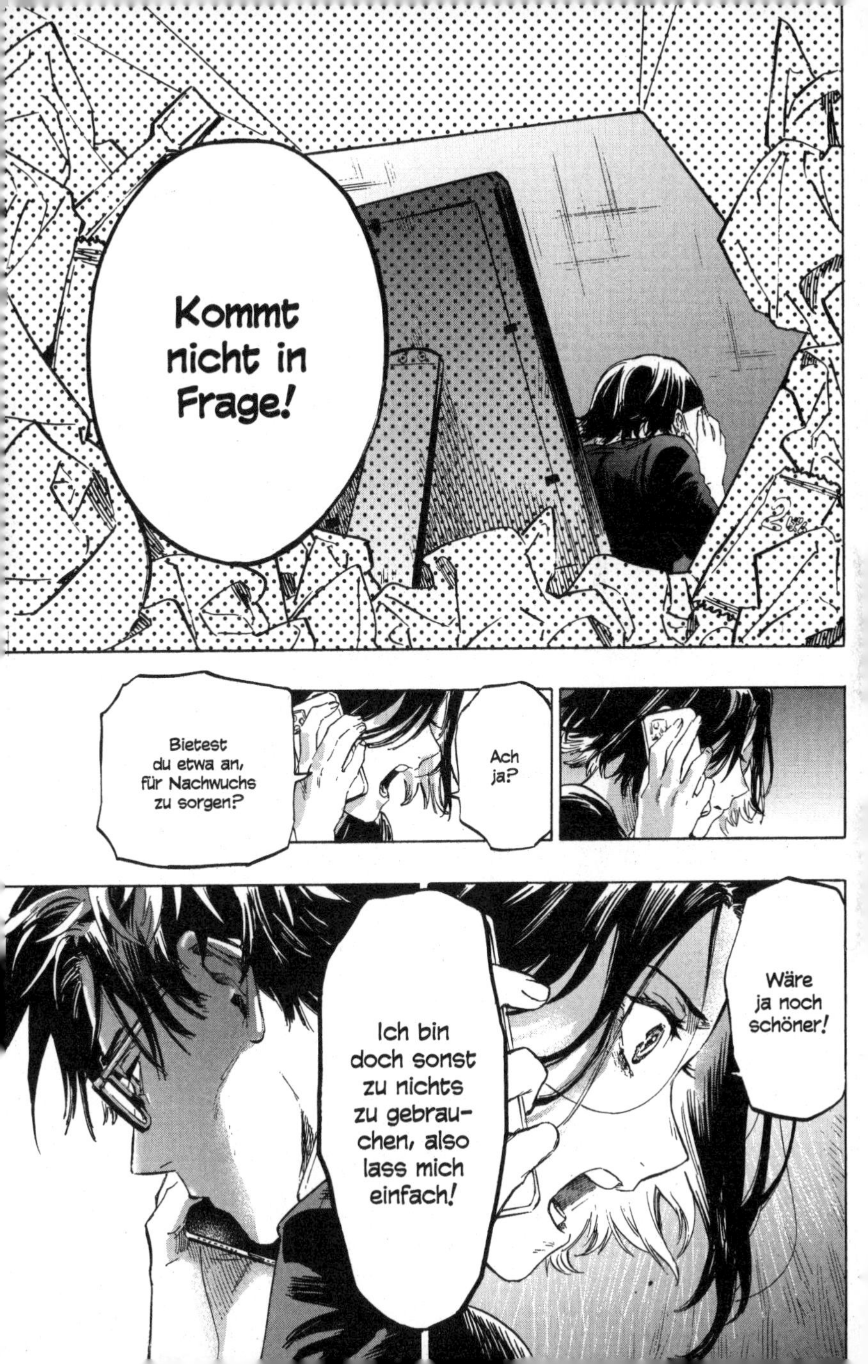
Kommt nicht in Frage!
Ach ja?
Bietest du etwa an, für Nachwuchs zu sorgen?
Wäre ja noch schöner!
Ich bin doch sonst zu nichts zu gebrauchen, also lass mich einfach!

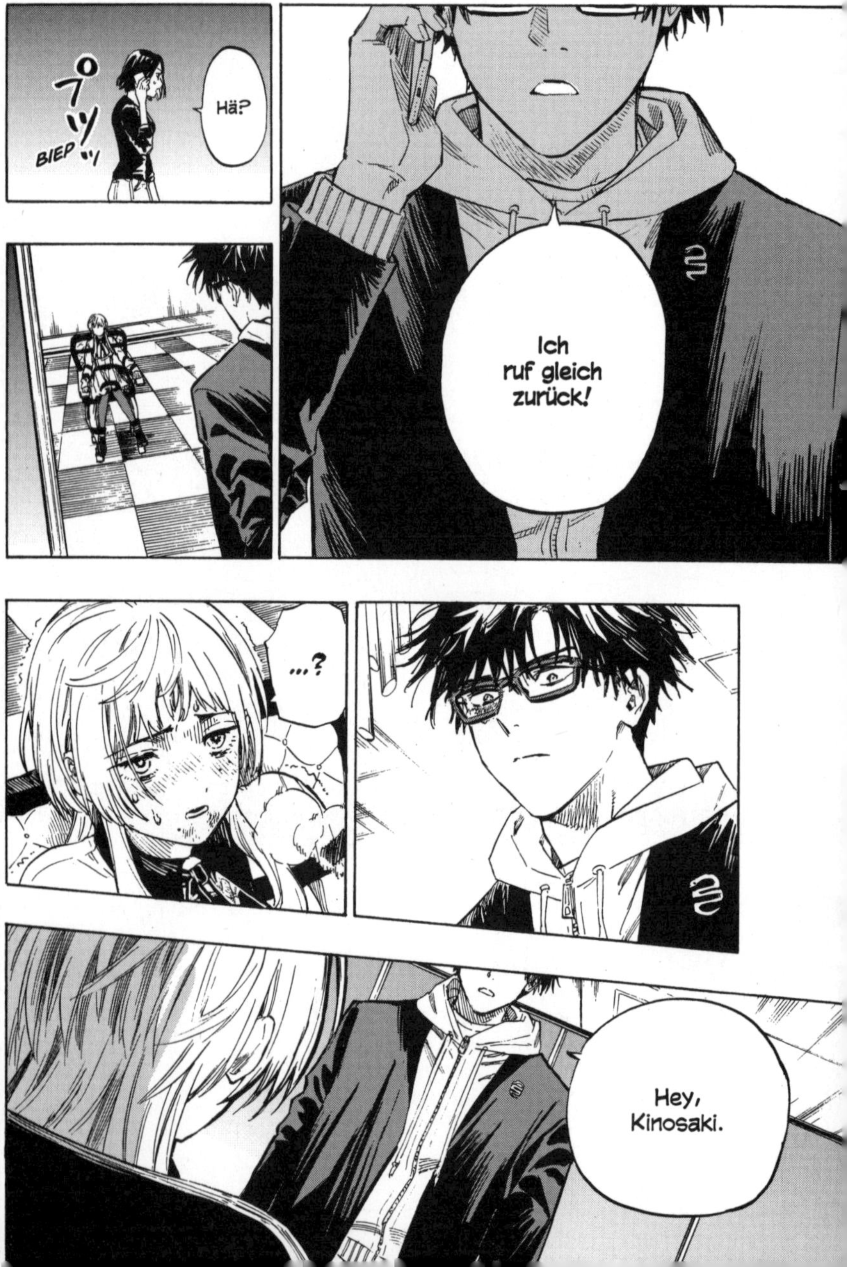
Ich ruf gleich zurück!
プツッ
BIEP
Hä?
...?
Hey, Kinosaki.

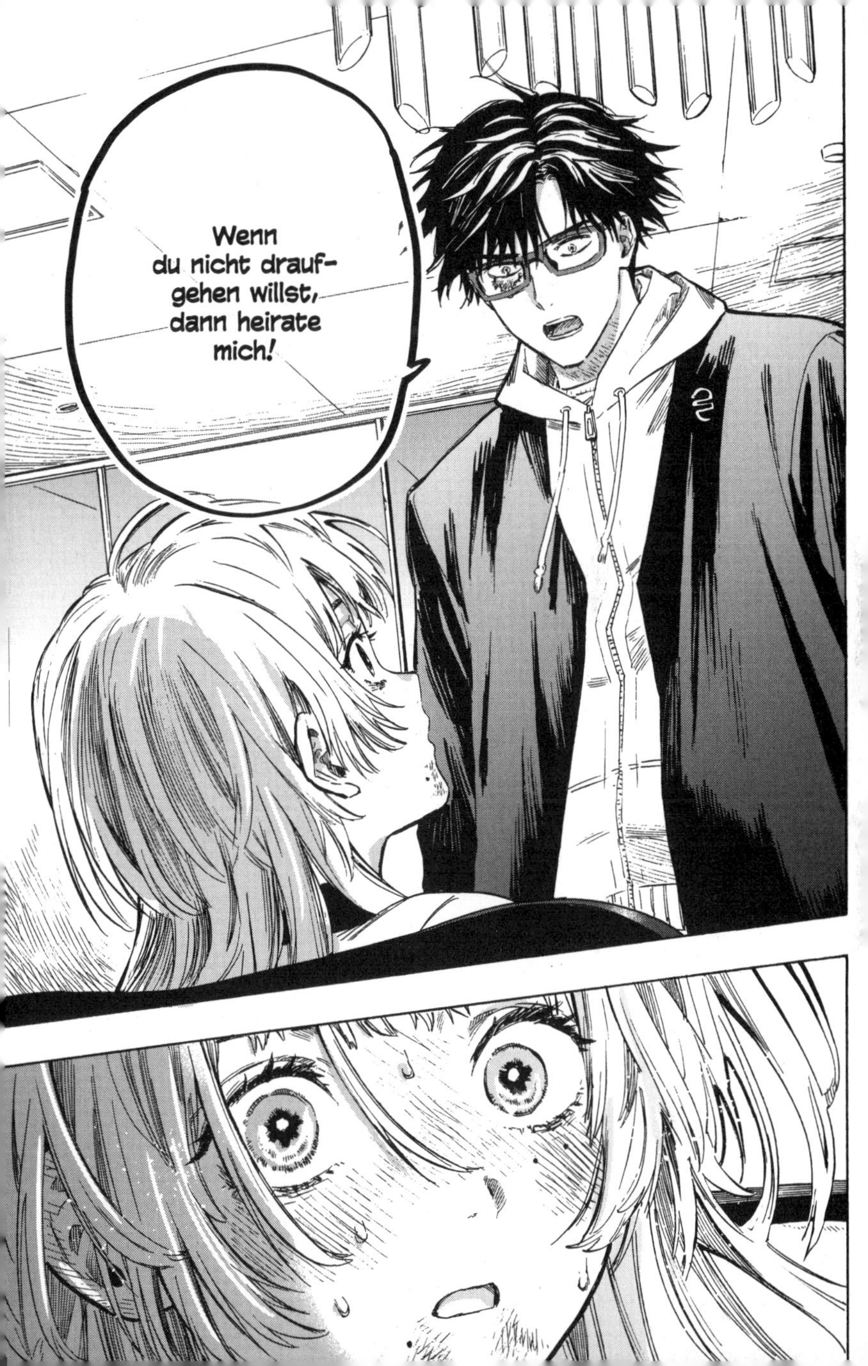
Wenn du nicht drauf-gehen willst, dann heirate mich!

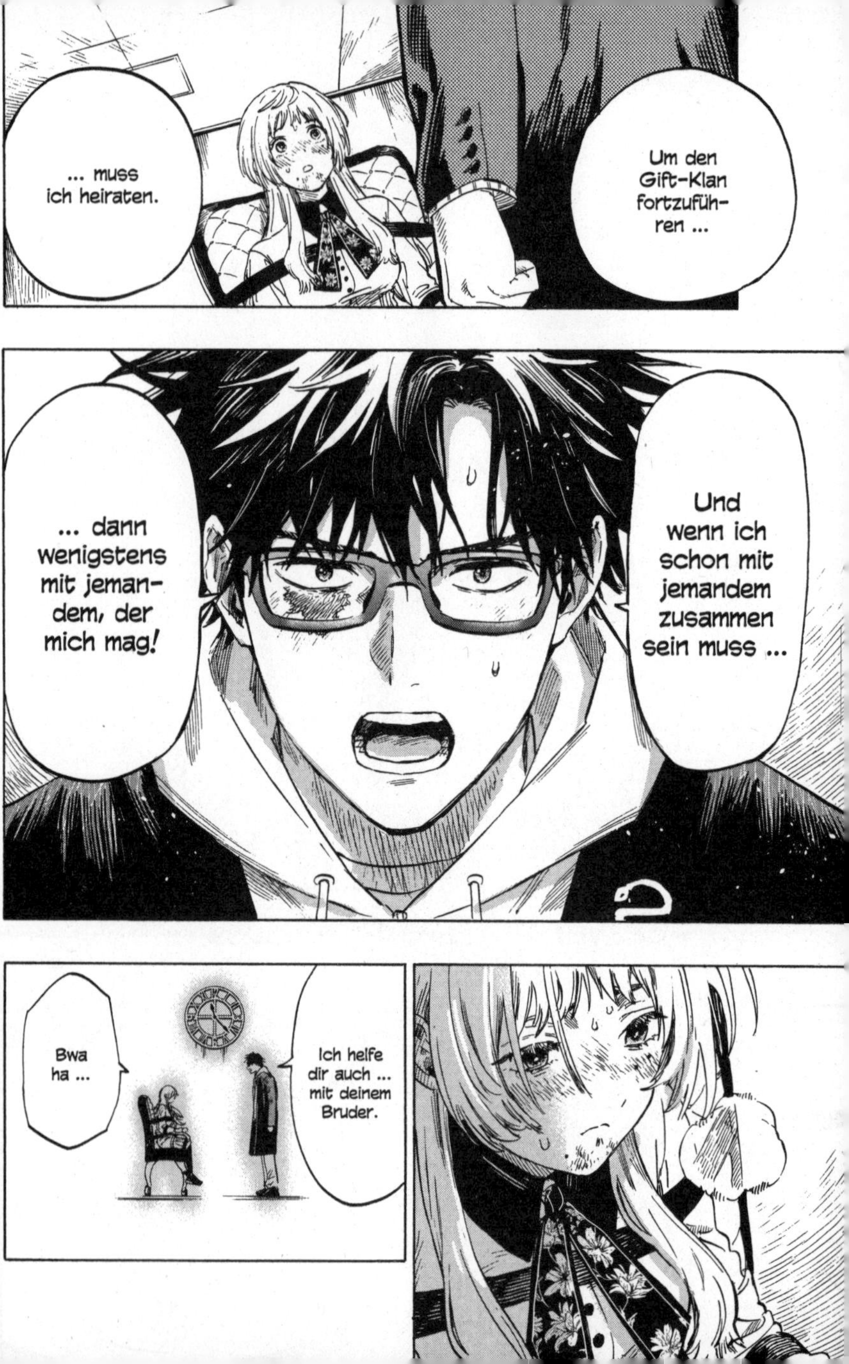
Um den Gift-Klan fortzuführen ...
... muss ich heiraten.
Und wenn ich schon mit jemandem zusammen sein muss ...
... dann wenigstens mit jemandem, der mich mag!
Ich helfe dir auch ... mit deinem Bruder.
Bwa ha ...

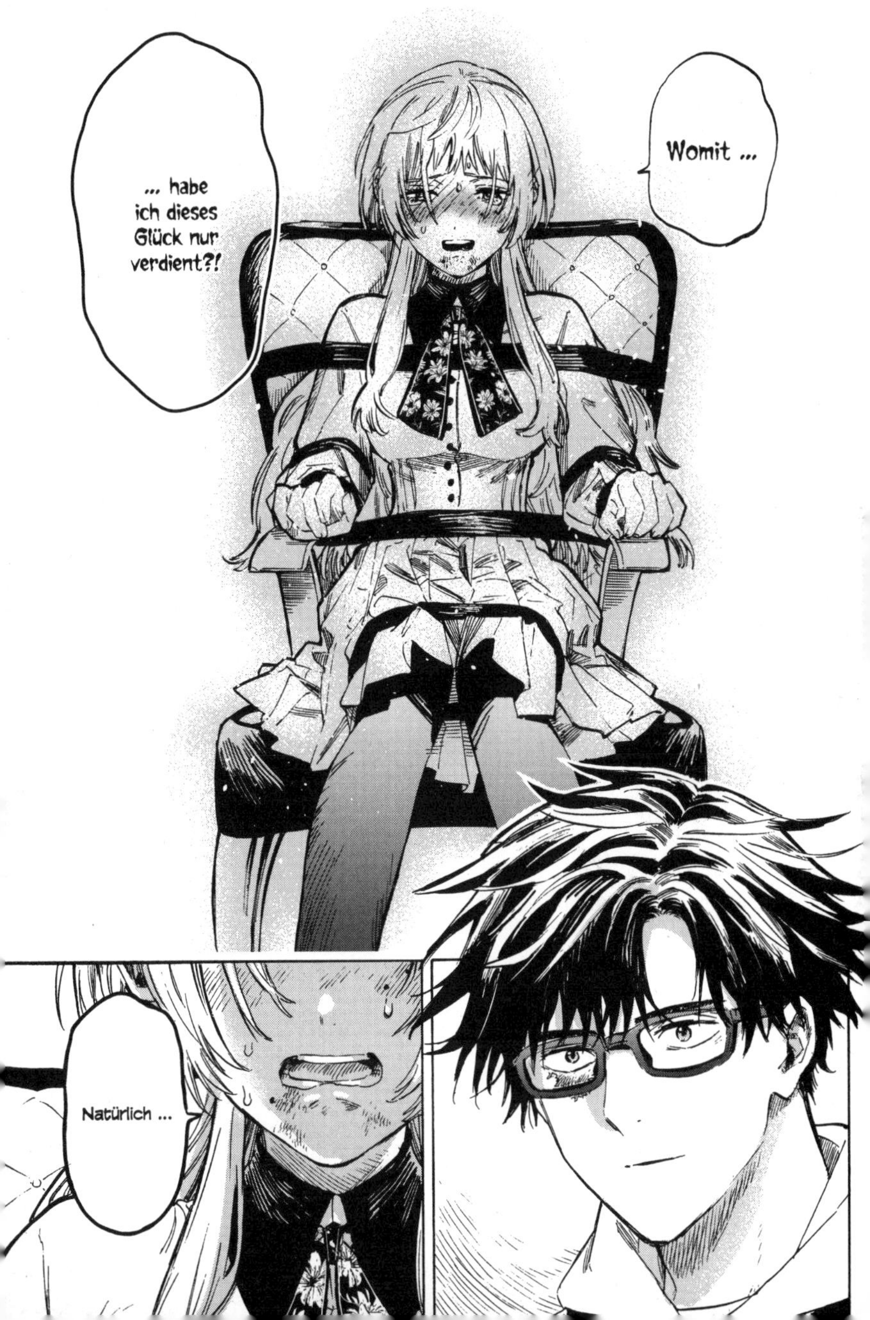
Womit ...
... habe ich dieses Glück nur verdient?!
Natürlich ...

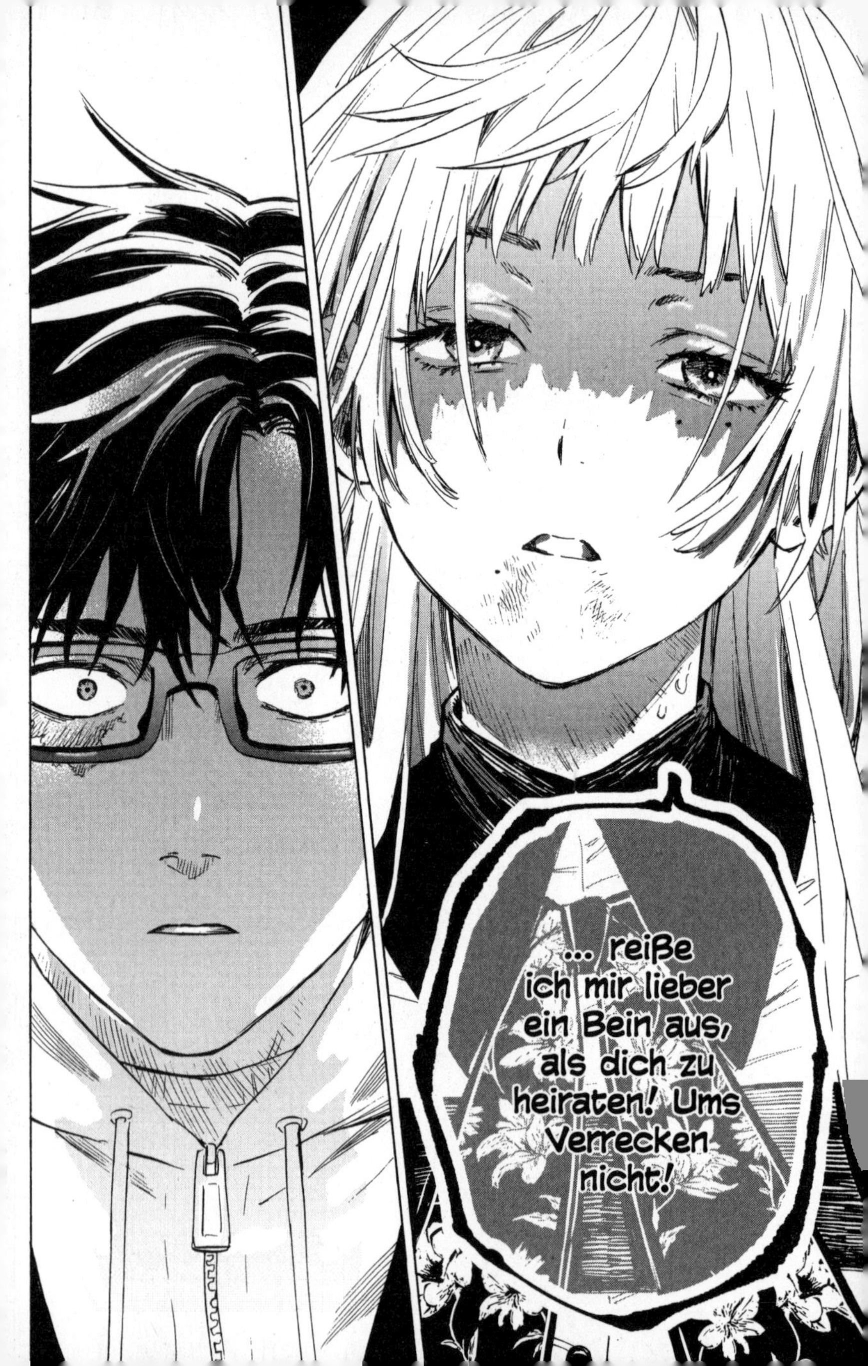
... reiße ich mir lieber ein Bein aus, als dich zu heiraten! Ums Verrecken nicht!

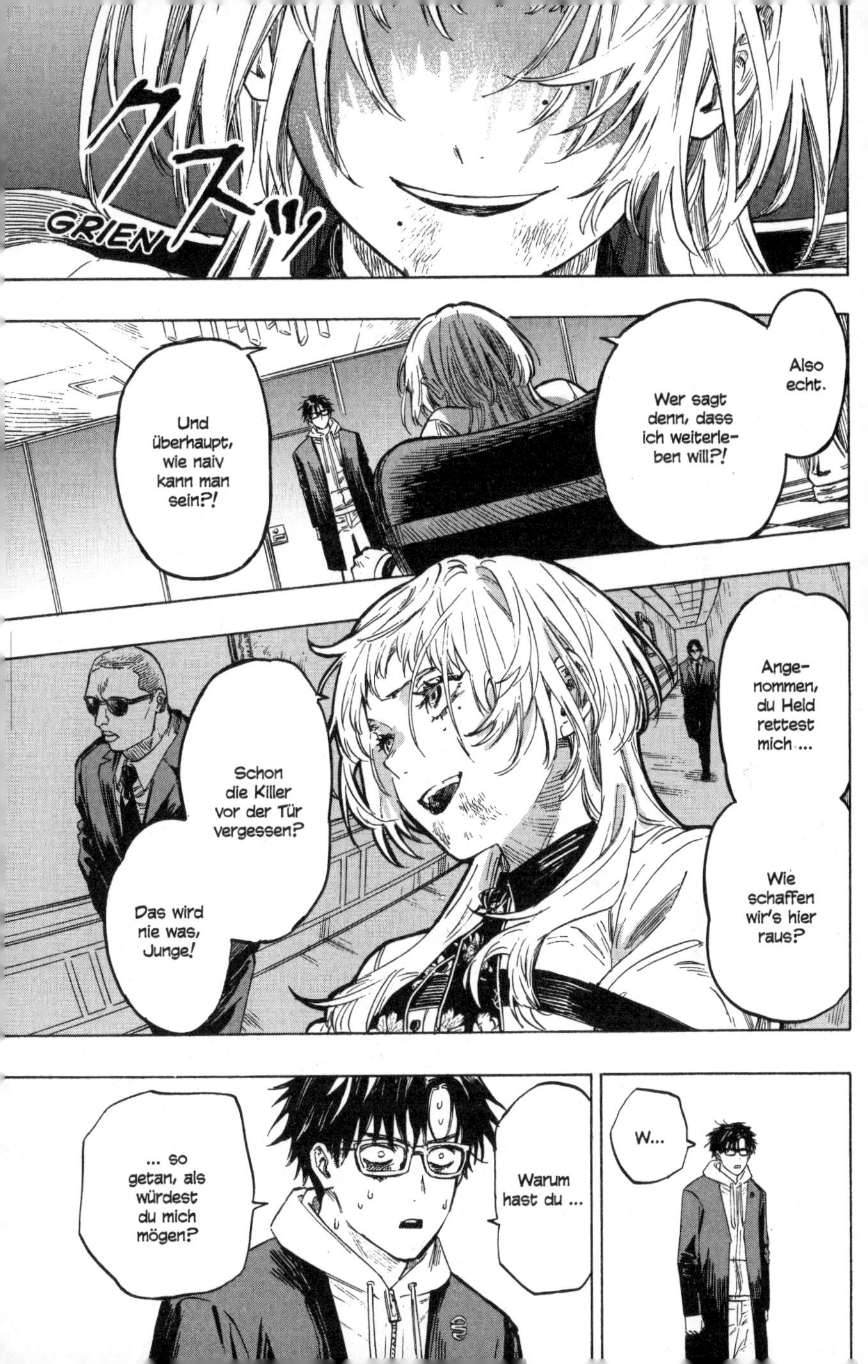
クス…
GRIEN
Also echt.
Wer sagt denn, dass ich weiterleben will?!
Und überhaupt, wie naiv kann man sein?!
Angenommen, du Held rettest mich ...
Wie schaffen wir's hier raus?
Schon die Killer vor der Tür vergessen?
Das wird nie was, Junge!
W...
Warum hast du ...
... so getan, als würdest du mich mögen?

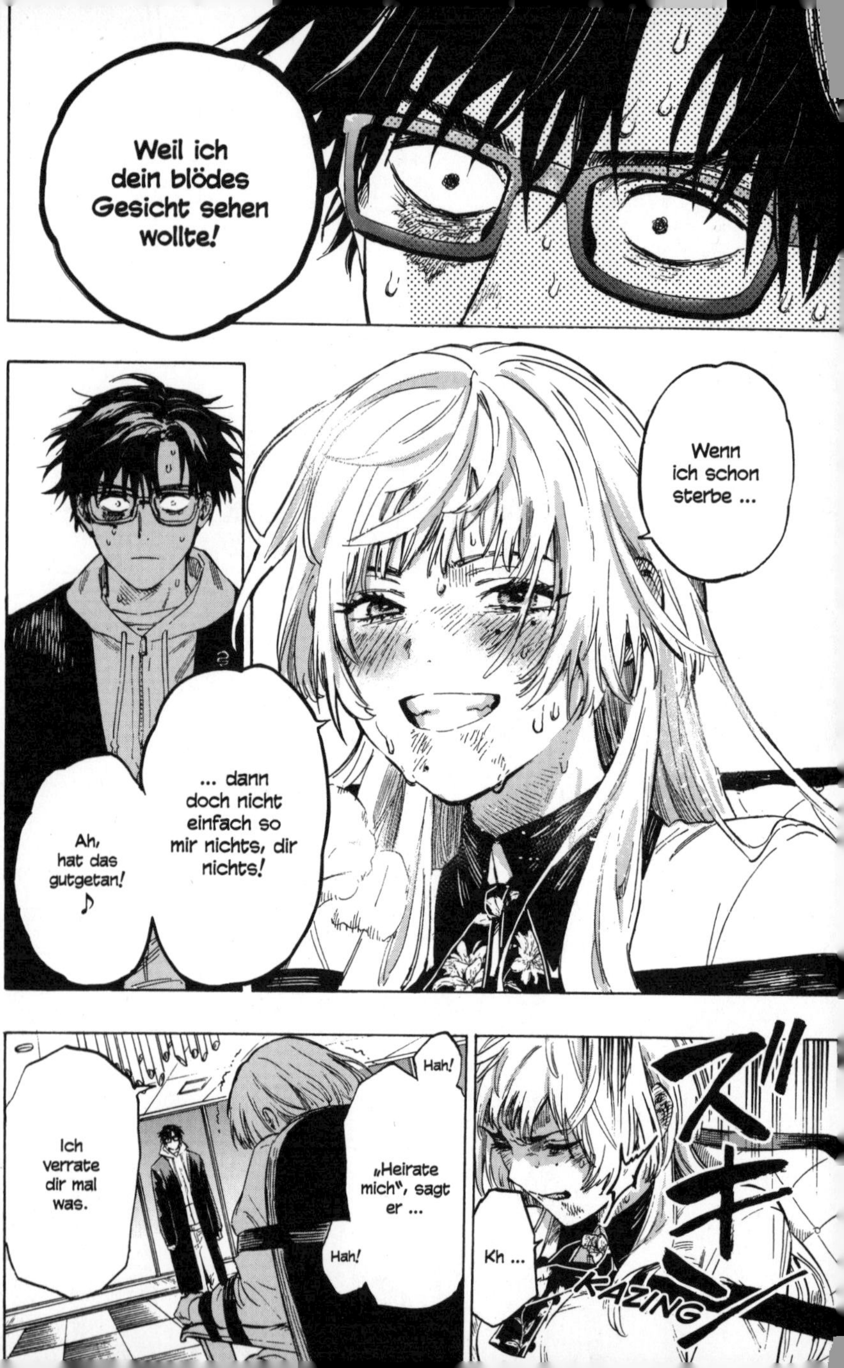
Weil ich dein blödes Gesicht sehen wollte!
Wenn ich schon sterbe ...
... dann doch nicht einfach so mir nichts, dir nichts!
Ah, hat das gutgetan! ♪
Hah!
„Heirate mich", sagt er ...
Hah!
Ich verrate dir mal was.
Kh ...
ズキ
KAZING

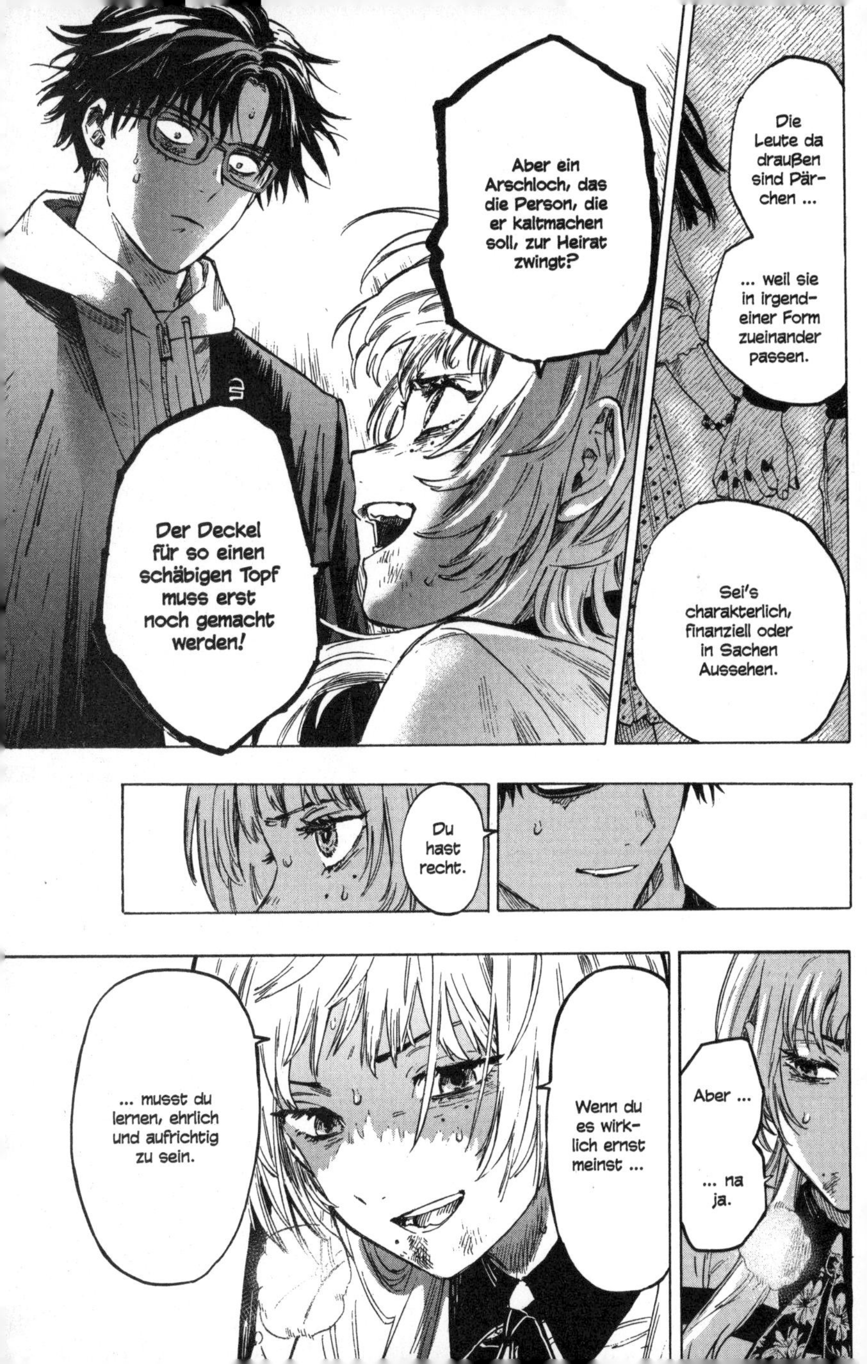

Die Leute da draußen sind Pärchen ...
... weil sie in irgendeiner Form zueinander passen.
Sei's charakterlich, finanziell oder in Sachen Aussehen.
Aber ein Arschloch, das die Person, die er kaltmachen soll, zur Heirat zwingt?
Der Deckel für so einen schäbigen Topf muss erst noch gemacht werden!
Du hast recht.
Aber ...
... na ja.
Wenn du es wirklich ernst meinst ...
... musst du lernen, ehrlich und aufrichtig zu sein.

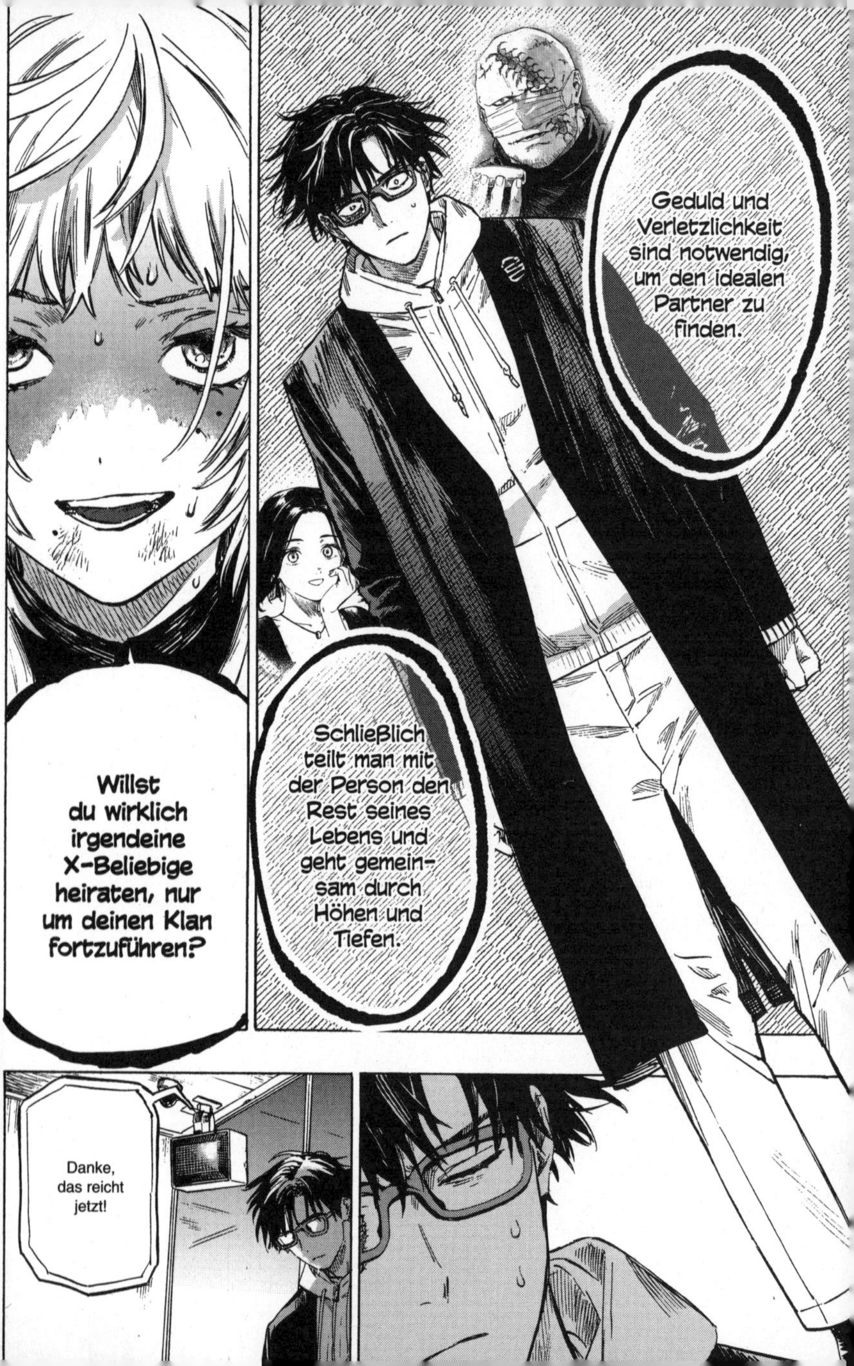

Geduld und Verletzlichkeit sind notwendig, um den idealen Partner zu finden.
Schließlich teilt man mit der Person den Rest seines Lebens und geht gemeinsam durch Höhen und Tiefen.
Willst du wirklich irgendeine X-Beliebige heiraten, nur um deinen Klan fortzuführen?
Danke, das reicht jetzt!

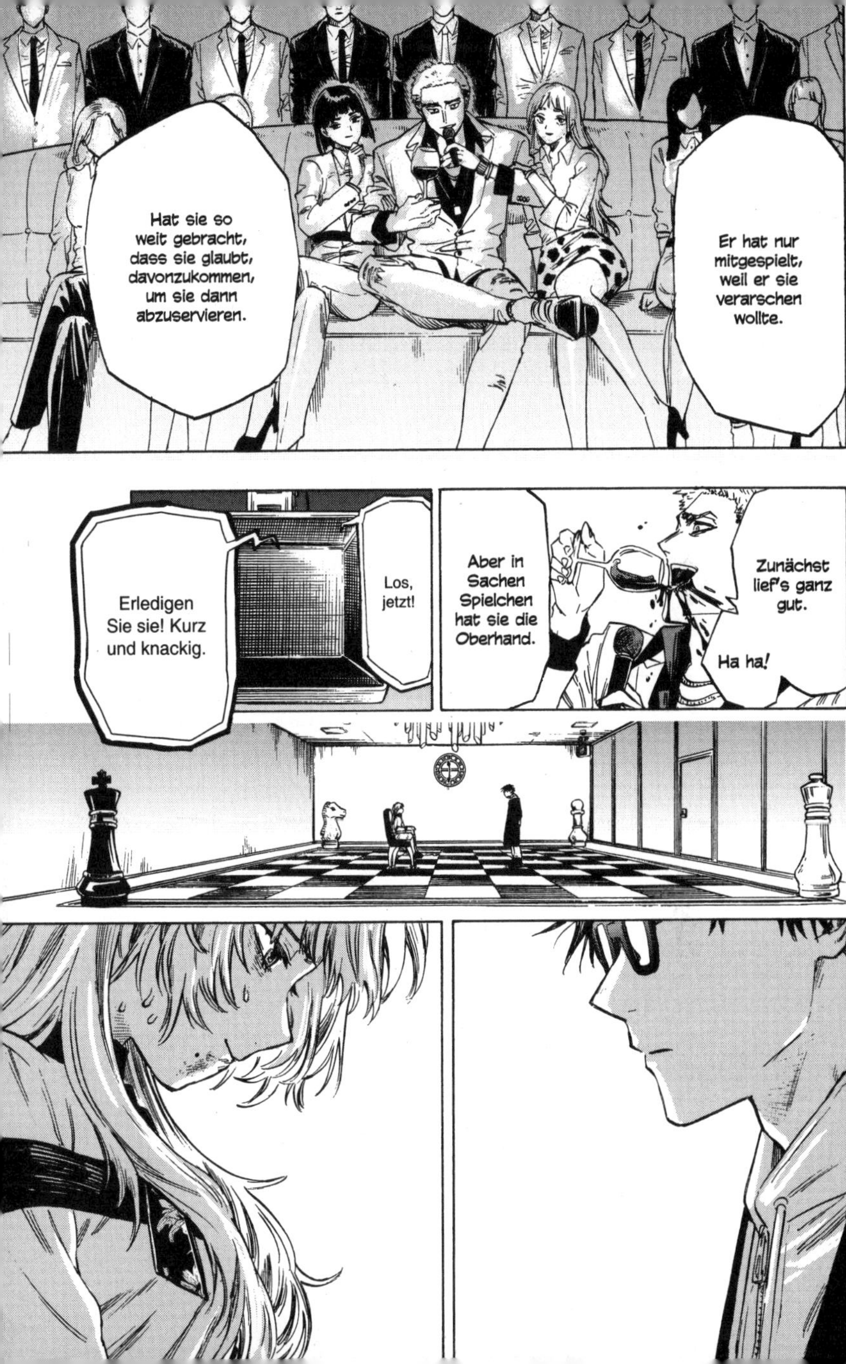
Er hat nur mitgespielt, weil er sie verarschen wollte.
Hat sie so weit gebracht, dass sie glaubt, davonzukommen, um sie dann abzuservieren.
Zunächst lief's ganz gut.
Ha ha!
Aber in Sachen Spielchen hat sie die Oberhand.
Los, jetzt!
Erledigen Sie sie! Kurz und knackig.

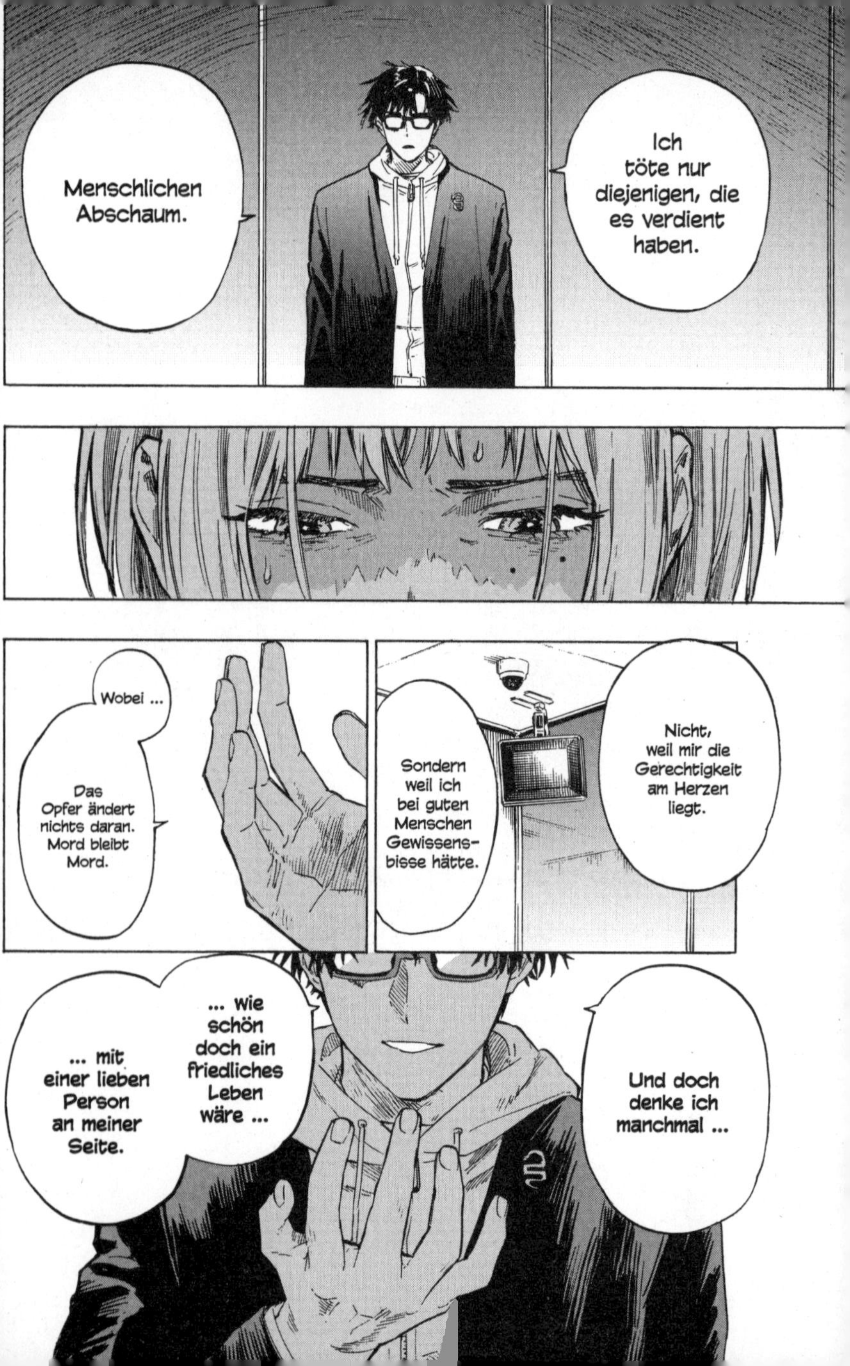
Ich töte nur diejenigen, die es verdient haben.
Menschlichen Abschaum.
Nicht, weil mir die Gerechtigkeit am Herzen liegt.
Sondern weil ich bei guten Menschen Gewissensbisse hätte.
Wobei ...
Das Opfer ändert nichts daran. Mord bleibt Mord.
Und doch denke ich manchmal ...
... wie schön doch ein friedliches Leben wäre ...
... mit einer lieben Person an meiner Seite.

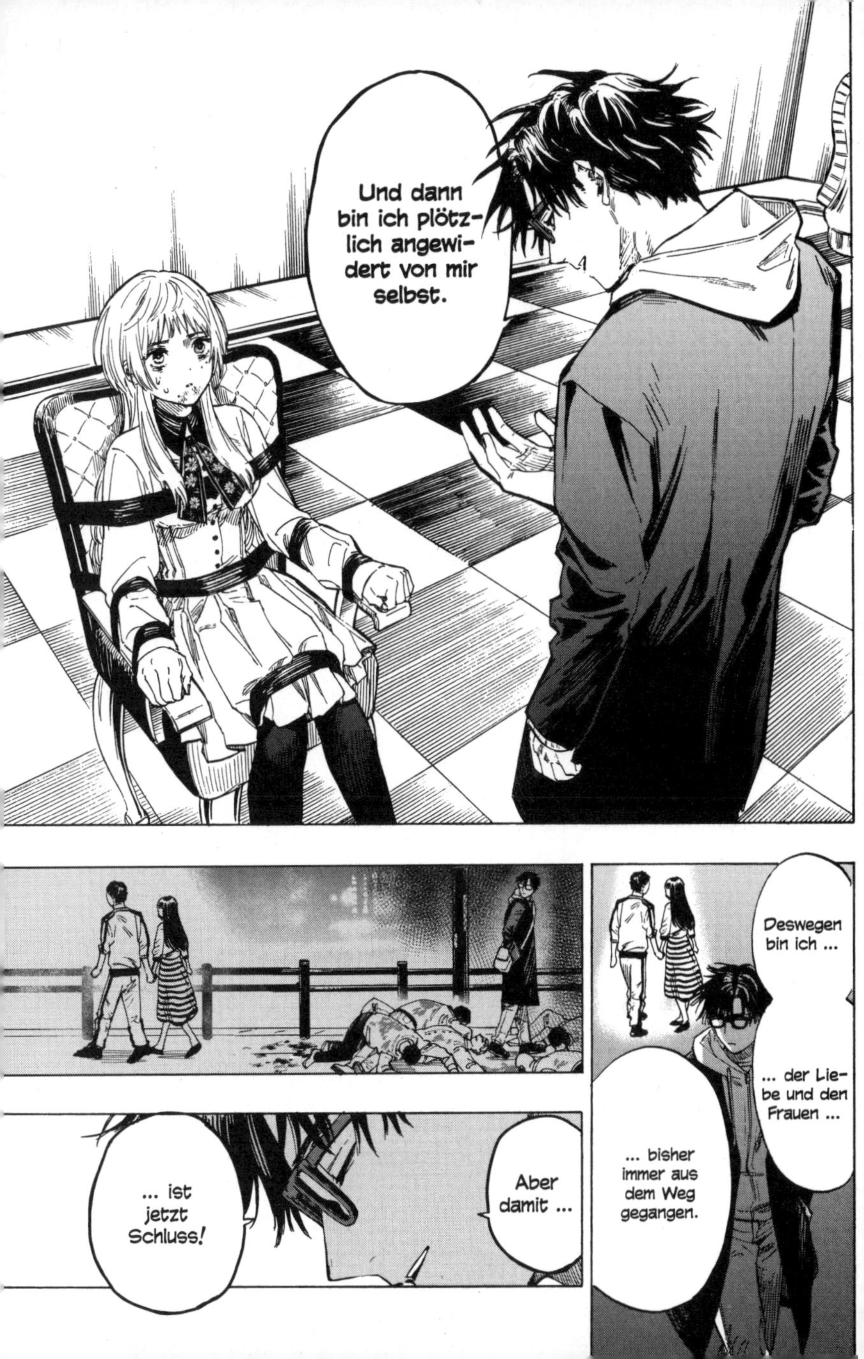
Und dann bin ich plötzlich angewidert von mir selbst.
Deswegen bin ich ...
... der Liebe und den Frauen ...
... bisher immer aus dem Weg gegangen.
Aber damit ...
... ist jetzt Schluss!

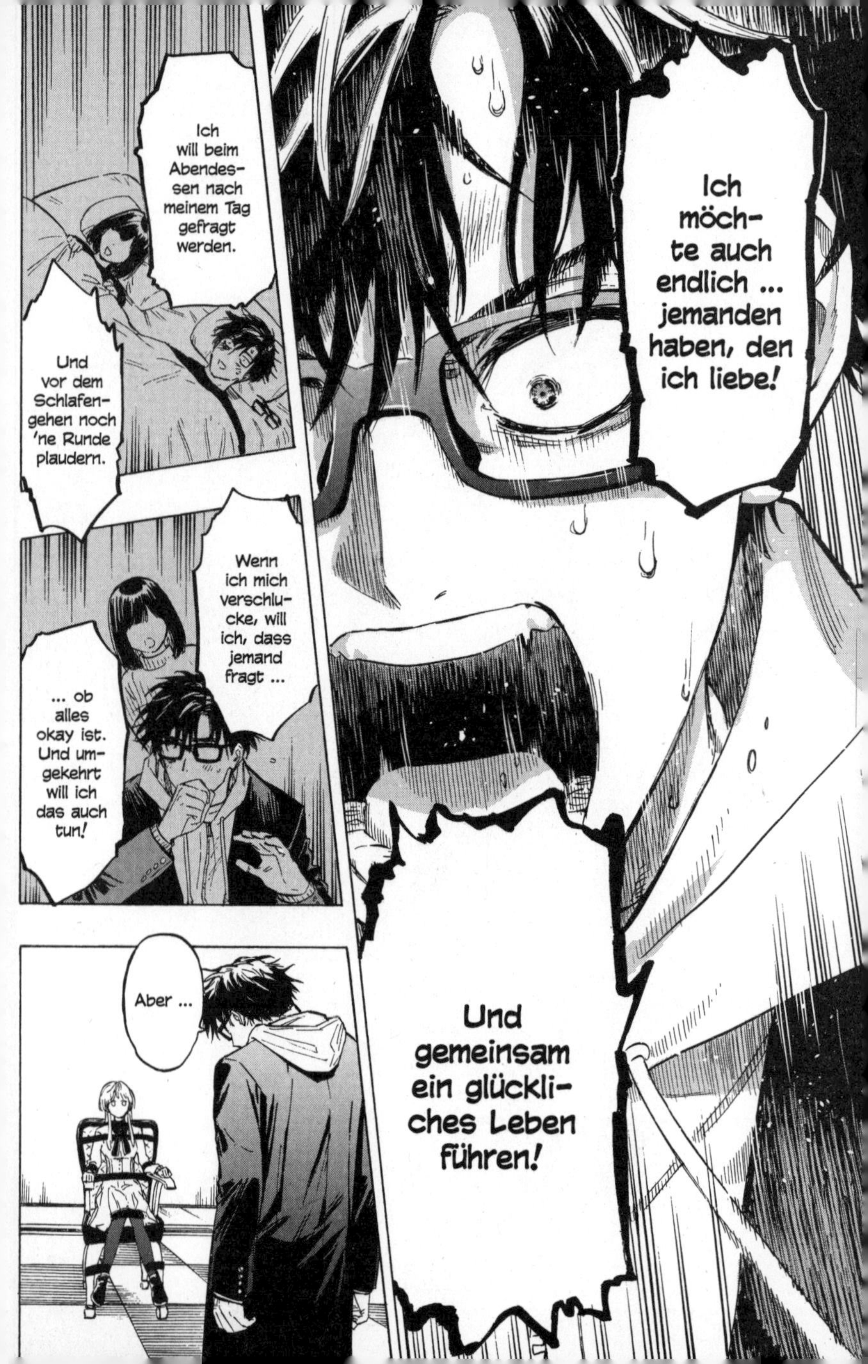

Ich will beim Abendessen nach meinem Tag gefragt werden.
Und vor dem Schlafengehen noch 'ne Runde plaudern.
Wenn ich mich verschlucke, will ich, dass jemand fragt ...
... ob alles okay ist. Und umgekehrt will ich das auch tun!
Ich möchte auch endlich ... jemanden haben, den ich liebe!
Und gemeinsam ein glückliches Leben führen!
Aber ...

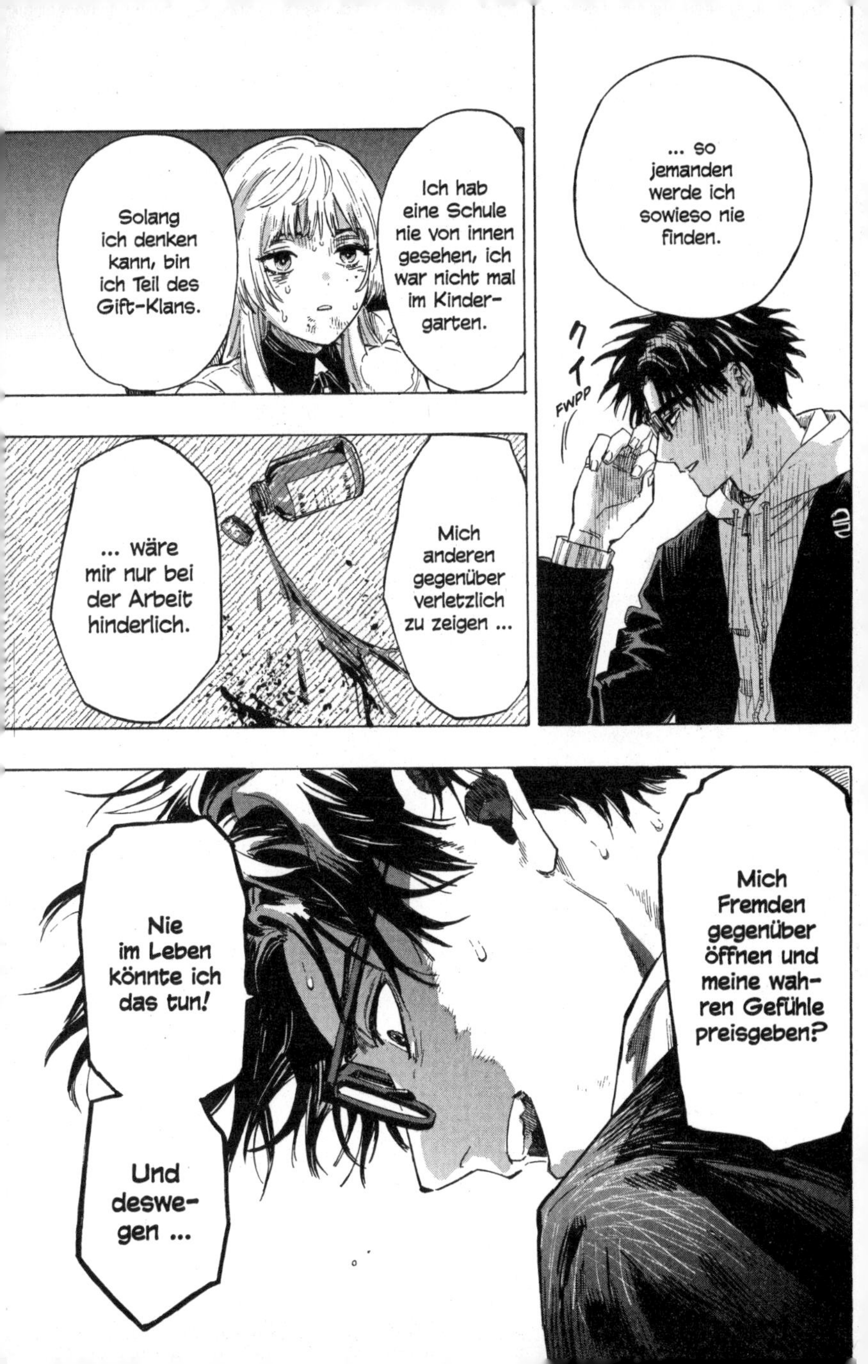

... so jemanden werde ich sowieso nie finden.
クイ
FWPP
Ich hab eine Schule nie von innen gesehen, ich war nicht mal im Kindergarten.
Solang ich denken kann, bin ich Teil des Gift-Klans.
Mich anderen gegenüber verletzlich zu zeigen ...
... wäre mir nur bei der Arbeit hinderlich.
Mich Fremden gegenüber öffnen und meine wahren Gefühle preisgeben?
Nie im Leben könnte ich das tun!
Und deswegen ...

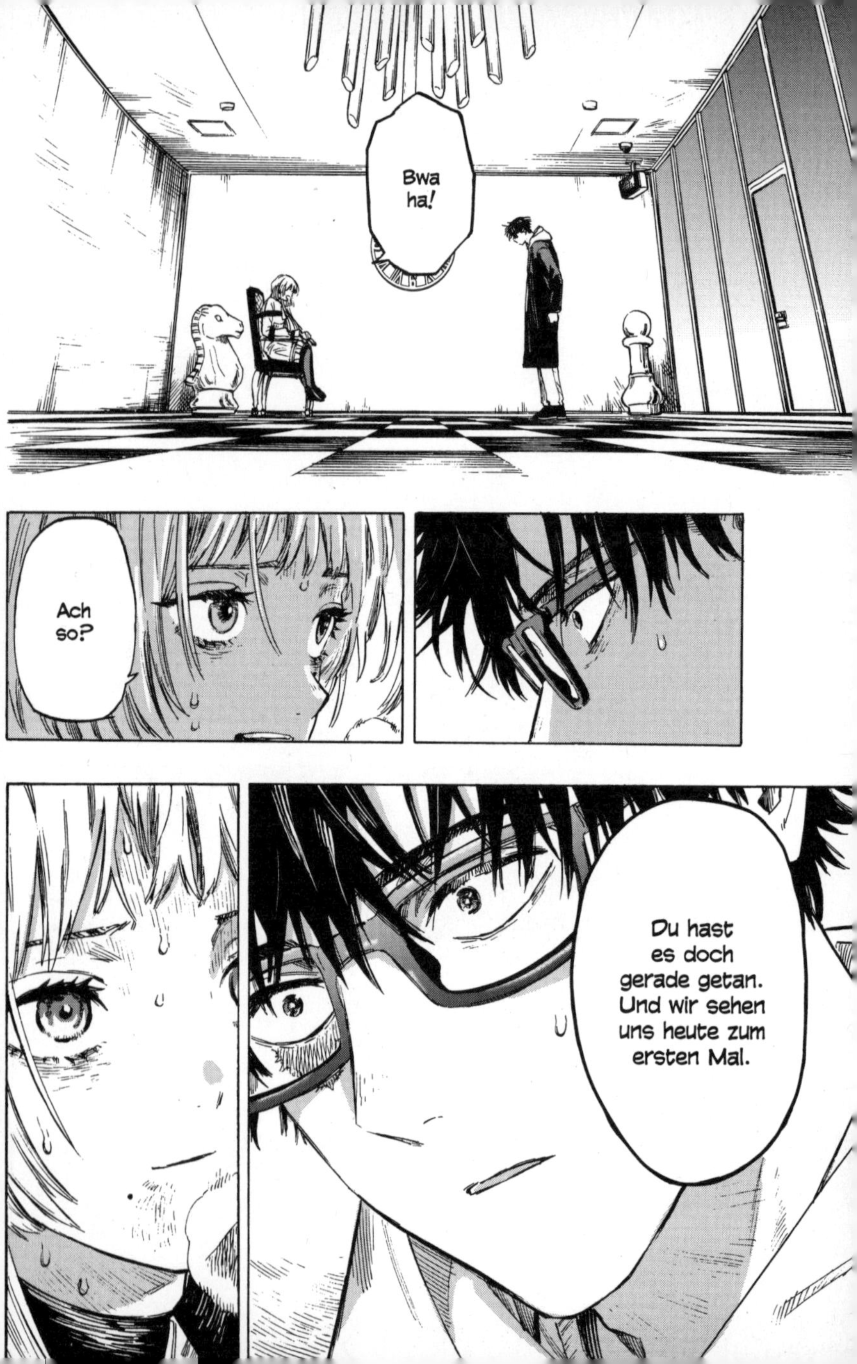
Bwa ha!
Ach so?
Du hast es doch gerade getan. Und wir sehen uns heute zum ersten Mal.

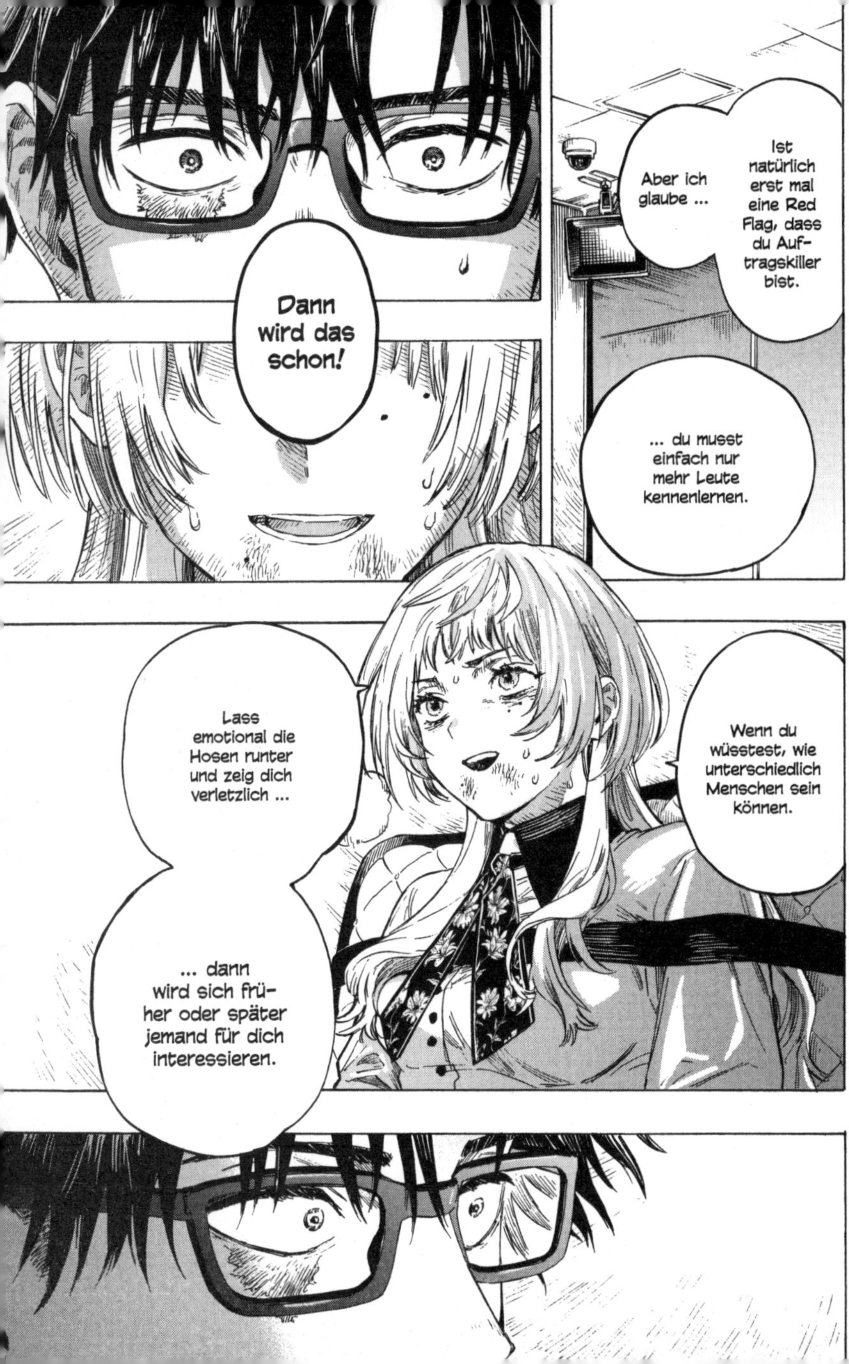
Ist natürlich erst mal eine Red Flag, dass du Auftragskiller bist.
Aber ich glaube ...
... du musst einfach nur mehr Leute kennenlernen.
Dann wird das schon!
Wenn du wüsstest, wie unterschiedlich Menschen sein können.
Lass emotional die Hosen runter und zeig dich verletzlich ...
... dann wird sich früher oder später jemand für dich interessieren.

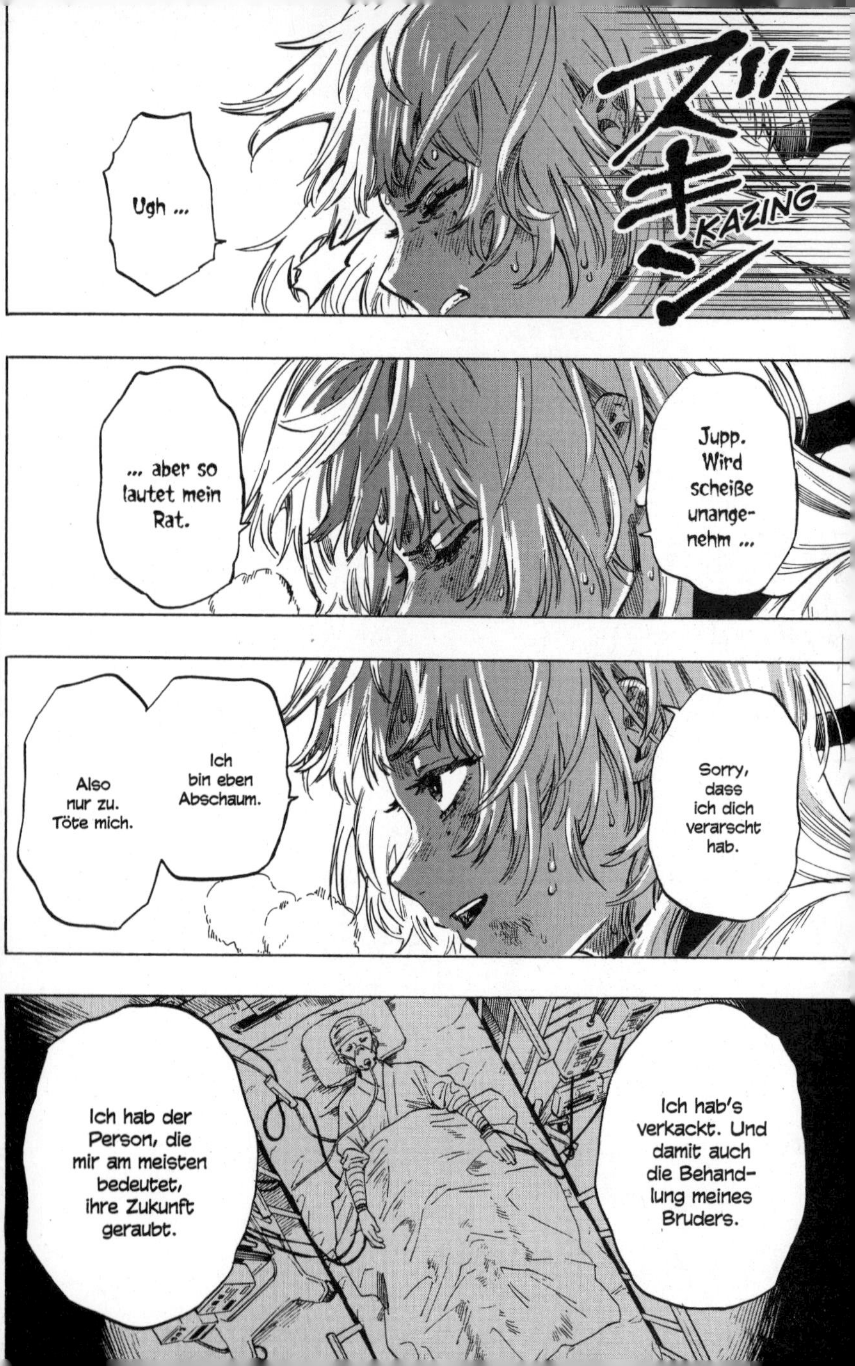
KAZING
Ugh ...
Jupp. Wird scheiße unangenehm ...
... aber so lautet mein Rat.
Sorry, dass ich dich verarscht hab.
Ich bin eben Abschaum.
Also nur zu. Töte mich.
Ich hab's verkackt. Und damit auch die Behandlung meines Bruders.
Ich hab der Person, die mir am meisten bedeutet, ihre Zukunft geraubt.

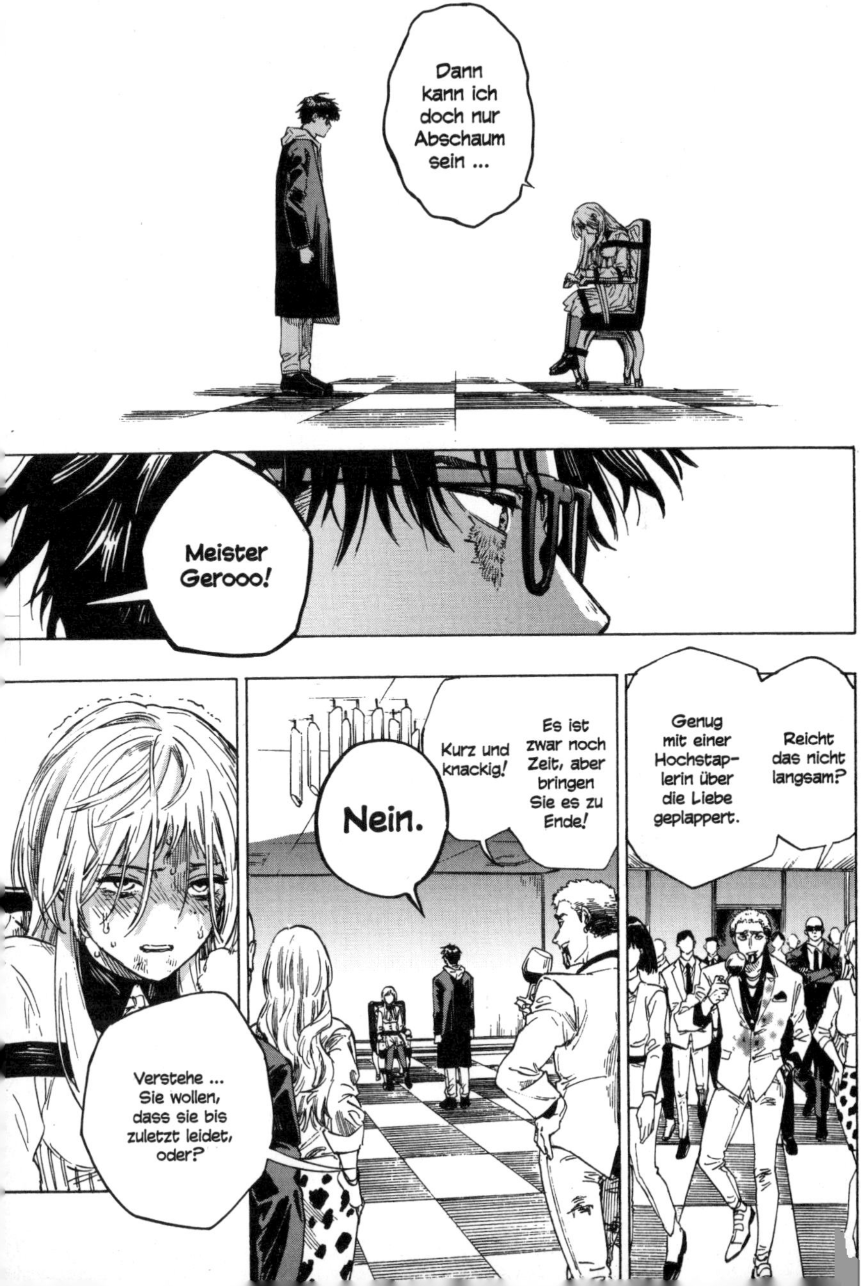
Dann kann ich doch nur Abschaum sein ...
Meister Gerooo!
Reicht das nicht langsam?
Genug mit einer Hochstaplerin über die Liebe geplappert.
Es ist zwar noch Zeit, aber bringen Sie es zu Ende!
Kurz und knackig!
Nein.
Verstehe ... Sie wollen, dass sie bis zuletzt leidet, oder?

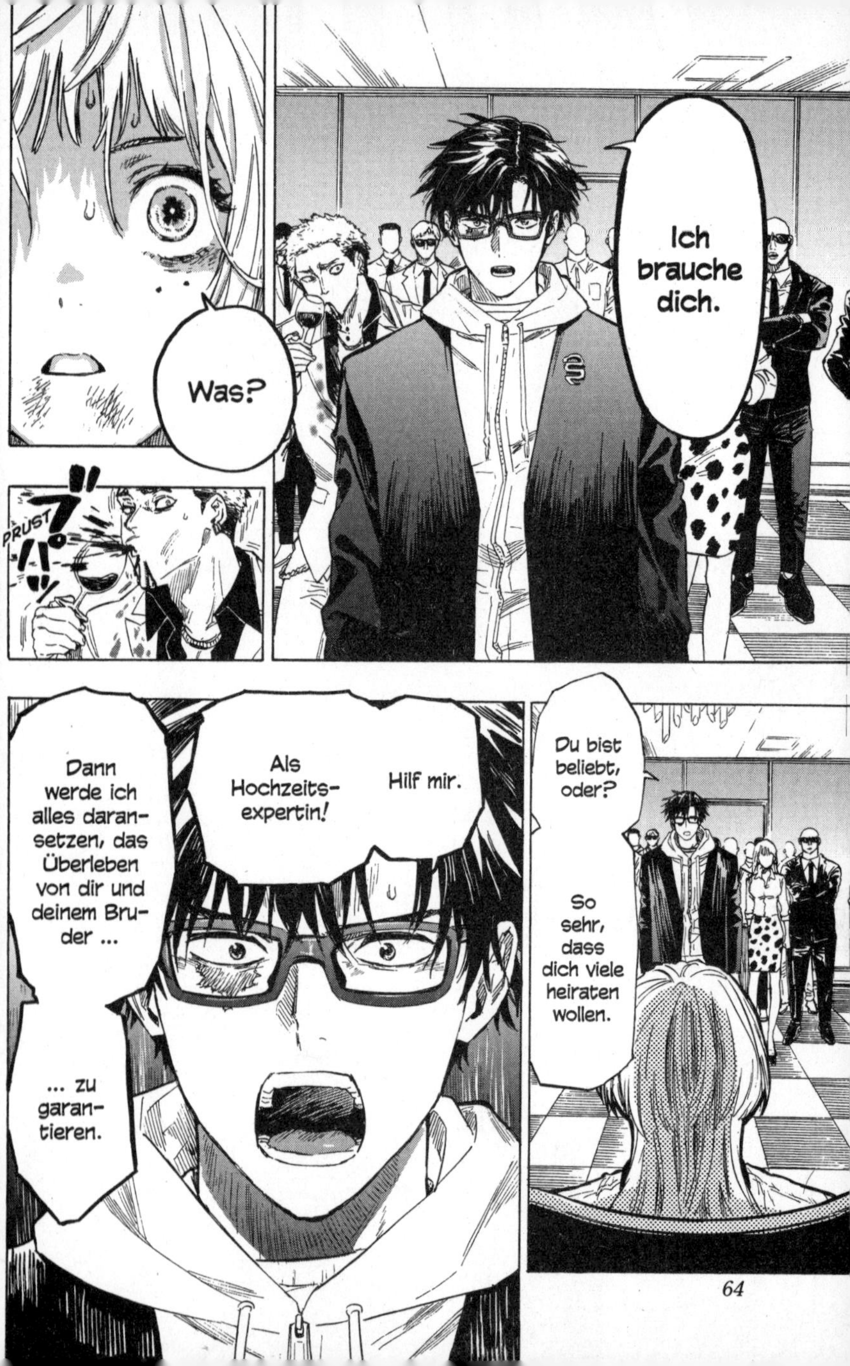
Ich brauche dich.
Was?
PRUST
Du bist beliebt, oder?
So sehr, dass dich viele heiraten wollen.
Hilf mir.
Als Hochzeits-expertin!
Dann werde ich alles daran-setzen, das Überleben von dir und deinem Bru-der ...
... zu garan-tieren.

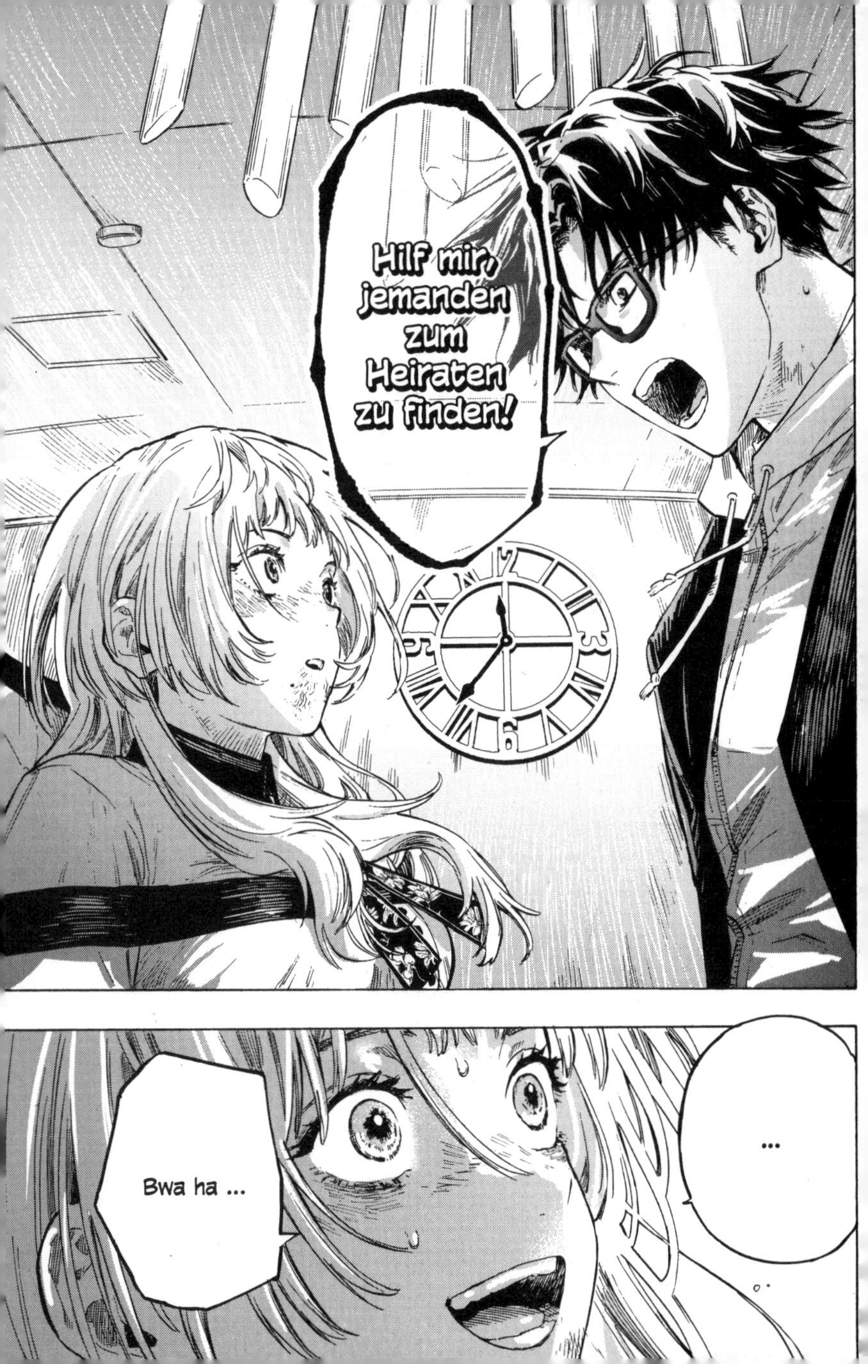
Hilf mir, jemanden zum Heiraten zu finden!
...
Bwa ha ...

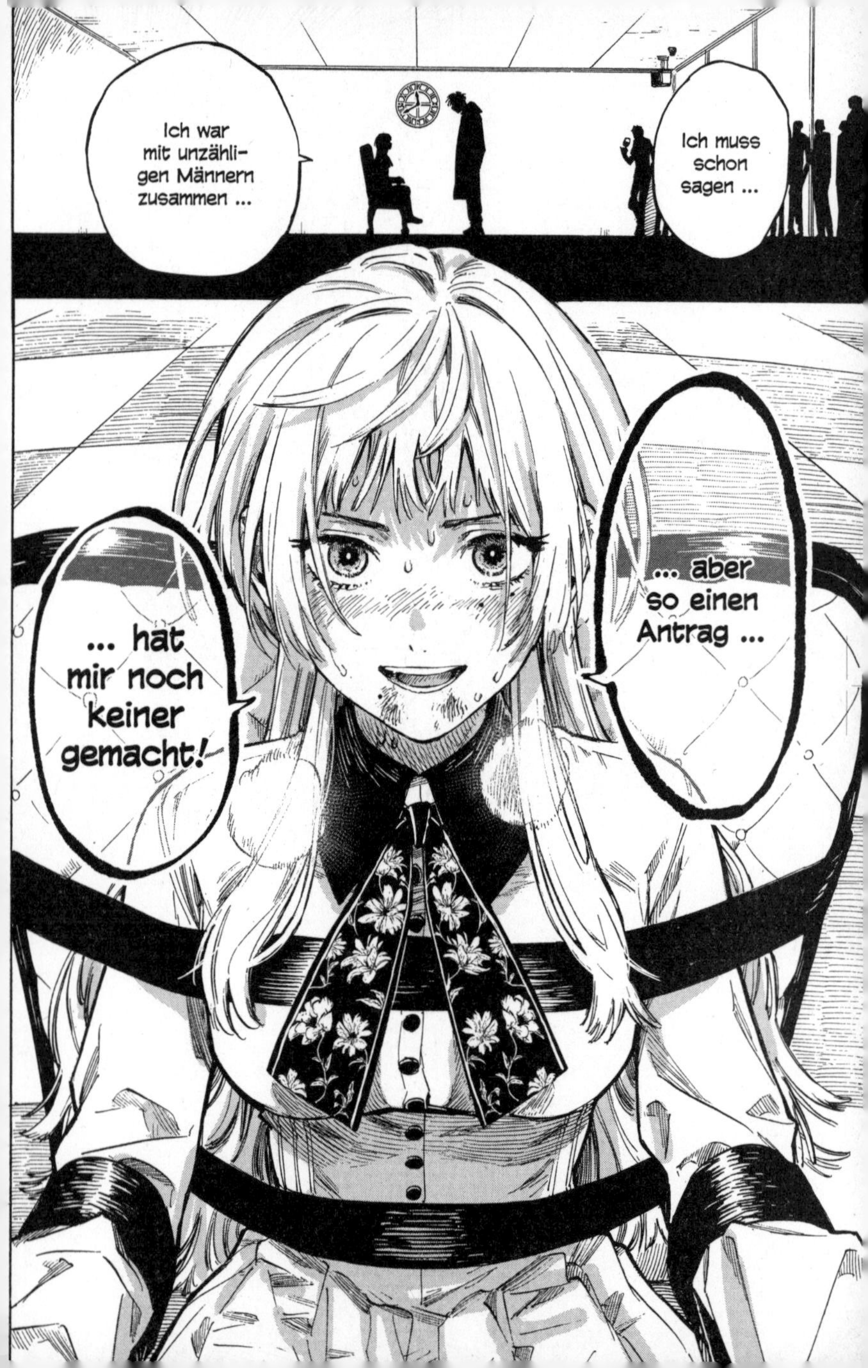
Ich muss schon sagen ...
Ich war mit unzähligen Männern zusammen ...
... aber so einen Antrag ...
... hat mir noch keiner gemacht!

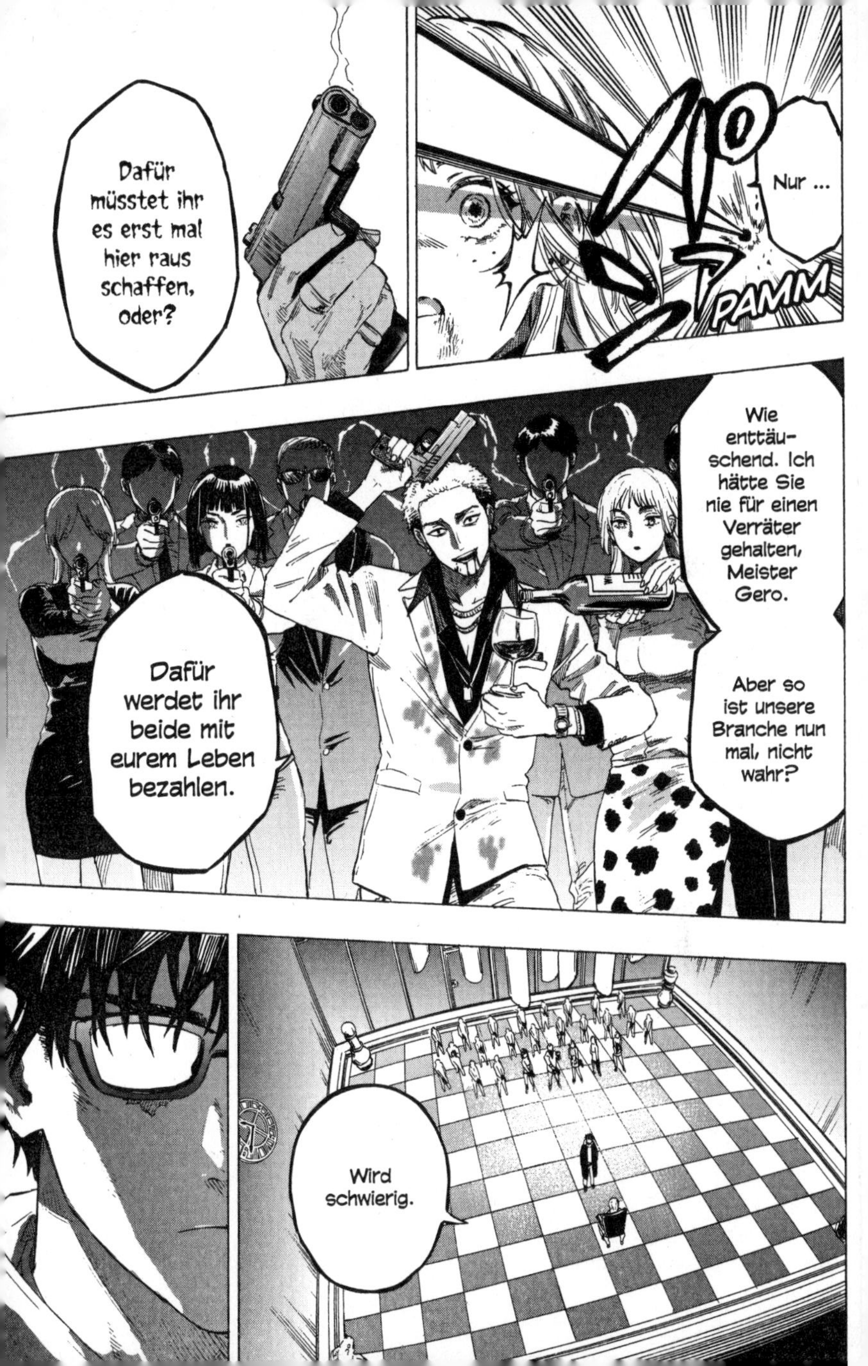

Nur ...
PAMM
Dafür müsstet ihr es erst mal hier raus schaffen, oder?
Wie enttäuschend. Ich hätte Sie nie für einen Verräter gehalten, Meister Gero.
Aber so ist unsere Branche nun mal, nicht wahr?
Dafür werdet ihr beide mit eurem Leben bezahlen.
Wird schwierig.

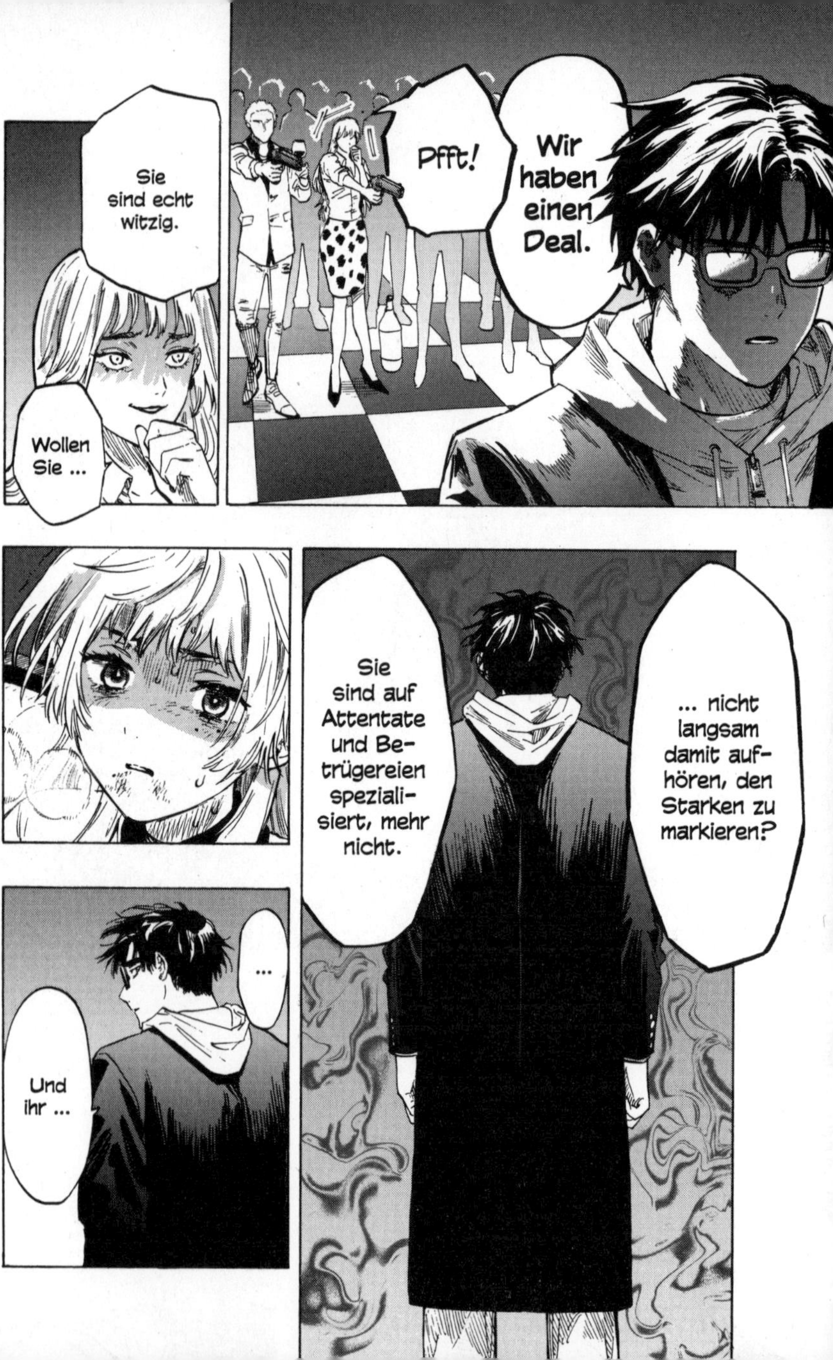

Wir haben einen Deal.
Pfft!
Sie sind echt witzig.
Wollen Sie ...
... nicht langsam damit aufhören, den Starken zu markieren?
Sie sind auf Attentate und Betrügereien spezialisiert, mehr nicht.
...
Und ihr ...

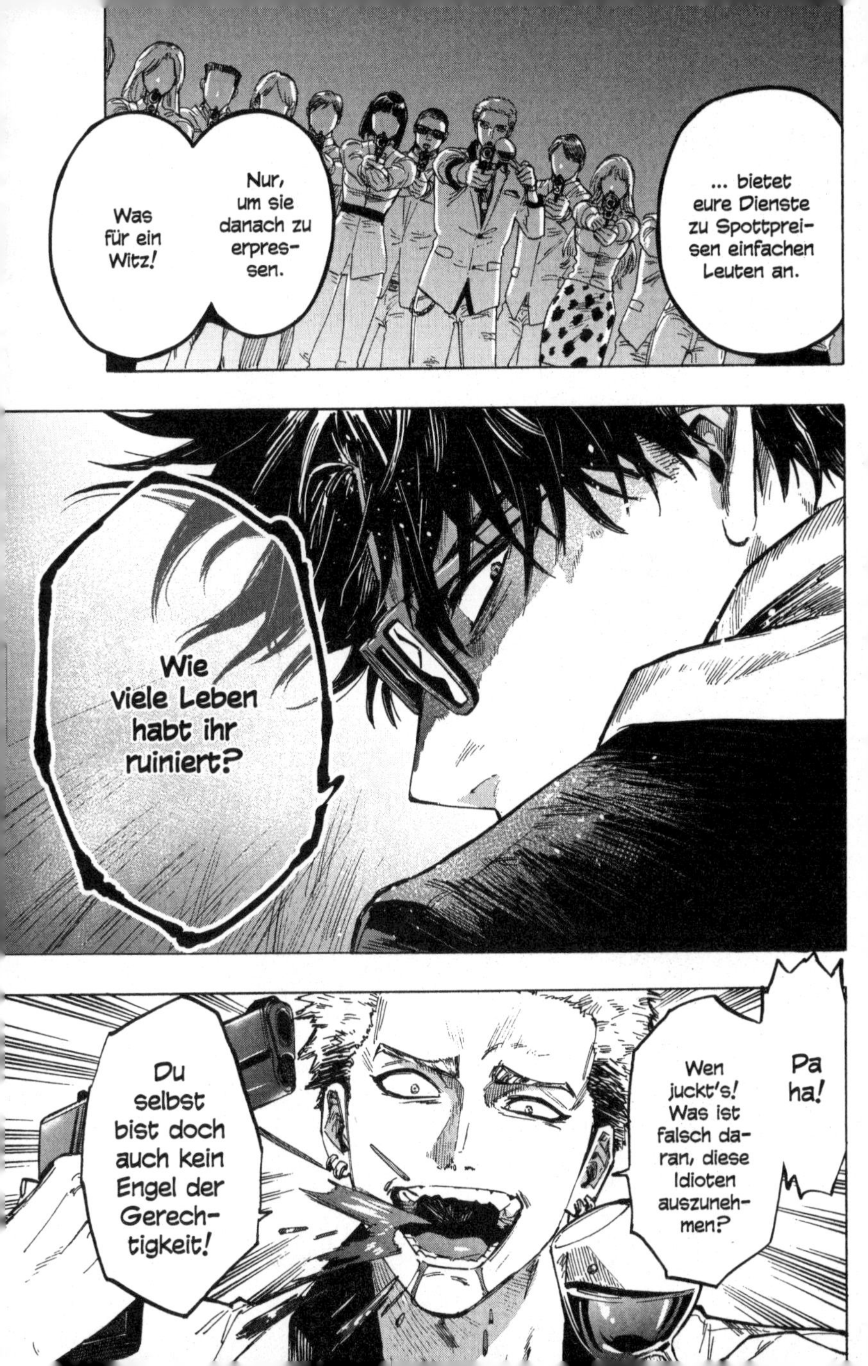
... bietet eure Dienste zu Spottpreisen einfachen Leuten an.
Nur, um sie danach zu erpressen.
Was für ein Witz!
Wie viele Leben habt ihr ruiniert?
Pa ha!
Wen juckt's! Was ist falsch daran, diese Idioten auszunehmen?
Du selbst bist doch auch kein Engel der Gerechtigkeit!

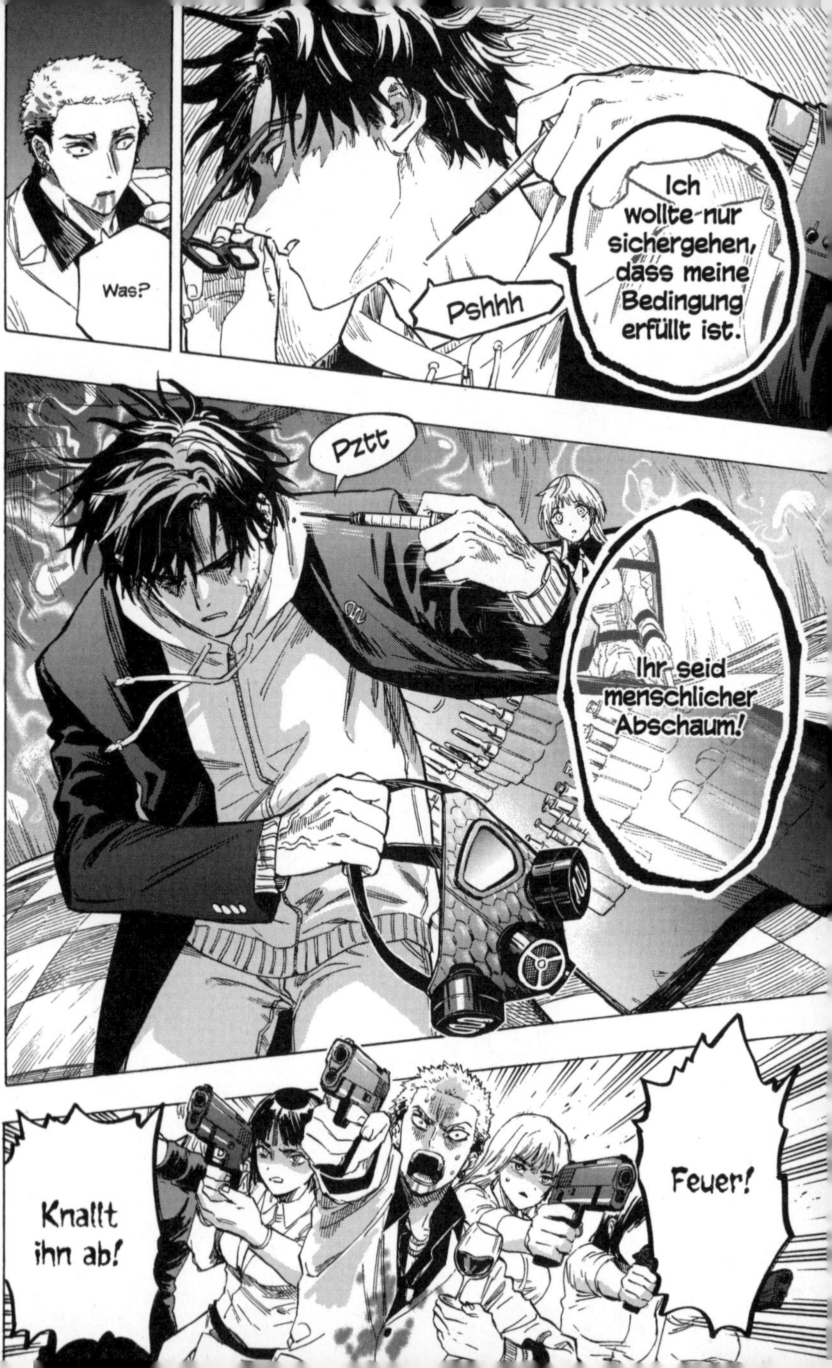
Ich wollte nur sichergehen, dass meine Bedingung erfüllt ist.
Pshhh
Was?
Ihr seid menschlicher Abschaum!
Pztt
Feuer!
Knallt ihn ab!

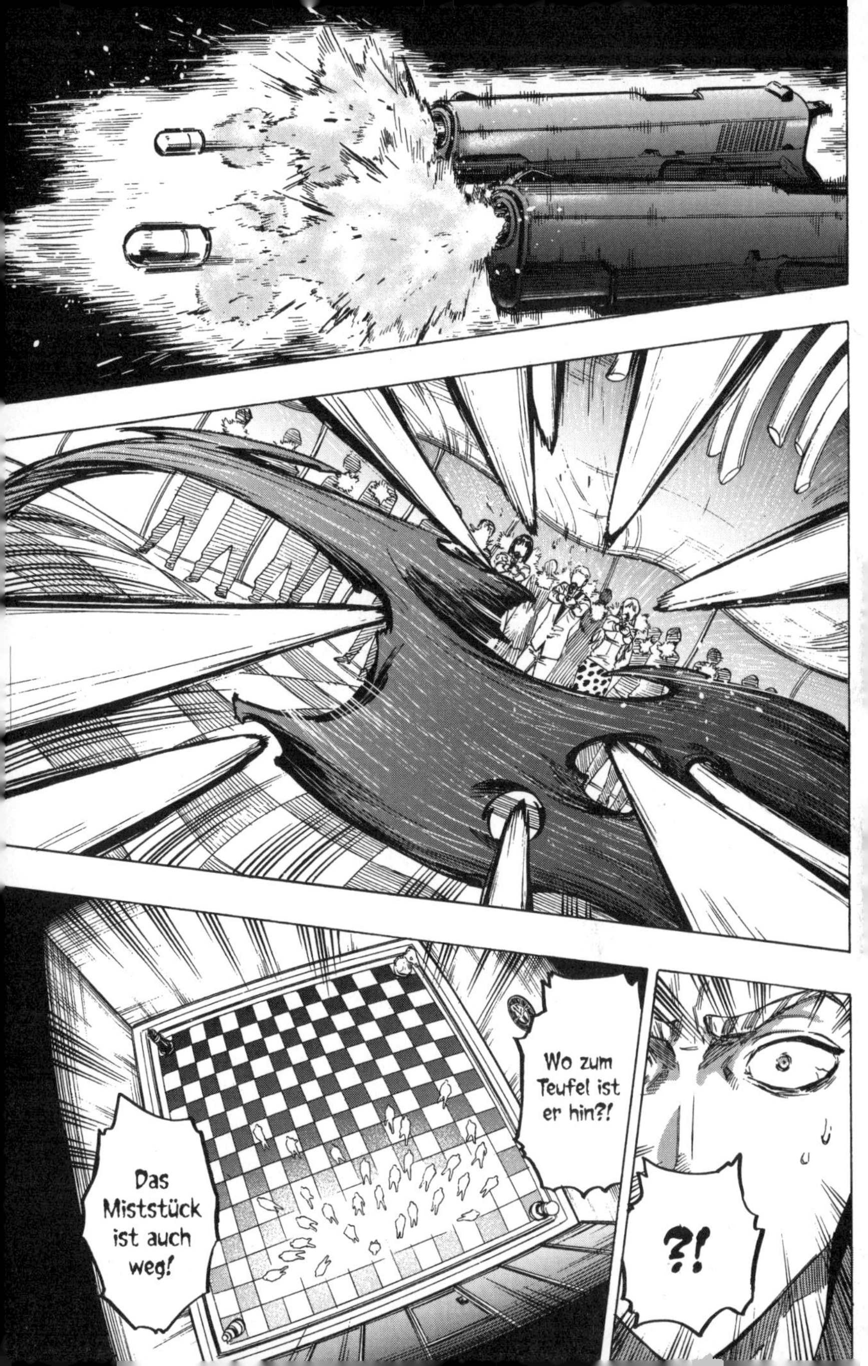
?!
Wo zum Teufel ist er hin?!
Das Miststück ist auch weg!

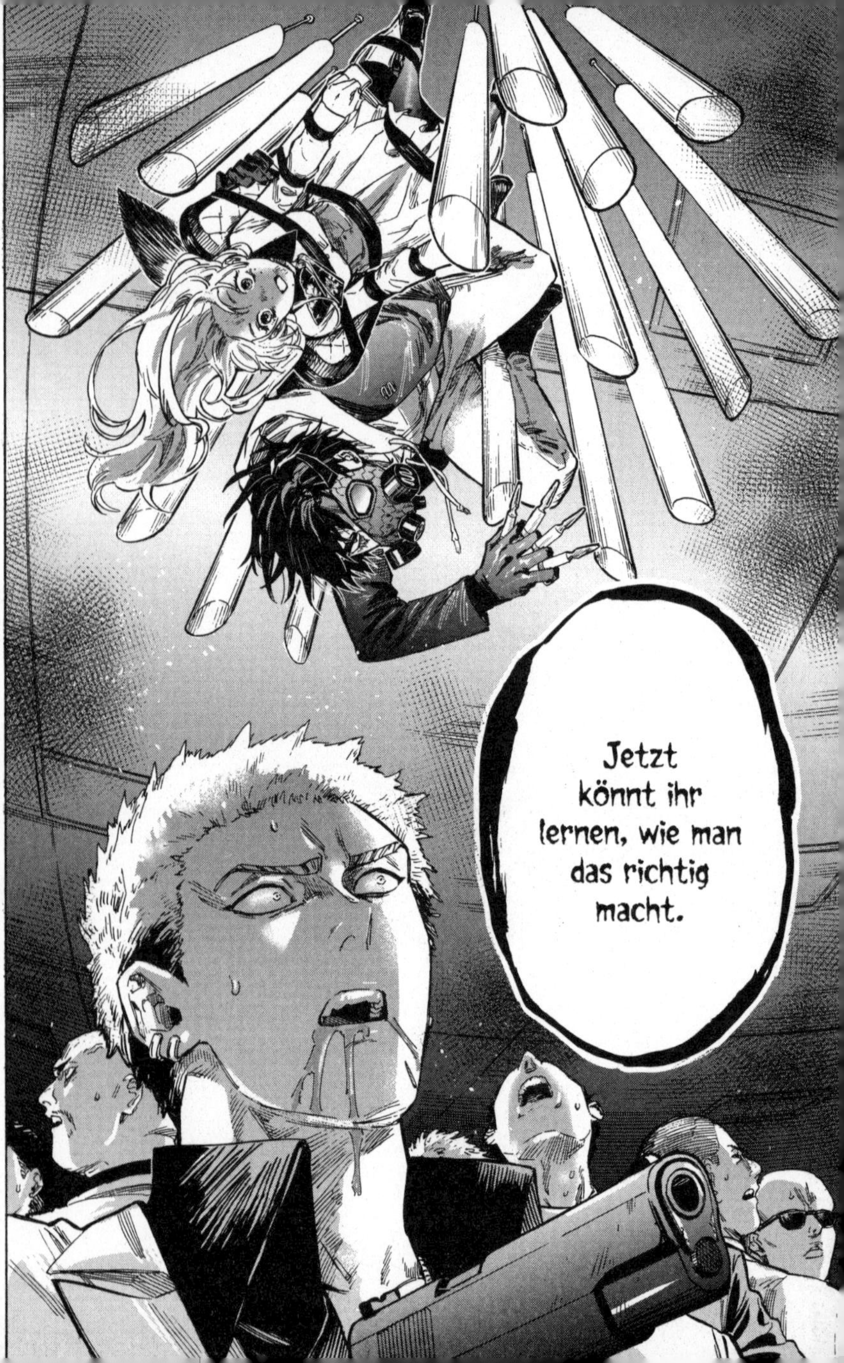
Jetzt könnt ihr lernen, wie man das richtig macht.

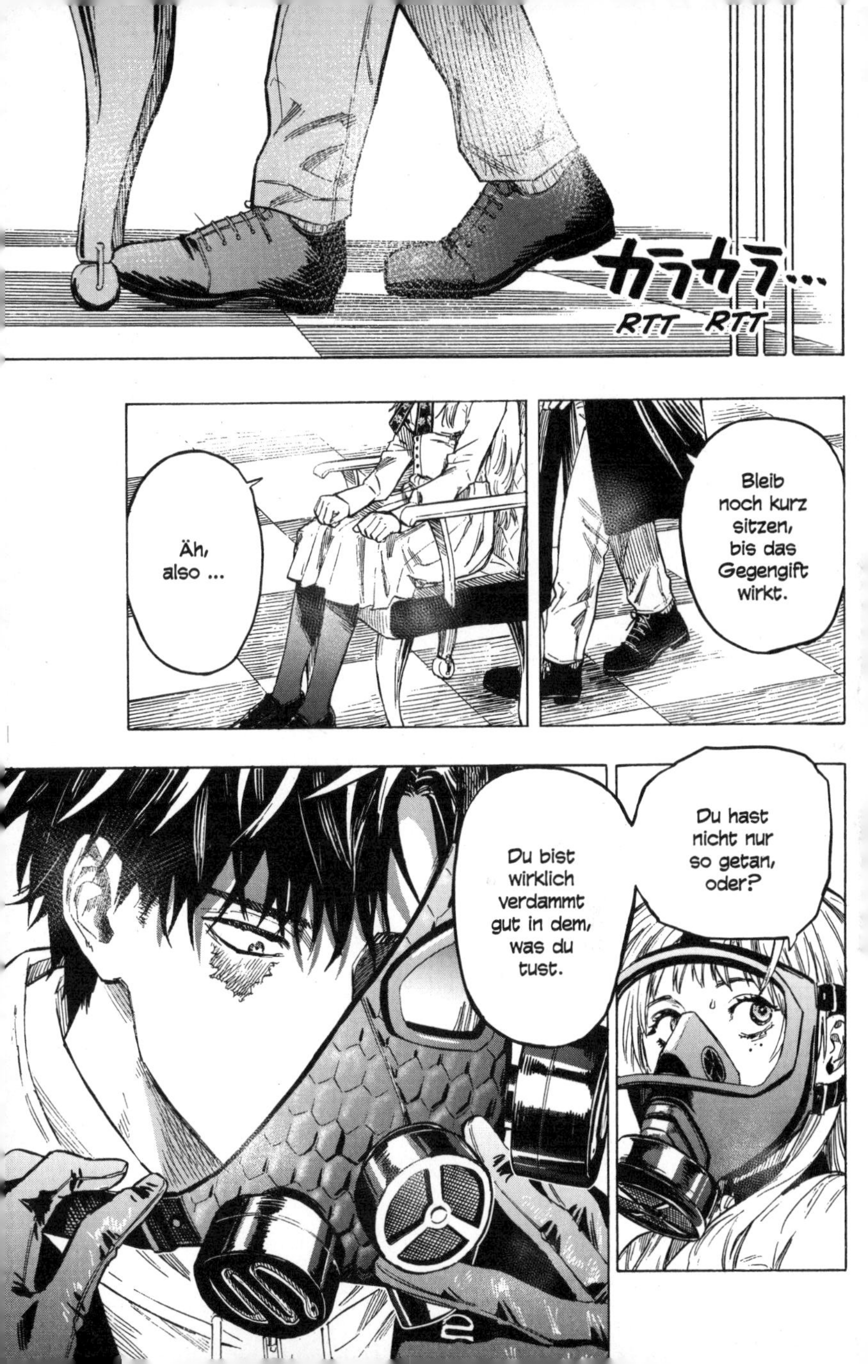
カラカラ…
RTT RTT
Bleib noch kurz sitzen, bis das Gegengift wirkt.
Äh, also ...
Du hast nicht nur so getan, oder?
Du bist wirklich verdammt gut in dem, was du tust.

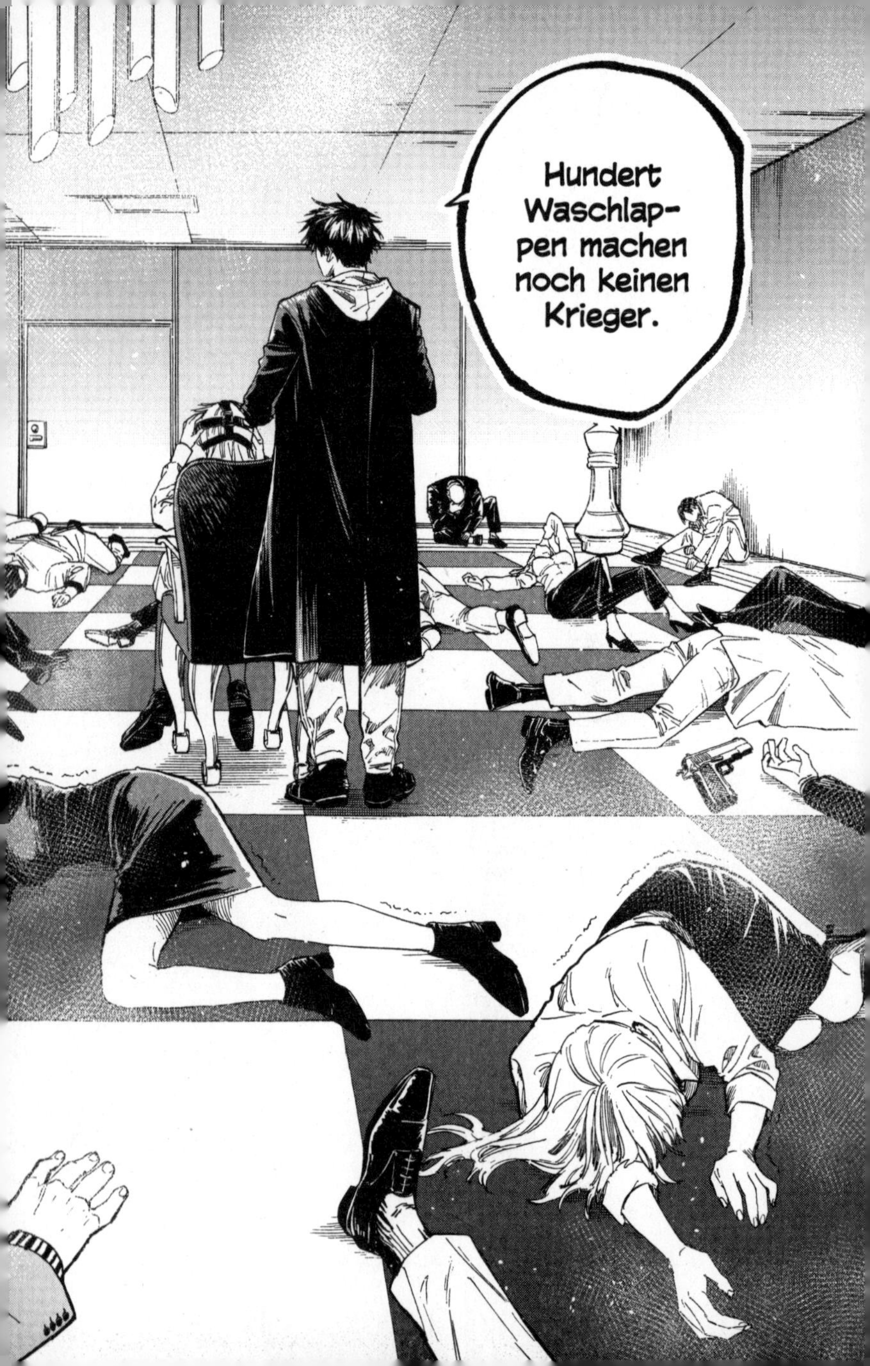
Hundert Waschlappen machen noch keinen Krieger.

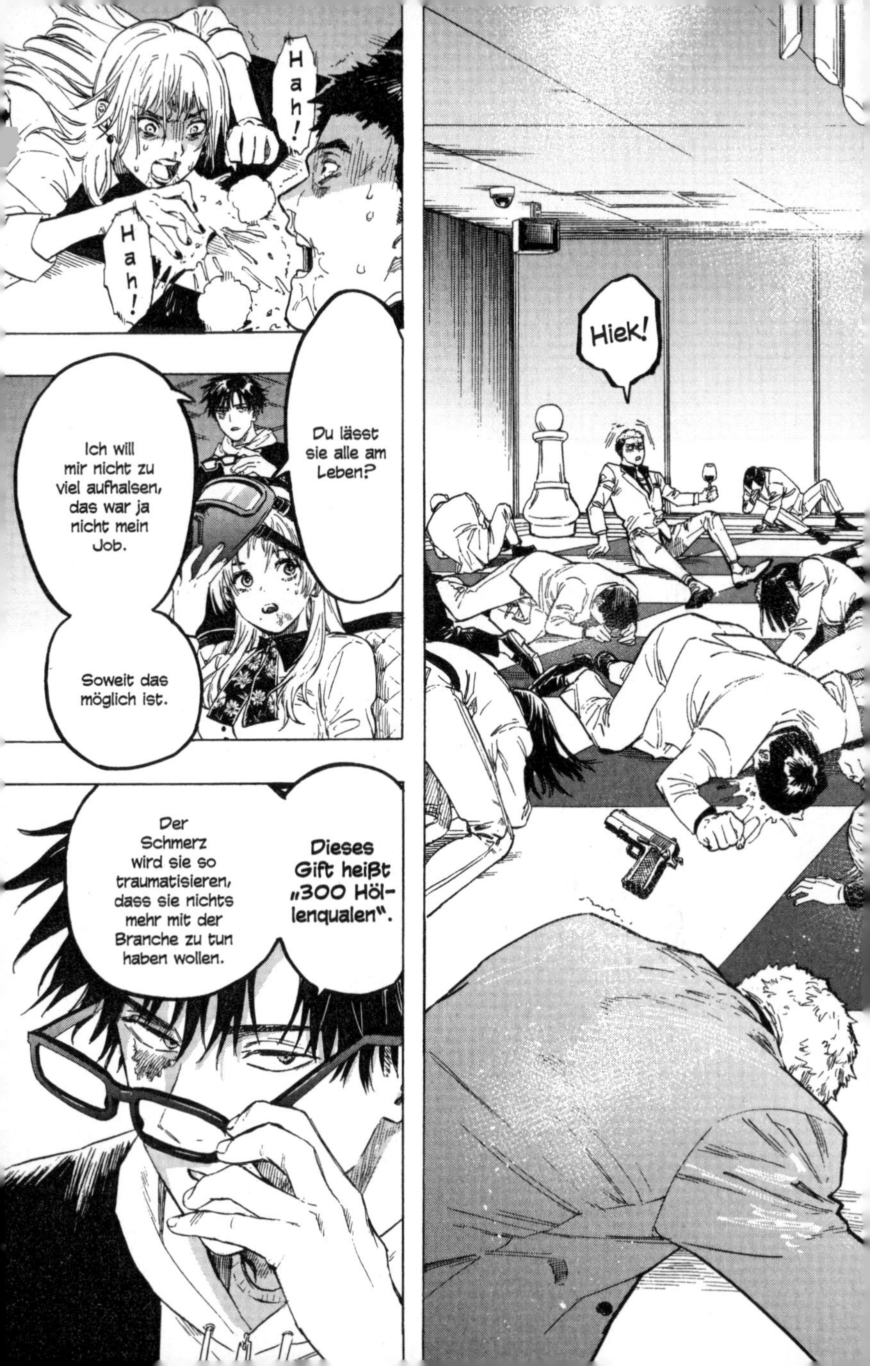
Hiek!
Hah!
Hah!
Du lässt sie alle am Leben?
Ich will mir nicht zu viel aufhalsen, das war ja nicht mein Job.
Soweit das möglich ist.
Dieses Gift heißt „300 Höllenqualen".
Der Schmerz wird sie so traumatisieren, dass sie nichts mehr mit der Branche zu tun haben wollen.

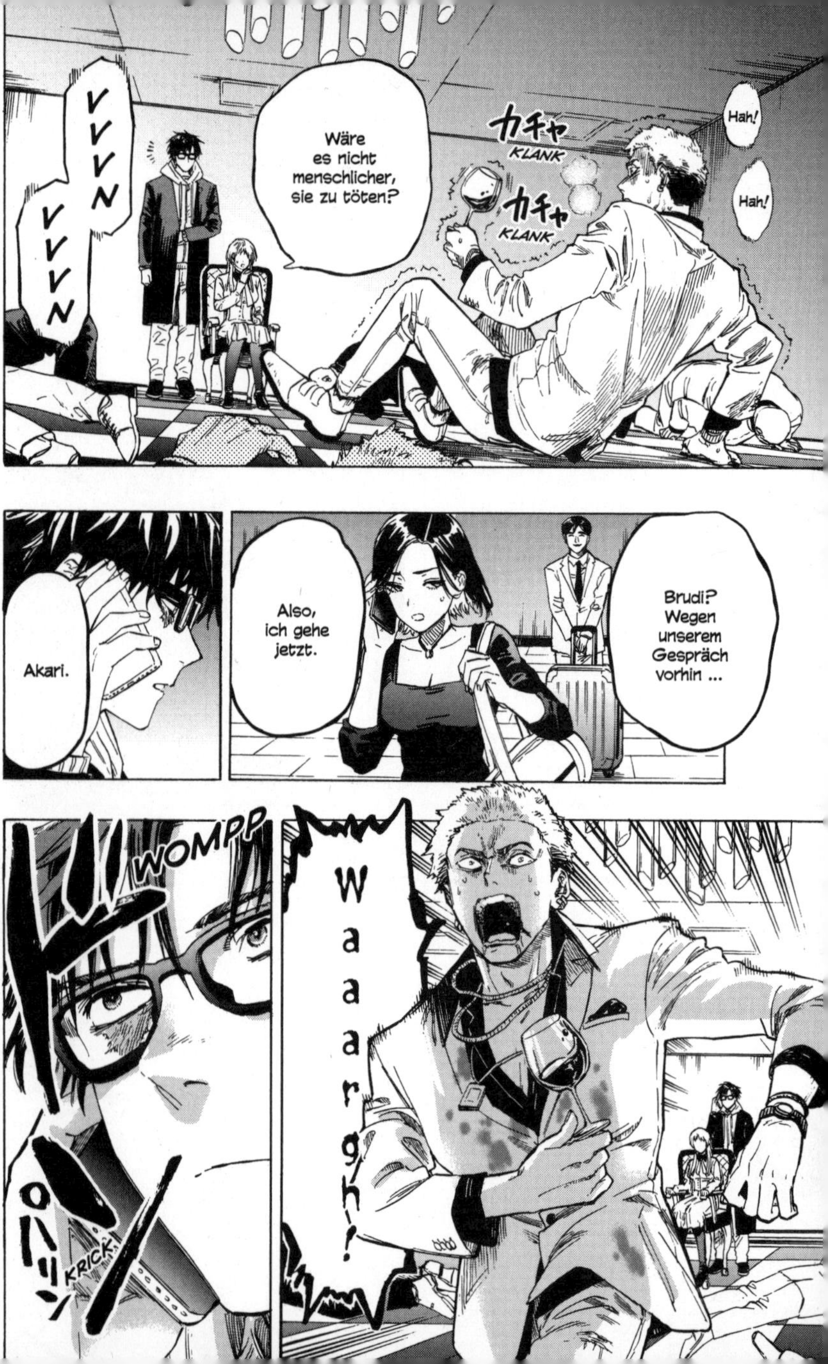

Hah!
Hah!
カチャ
KLANK
カチャ
KLANK
Wäre es nicht menschlicher, sie zu töten?
VVVVN
VVVVN
Brudi? Wegen unserem Gespräch vorhin ...
Also, ich gehe jetzt.
Akari.
Waaargh!
WOMPP
KRICK

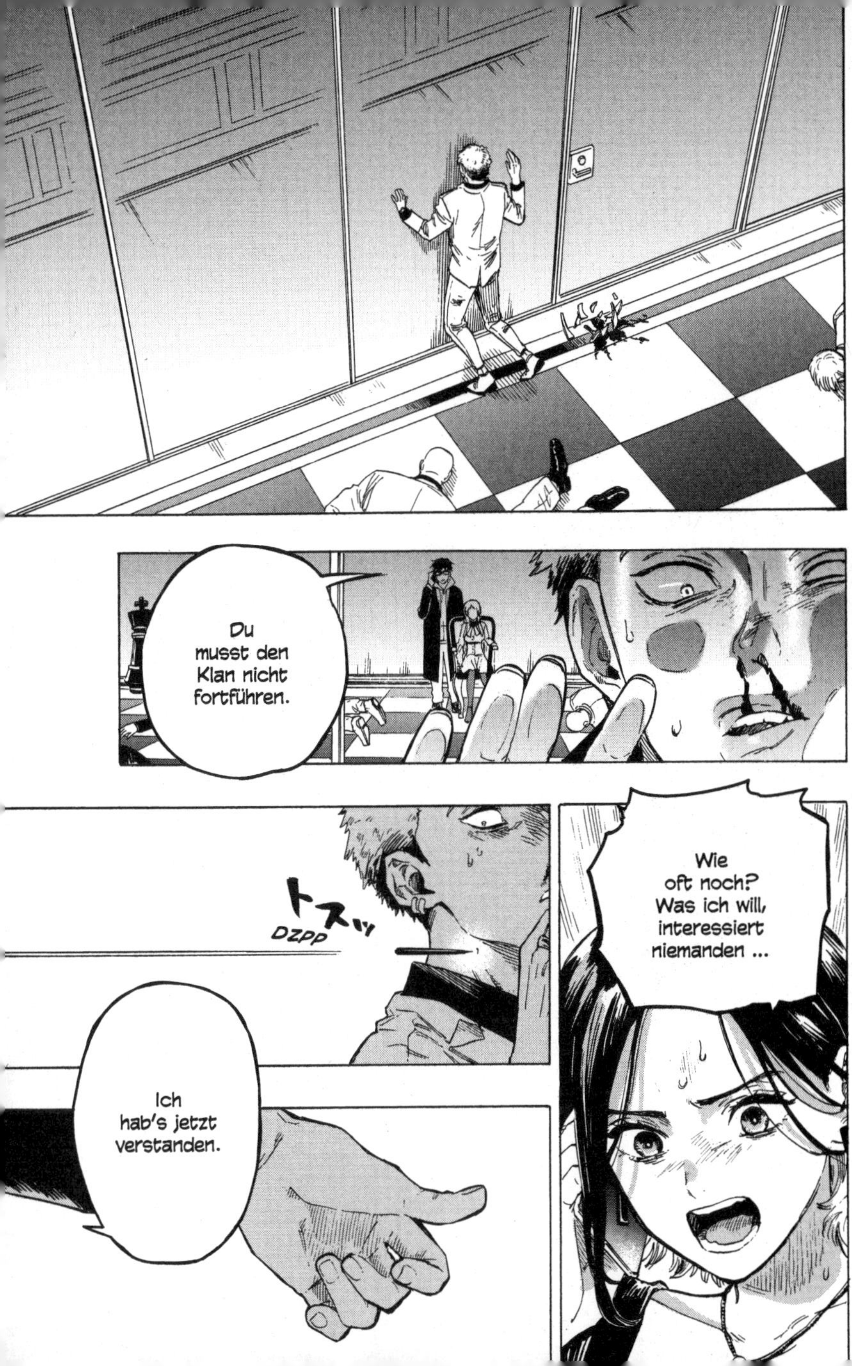
Du musst den Klan nicht fortführen.
トスッ
DZPP
Wie oft noch? Was ich will, interessiert niemanden ...
Ich hab's jetzt verstanden.

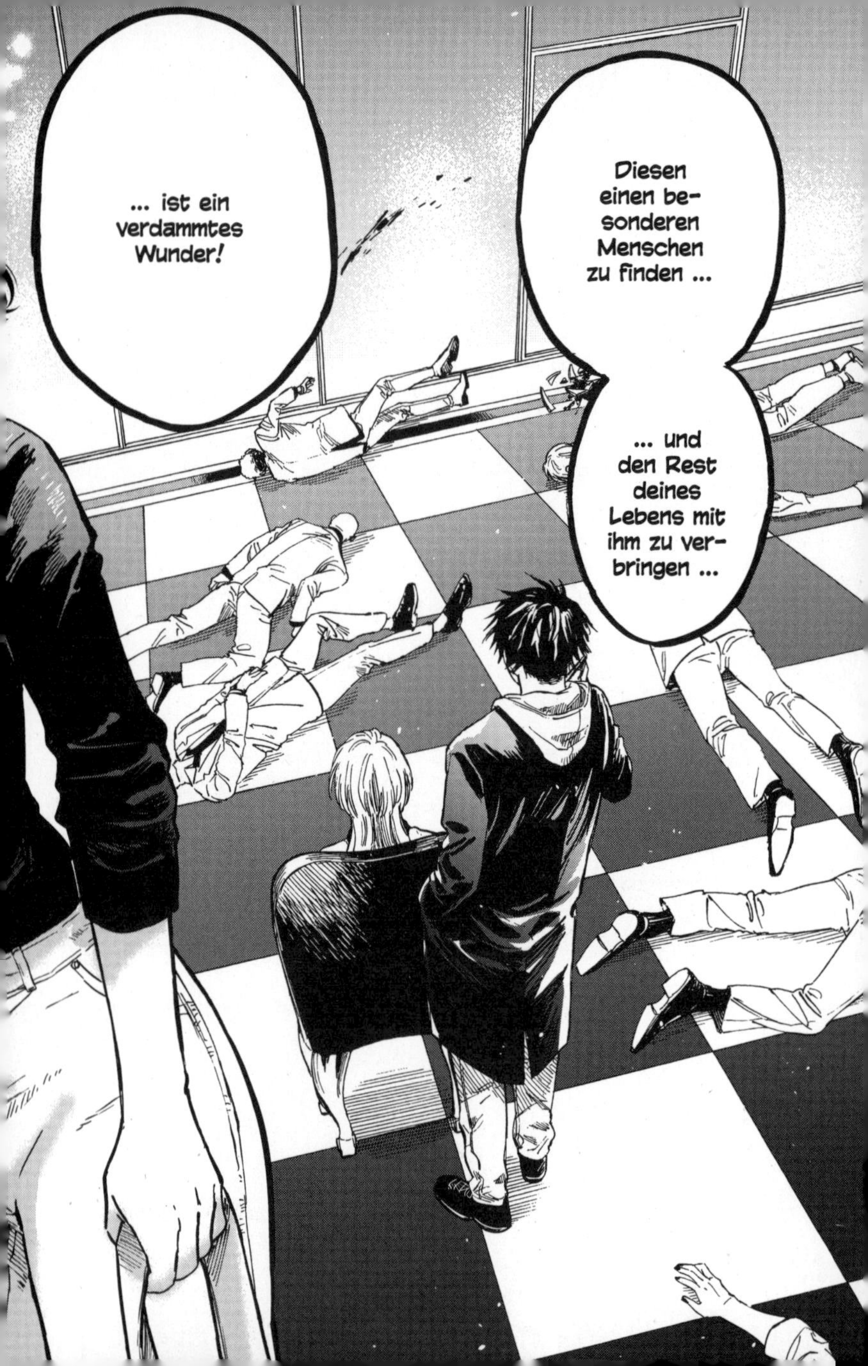
Diesen einen besonderen Menschen zu finden ...
... und den Rest deines Lebens mit ihm zu verbringen ...
... ist ein verdammtes Wunder!

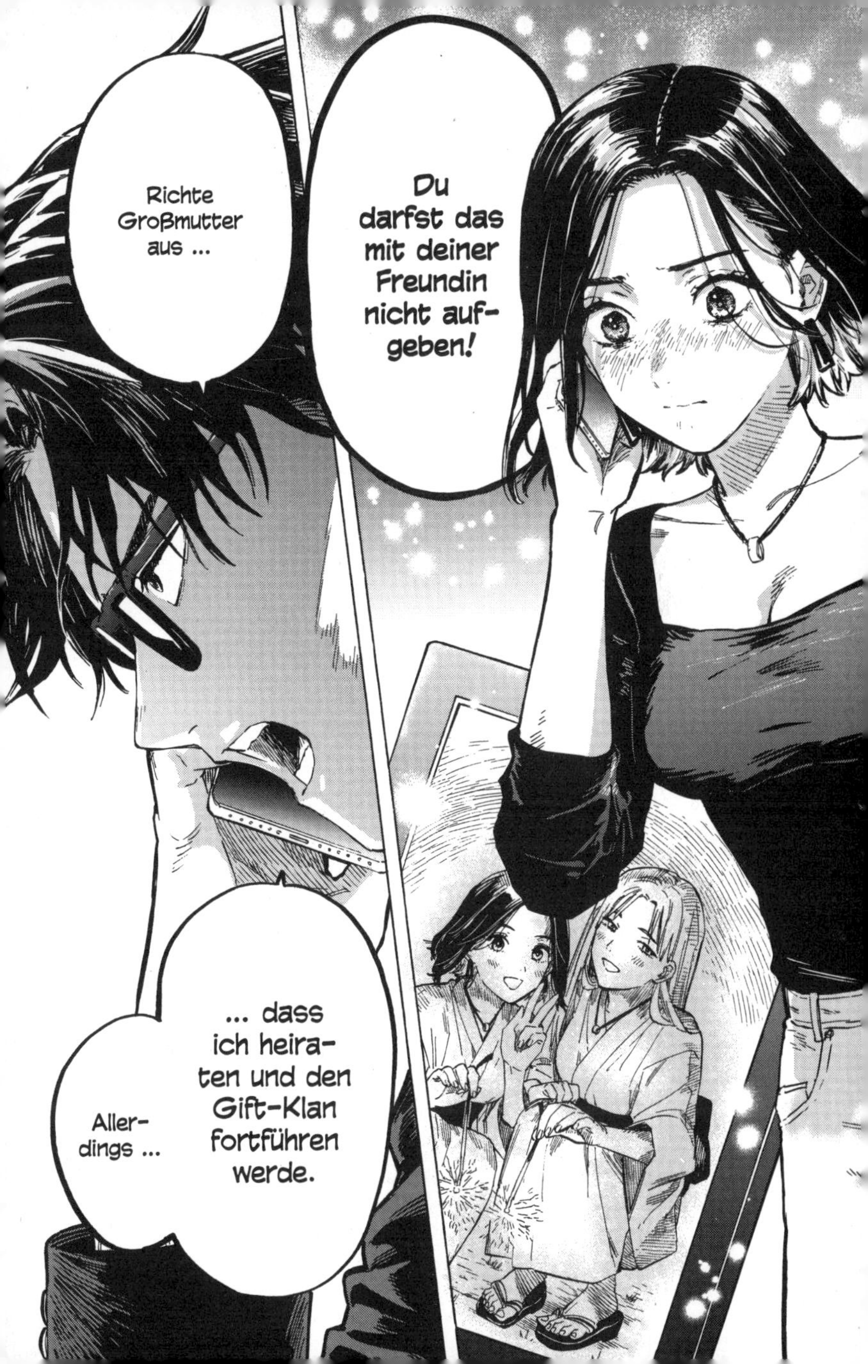

Du darfst das mit deiner Freundin nicht aufgeben!
Richte Großmutter aus ...
... dass ich heiraten und den Gift-Klan fortführen werde.
Allerdings ...

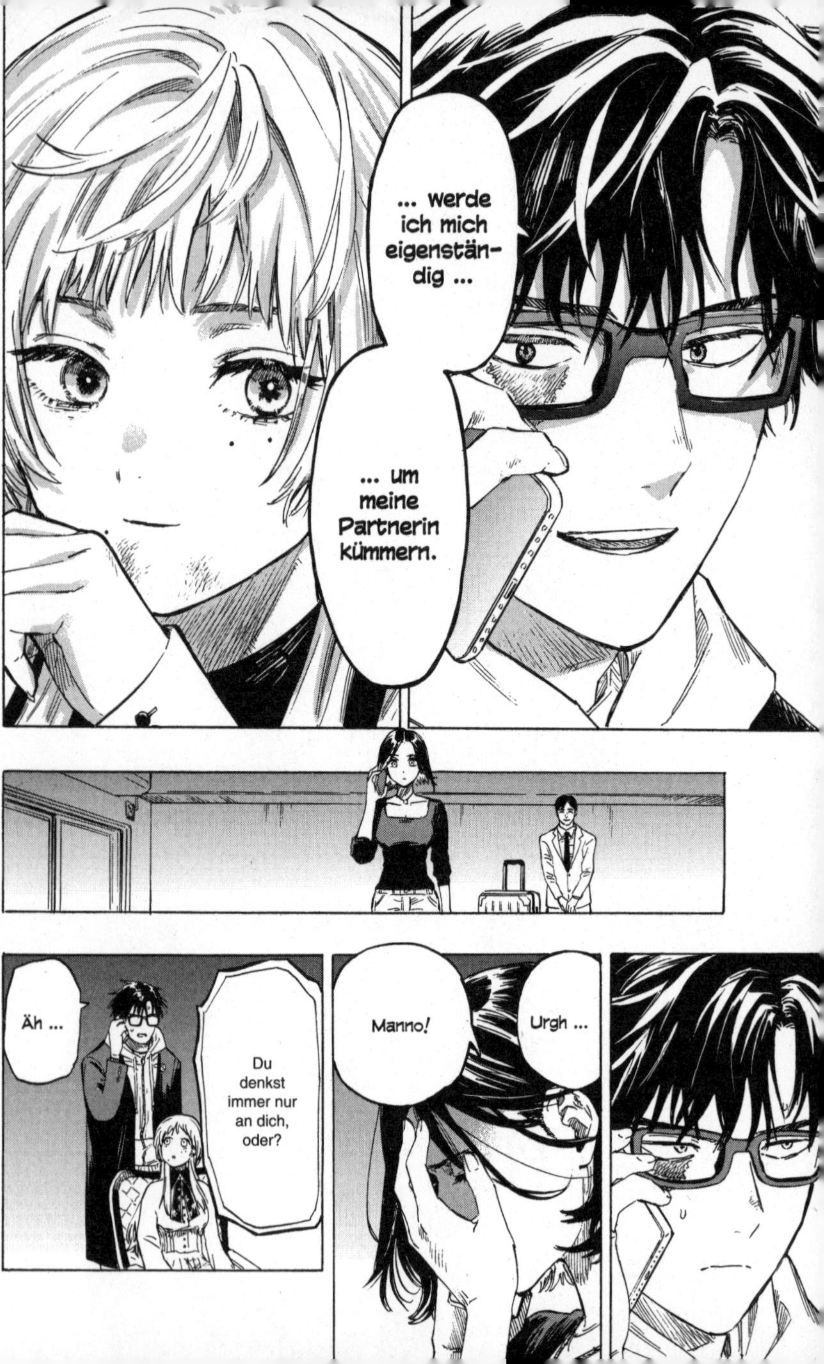

... werde ich mich eigenständig ...
... um meine Partnerin kümmern.
Urgh ...
Manno!
Äh ...
Du denkst immer nur an dich, oder?

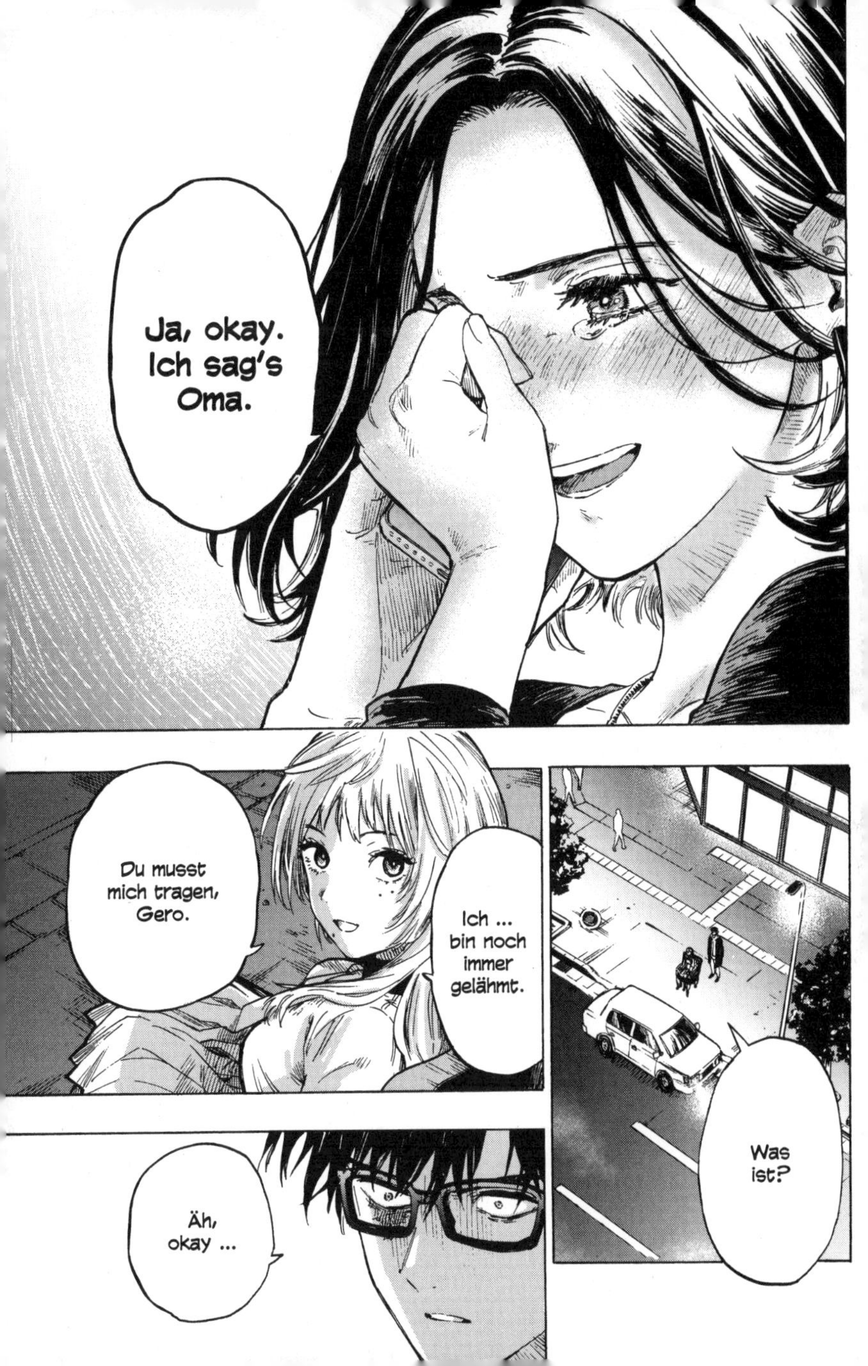
Ja, okay. Ich sag's Oma.
Was ist?
Ich ... bin noch immer gelähmt.
Du musst mich tragen, Gero.
Äh, okay ...

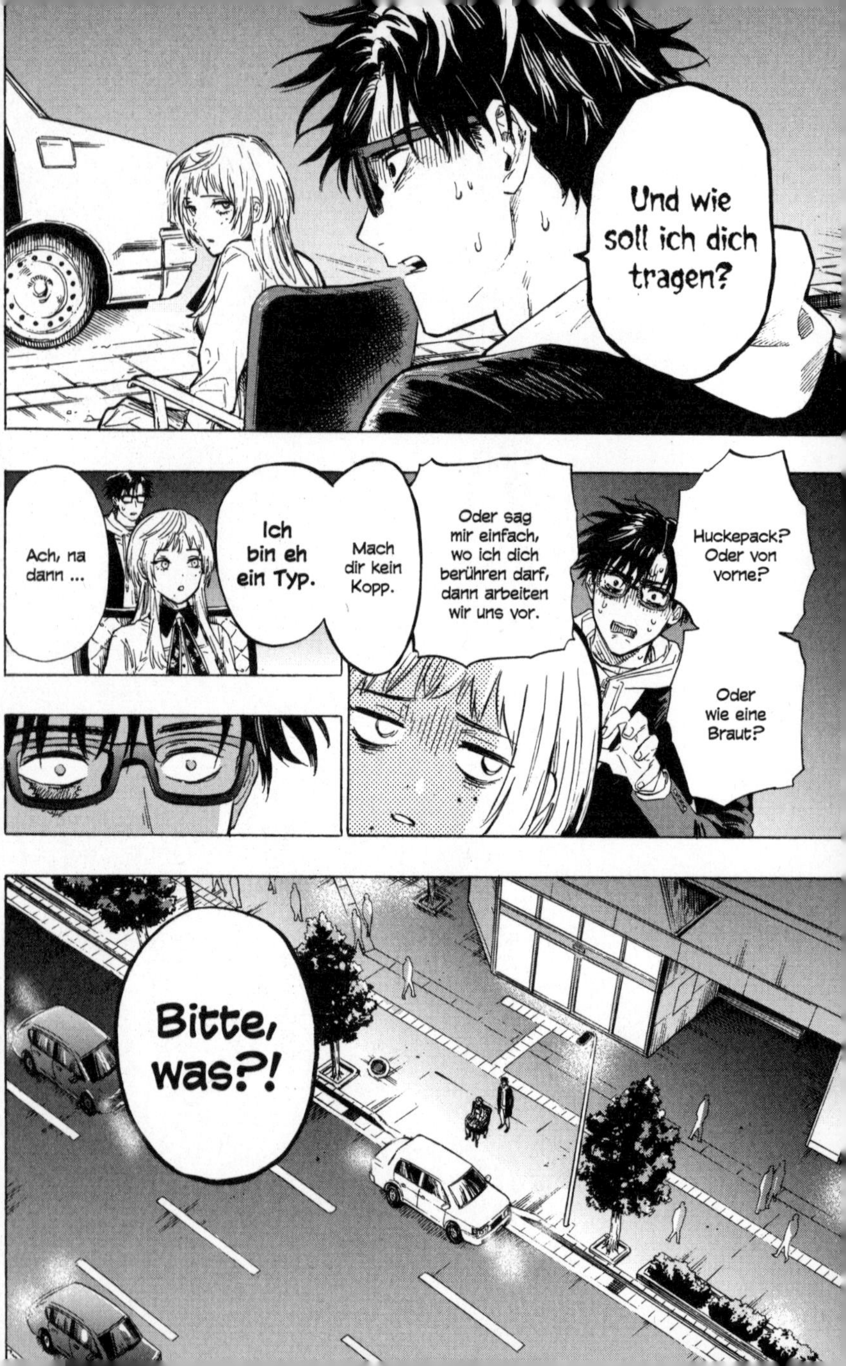
Und wie soll ich dich tragen?
Huckepack? Oder von vorne?
Oder wie eine Braut?
Oder sag mir einfach, wo ich dich berühren darf, dann arbeiten wir uns vor.
Mach dir kein Kopp.
Ich bin eh ein Typ.
Ach, na dann ...
Bitte, was?!

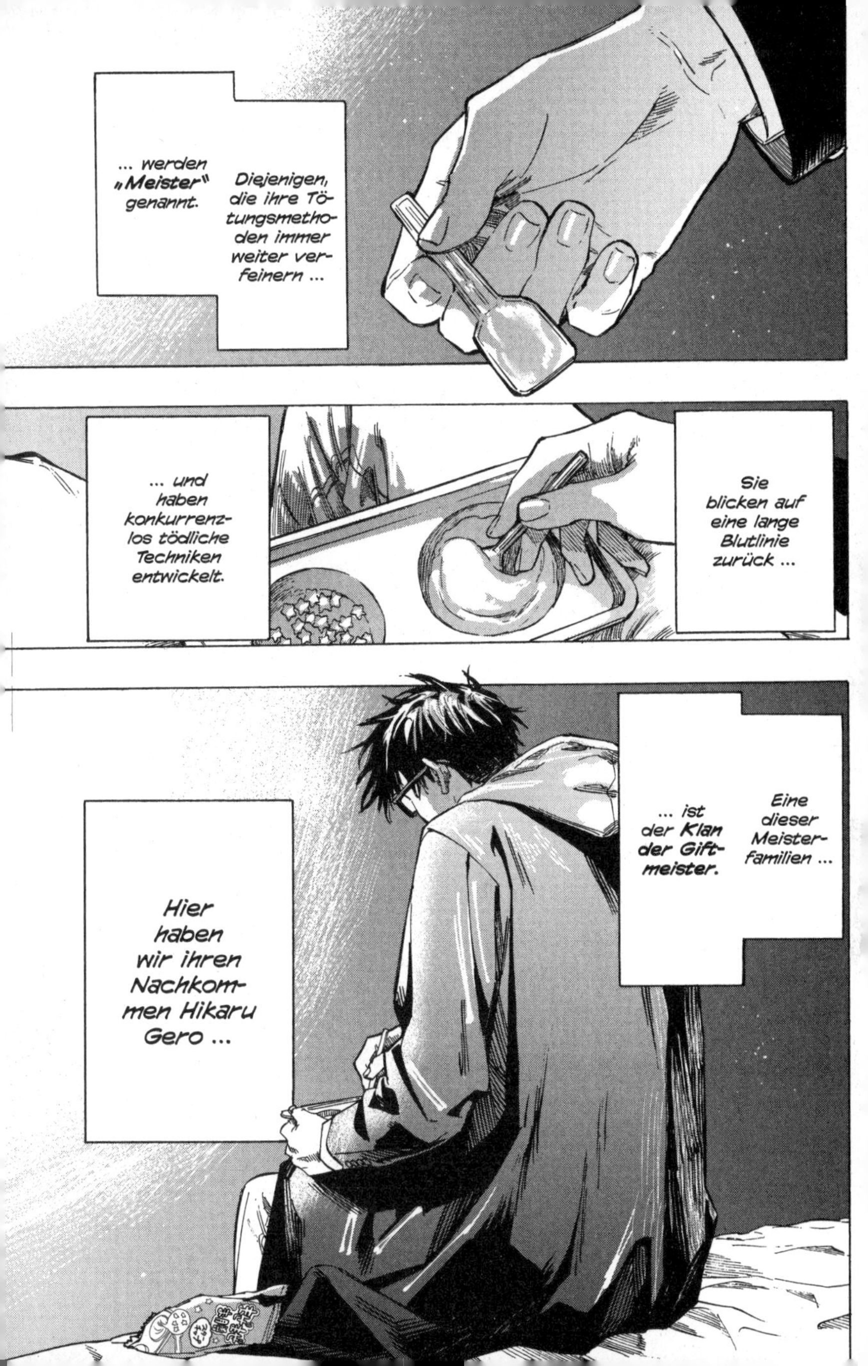
Diejenigen, die ihre Tötungsmethoden immer weiter verfeinern …
… werden „Meister“ genannt.
Sie blicken auf eine lange Blutlinie zurück …
… und haben konkurrenzlos tödliche Techniken entwickelt.
Eine dieser Meisterfamilien …
… ist der Klan der Giftmeister.
Hier haben wir ihren Nachkommen Hikaru Gero …

#2 Ich Grünschnabel

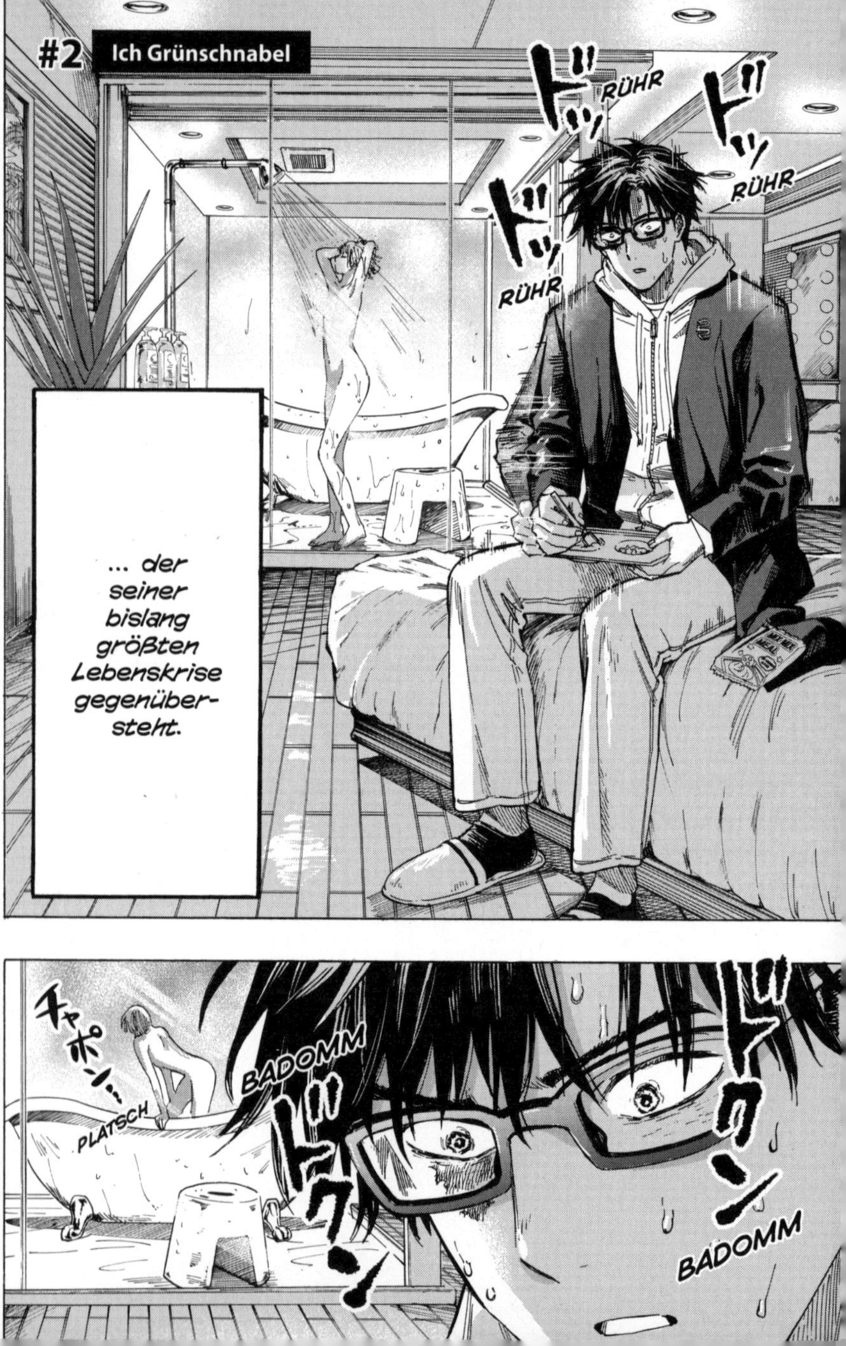

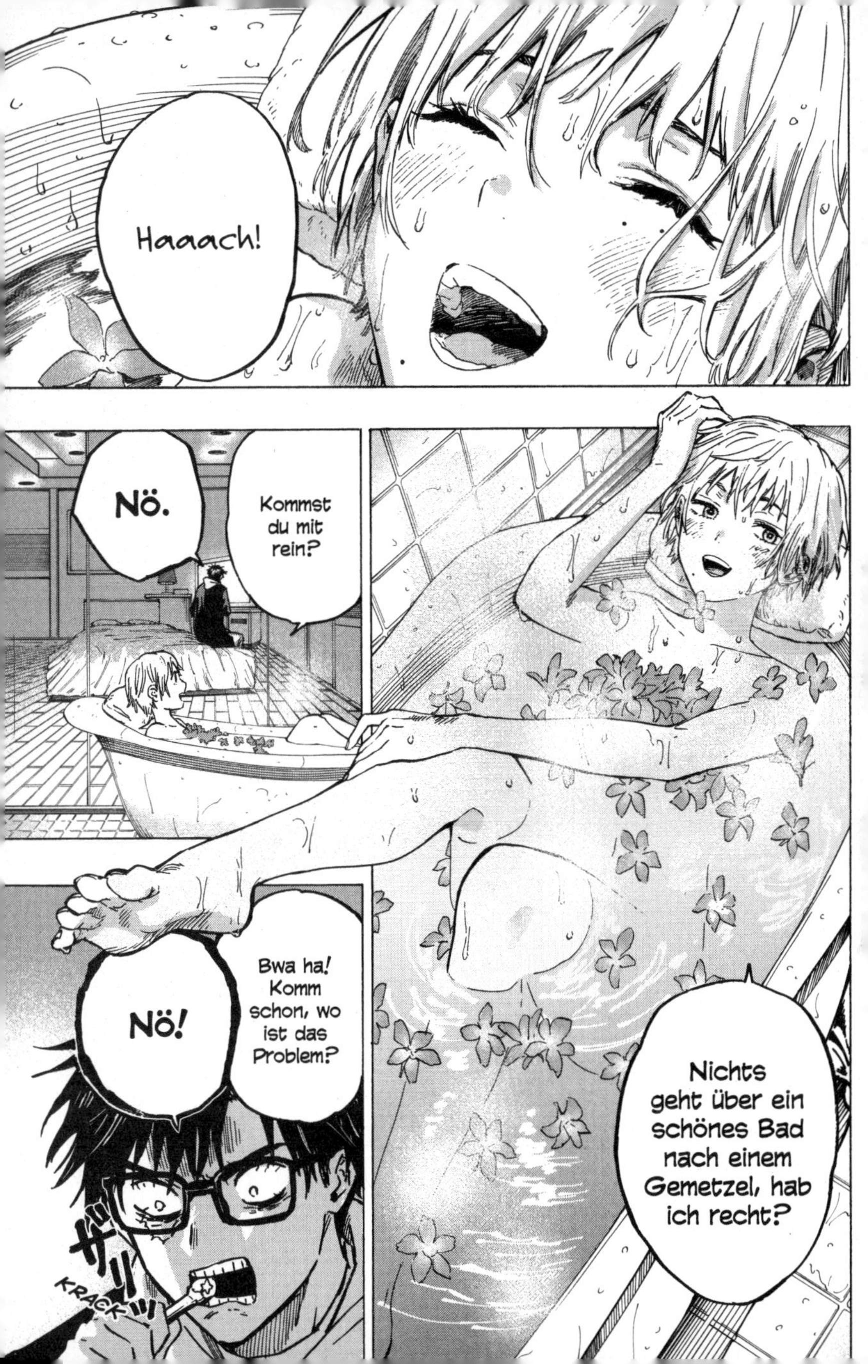

Haaach!
Nichts geht über ein schönes Bad nach einem Gemetzel, hab ich recht?
Kommst du mit rein?
Nö.
Bwa ha! Komm schon, wo ist das Problem?
Nö!
KRACK

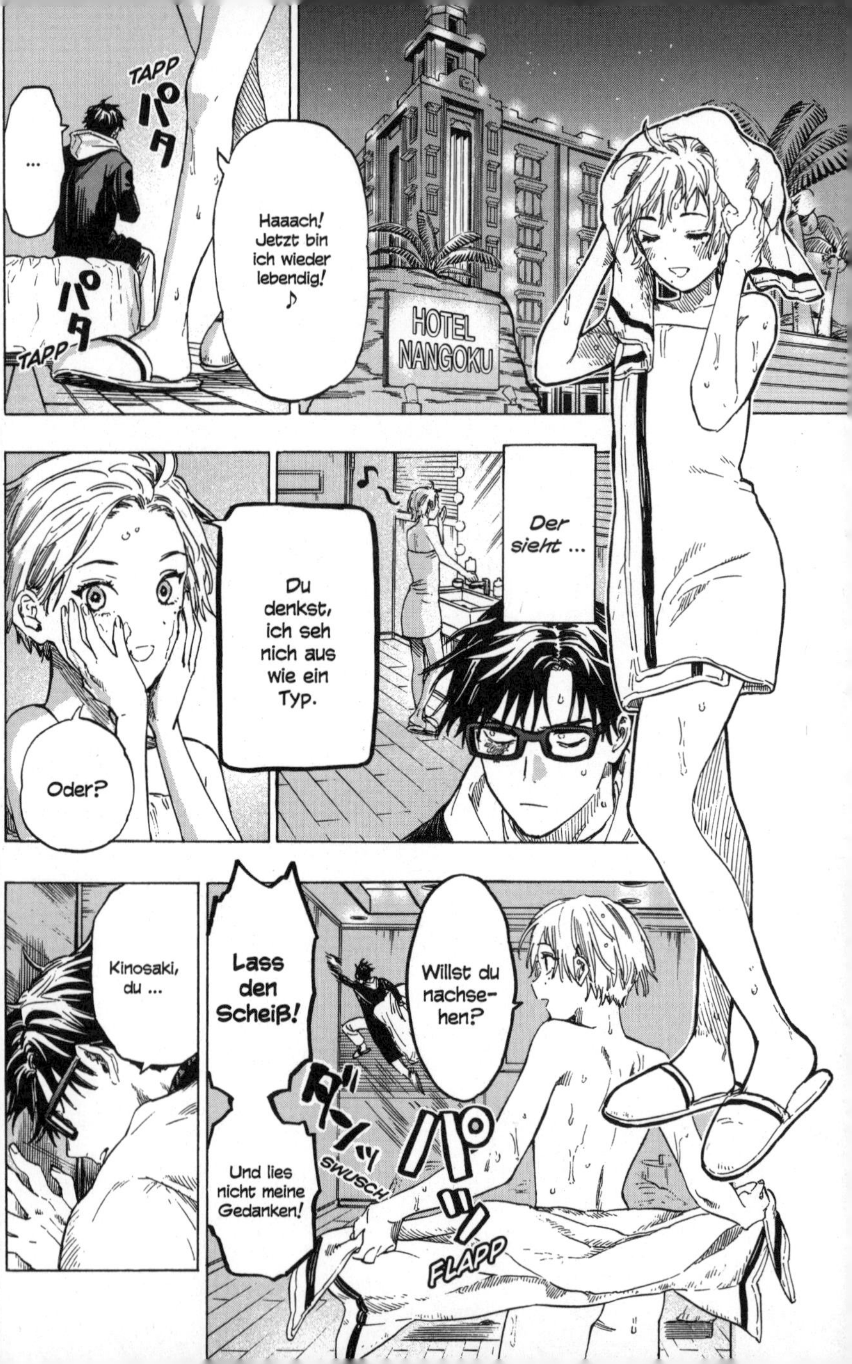
Haaach! Jetzt bin ich wieder lebendig! ♪
HOTEL NANGOKU
TAPP
TAPP
...
Der sieht ...
Du denkst, ich seh nich aus wie ein Typ.
Oder?
Willst du nachsehen?
FLAPP
Lass den Scheiß!
Und lies nicht meine Gedanken!
SWUSCH
Kinosaki, du ...

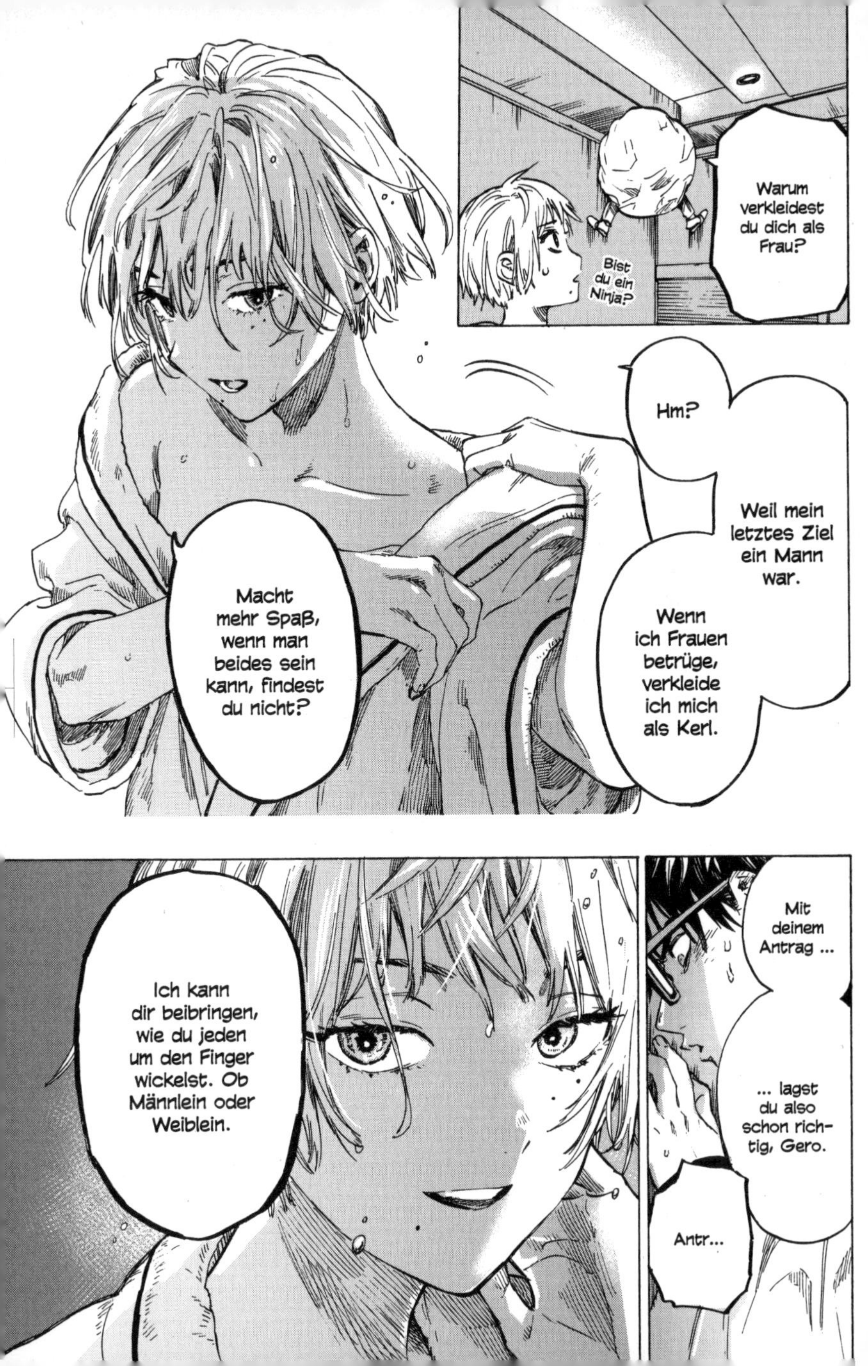

Warum verkleidest du dich als Frau?
Bist du ein Ninja?
Hm?
Weil mein letztes Ziel ein Mann war.
Wenn ich Frauen betrüge, verkleide ich mich als Kerl.
Macht mehr Spaß, wenn man beides sein kann, findest du nicht?
Ich kann dir beibringen, wie du jeden um den Finger wickelst. Ob Männlein oder Weiblein.
Mit deinem Antrag ...
... lagst du also schon richtig, Gero.
Antr...

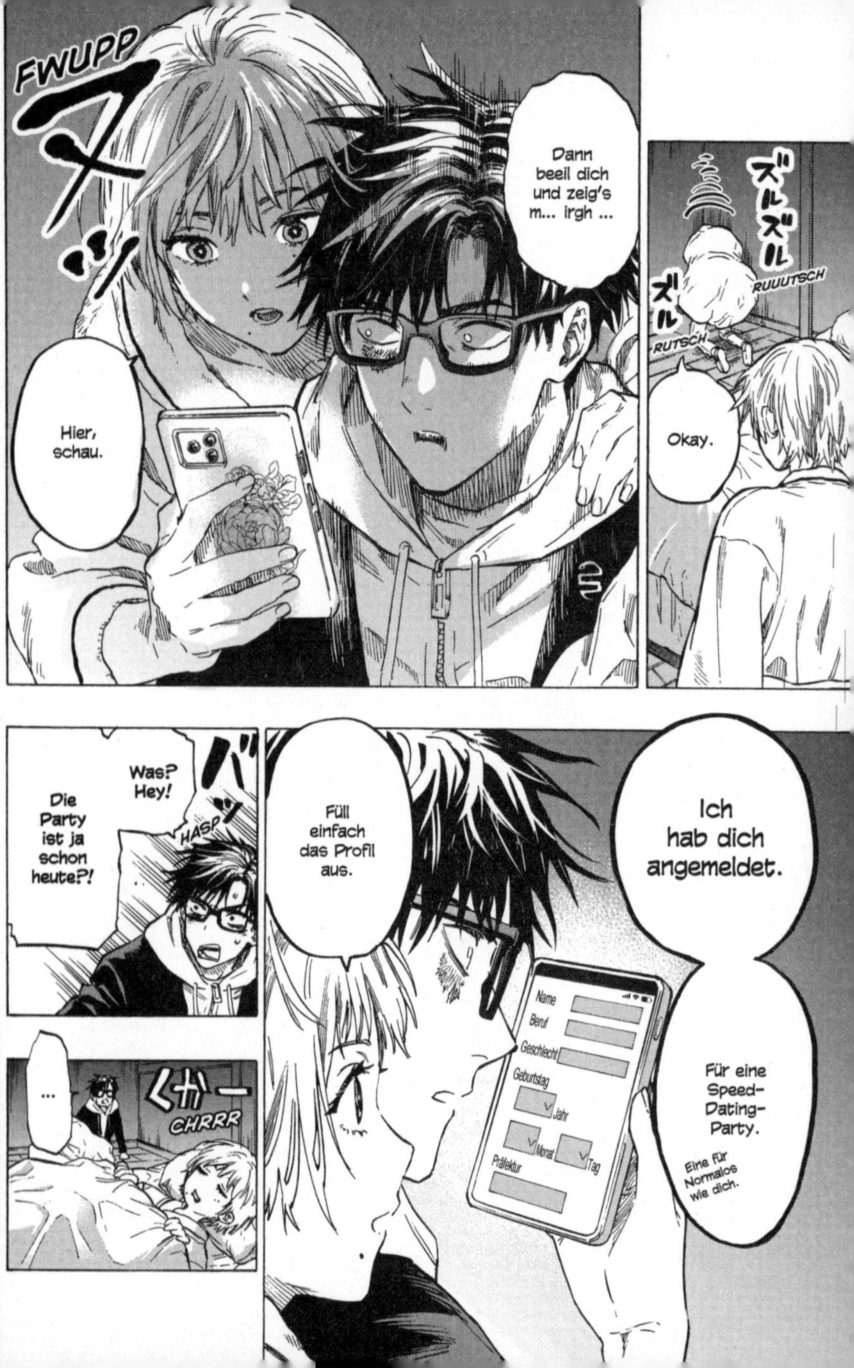

ズルズル
RUUUTSCH
ズル
RUTSCH
Okay.
Dann beeil dich und zeig's m... irgh ...
FWUPP
Hier, schau.
Ich hab dich angemeldet.
Für eine Speed-Dating-Party.
Eine für Normalos wie dich.
Name
Beruf
Geschlecht
Geburtstag
Jahr
Monat
Tag
Präfektur
Füll einfach das Profil aus.
Was? Hey!
HASP
Die Party ist ja schon heute?!
CHRRR
...

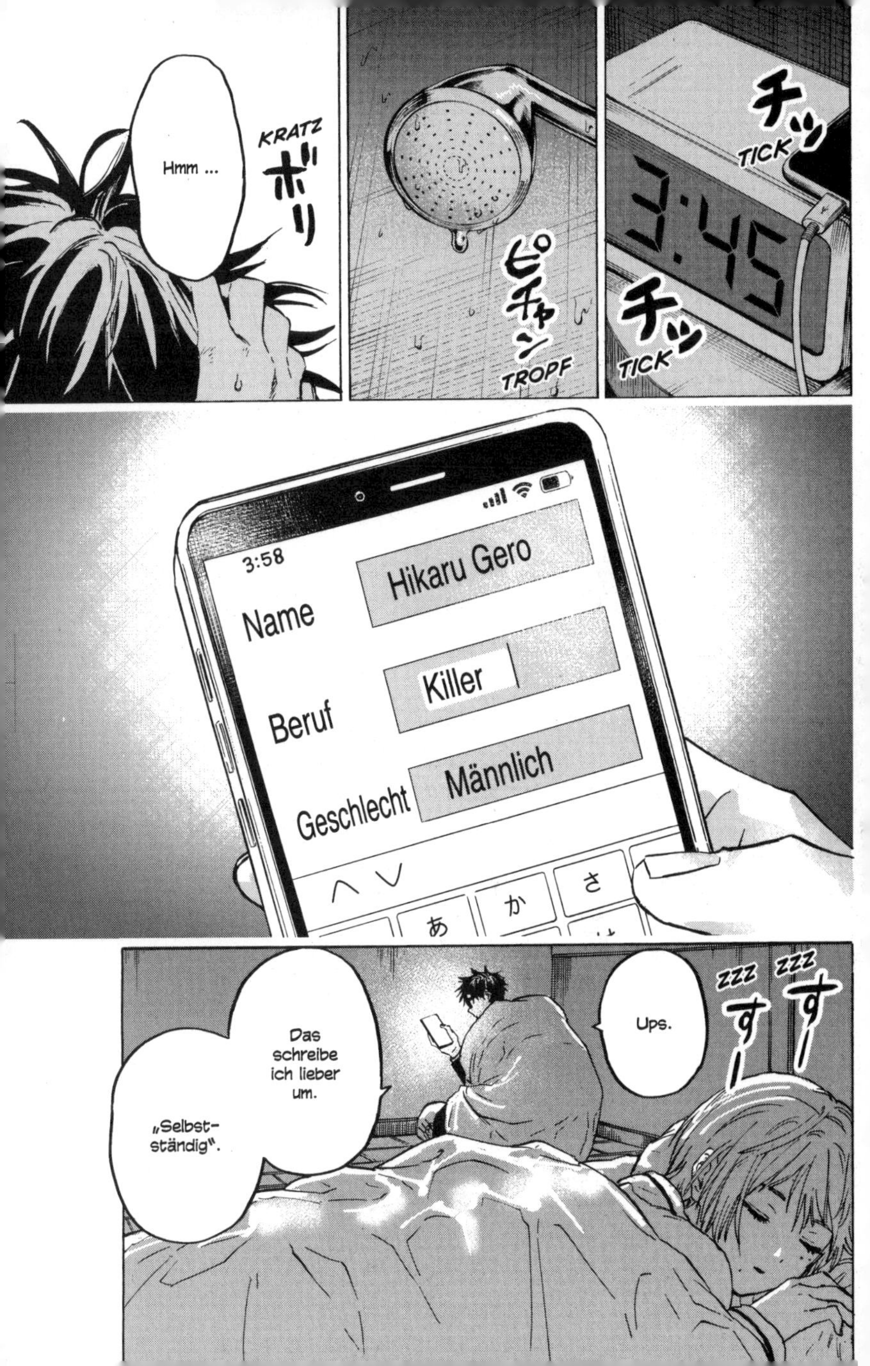
チッ
TICK
チッ
TICK
ピチャン
TROPF
ボリ
KRATZ
Hmm ...
3:58
Name
Hikaru Gero
Beruf
Killer
Geschlecht
Männlich
すー
ZZZ
すー
ZZZ
Ups.
Das schreibe ich lieber um.
„Selbst-ständig".

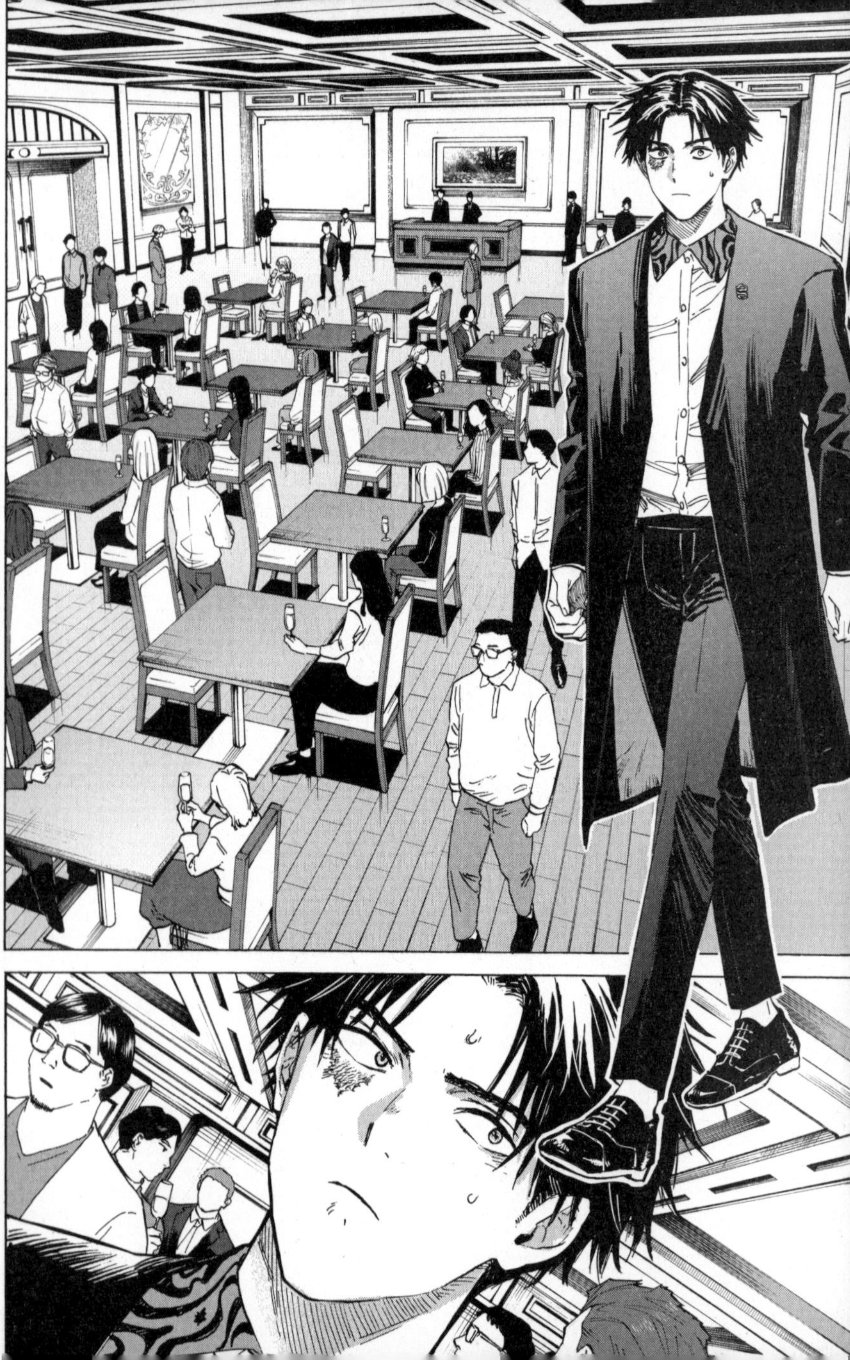

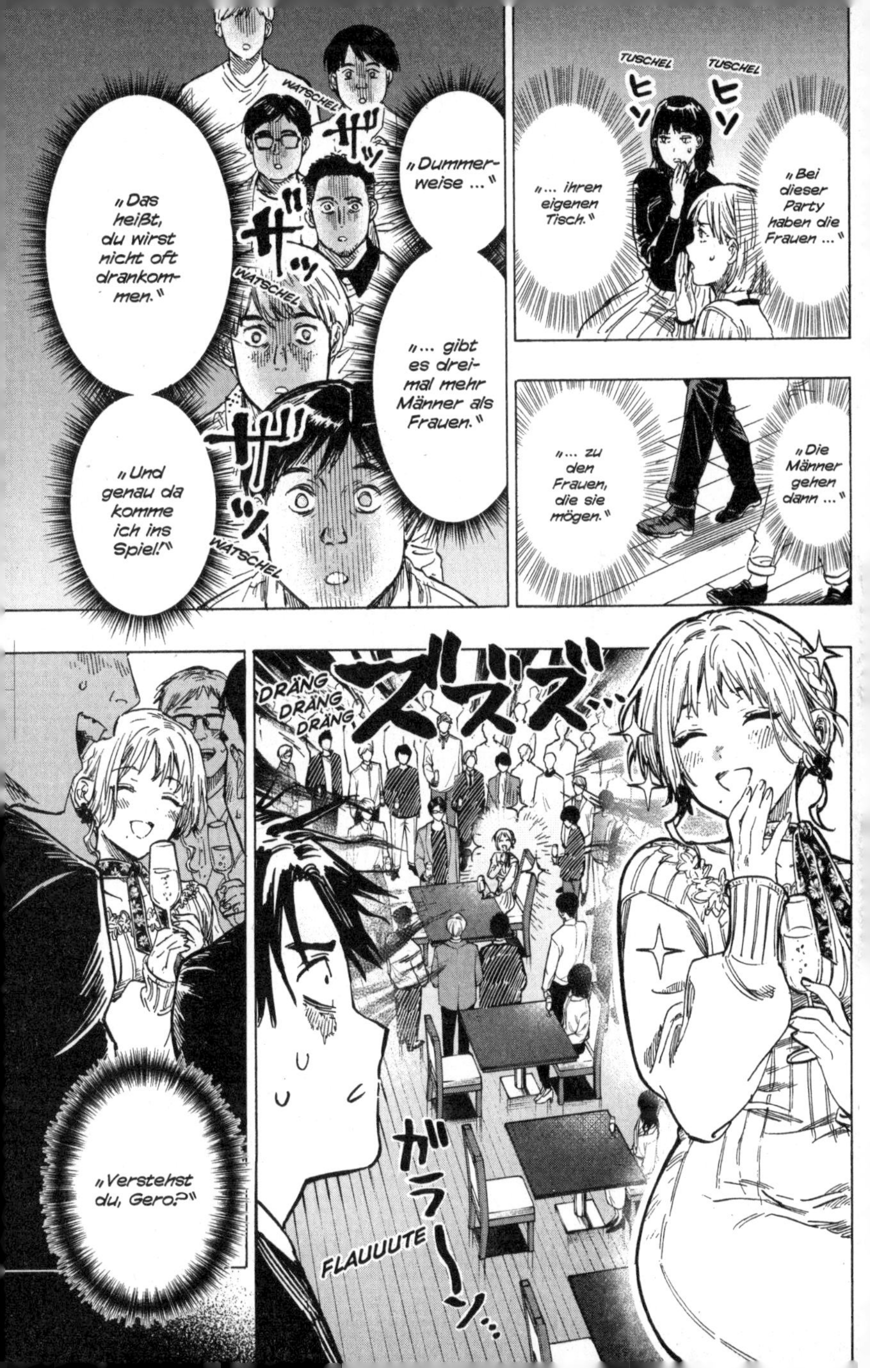
TUSCHEL
ヒソ
TUSCHEL
ヒソ
„Bei dieser Party haben die Frauen ..."
„... ihren eigenen Tisch."
„Die Männer gehen dann ..."
„... zu den Frauen, die sie mögen."
WATSCHEL
ザッ
„Dummerweise ..."
„... gibt es dreimal mehr Männer als Frauen."
ザッ
WATSCHEL
„Das heißt, du wirst nicht oft drankommen."
ザッ
WATSCHEL
„Und genau da komme ich ins Spiel!"
DRÄNG DRÄNG DRÄNG
ズズズ…
ガラーン…
FLAUUUTE
„Verstehst du, Gero?"

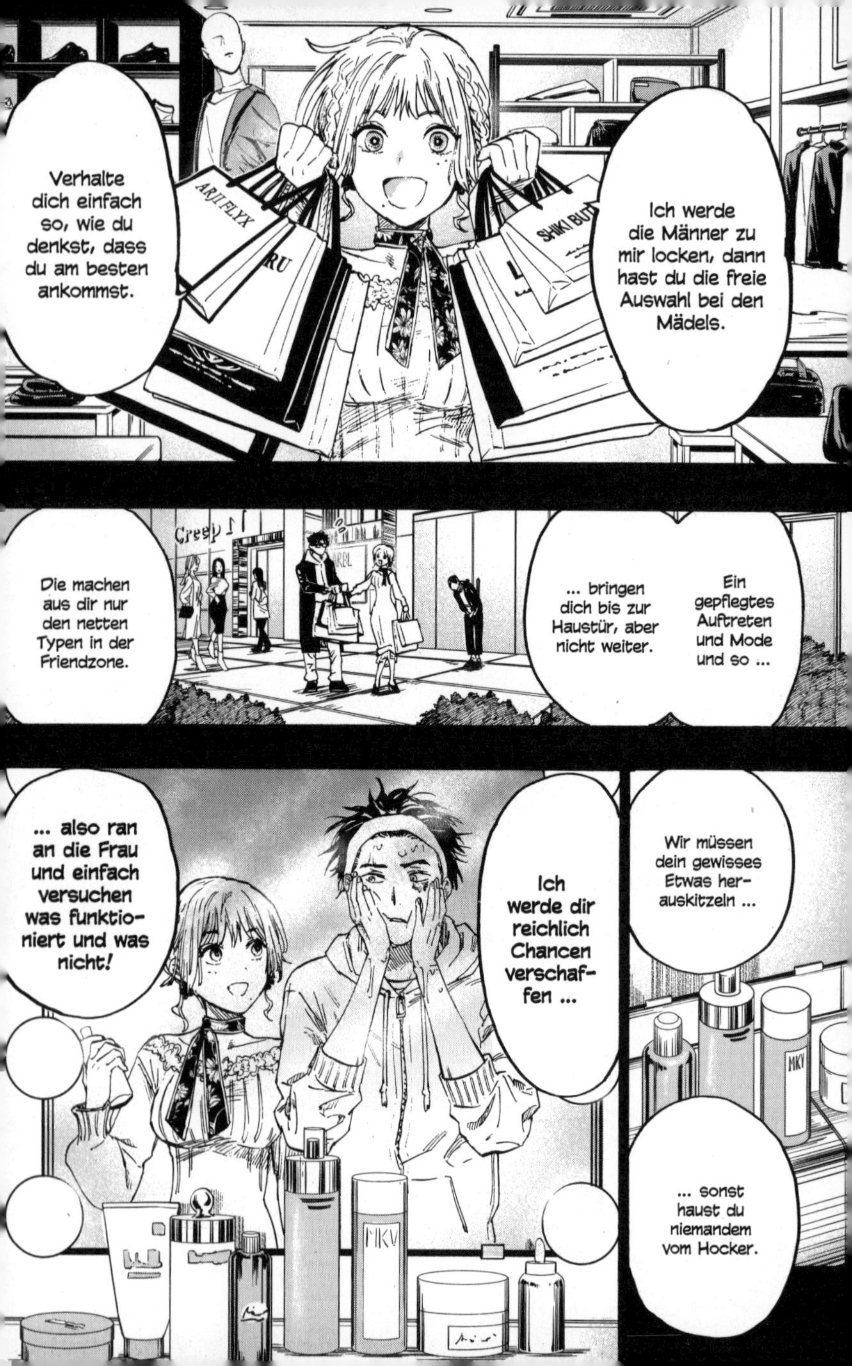
Ich werde die Männer zu mir locken, dann hast du die freie Auswahl bei den Mädels.
Verhalte dich einfach so, wie du denkst, dass du am besten ankommst.
ARJI FLYX
Ein gepflegtes Auftreten und Mode und so ...
... bringen dich bis zur Haustür, aber nicht weiter.
Die machen aus dir nur den netten Typen in der Friendzone.
Wir müssen dein gewisses Etwas herauskitzeln ...
... sonst haust du niemandem vom Hocker.
Ich werde dir reichlich Chancen verschaffen ...
... also ran an die Frau und einfach versuchen was funktioniert und was nicht!
MKV

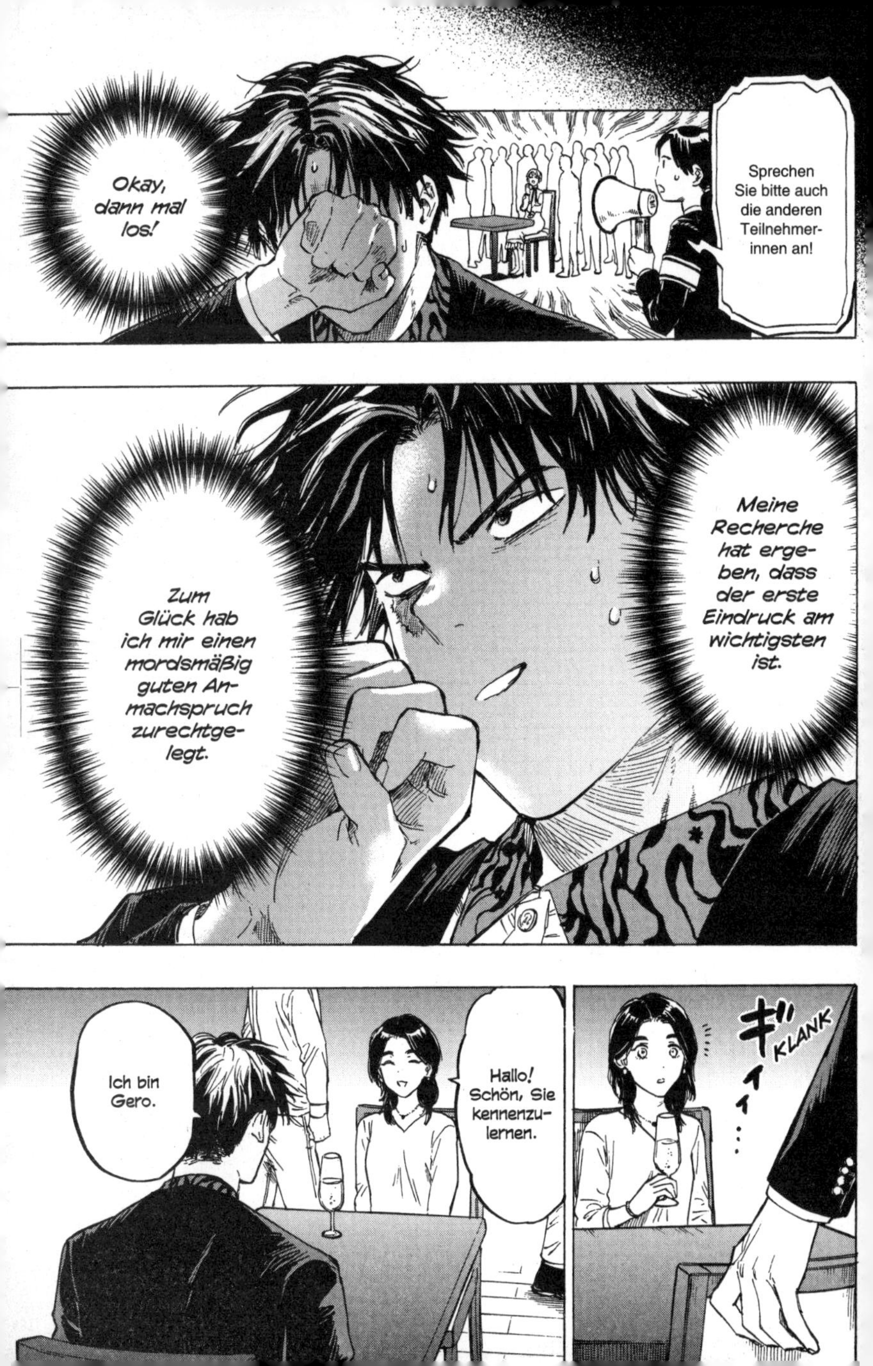

Sprechen Sie bitte auch die anderen Teilnehmerinnen an!
Okay, dann mal los!
Meine Recherche hat ergeben, dass der erste Eindruck am wichtigsten ist.
Zum Glück hab ich mir einen mordsmäßig guten Anmachspruch zurechtgelegt.
Hallo! Schön, Sie kennenzulernen.
Ich bin Gero.
KLANK

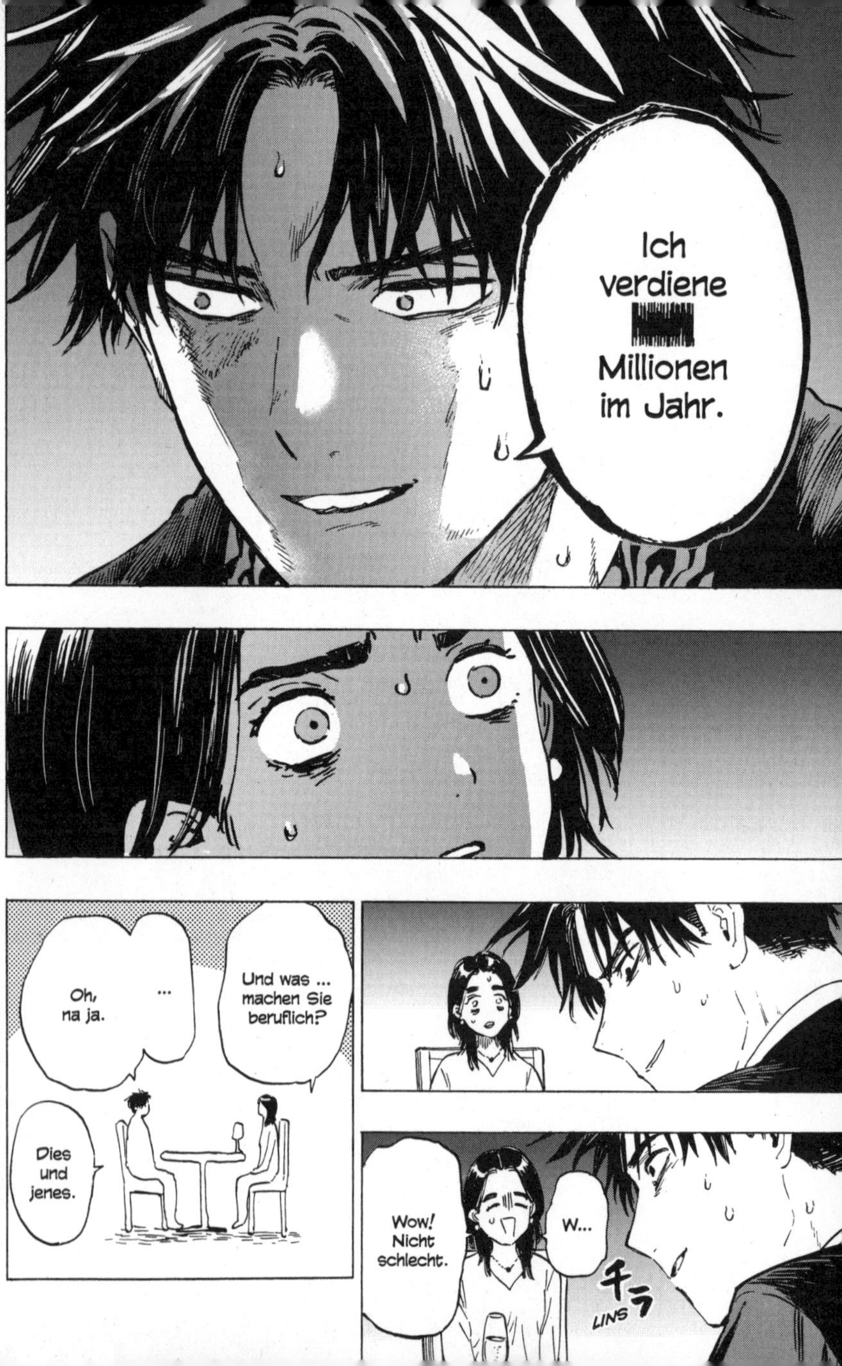

Ich verdiene Millionen im Jahr.
Und was ... machen Sie beruflich?
... Oh, na ja.
Dies und jenes.
W...
Wow! Nicht schlecht.
チラ
LINS

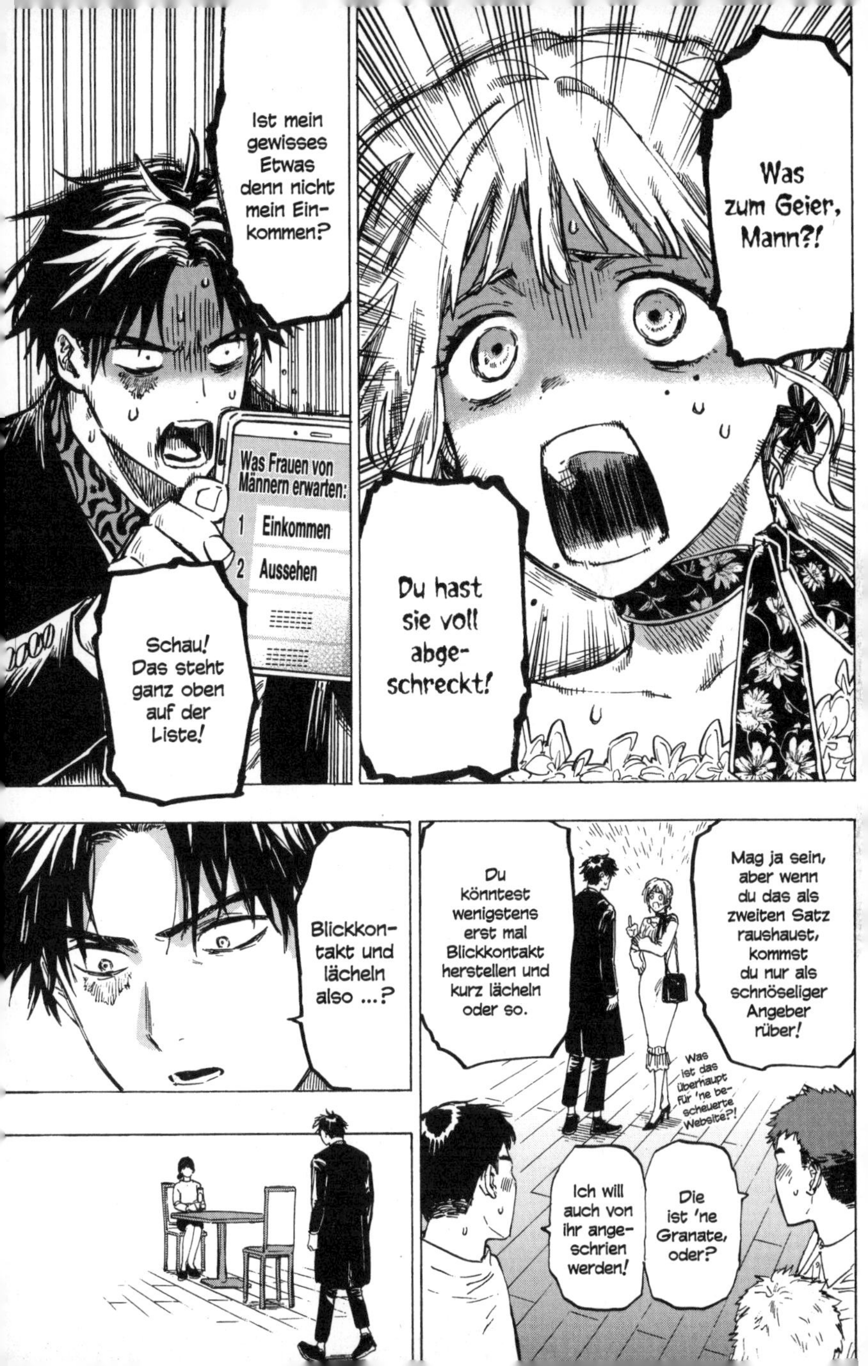
Was zum Geier, Mann?!
Du hast sie voll abgeschreckt!
Ist mein gewisses Etwas denn nicht mein Einkommen?
Was Frauen von Männern erwarten:
1 Einkommen
2 Aussehen
Schau! Das steht ganz oben auf der Liste!
Mag ja sein, aber wenn du das als zweiten Satz raushaust, kommst du nur als schnöseliger Angeber rüber!
Du könntest wenigstens erst mal Blickkontakt herstellen und kurz lächeln oder so.
Was ist das überhaupt für 'ne bescheuerte Website?!
Die ist 'ne Granate, oder?
Ich will auch von ihr angeschrien werden!
Blickkontakt und lächeln also ...?

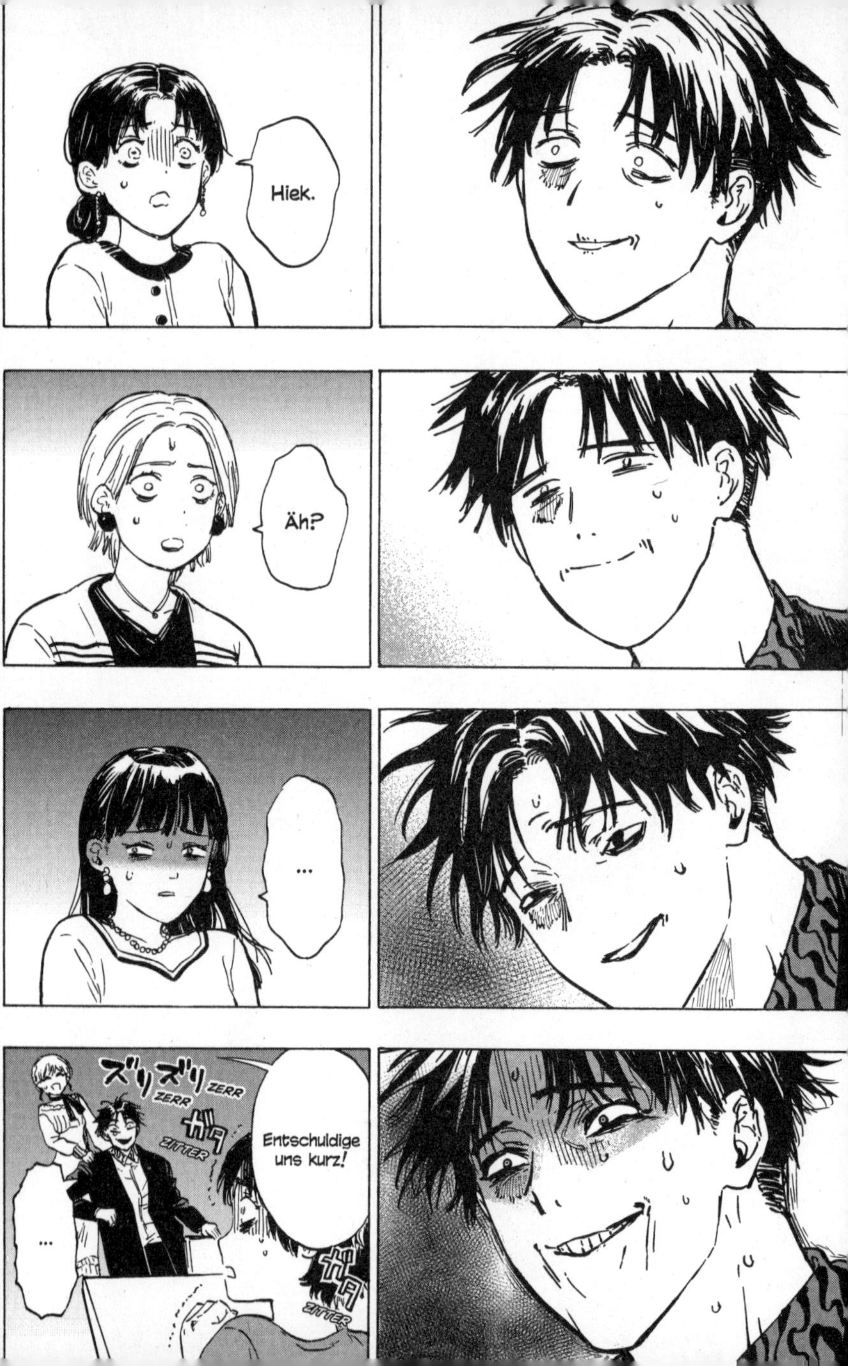
Hiek.
Äh?
...
Entschuldige uns kurz!
ズリズリ ZERR ZERR
ガタ ZITTER
ガタ ZITTER
...

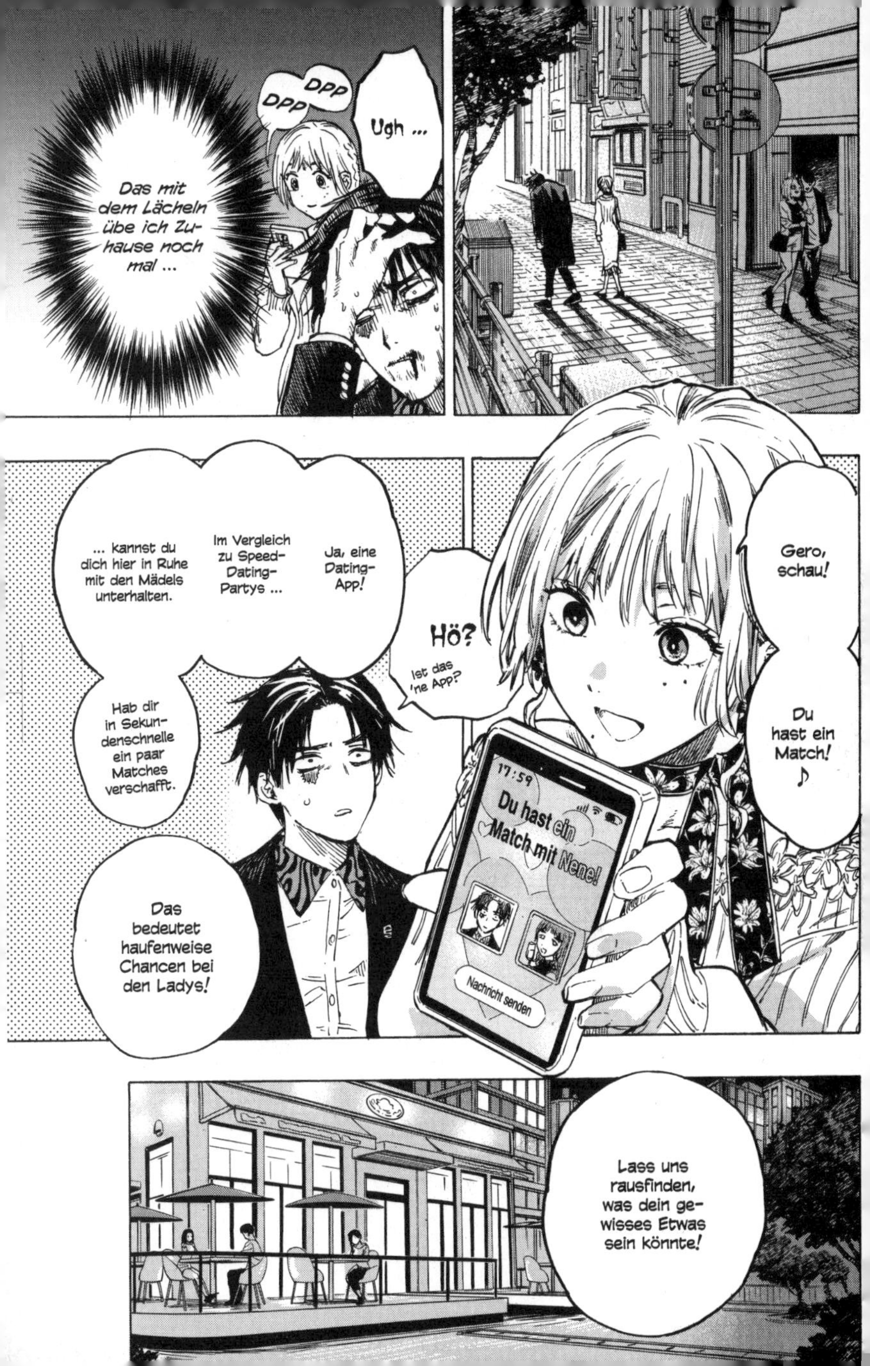
Ugh ...
DPP DPP
Das mit dem Lächeln übe ich Zuhause noch mal ...
Gero, schau!
Du hast ein Match! ♪
17:59
Du hast ein Match mit Nene!
Nachricht senden
Hö?
Ist das 'ne App?
Ja, eine Dating-App!
Im Vergleich zu Speed-Dating-Partys ...
... kannst du dich hier in Ruhe mit den Mädels unterhalten.
Hab dir in Sekundenschnelle ein paar Matches verschafft.
Das bedeutet haufenweise Chancen bei den Ladys!
Lass uns rausfinden, was dein gewisses Etwas sein könnte!

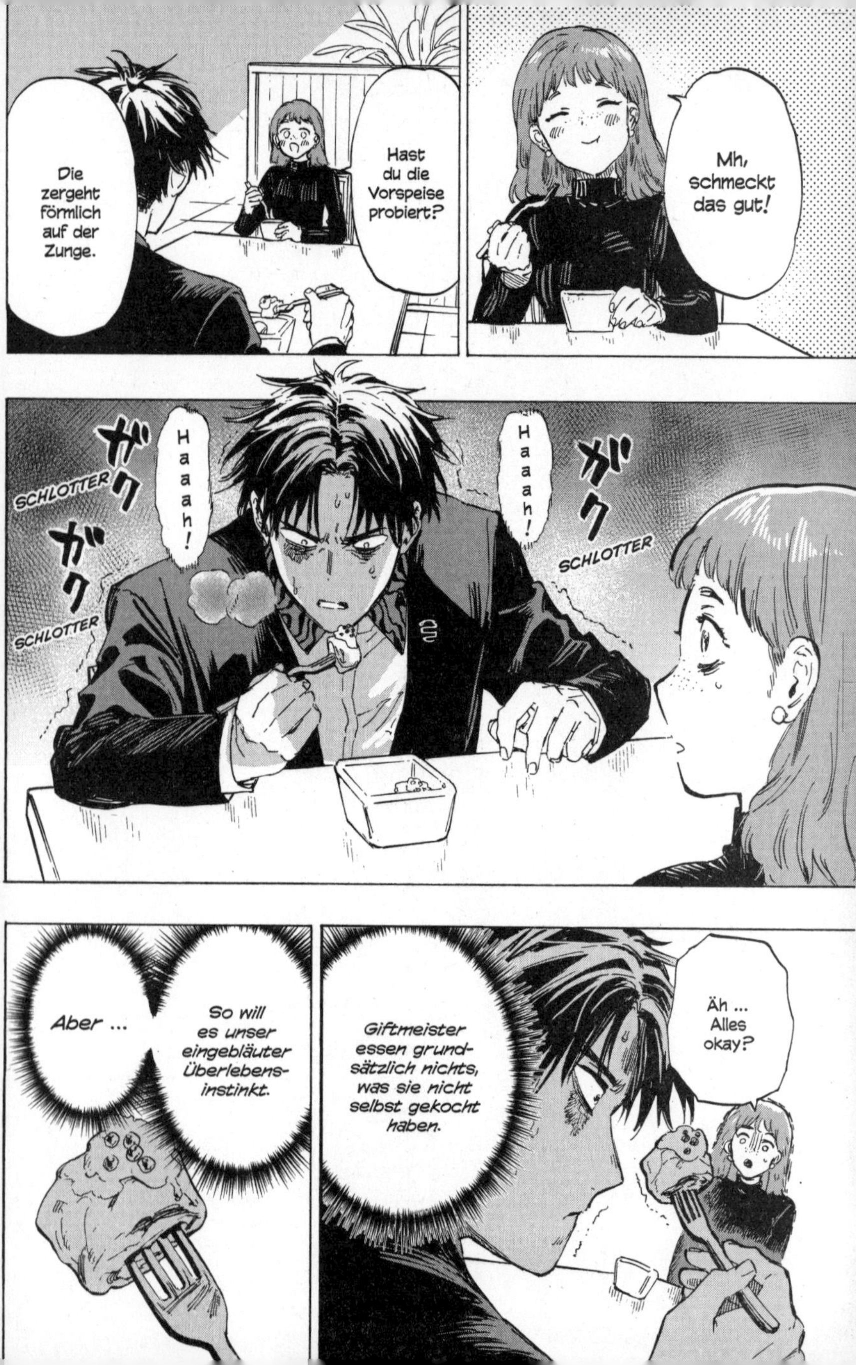
Mh, schmeckt das gut!
Hast du die Vorspeise probiert?
Die zergeht förmlich auf der Zunge.
ガク
SCHLOTTER
Haaah!
Haaah!
ガク
SCHLOTTER
ガク
SCHLOTTER
Äh ... Alles okay?
Giftmeister essen grundsätzlich nichts, was sie nicht selbst gekocht haben.
So will es unser eingebläuter Überlebensinstinkt.
Aber ...

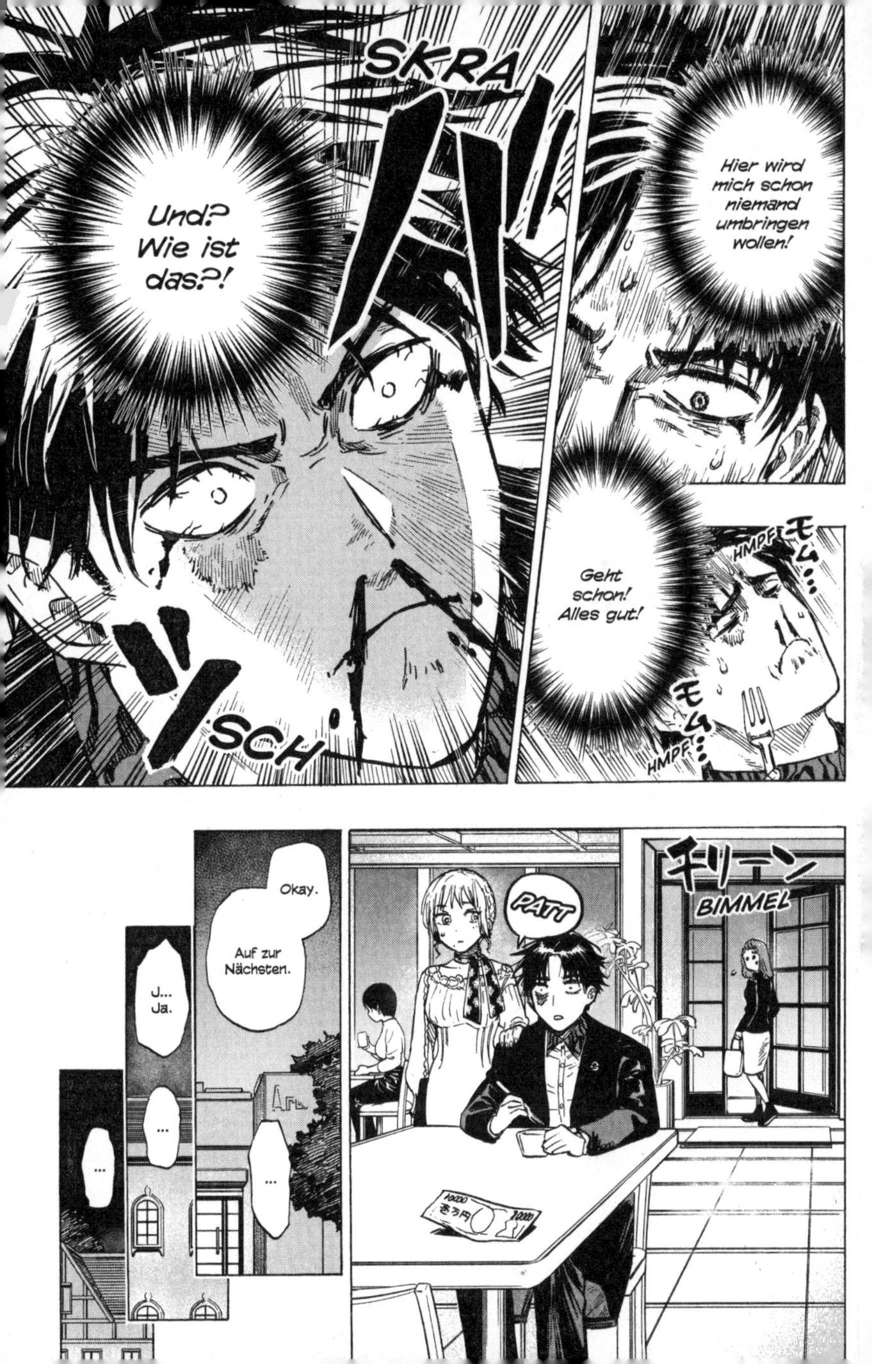
SKRA
Und? Wie ist das?!
SCH
Hier wird mich schon niemand umbringen wollen!
モム… HMPF
Geht schon! Alles gut!
モム… HMPF
チリーン
BIMMEL
PATT
Okay.
Auf zur Nächsten.
...
J... Ja.
...
...

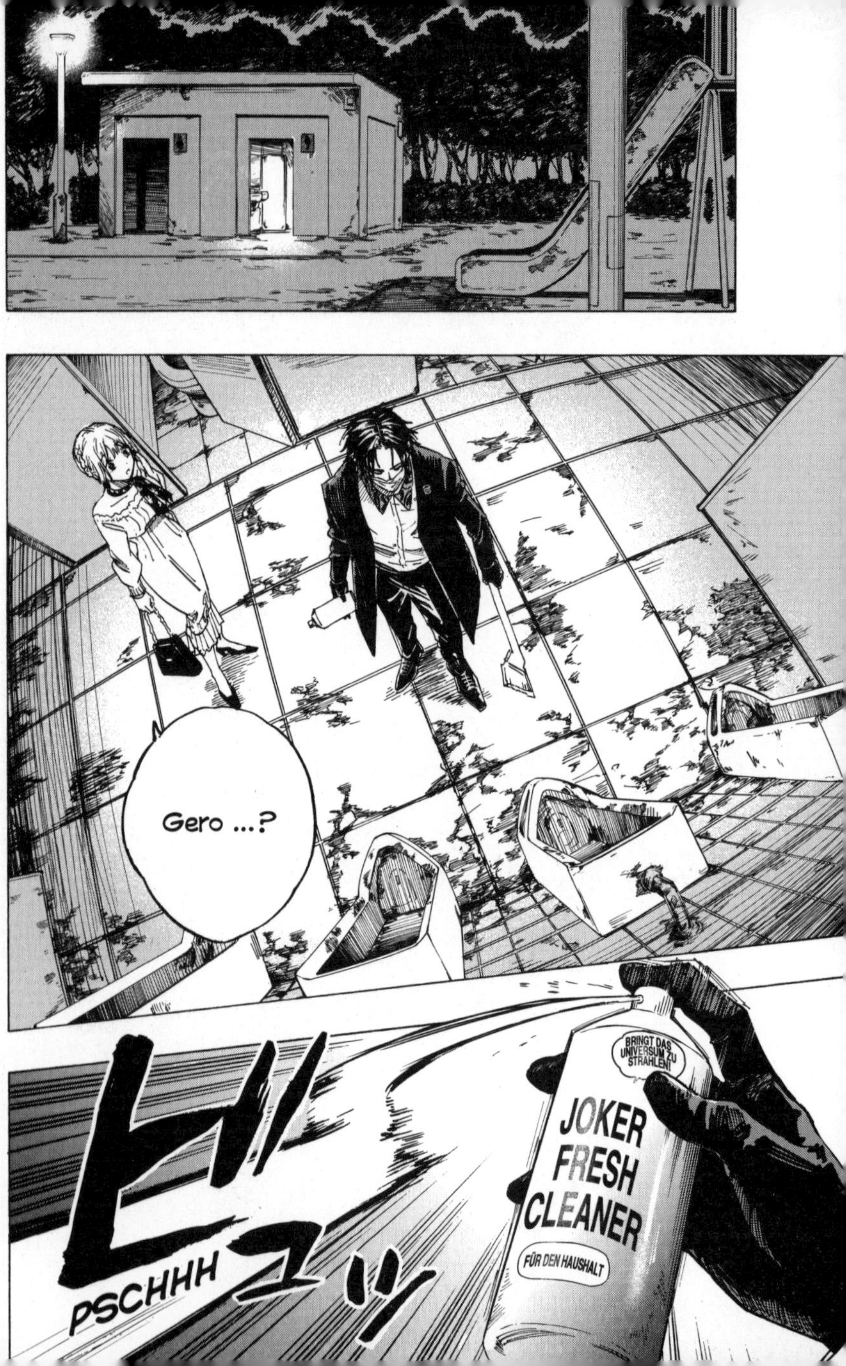
Gero ...?
ビュッ
PSCHHH
BRINGT DAS UNIVERSUM ZU STRAHLEN!
JOKER FRESH CLEANER
FÜR DEN HAUSHALT

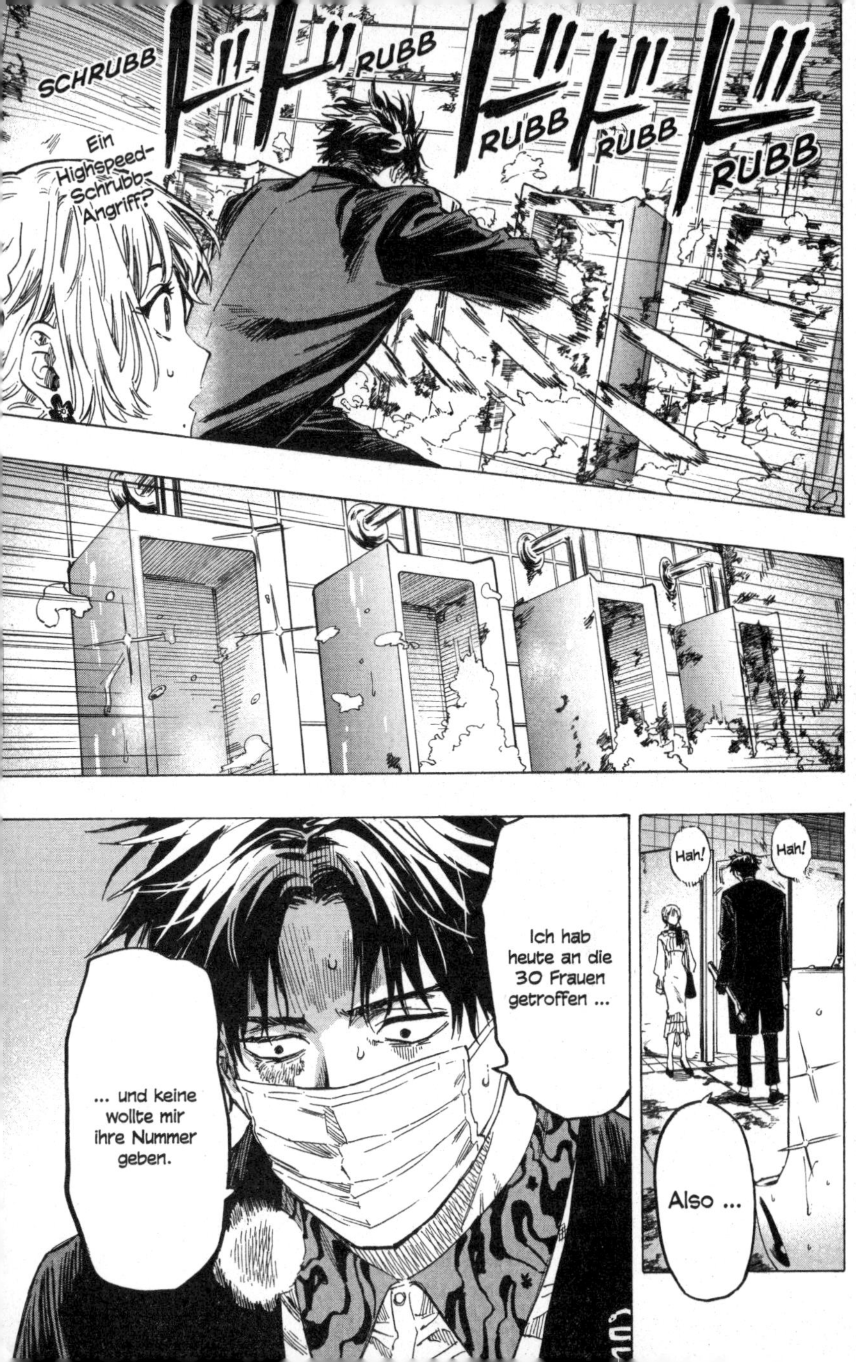
RUBB
RUBB
RUBB
RUBB
SCHRUBB
Ein Highspeed-Schrubb-Angriff?
Hah!
Hah!
Also ...
Ich hab heute an die 30 Frauen getroffen ...
... und keine wollte mir ihre Nummer geben.

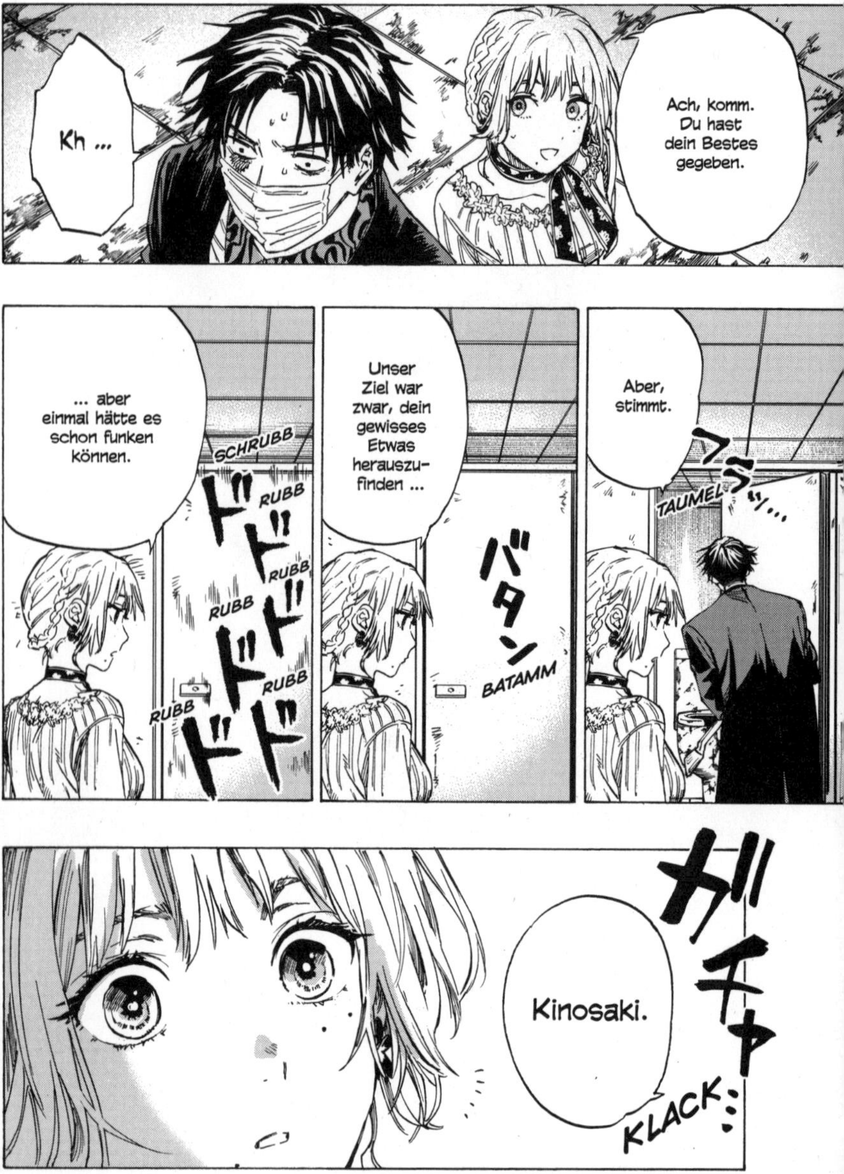
Ach, komm. Du hast dein Bestes gegeben.
Kh ...
Aber, stimmt.
フラッ…
TAUMEL
Unser Ziel war zwar, dein gewisses Etwas herauszufinden ...
バタン
BATAMM
... aber einmal hätte es schon funken können.
SCHRUBB
ドドドドド
RUBB
RUBB
RUBB
RUBB
RUBB
ガチャ
KLACK
Kinosaki.

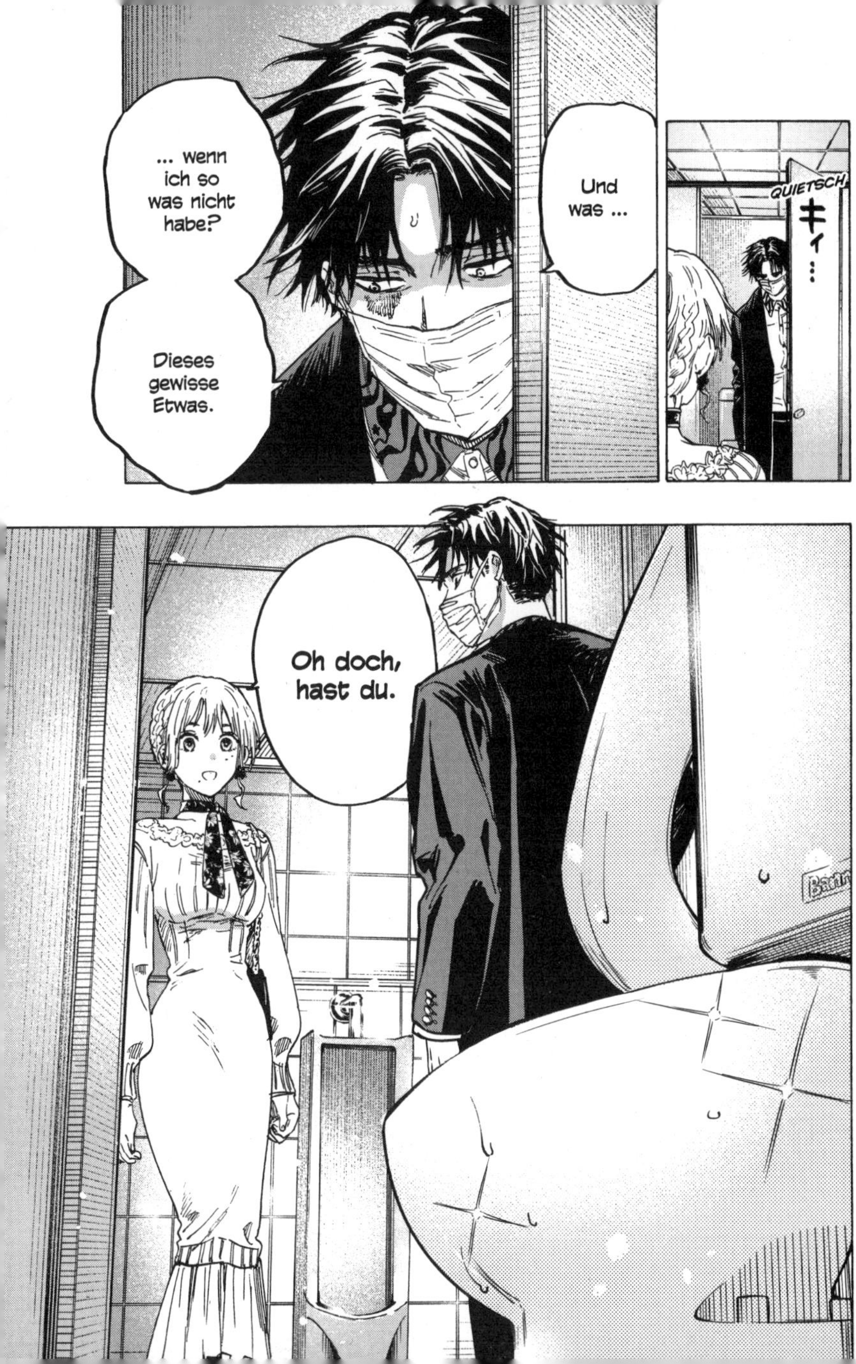
QUIETSCH
キィ…
Und was ...
... wenn ich so was nicht habe?
Dieses gewisse Etwas.
Oh doch, hast du.

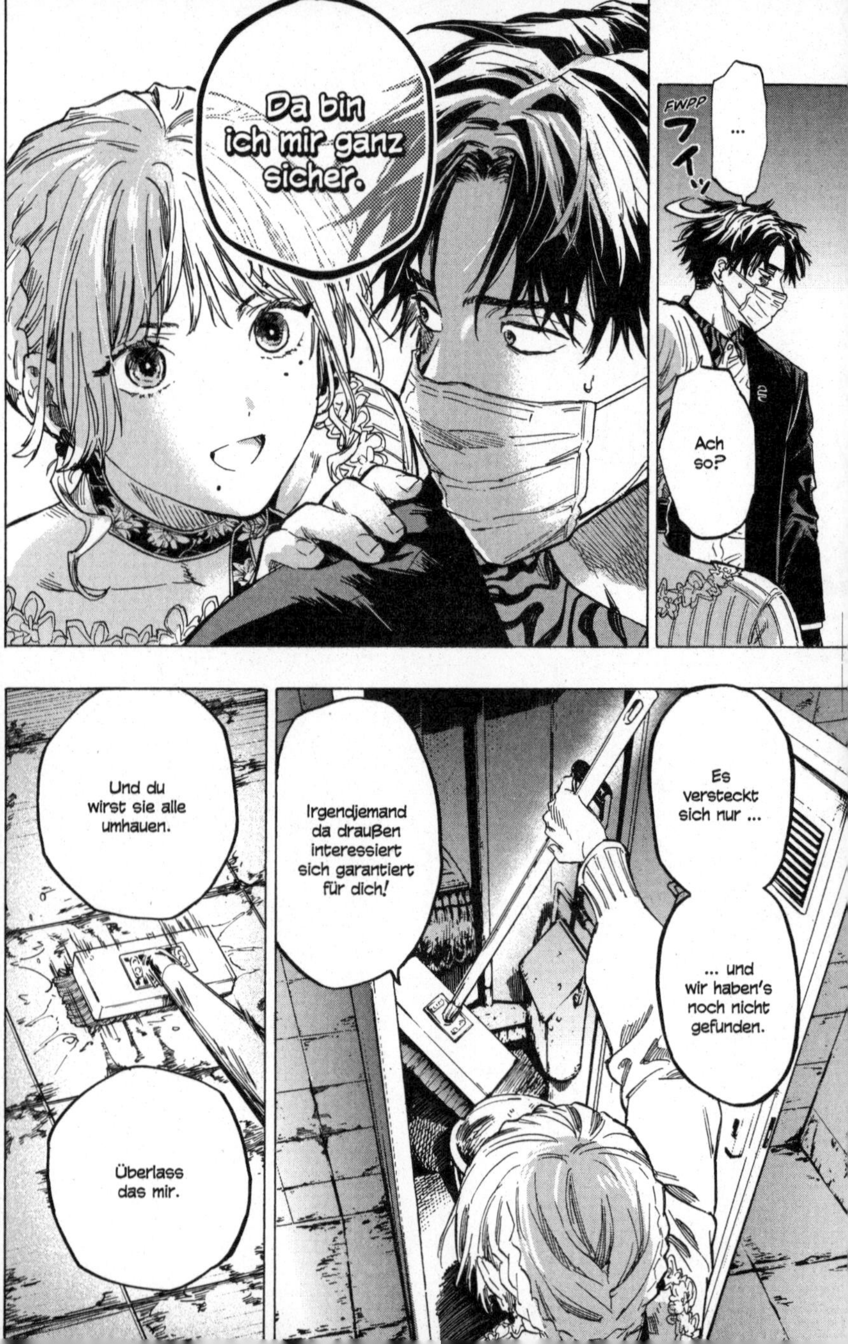
FWPP
フイッ
…
Da bin ich mir ganz sicher.
Ach so?
Es versteckt sich nur …
… und wir haben's noch nicht gefunden.
Irgendjemand da draußen interessiert sich garantiert für dich!
Und du wirst sie alle umhauen.
Überlass das mir.

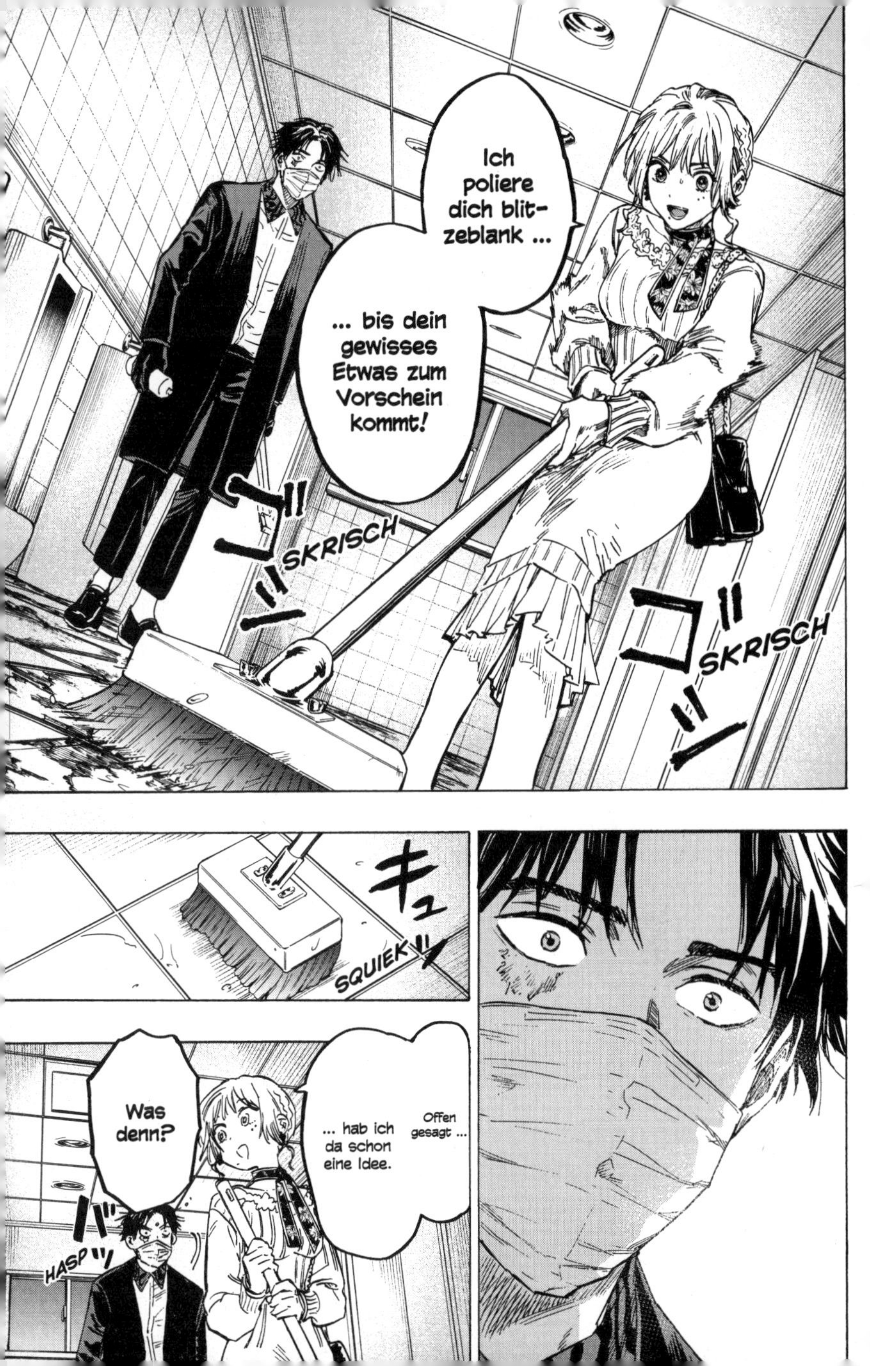
Ich poliere dich blitzeblank ...
... bis dein gewisses Etwas zum Vorschein kommt!
SKRISCH
SKRISCH
SQUIEK
Offen gesagt ...
... hab ich da schon eine Idee.
Was denn?
HASP

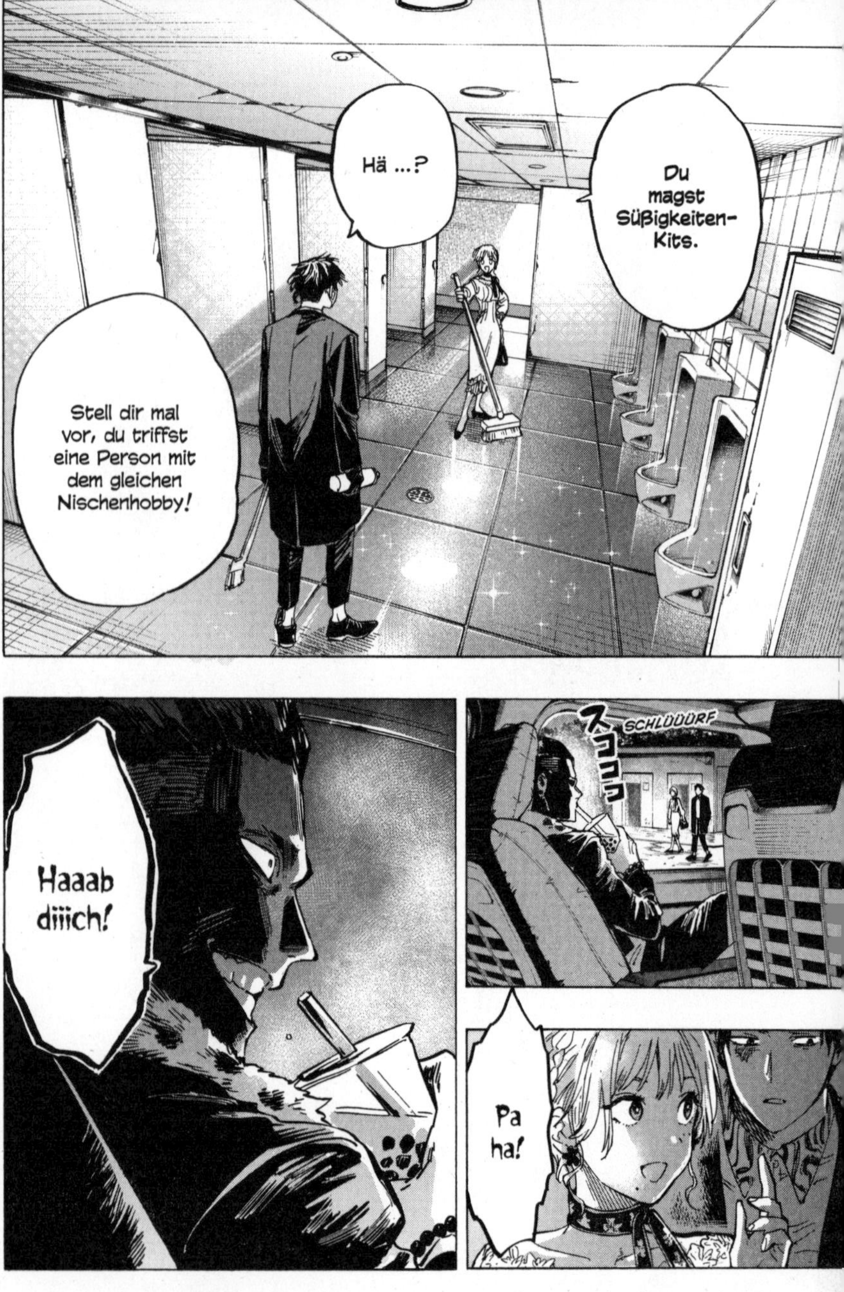
Du magst Süßigkeiten-Kits.
Hä ...?
Stell dir mal vor, du triffst eine Person mit dem gleichen Nischenhobby!
SCHLÜÜÜRF
Pa ha!
Haaab diiich!

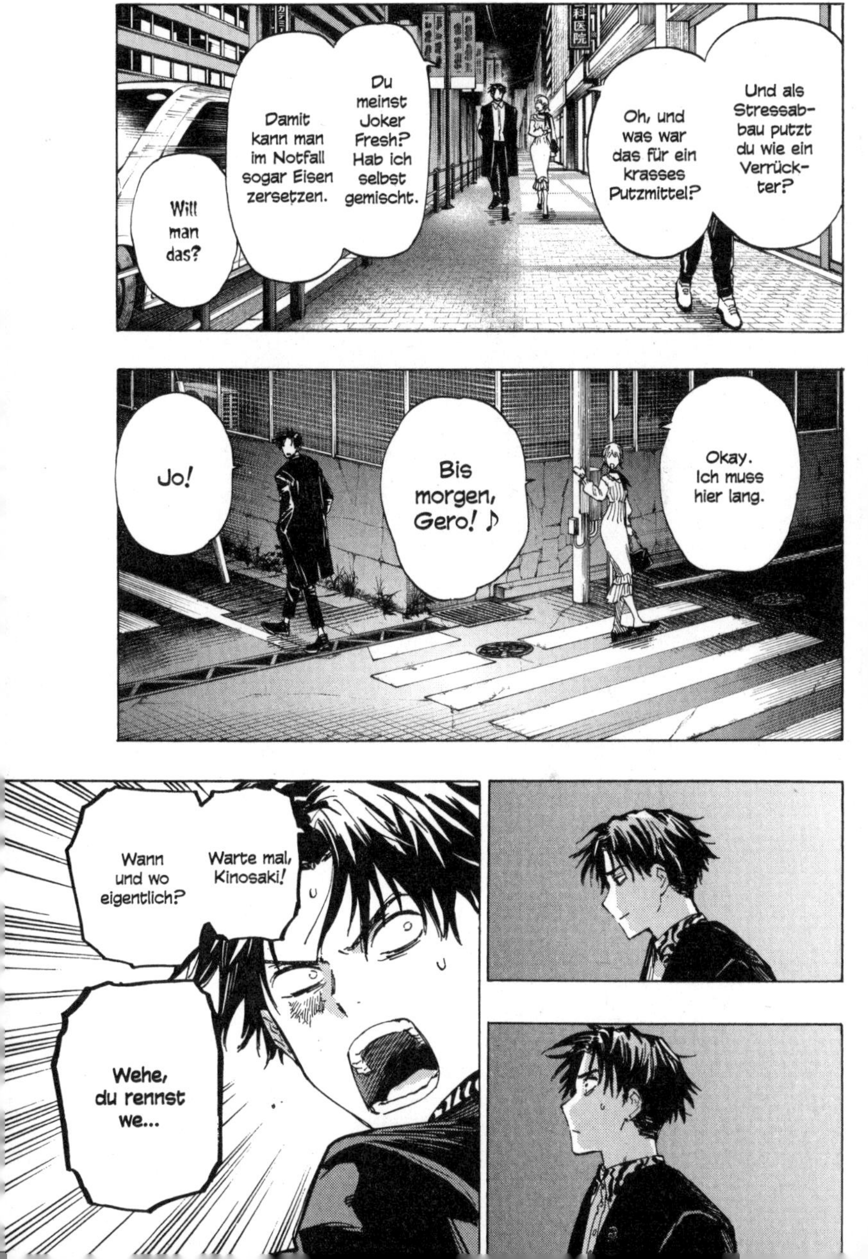
Und als Stressabbau putzt du wie ein Verrückter?
Oh, und was war das für ein krasses Putzmittel?
Du meinst Joker Fresh? Hab ich selbst gemischt.
Damit kann man im Notfall sogar Eisen zersetzen.
Will man das?
Okay. Ich muss hier lang.
Bis morgen, Gero! ♪
Jo!
Warte mal, Kinosaki!
Wann und wo eigentlich?
Wehe, du rennst we...

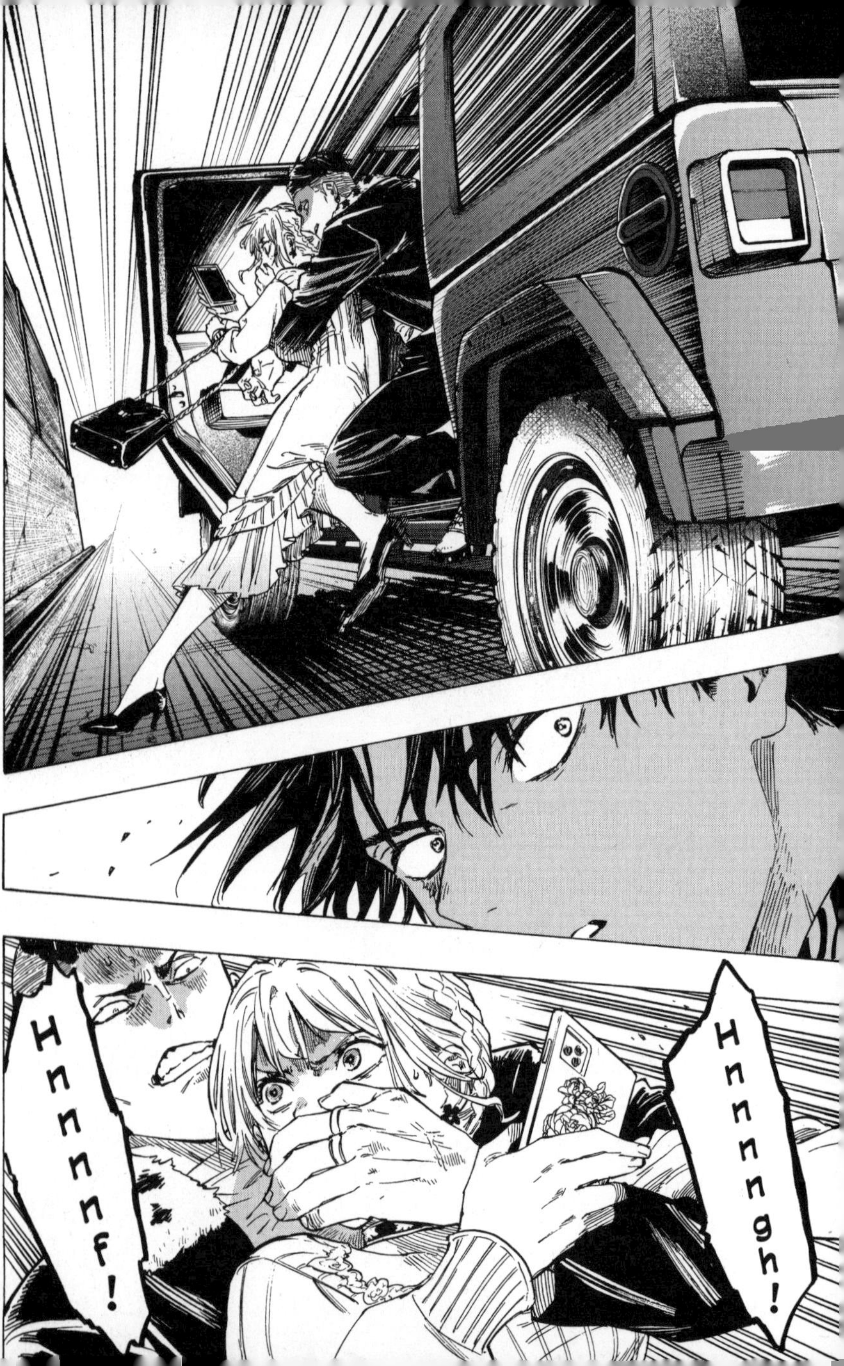
Hnnnngh!
Hnnnnf!

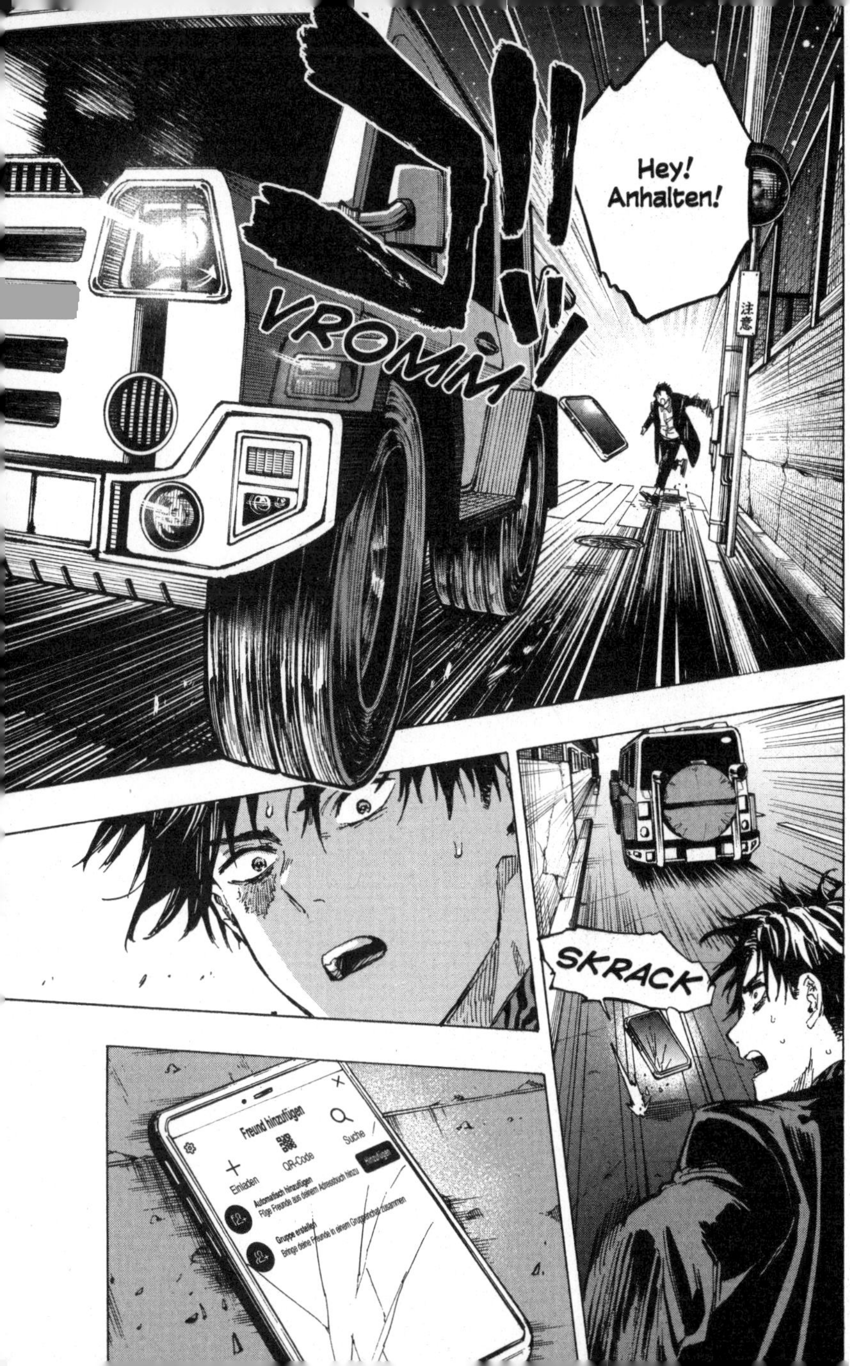
Hey!
Anhalten!
VROMM
注意
SKRACK
Freund hinzufügen
Suche
QR-Code
Einladen
Hinzufügen
Automatisch hinzufügen
Füge Freunde aus deinem Adressbuch hinzu
Gruppe erstellen
Bringe deine Freunde in einem Gruppenchat zusammen

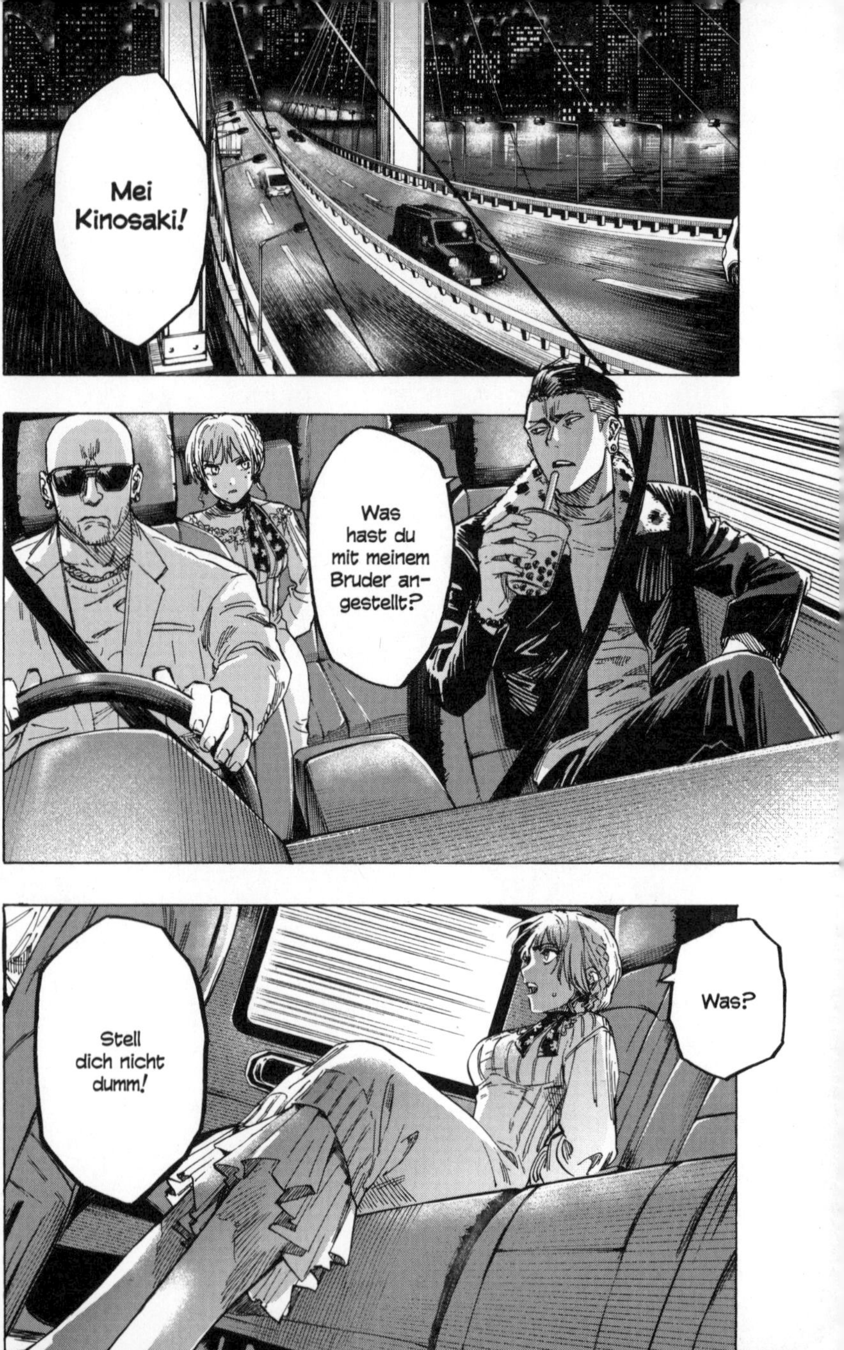
Mei Kinosaki!
Was hast du mit meinem Bruder angestellt?
Was?
Stell dich nicht dumm!

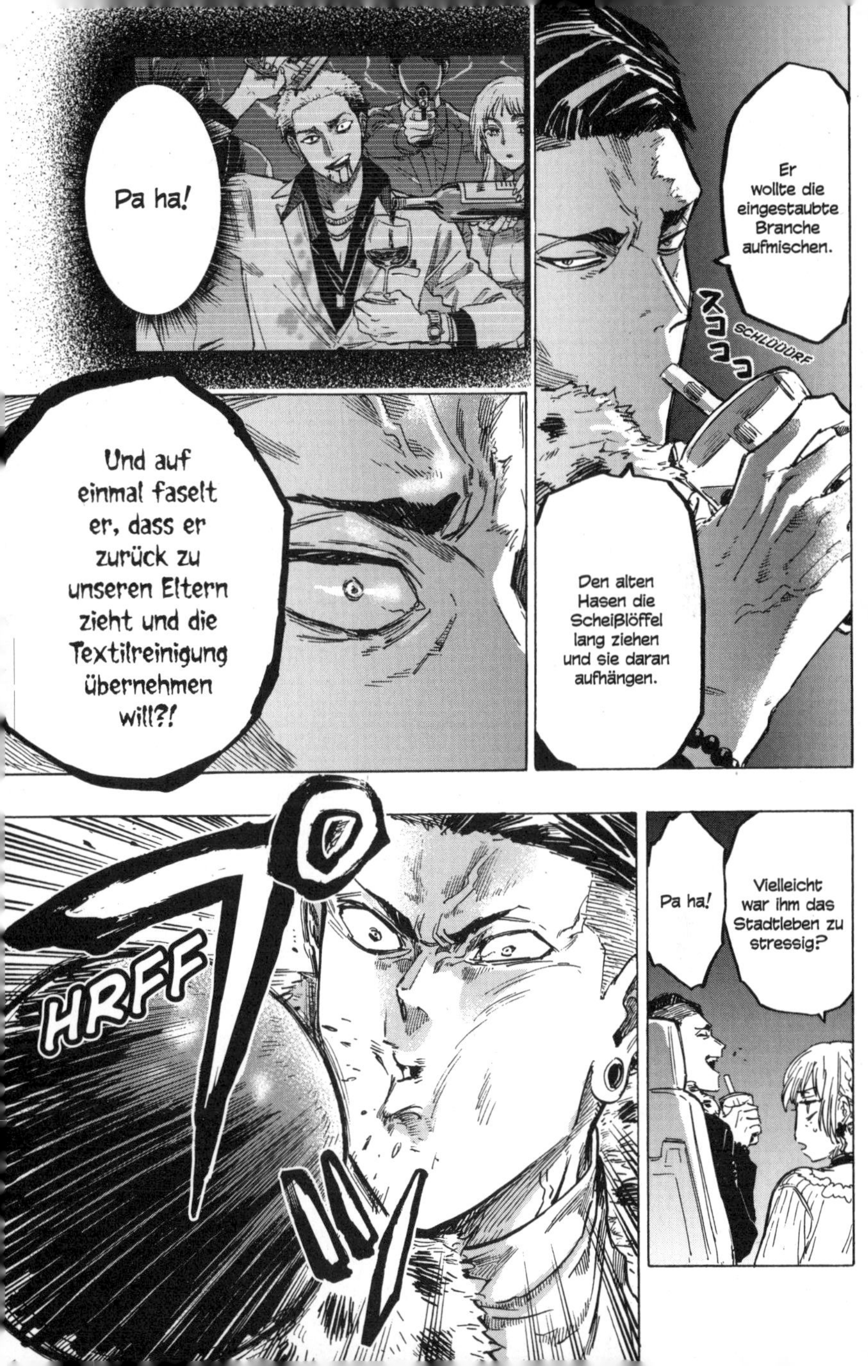

Er wollte die eingestaubte Branche aufmischen.
SCHLÜÜÜRF
Den alten Hasen die Scheißlöffel lang ziehen und sie daran aufhängen.
Pa ha!
Und auf einmal faselt er, dass er zurück zu unseren Eltern zieht und die Textilreinigung übernehmen will?!
Vielleicht war ihm das Stadtleben zu stressig?
Pa ha!
HRFF

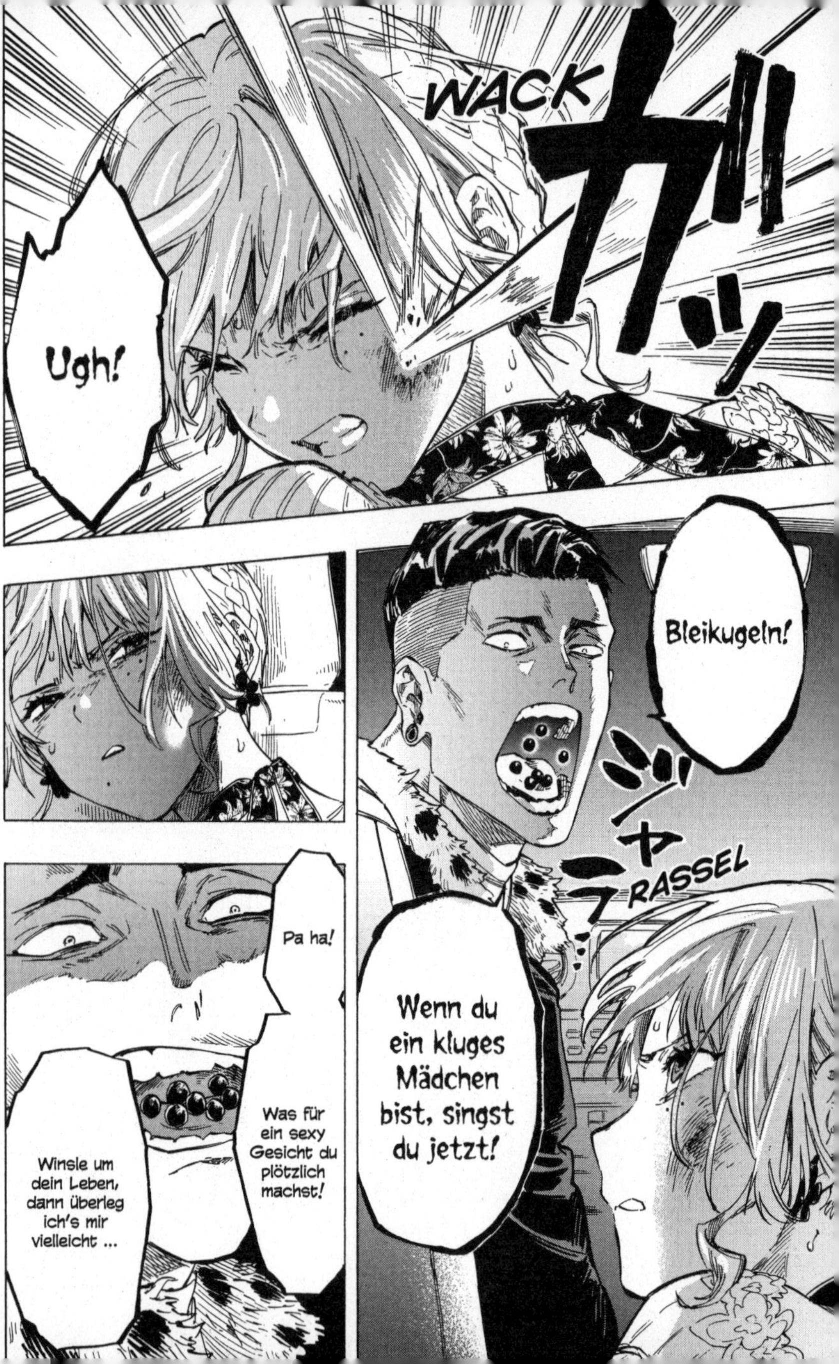
WACK
Ugh!
Bleikugeln!
RASSEL
Wenn du ein kluges Mädchen bist, singst du jetzt!
Pa ha!
Was für ein sexy Gesicht du plötzlich machst!
Winsle um dein Leben, dann überleg ich's mir vielleicht ...

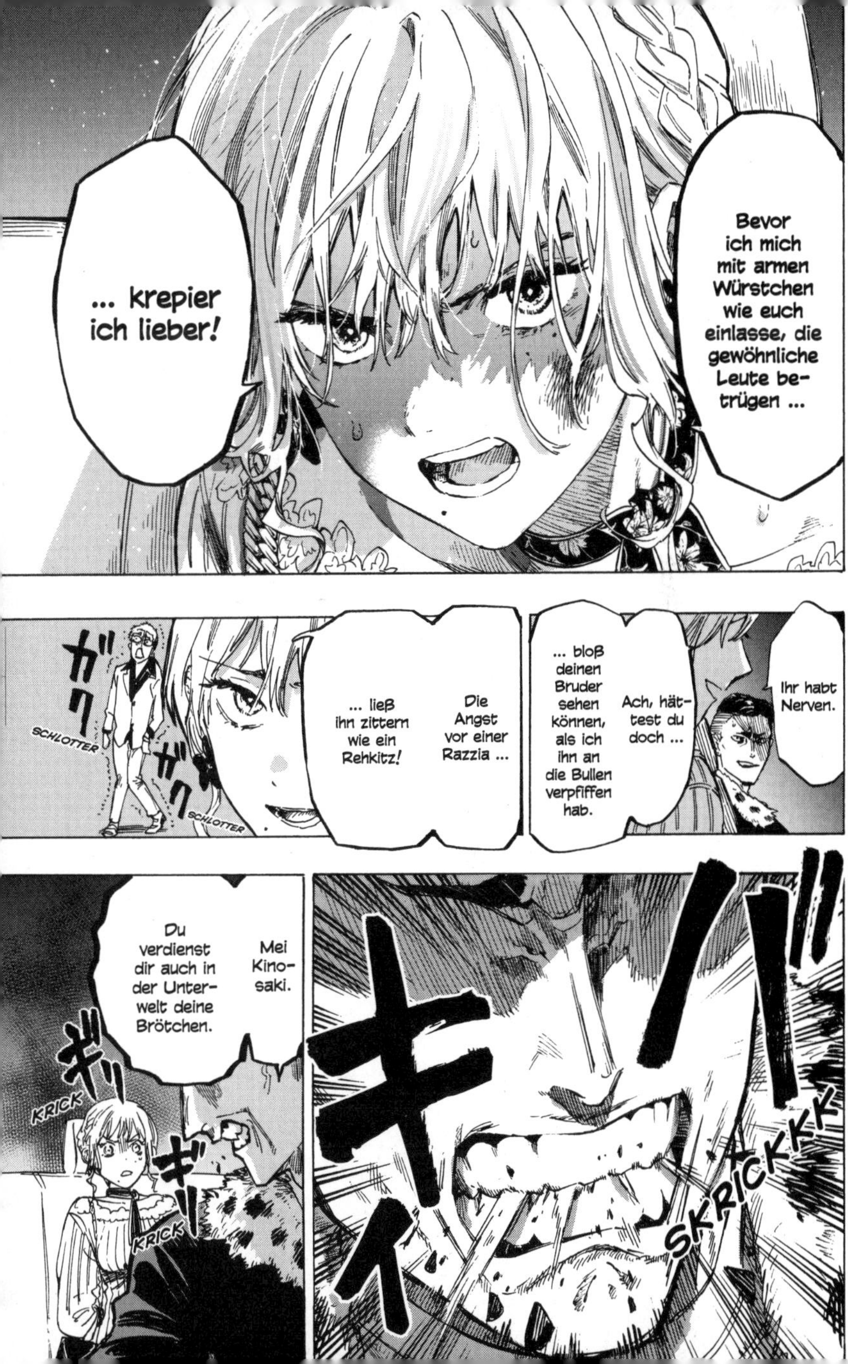
Bevor ich mich mit armen Würstchen wie euch einlasse, die gewöhnliche Leute betrügen ...
... krepier ich lieber!
Ihr habt Nerven.
Ach, hättest du doch ...
... bloß deinen Bruder sehen können, als ich ihn an die Bullen verpfiffen hab.
Die Angst vor einer Razzia ...
... ließ ihn zittern wie ein Rehkitz!
SCHLOTTER
SCHLOTTER
SKRICKKK
Mei Kinosaki.
Du verdienst dir auch in der Unterwelt deine Brötchen.
KRICK
KRICK

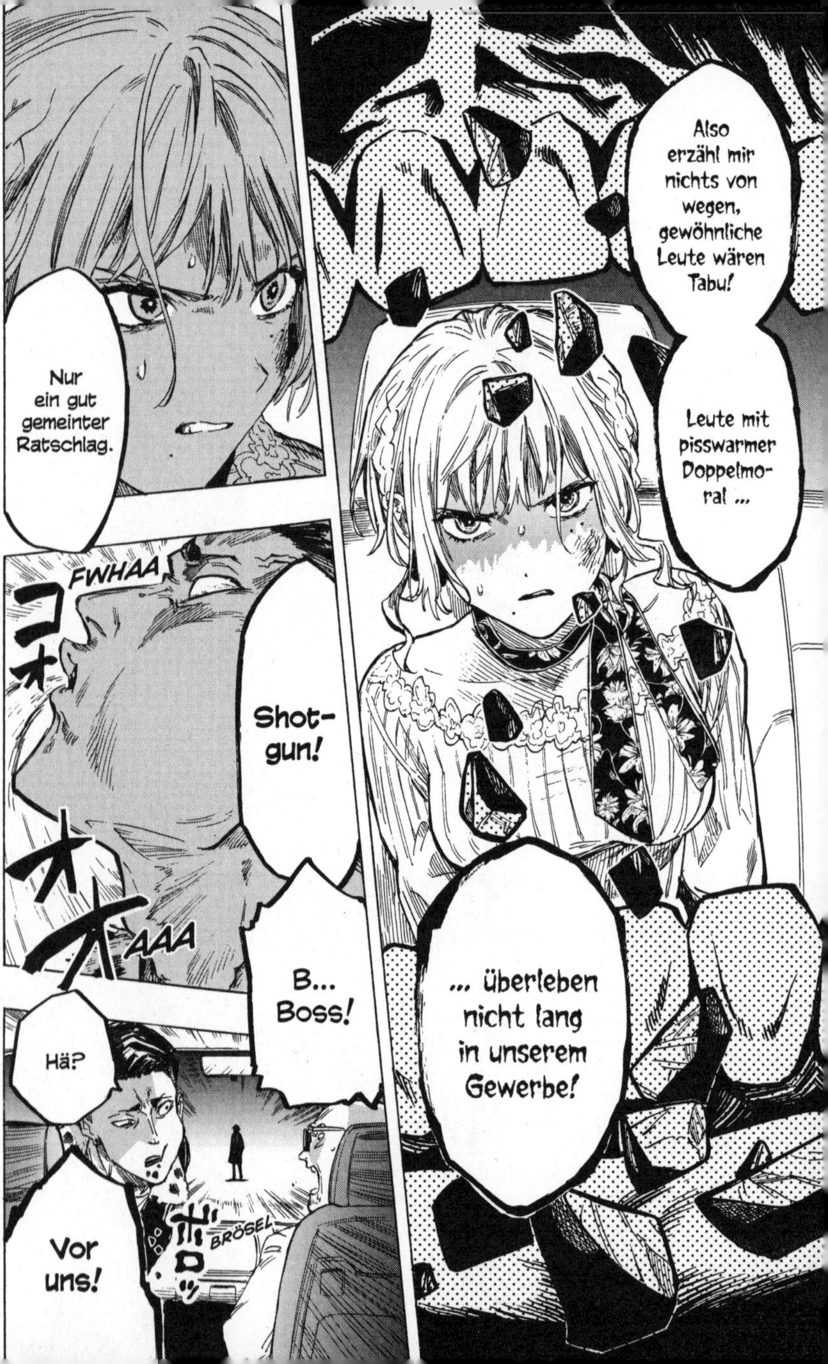
Also erzähl mir nichts von wegen, gewöhnliche Leute wären Tabu!
Leute mit pisswarmer Doppelmoral ...
... überleben nicht lang in unserem Gewerbe!
Nur ein gut gemeinter Ratschlag.
FWHAA
AAA
Shotgun!
B... Boss!
Hä?
BRÖSEL
Vor uns!

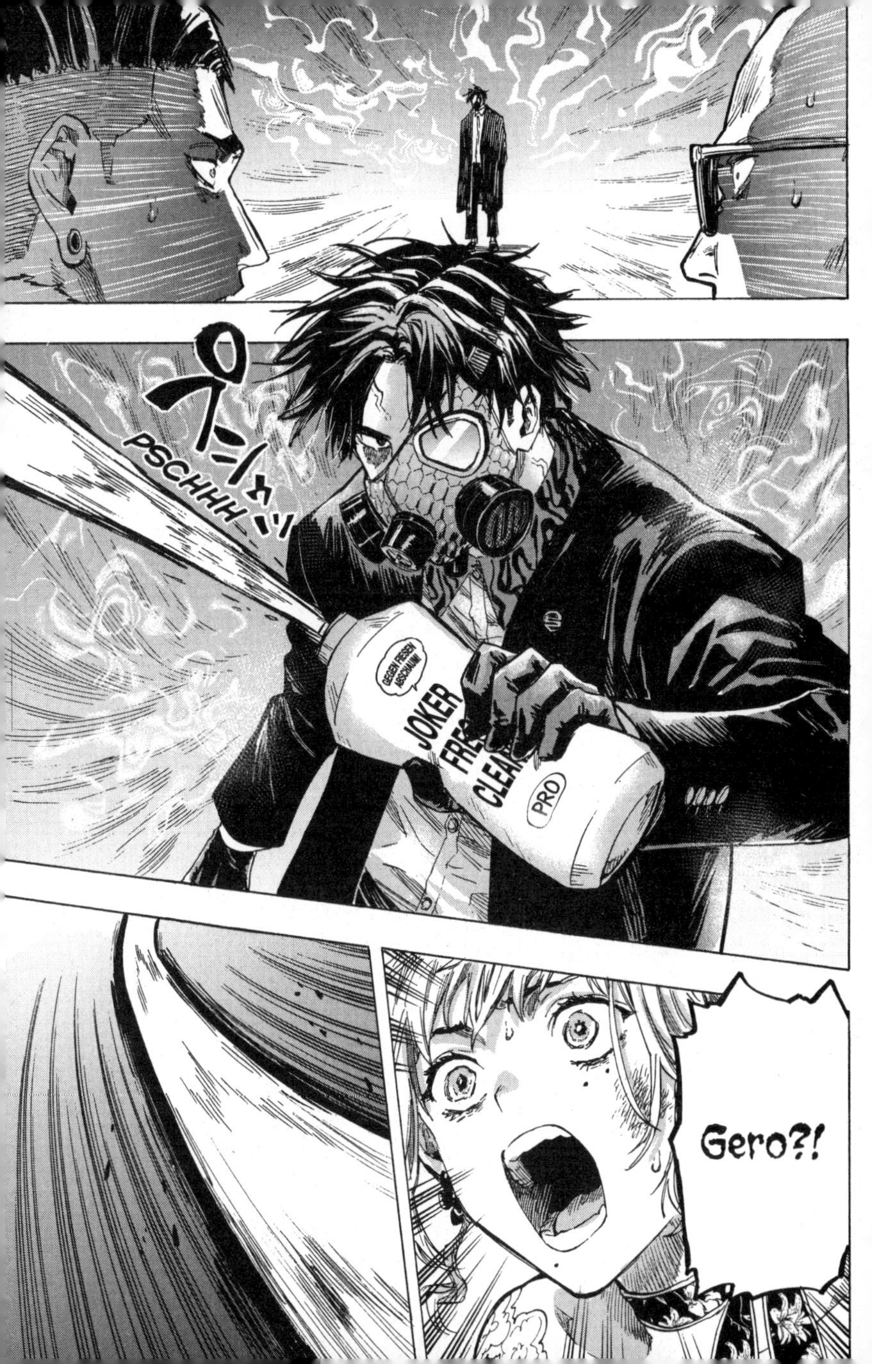

プシュッ
PSCHHH
GEGEN FIESEN ABSCHAUM!
JOKER
PRO
Gero?!

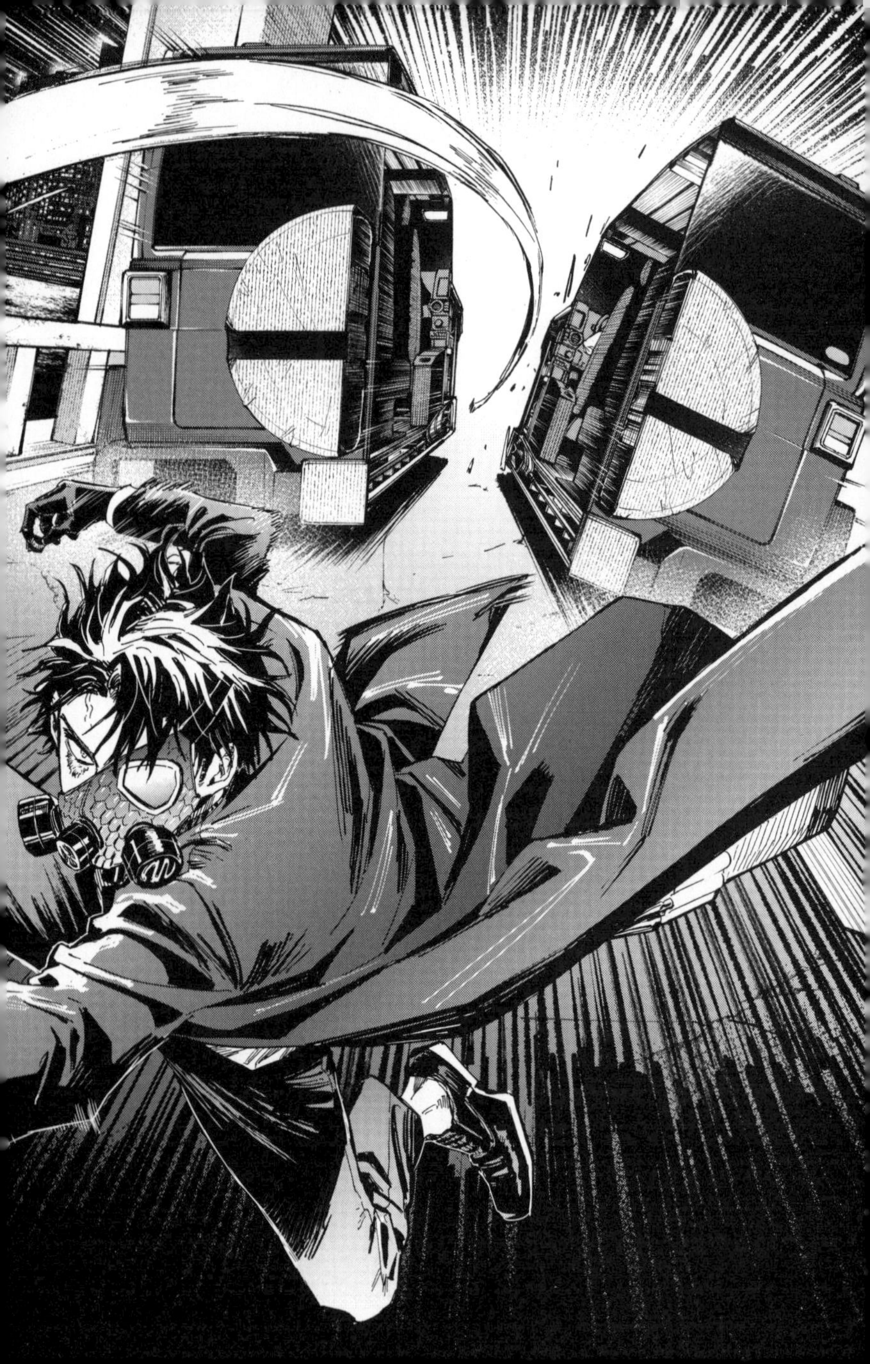

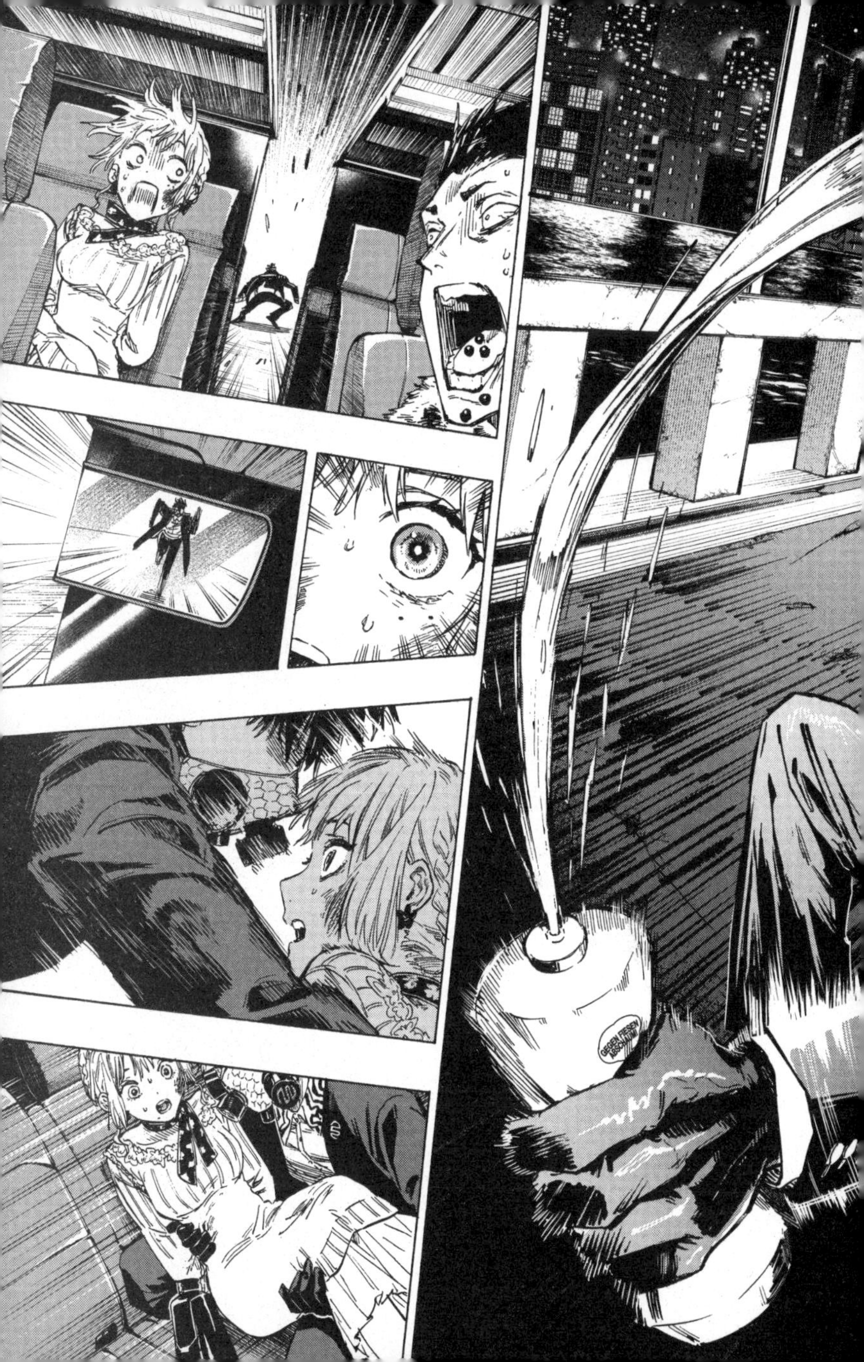
GEGEN FIESEN
ABSCHAUM!

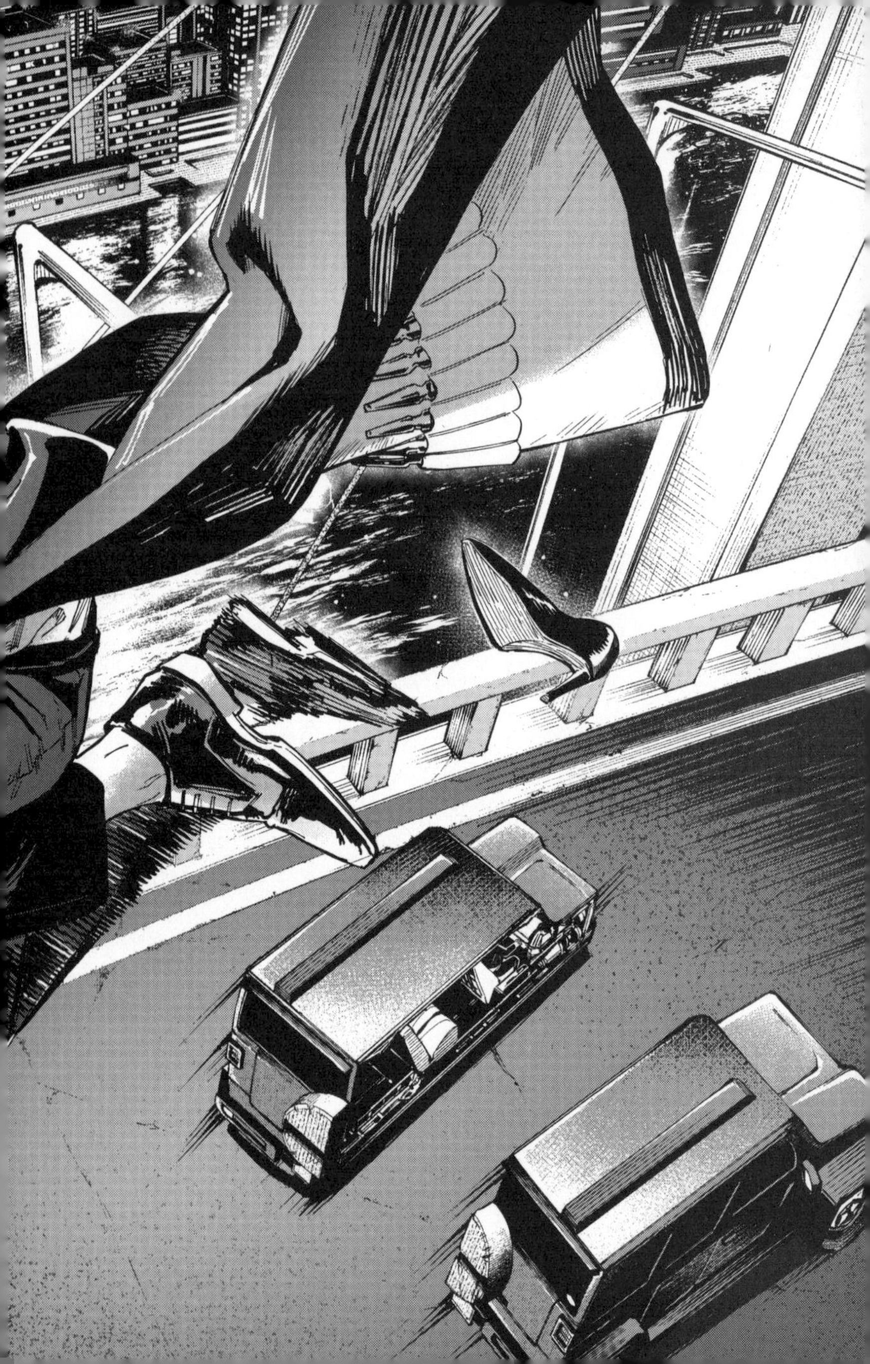

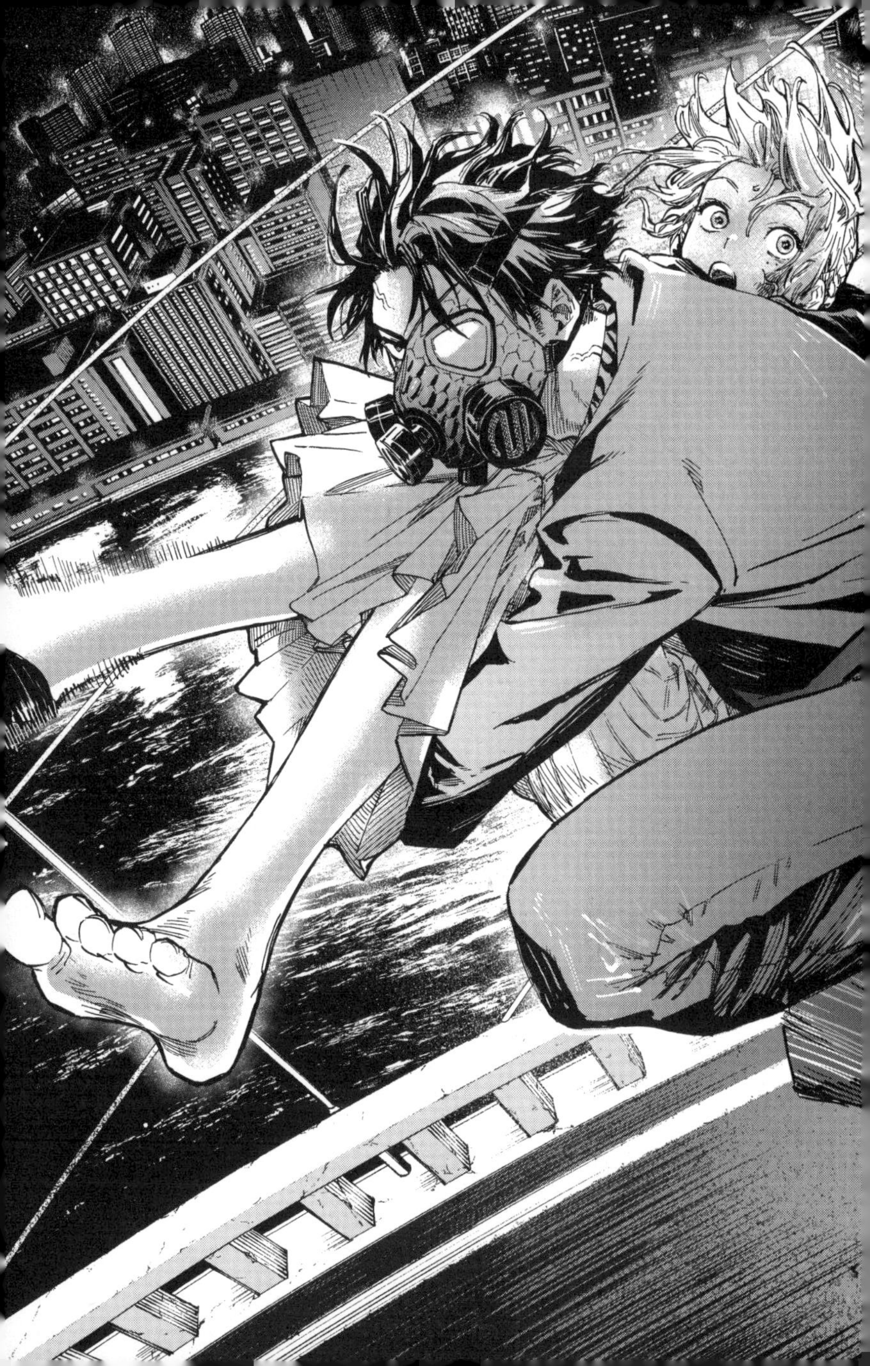

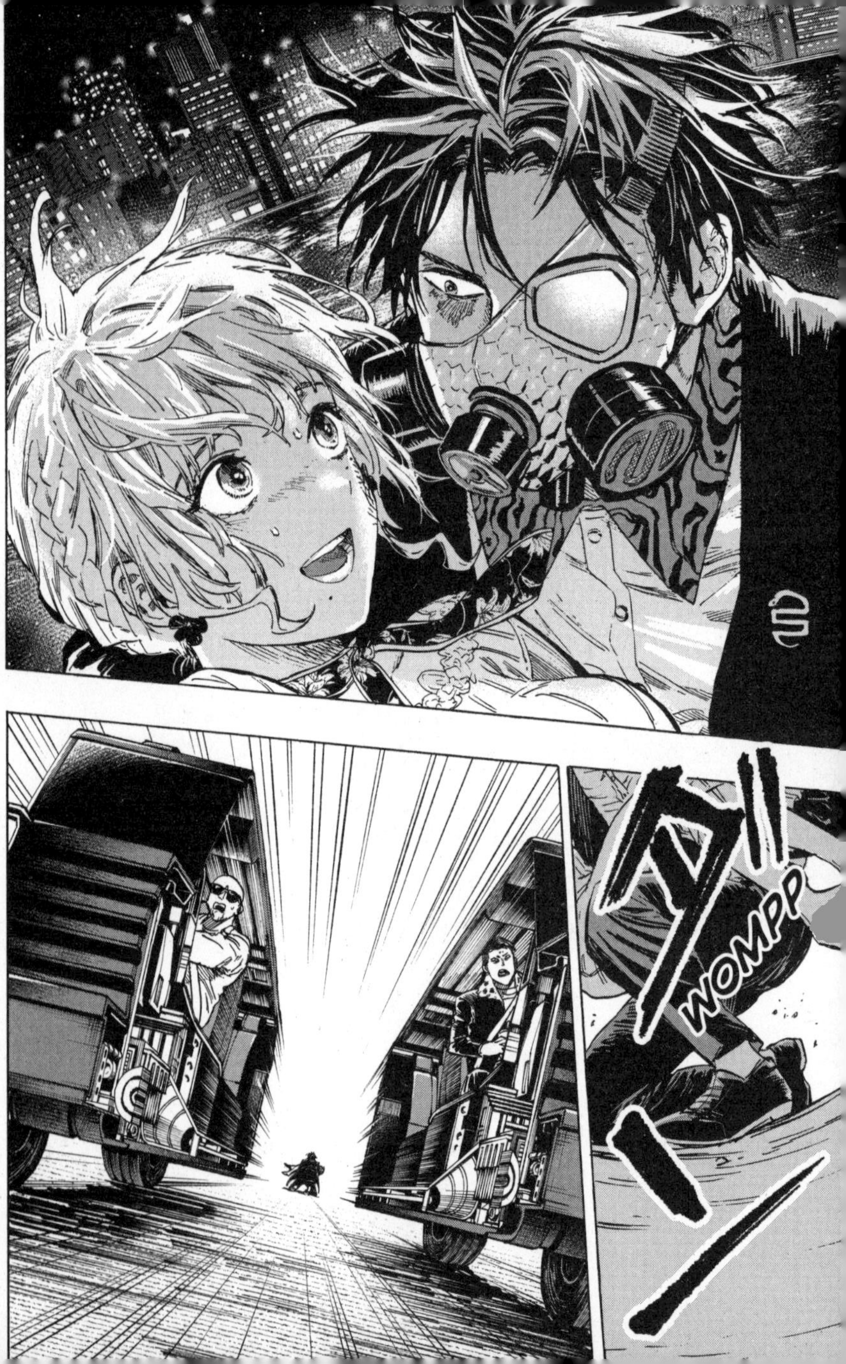
WOMPP

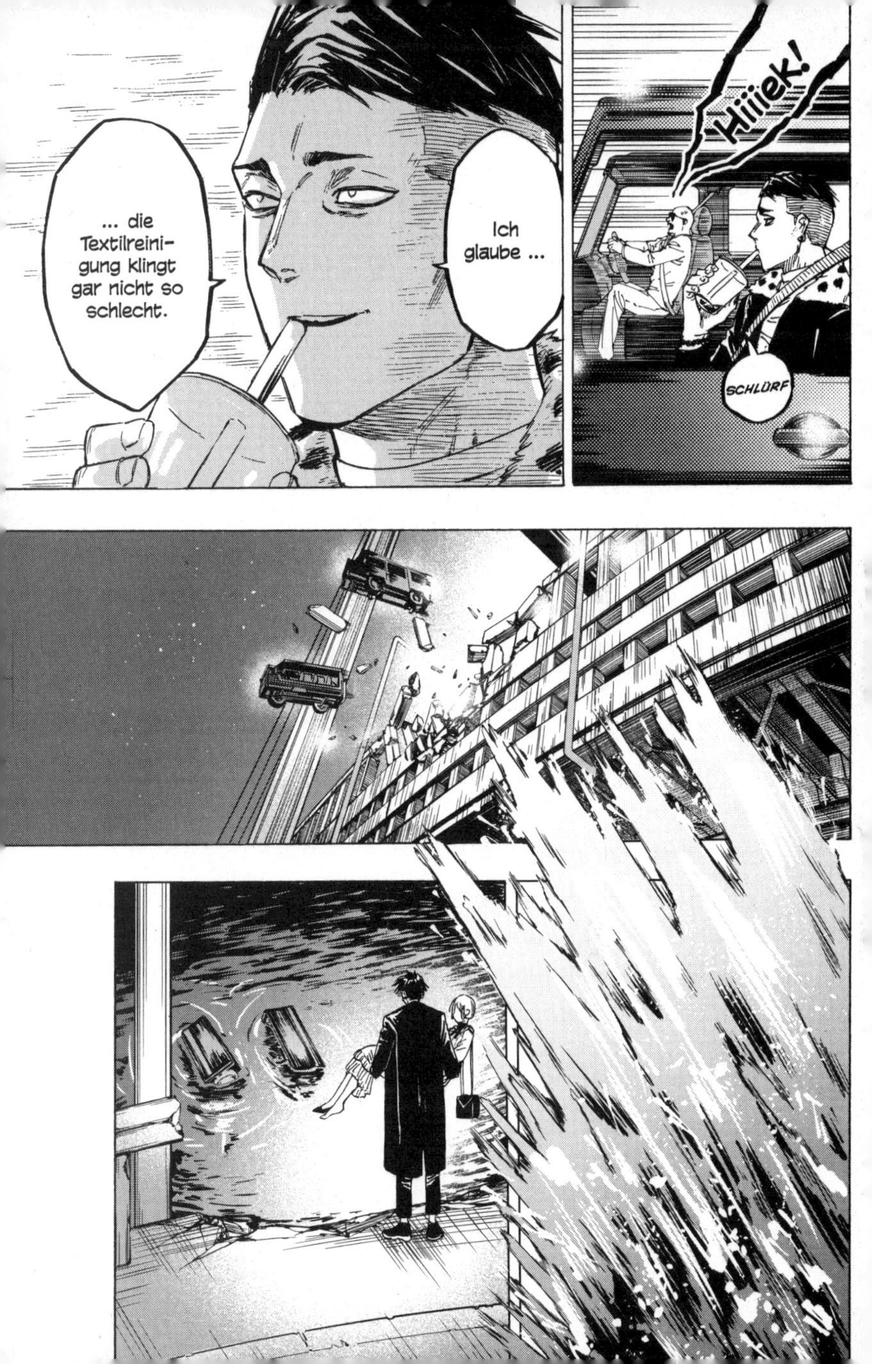
Hiiiek!
SCHLÜRF
Ich glaube ...
... die Textilreinigung klingt gar nicht so schlecht.

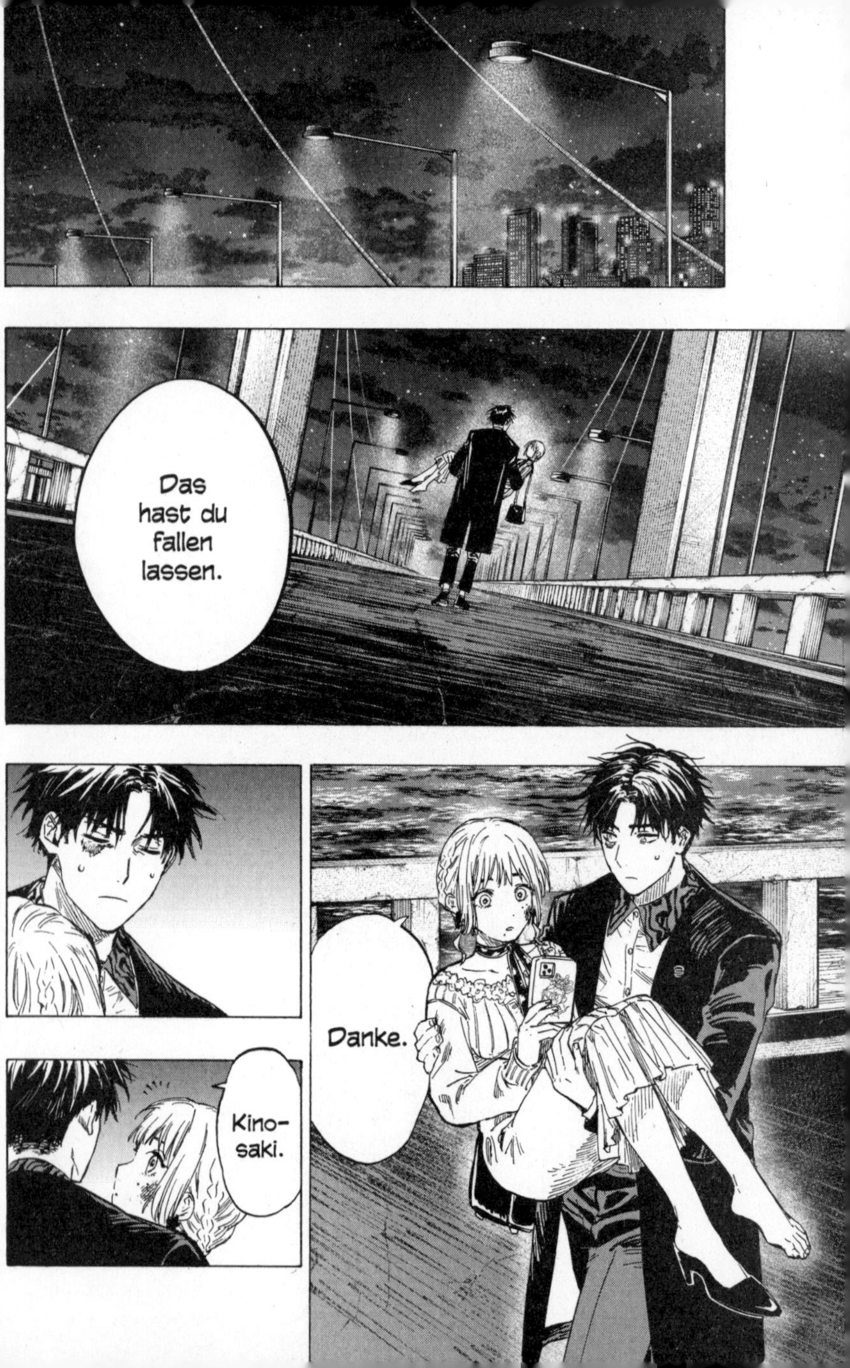
Das hast du fallen lassen.
Danke.
Kino-saki.

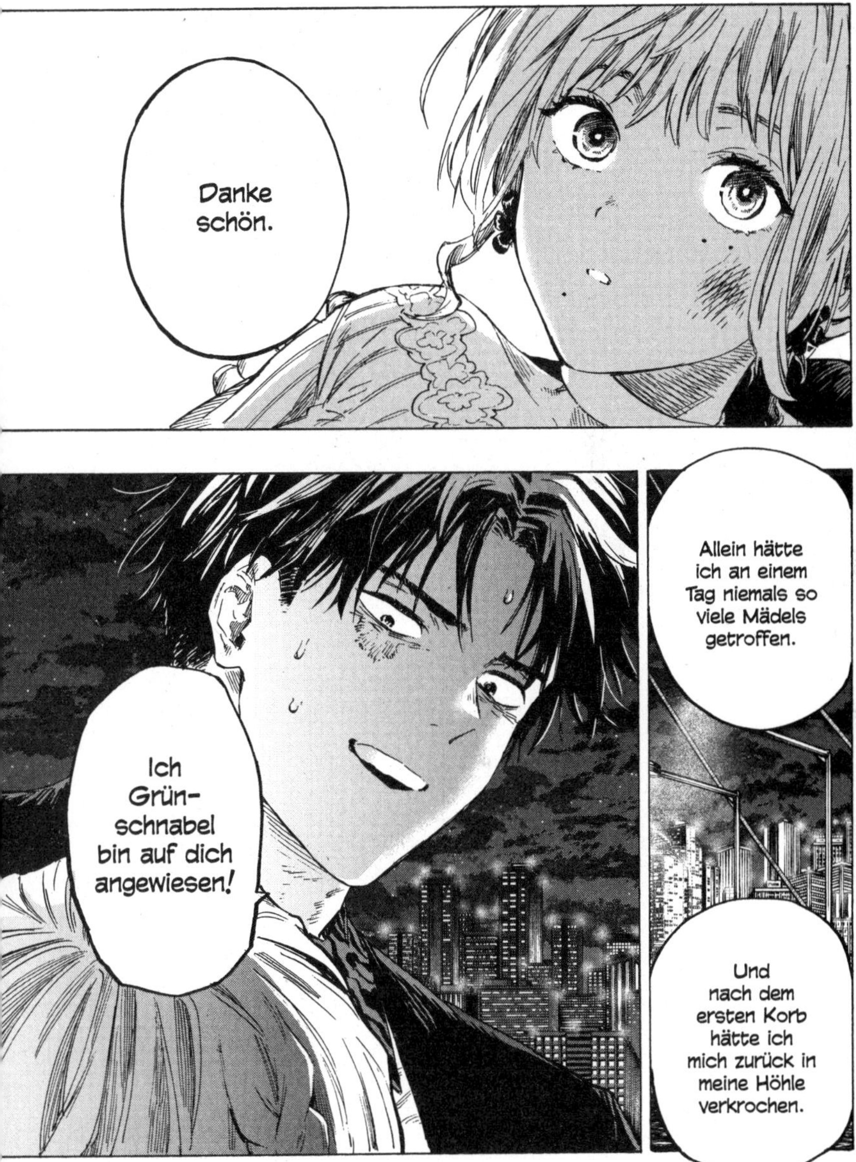
Danke schön.
Allein hätte ich an einem Tag niemals so viele Mädels getroffen.
Und nach dem ersten Korb hätte ich mich zurück in meine Höhle verkrochen.
Ich Grün-schnabel bin auf dich angewiesen!

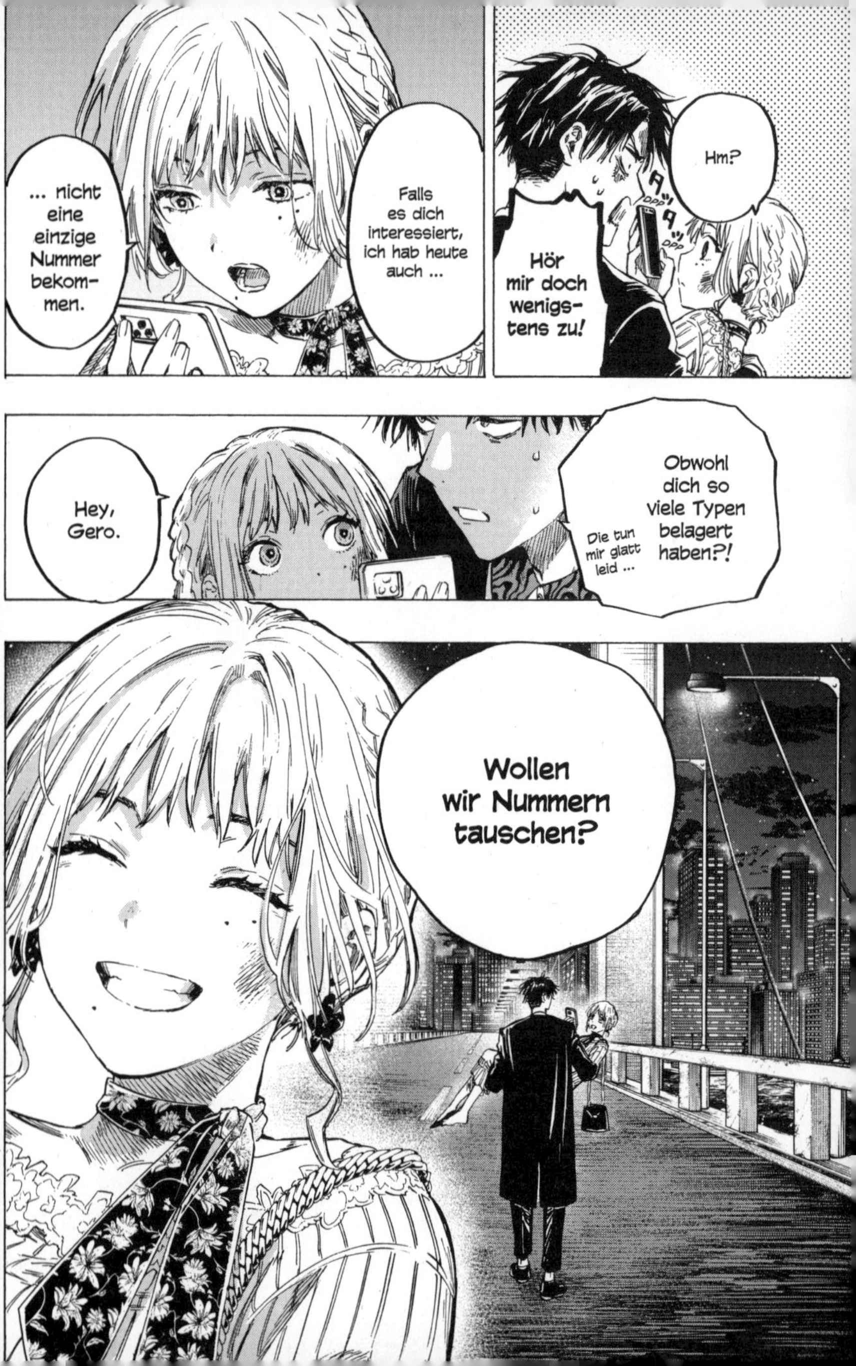
Hm?
Hör mir doch wenigstens zu!
Falls es dich interessiert, ich hab heute auch ...
... nicht eine einzige Nummer bekommen.
Obwohl dich so viele Typen belagert haben?!
Die tun mir glatt leid ...
Hey, Gero.
Wollen wir Nummern tauschen?

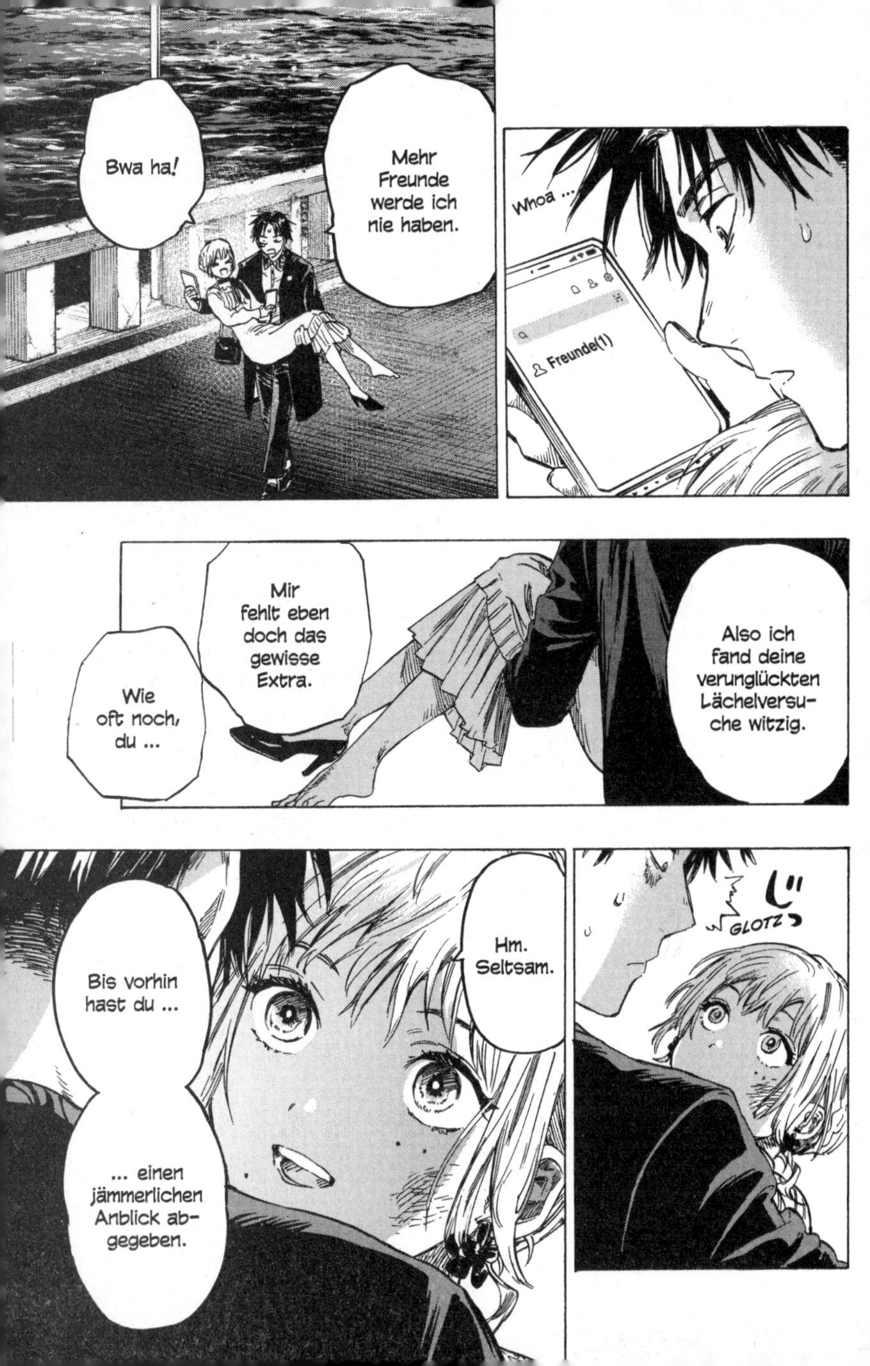
Whoa ...
Freunde(1)
Mehr Freunde werde ich nie haben.
Bwa ha!
Also ich fand deine verunglückten Lächelversuche witzig.
Mir fehlt eben doch das gewisse Extra.
Wie oft noch, du ...
じ
GLOTZ
Hm. Seltsam.
Bis vorhin hast du ...
... einen jämmerlichen Anblick abgegeben.

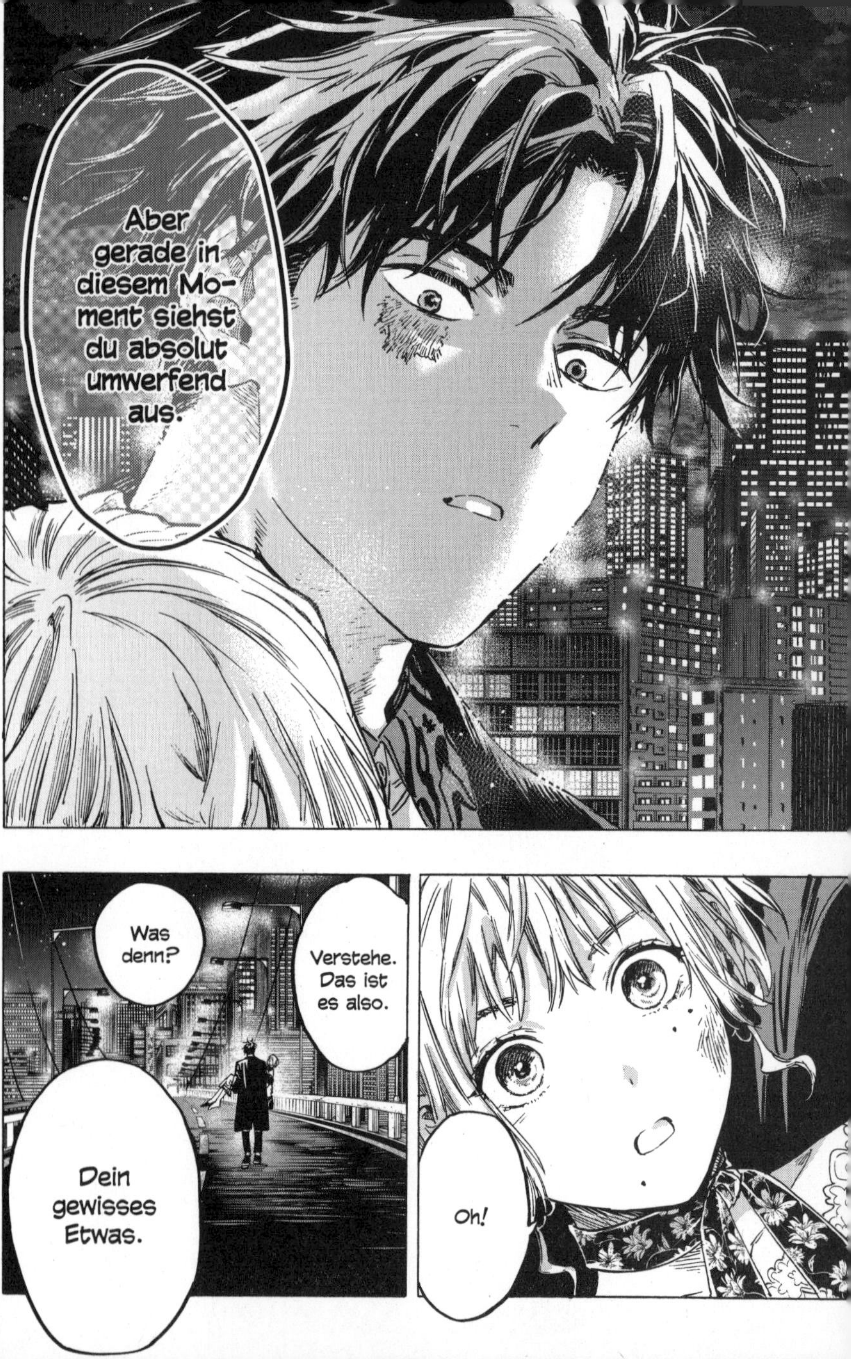
Aber gerade in diesem Moment siehst du absolut umwerfend aus.
Oh!
Verstehe. Das ist es also.
Was denn?
Dein gewisses Etwas.

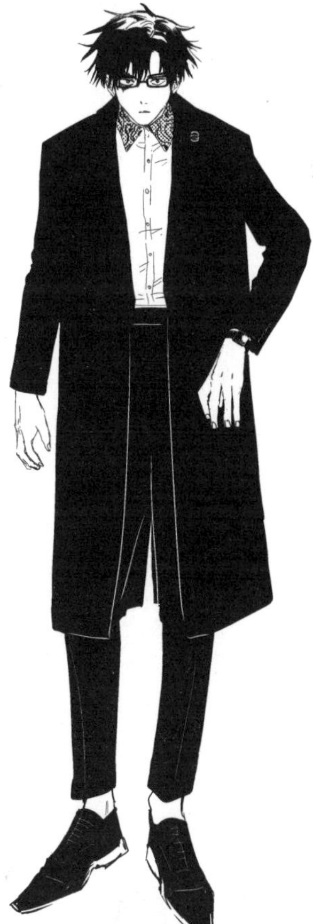

Hikaru Gero

Geburtstag:
24. November

Blutgruppe:
A

Nachfahre des Gifmeister-Klans Gero. Der Typ Mann, der das gleiche Kleidungsstück mehrmals besitzt. Bewahrt unter seinem Mantel eine Vielzahl von Arbeitsgeräten auf und fühlt sich unruhig, wenn sein Zimmer unaufgeräumt ist. Wenn er einen schlechten Tag hatte, putzt er nachts wie ein Besessener öffentliche Toiletten. Um den Midnight Cleaner ranken sich inzwischen sogar urbane Legenden. Betrag, den er monatlich für Süßigkeiten-Kits ausgibt: 200.000 Yen*.

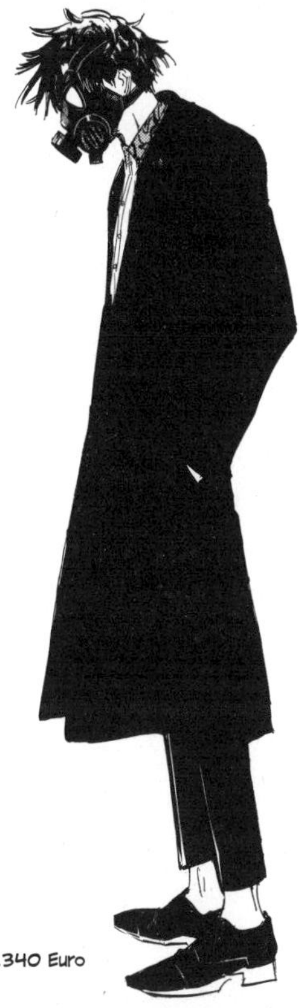

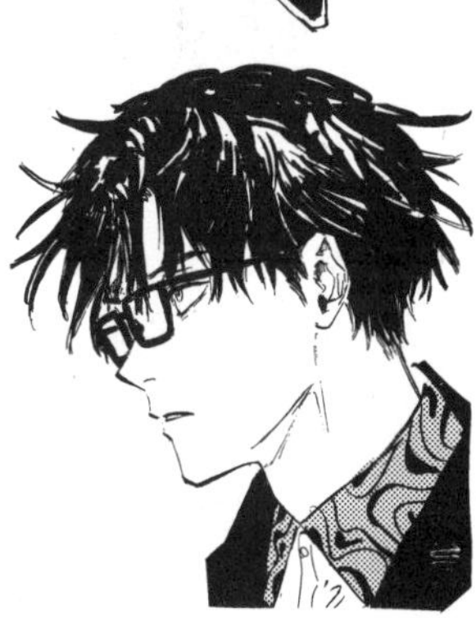

* Ca. 1.340 Euro

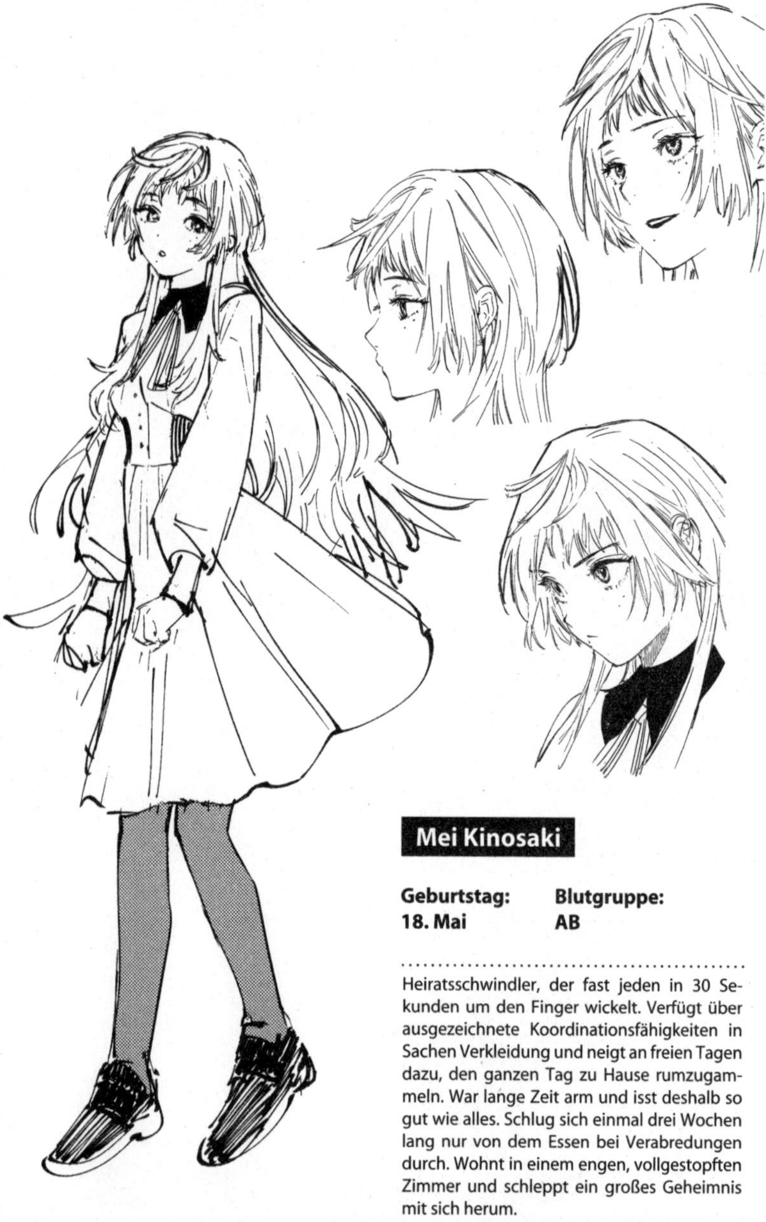

Mei Kinosaki

Geburtstag:
18. Mai

Blutgruppe:
AB

Heiratsschwindler, der fast jeden in 30 Sekunden um den Finger wickelt. Verfügt über ausgezeichnete Koordinationsfähigkeiten in Sachen Verkleidung und neigt an freien Tagen dazu, den ganzen Tag zu Hause rumzugammeln. War lange Zeit arm und isst deshalb so gut wie alles. Schlug sich einmal drei Wochen lang nur von dem Essen bei Verabredungen durch. Wohnt in einem engen, vollgestopften Zimmer und schleppt ein großes Geheimnis mit sich herum.

#3 Was ist das gewisse Etwas?

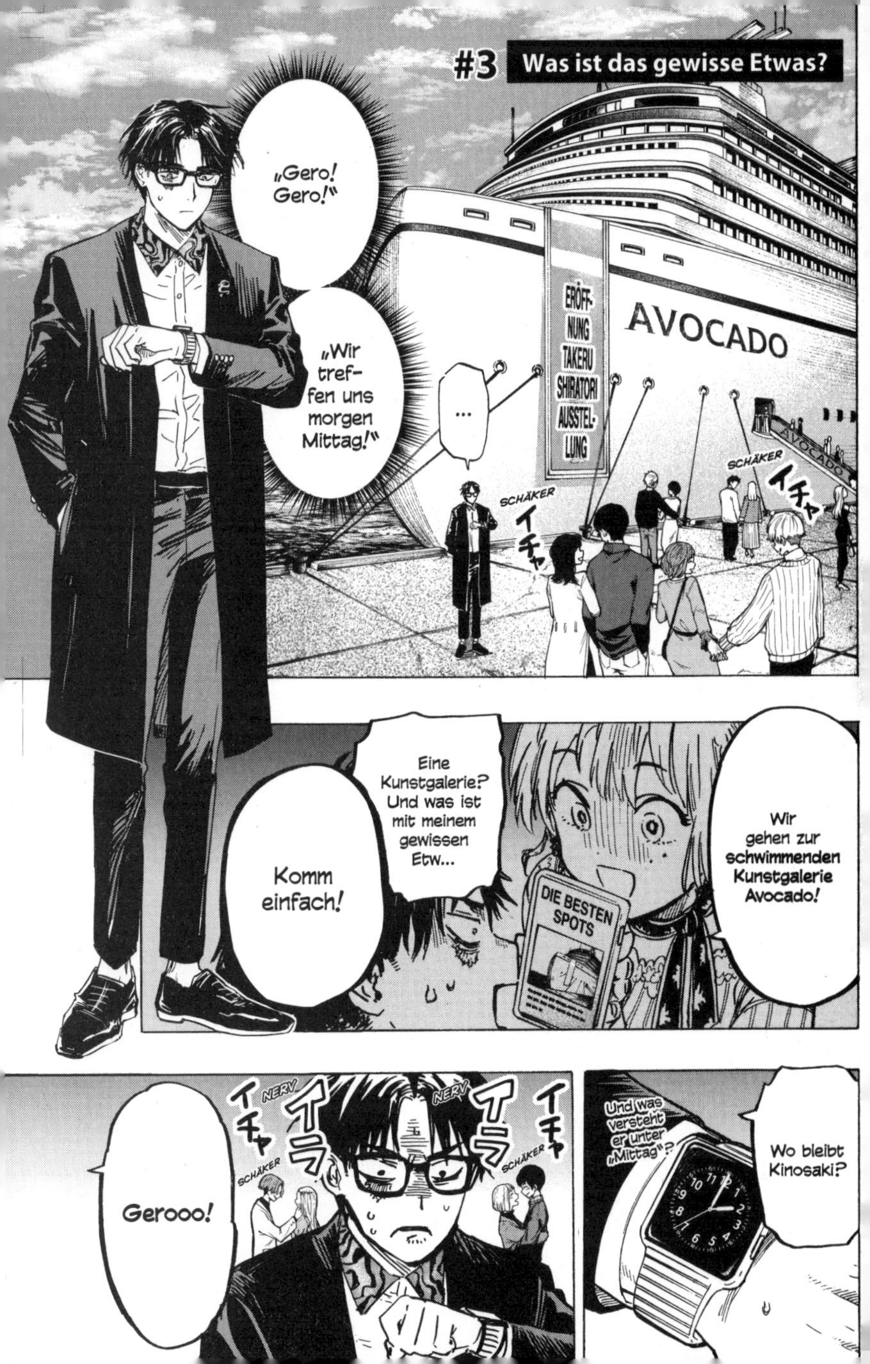

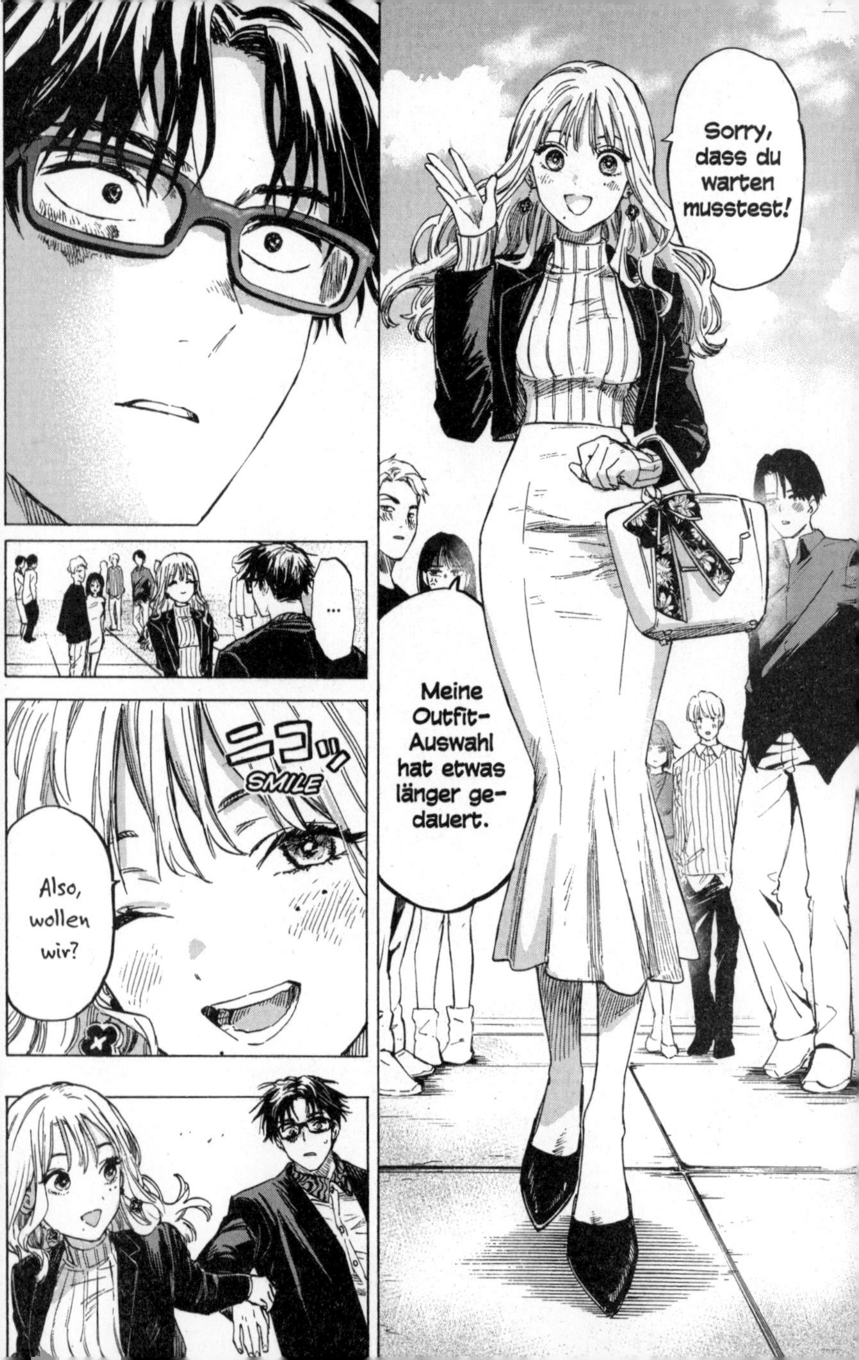
Sorry, dass du warten musstest!
Meine Outfit-Auswahl hat etwas länger gedauert.
...
ニコッ
SMILE
Also, wollen wir?

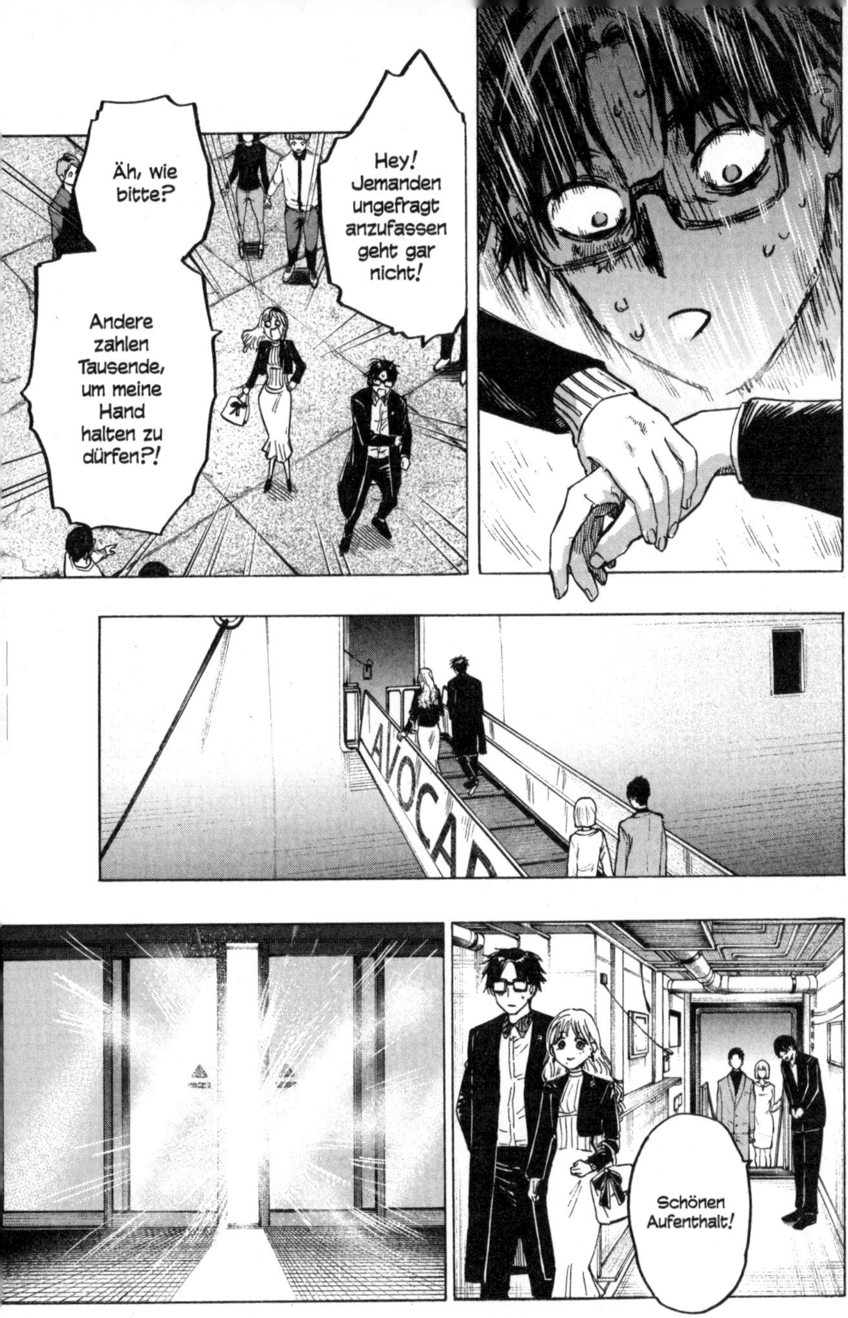
Hey! Jemanden ungefragt anzufassen geht gar nicht!
Äh, wie bitte?
Andere zahlen Tausende, um meine Hand halten zu dürfen?!
Schönen Aufenthalt!

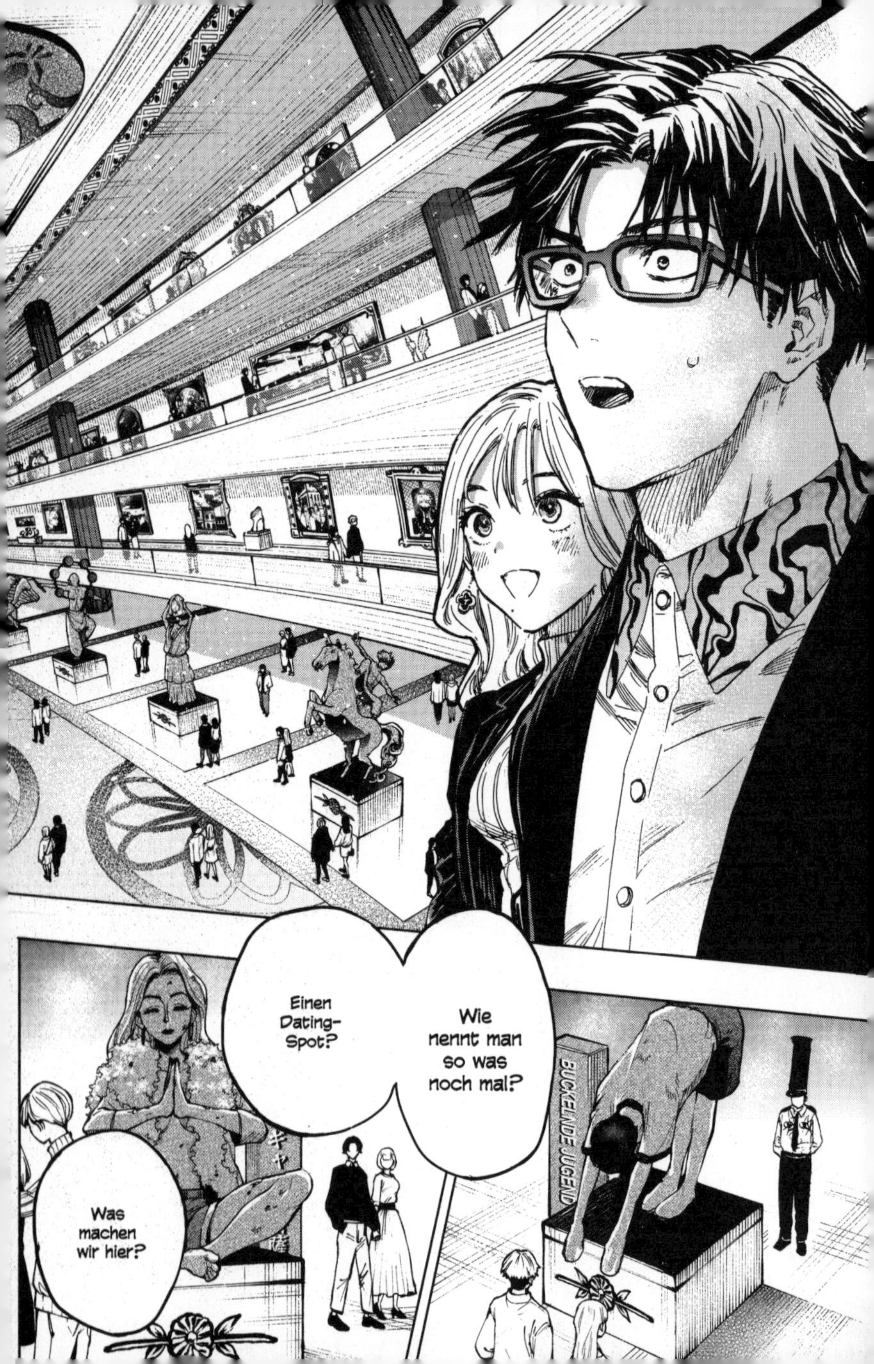
Wie nennt man so was noch mal?
Einen Dating-Spot?
BUCKELNDE JUGEND
Was machen wir hier?

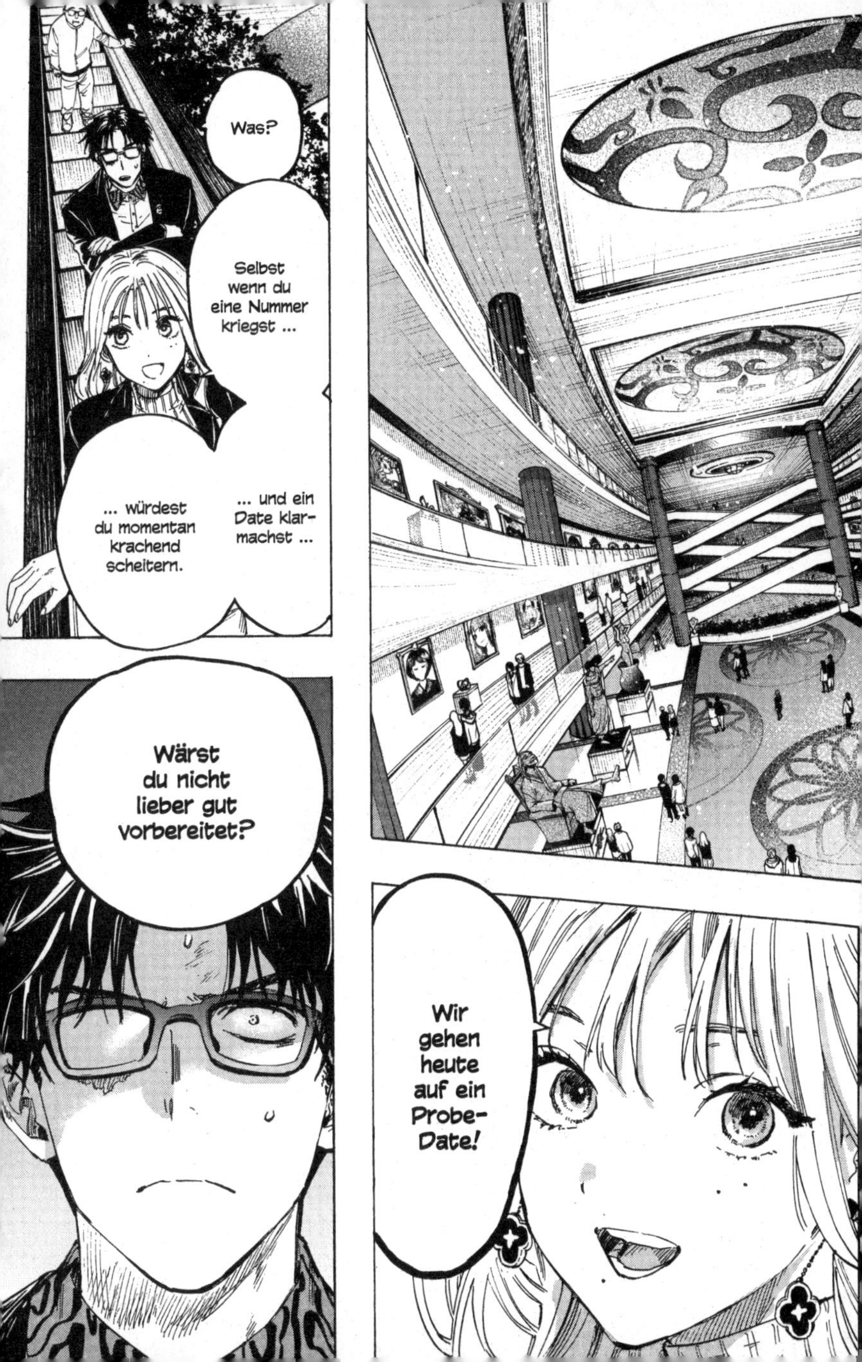
Was?
Selbst wenn du eine Nummer kriegst ...
... und ein Date klarmachst ...
... würdest du momentan krachend scheitern.
Wärst du nicht lieber gut vorbereitet?
Wir gehen heute auf ein Probe-Date!

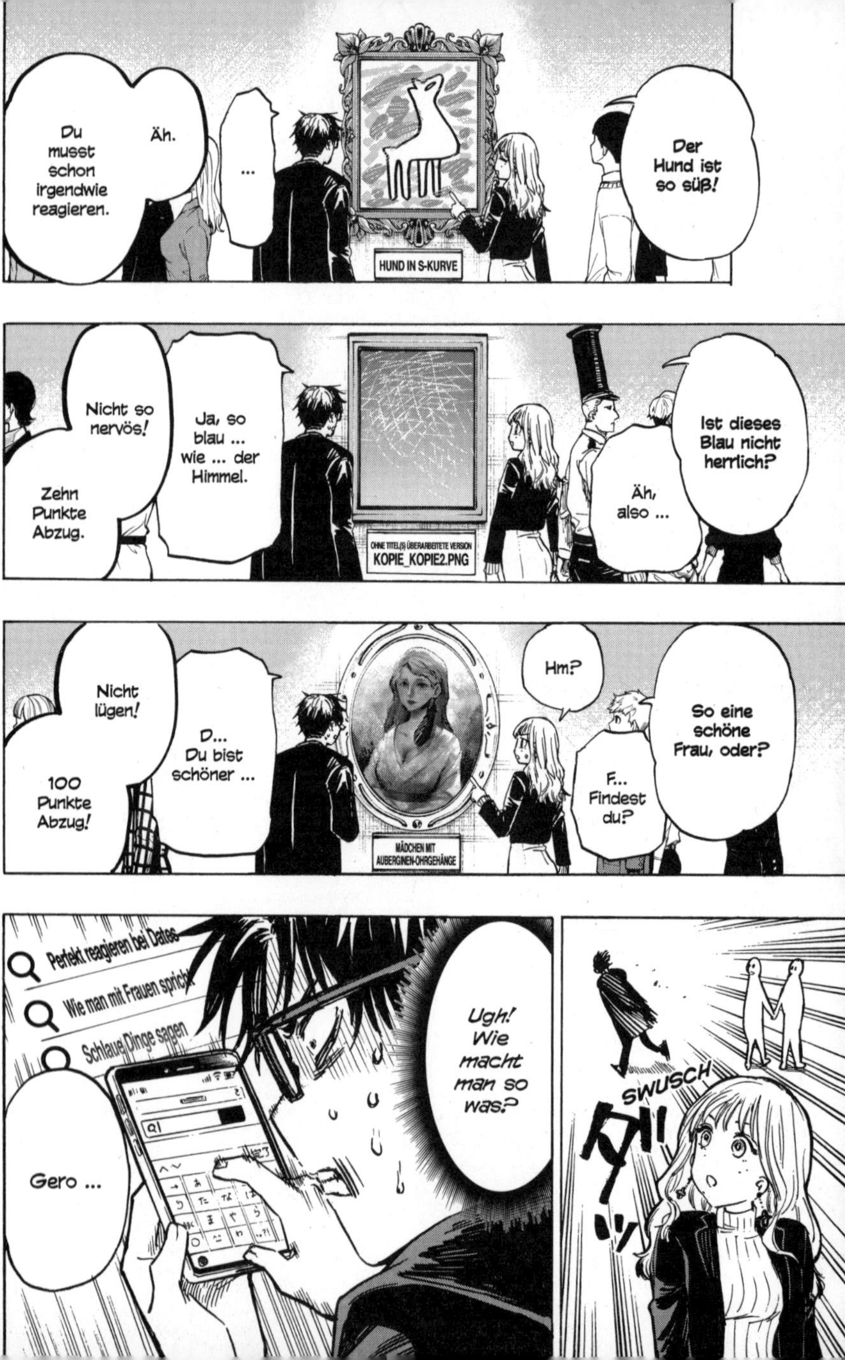

Der Hund ist so süß!
...
Äh.
Du musst schon irgendwie reagieren.
HUND IN S-KURVE
Ist dieses Blau nicht herrlich?
Äh, also ...
Ja, so blau ... wie ... der Himmel.
Nicht so nervös!
Zehn Punkte Abzug.
OHNE TITEL(5) ÜBERARBEITETE VERSION
KOPIE_KOPIE2.PNG
So eine schöne Frau, oder?
Hm?
F... Findest du?
D... Du bist schöner ...
Nicht lügen!
100 Punkte Abzug!
MÄDCHEN MIT AUBERGINEN-OHRGEHÄNGE
SWUSCH
Ugh! Wie macht man so was?
Perfekt reagieren bei Dates
Wie man mit Frauen spricht
Schlaue Dinge sagen
Gero ...

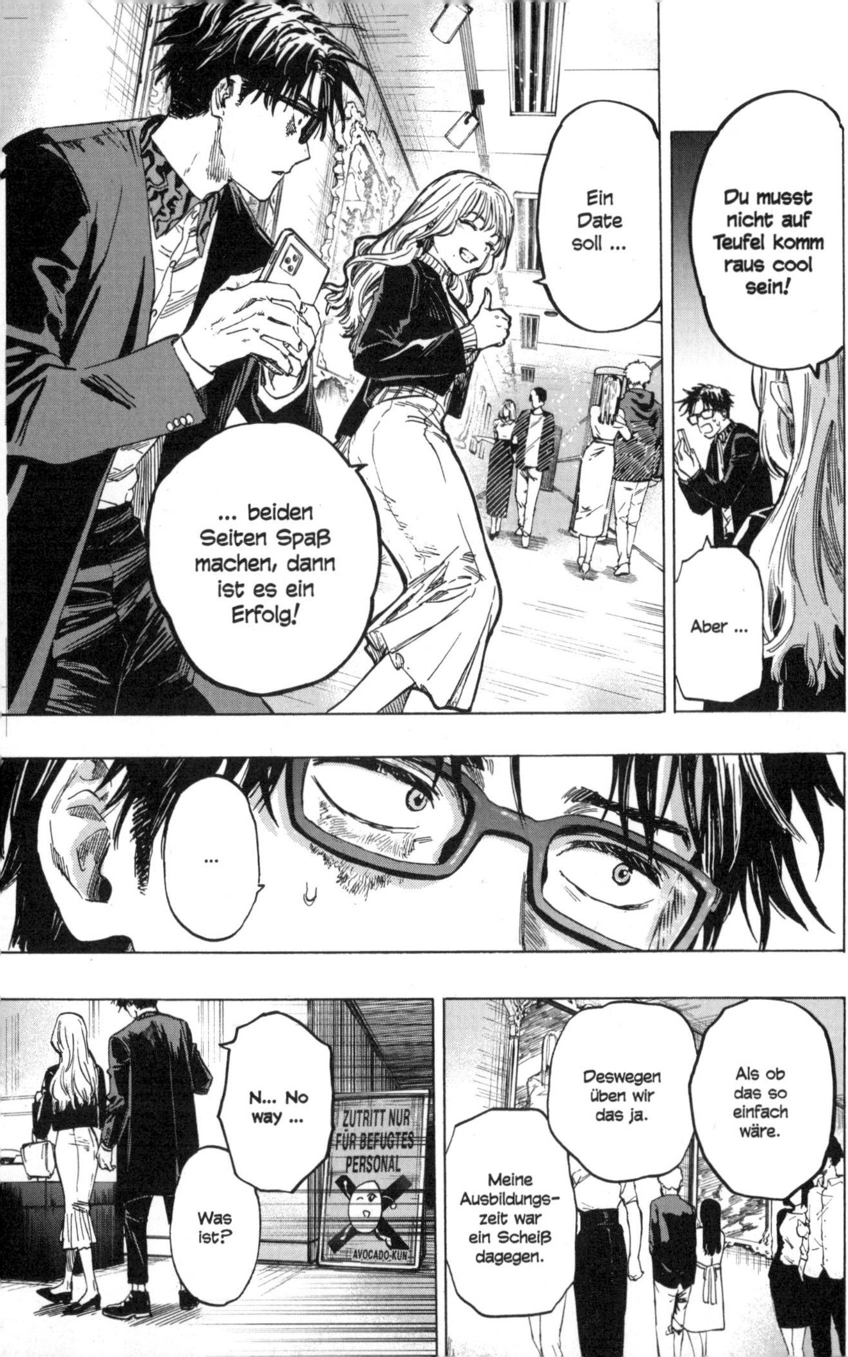
Du musst nicht auf Teufel komm raus cool sein!
Aber ...
Ein Date soll ...
... beiden Seiten Spaß machen, dann ist es ein Erfolg!
...
Als ob das so einfach wäre.
Deswegen üben wir das ja.
Meine Ausbildungs-zeit war ein Scheiß dagegen.
N... No way ...
Was ist?
ZUTRITT NUR FÜR BEFUGTES PERSONAL
AVOCADO-KUN

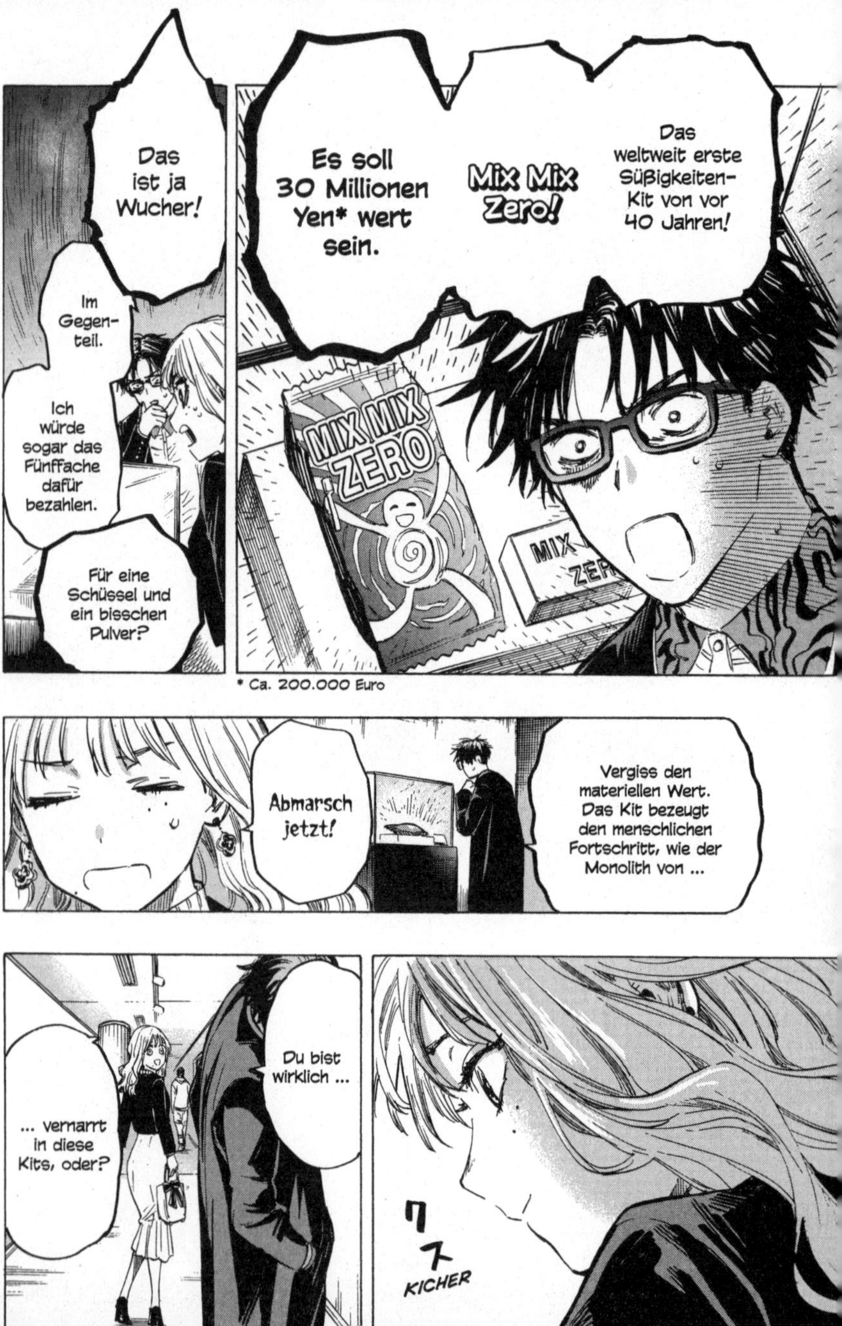

* Ca. 200.000 Euro

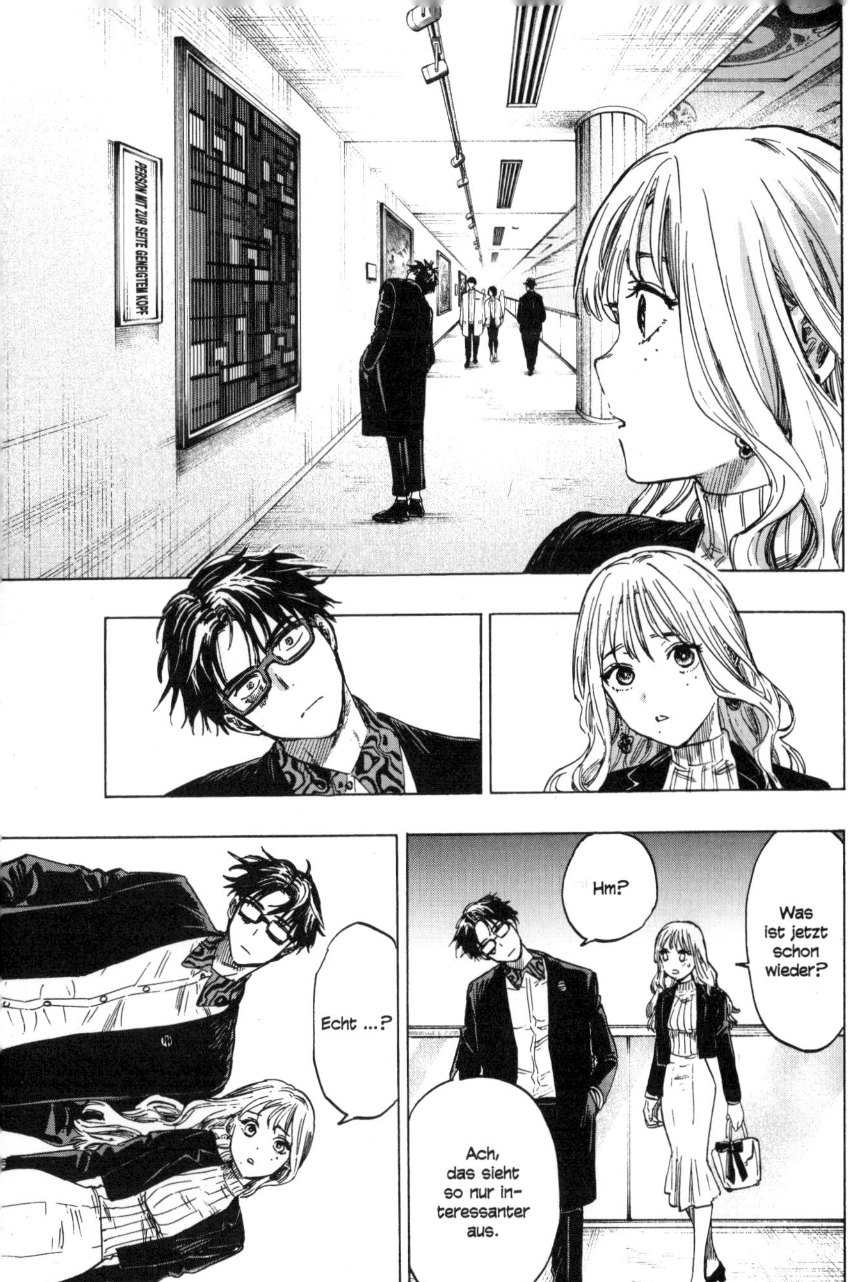
PERSON MIT ZUR SEITE GENEIGTEM KOPF
Was ist jetzt schon wieder?
Hm?
Ach, das sieht so nur interessanter aus.
Echt ...?

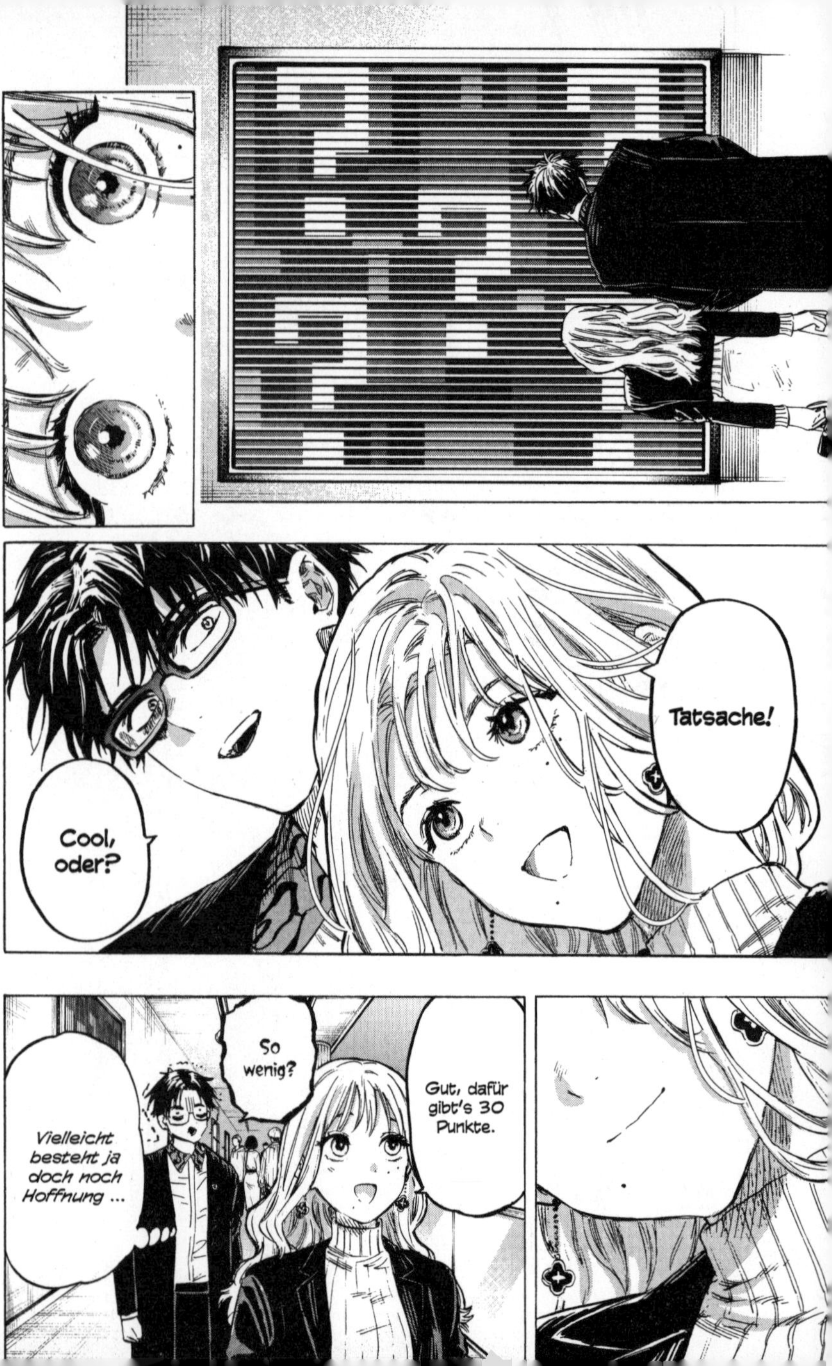
Tatsache!
Cool, oder?
Gut, dafür gibt's 30 Punkte.
So wenig?
Vielleicht besteht ja doch noch Hoffnung ...

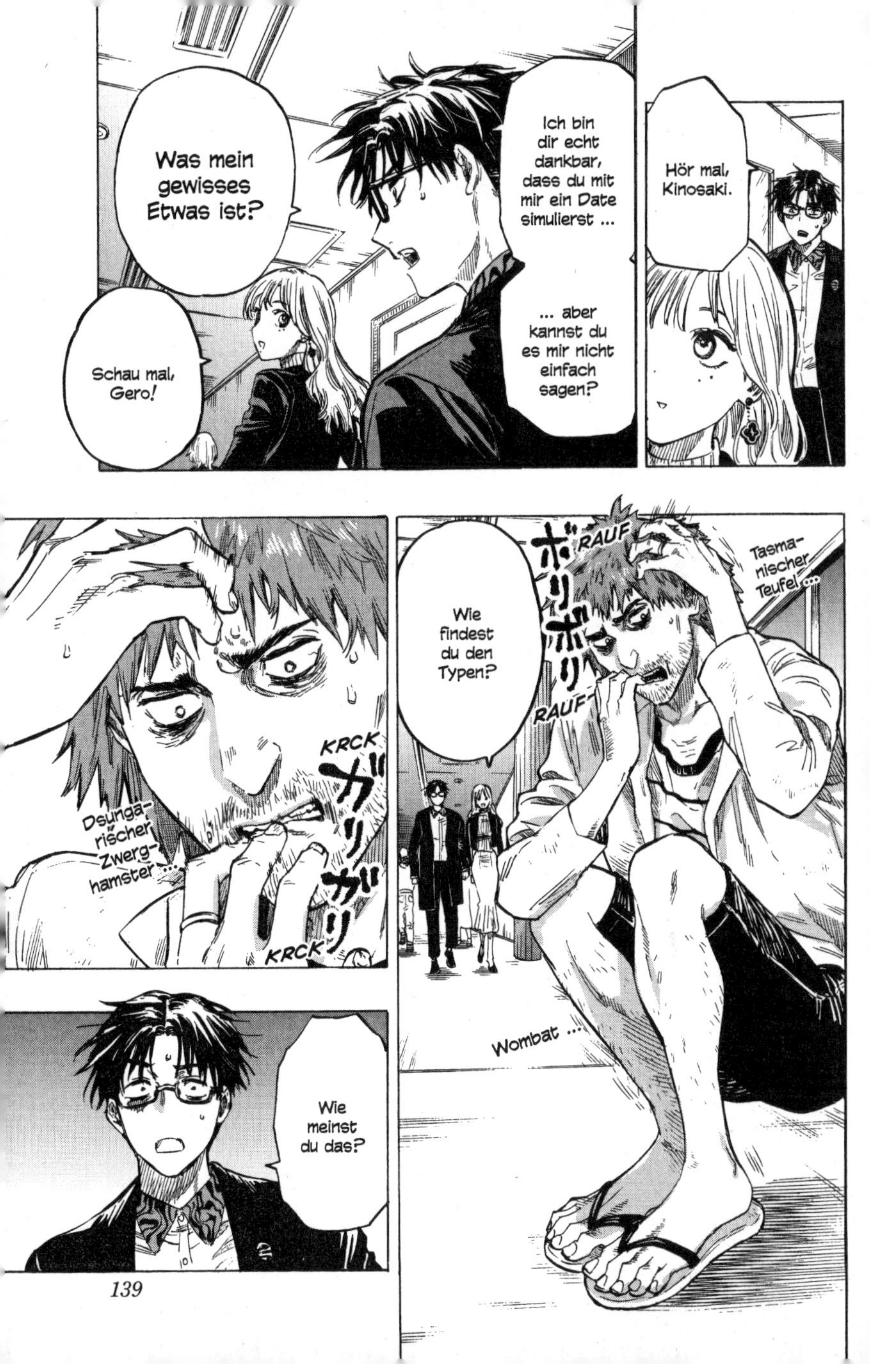
Hör mal, Kinosaki.
Ich bin dir echt dankbar, dass du mit mir ein Date simulierst ...
... aber kannst du es mir nicht einfach sagen?
Was mein gewisses Etwas ist?
Schau mal, Gero!
Wie findest du den Typen?
RAUF
RAUF-
Tasmanischer Teufel ...
Wombat ...
KRCK
KRCK
Dsungarischer Zwerghamster ...
Wie meinst du das?

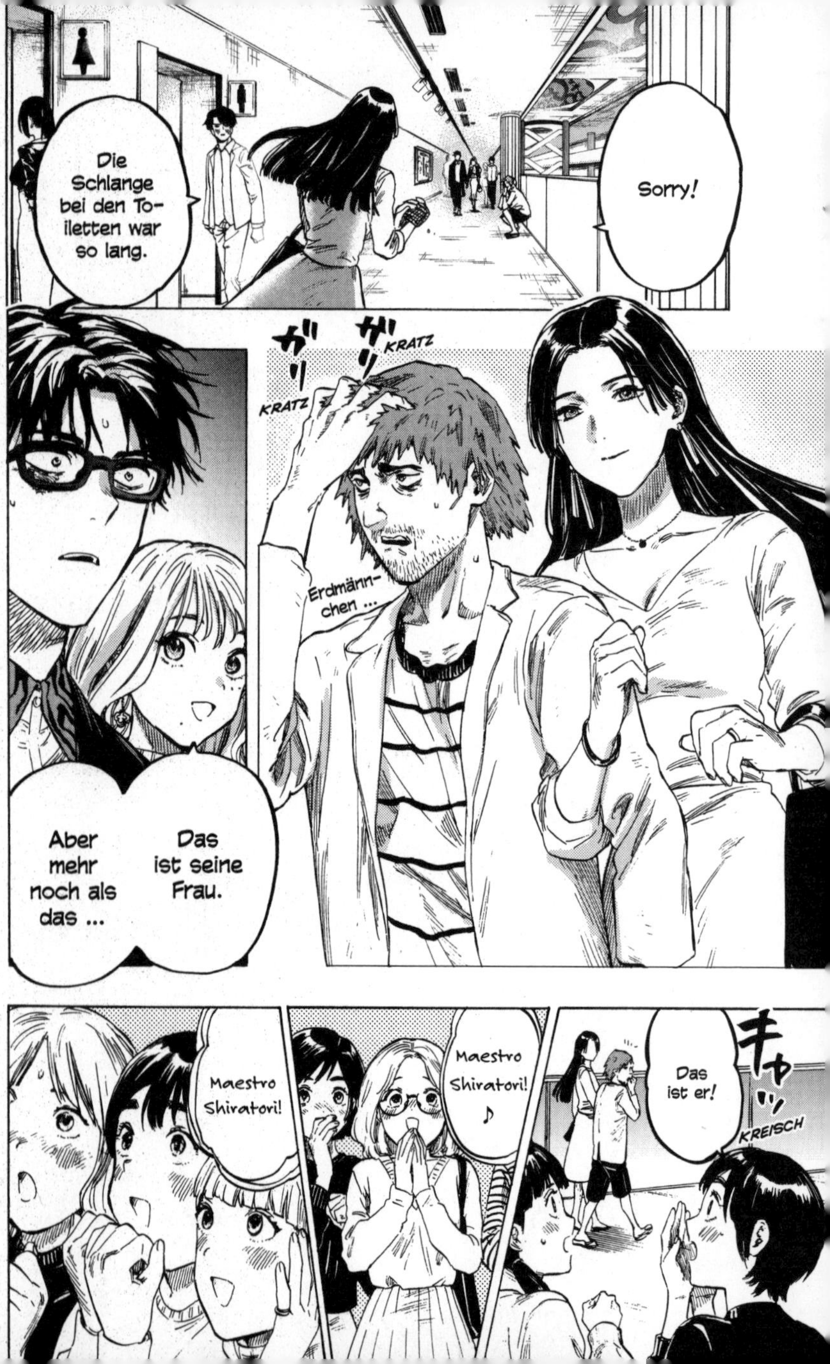
Sorry!
Die Schlange bei den Toiletten war so lang.
ガリ KRATZ
ガリ KRATZ
Erdmännchen ...
Das ist seine Frau.
Aber mehr noch als das ...
キャッ KREISCH
Das ist er!
Maestro Shiratori! ♪
Maestro Shiratori!

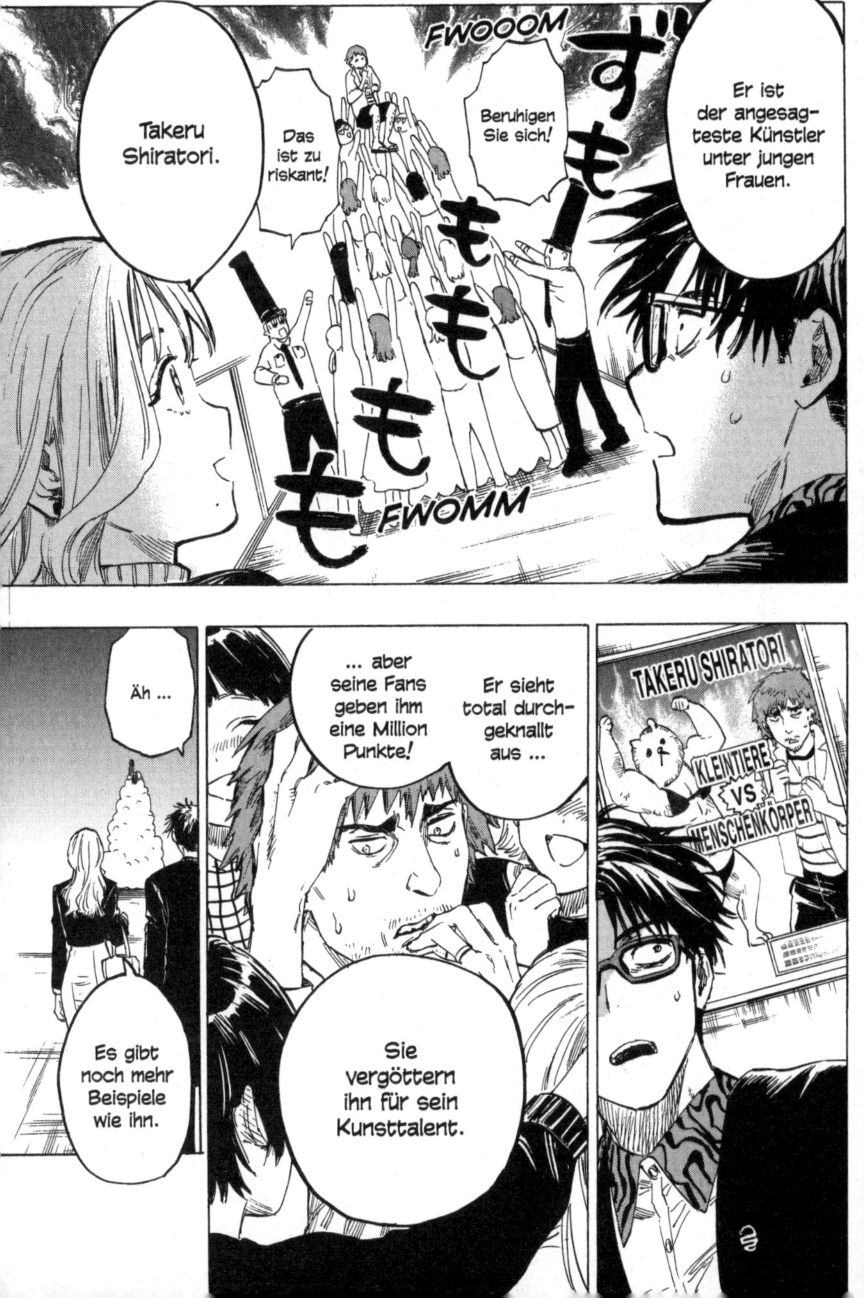

Er ist der angesagteste Künstler unter jungen Frauen.
FWOOOM
Beruhigen Sie sich!
Das ist zu riskant!
Takeru Shiratori.
FWOMM
TAKERU SHIRATORI
KLEINTIERE VS MENSCHENKÖRPER
Er sieht total durchgeknallt aus ...
... aber seine Fans geben ihm eine Million Punkte!
Sie vergöttern ihn für sein Kunsttalent.
Äh ...
Es gibt noch mehr Beispiele wie ihn.

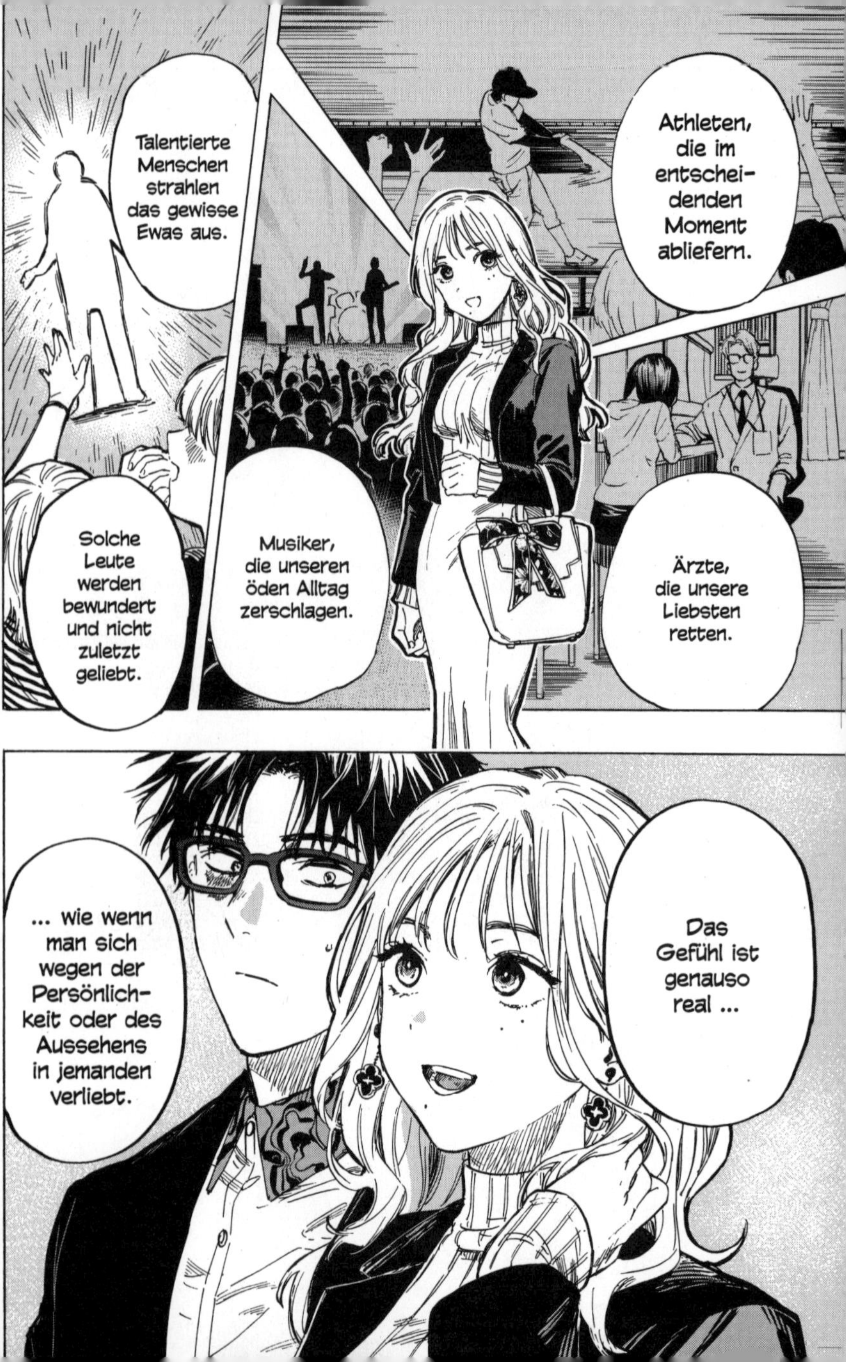
Talentierte Menschen strahlen das gewisse Ewas aus.
Athleten, die im entschei-denden Moment abliefern.
Ärzte, die unsere Liebsten retten.
Musiker, die unseren öden Alltag zerschlagen.
Solche Leute werden bewundert und nicht zuletzt geliebt.
Das Gefühl ist genauso real ...
... wie wenn man sich wegen der Persönlich-keit oder des Aussehens in jemanden verliebt.

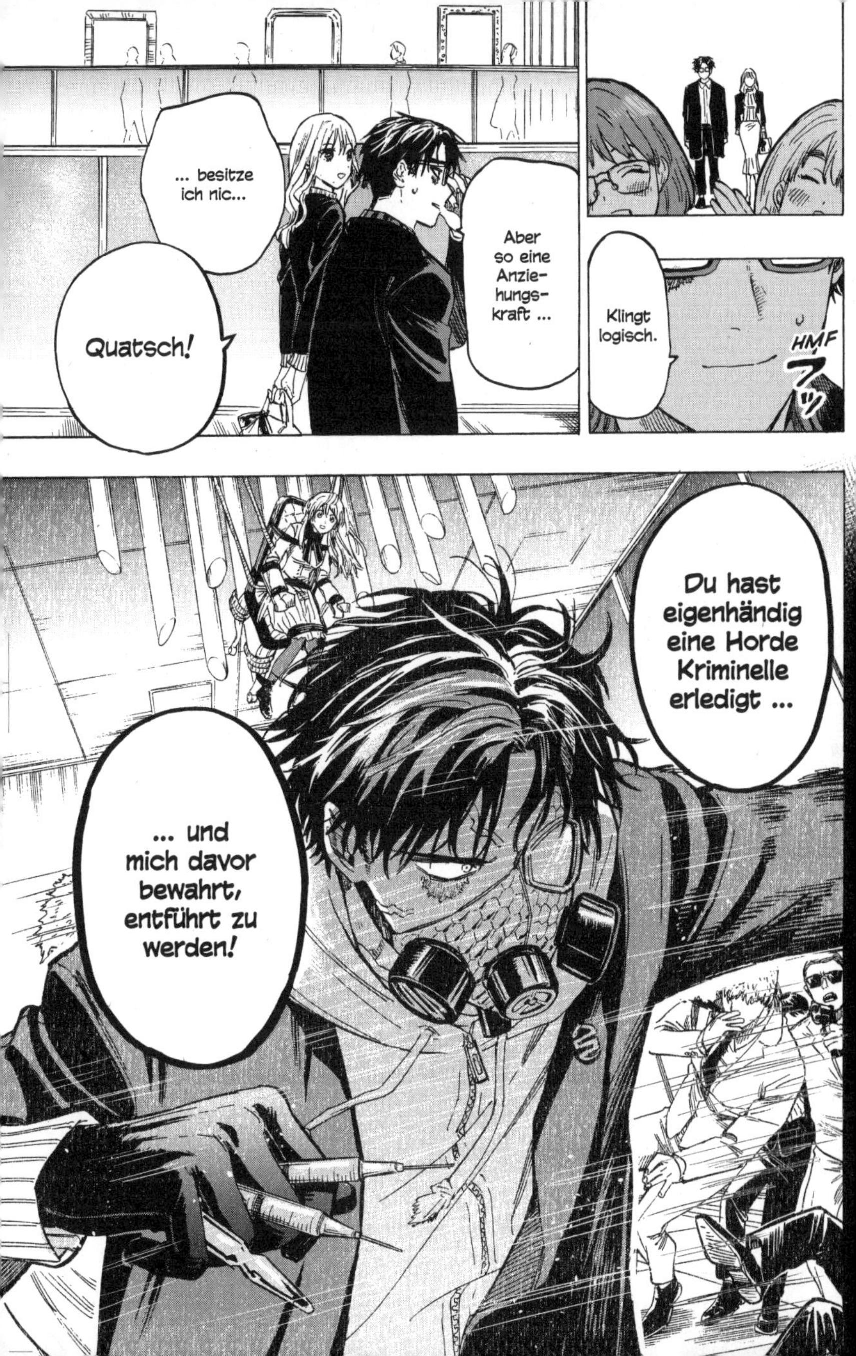
Klingt logisch.
HMF
Aber so eine Anziehungskraft ...
... besitze ich nic...
Quatsch!
Du hast eigenhändig eine Horde Kriminelle erledigt ...
... und mich davor bewahrt, entführt zu werden!

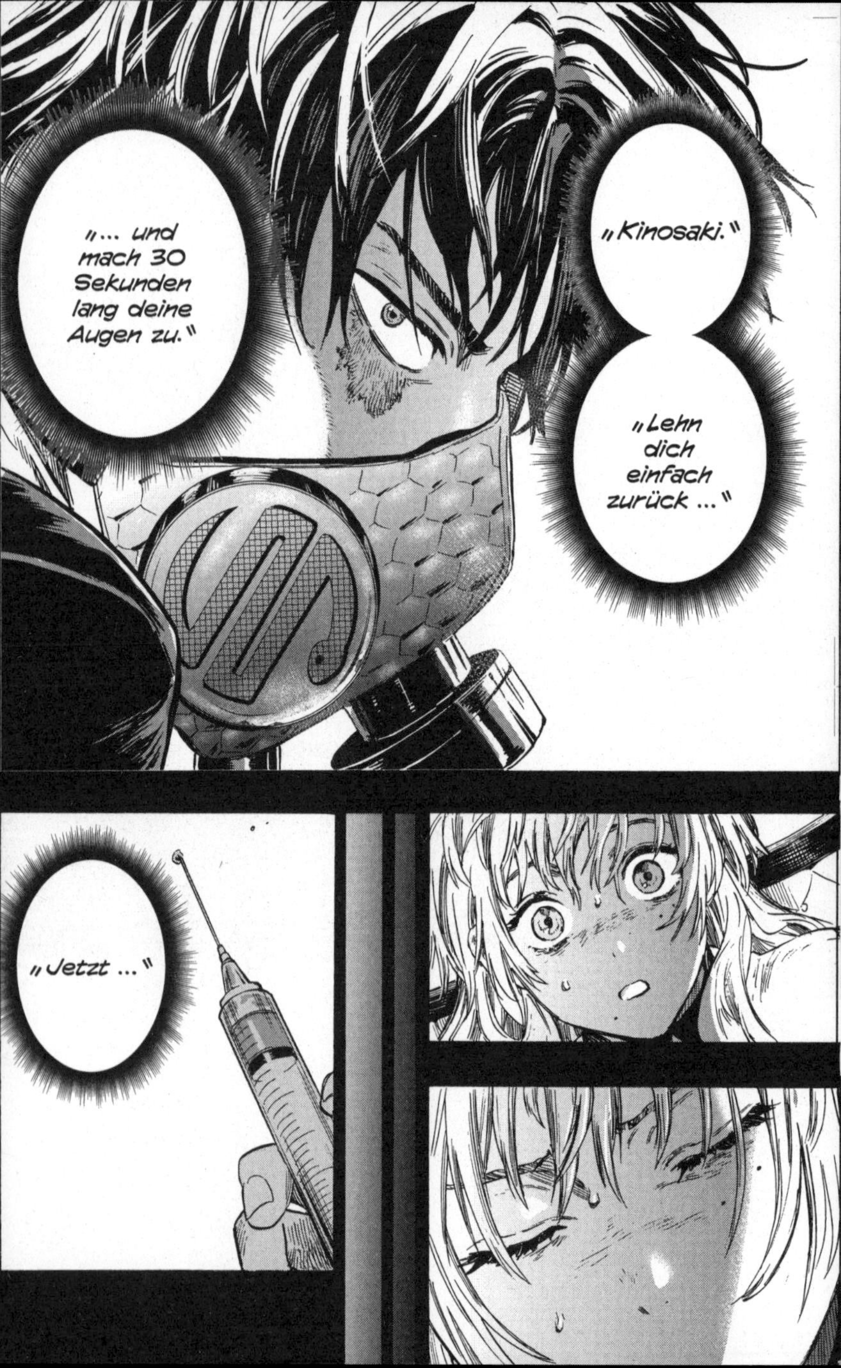
„Kinosaki."
„Lehn dich einfach zurück ..."
„... und mach 30 Sekunden lang deine Augen zu."
„Jetzt ..."

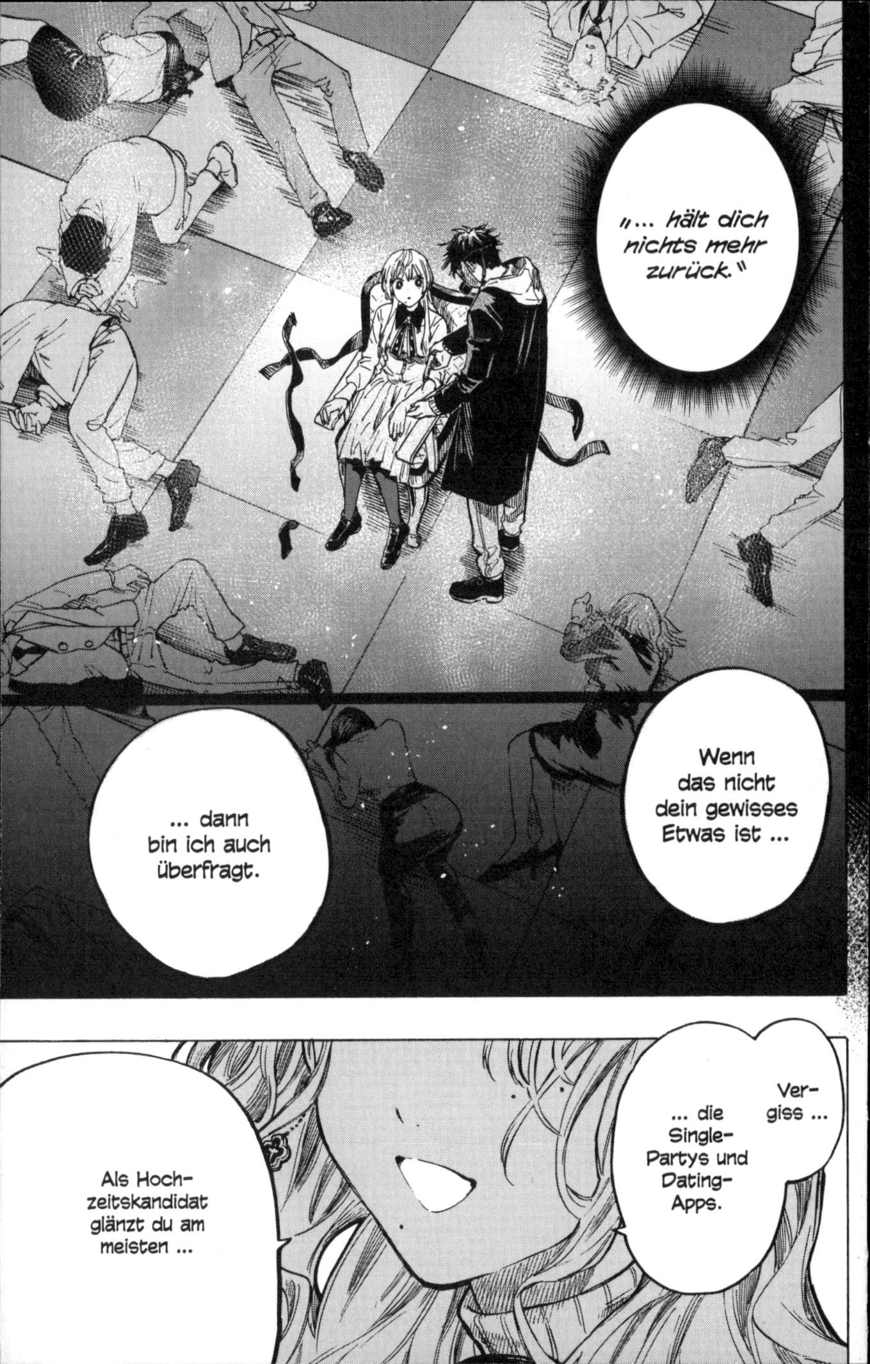
„… hält dich nichts mehr zurück.“
Wenn das nicht dein gewisses Etwas ist …
… dann bin ich auch überfragt.
Vergiss …
… die Single-Partys und Dating-Apps.
Als Hochzeitskandidat glänzt du am meisten …

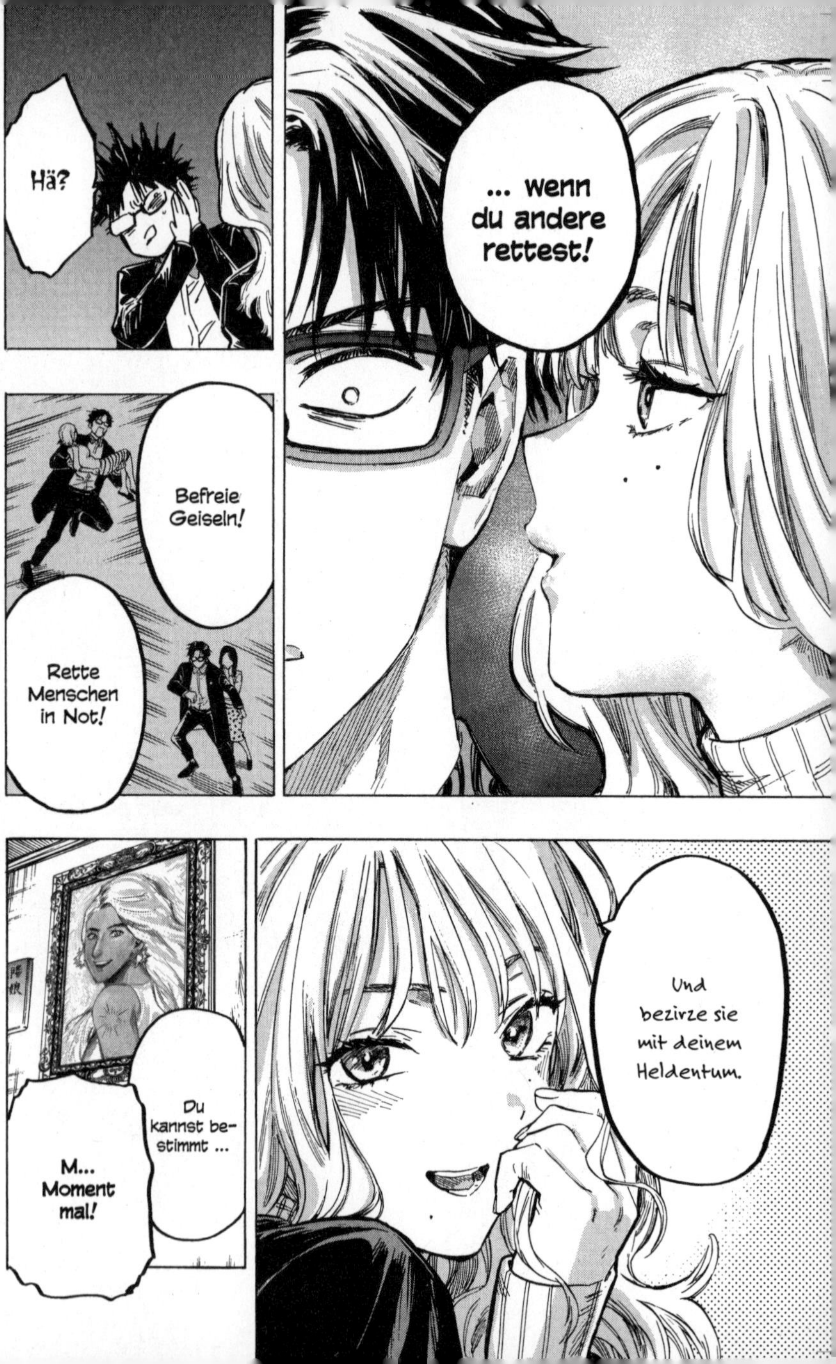
... wenn du andere rettest!
Hä?
Befreie Geiseln!
Rette Menschen in Not!
Und bezirze sie mit deinem Heldentum.
Du kannst be- stimmt ...
M... Moment mal!

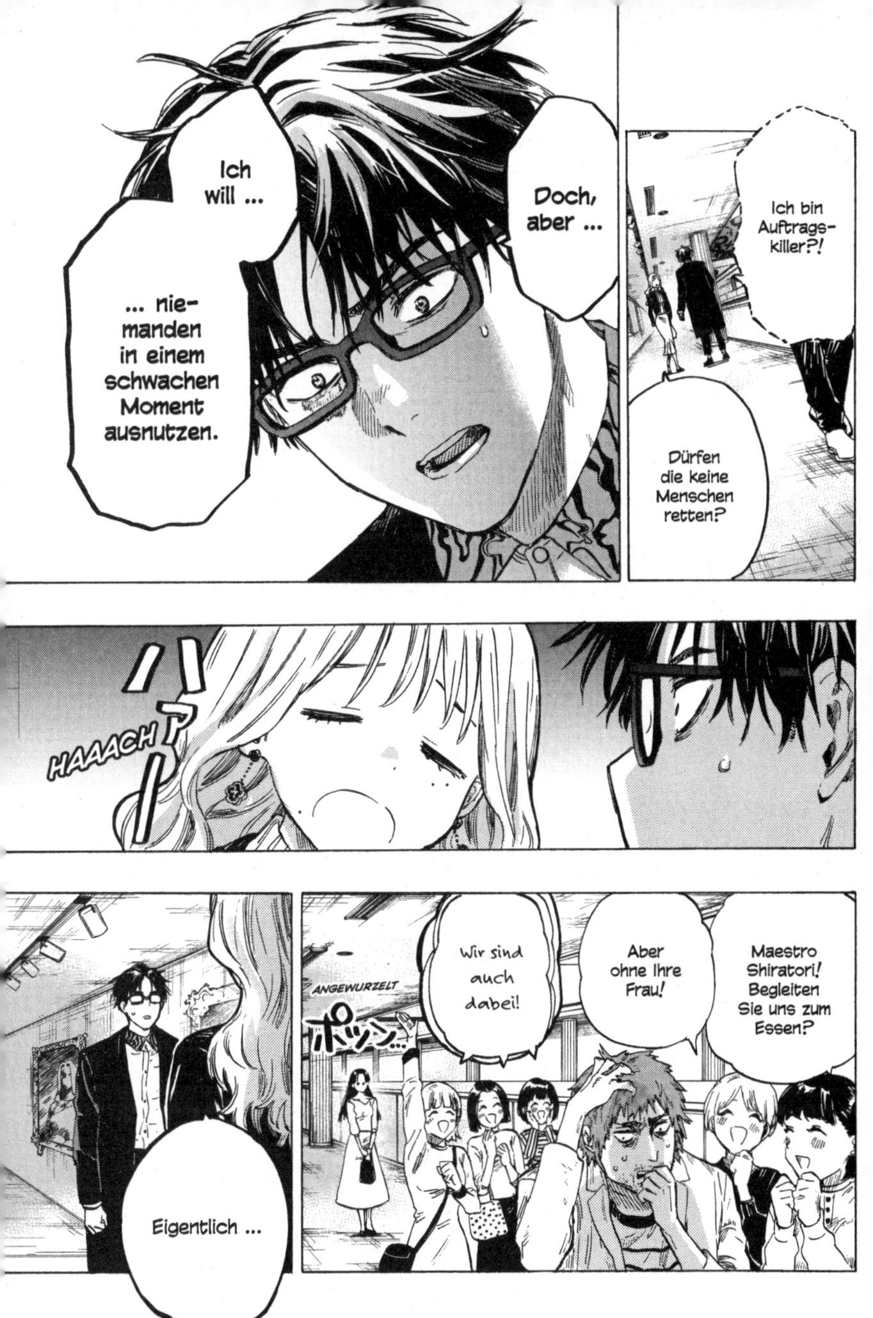
Ich bin Auftrags-killer?!
Dürfen die keine Menschen retten?
Doch, aber ...
Ich will ...
... nie-manden in einem schwachen Moment ausnutzen.
HAAACH
Maestro Shiratori! Begleiten Sie uns zum Essen?
Aber ohne Ihre Frau!
Wir sind auch dabei!
ANGEWURZELT
Eigentlich ...

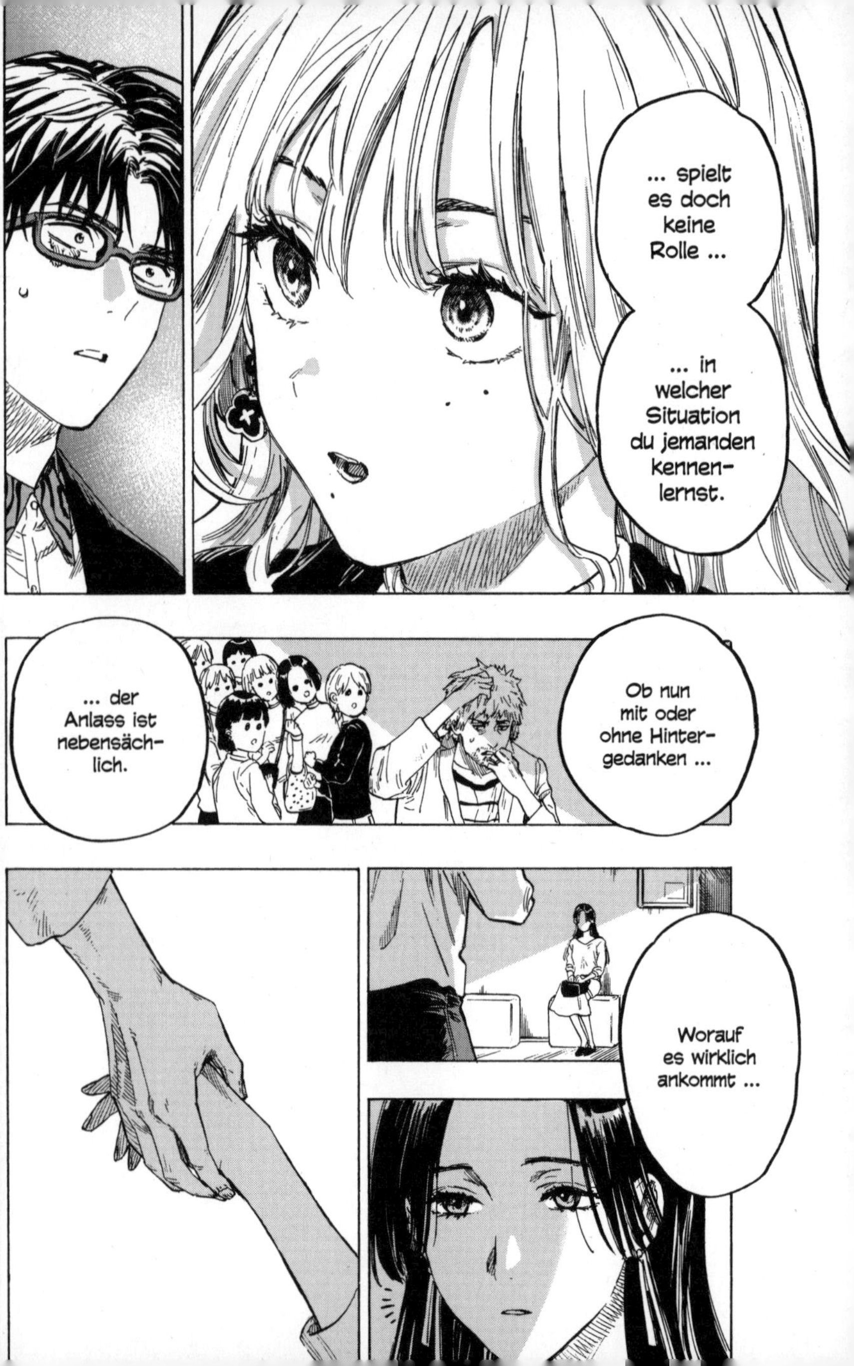
... spielt es doch keine Rolle ...
... in welcher Situation du jemanden kennenlernst.
Ob nun mit oder ohne Hintergedanken ...
... der Anlass ist nebensächlich.
Worauf es wirklich ankommt ...

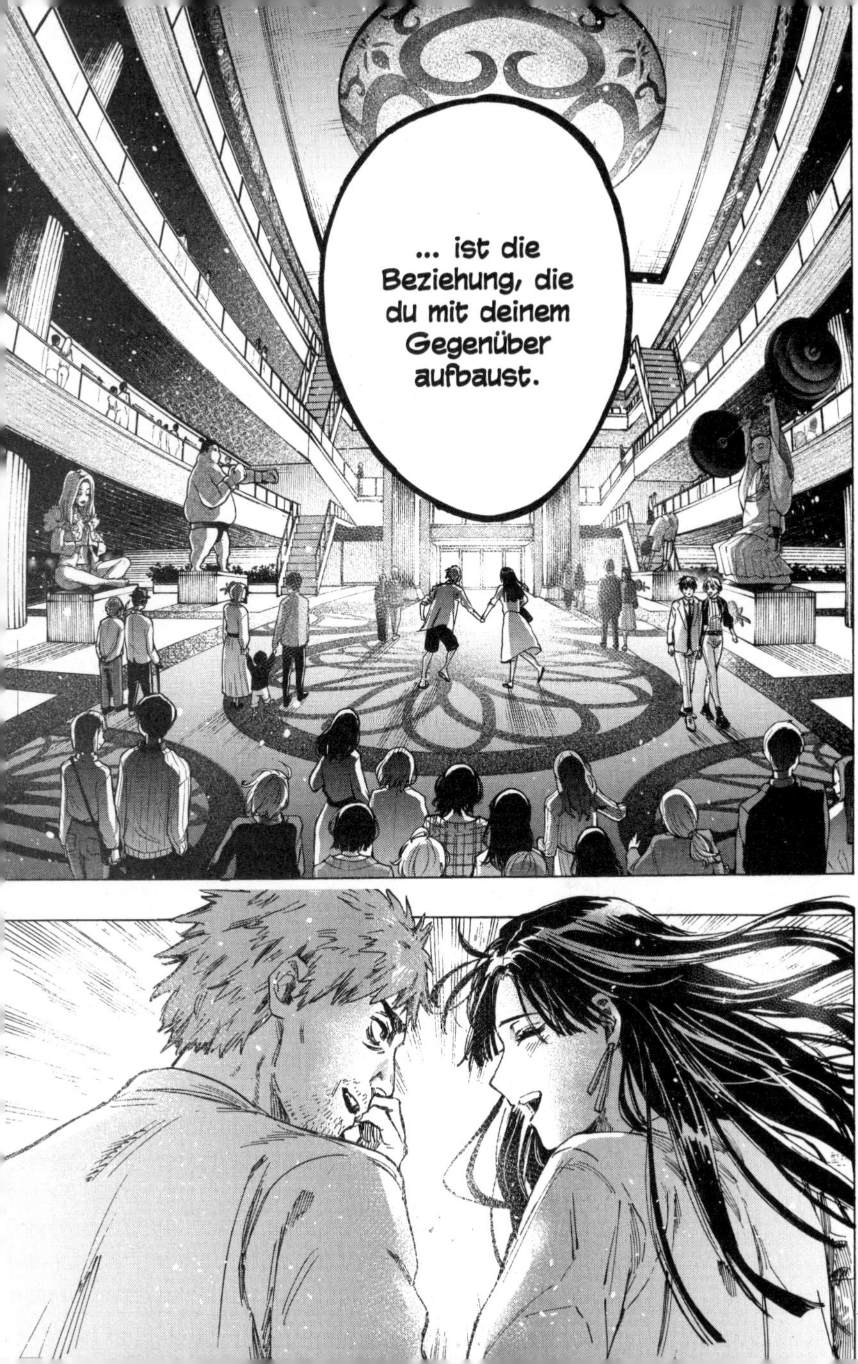
... ist die Beziehung, die du mit deinem Gegenüber aufbaust.

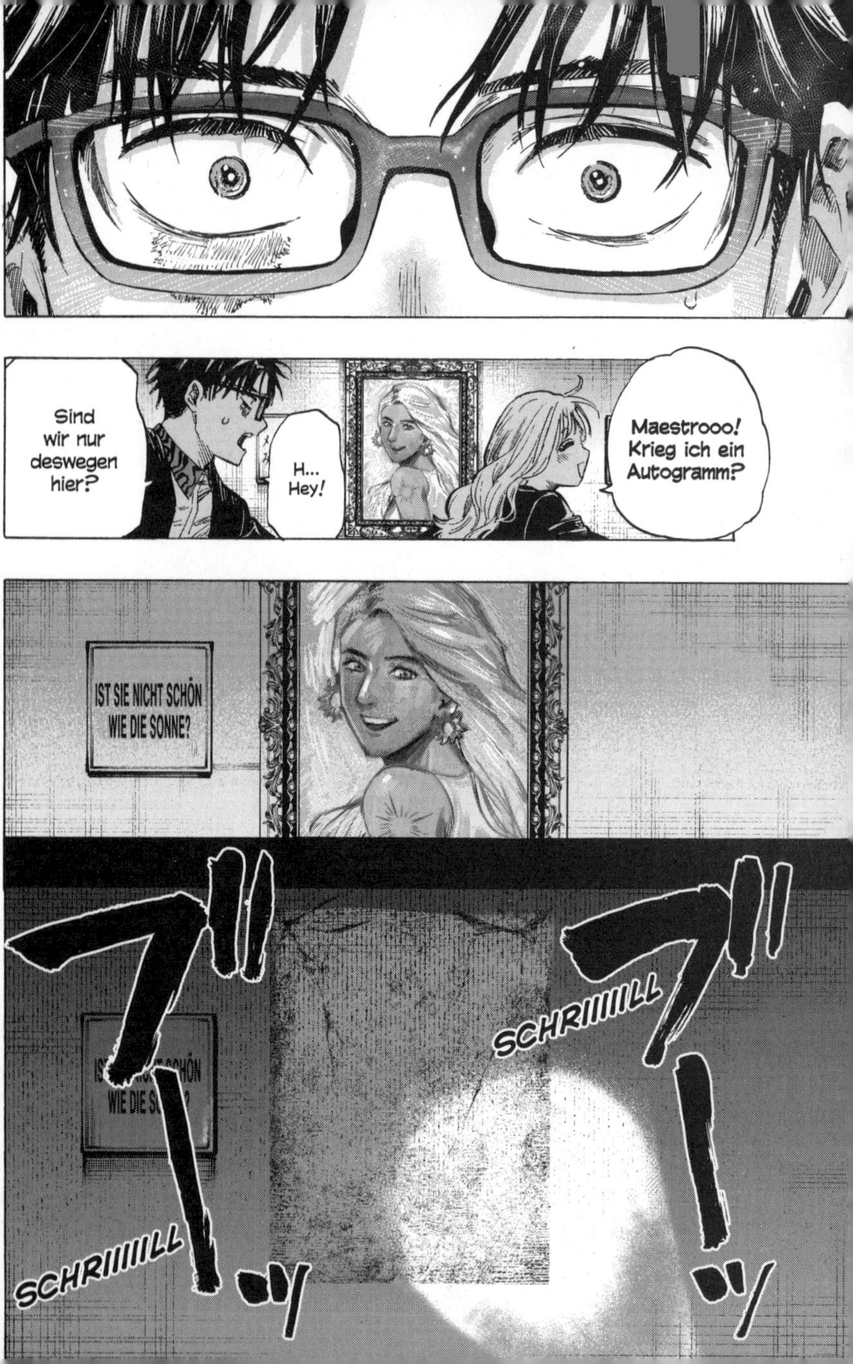

Maestrooo! Krieg ich ein Autogramm?
H... Hey!
Sind wir nur deswegen hier?
IST SIE NICHT SCHÖN WIE DIE SONNE?
SCHRIIIIIILL
SCHRIIIIIILL

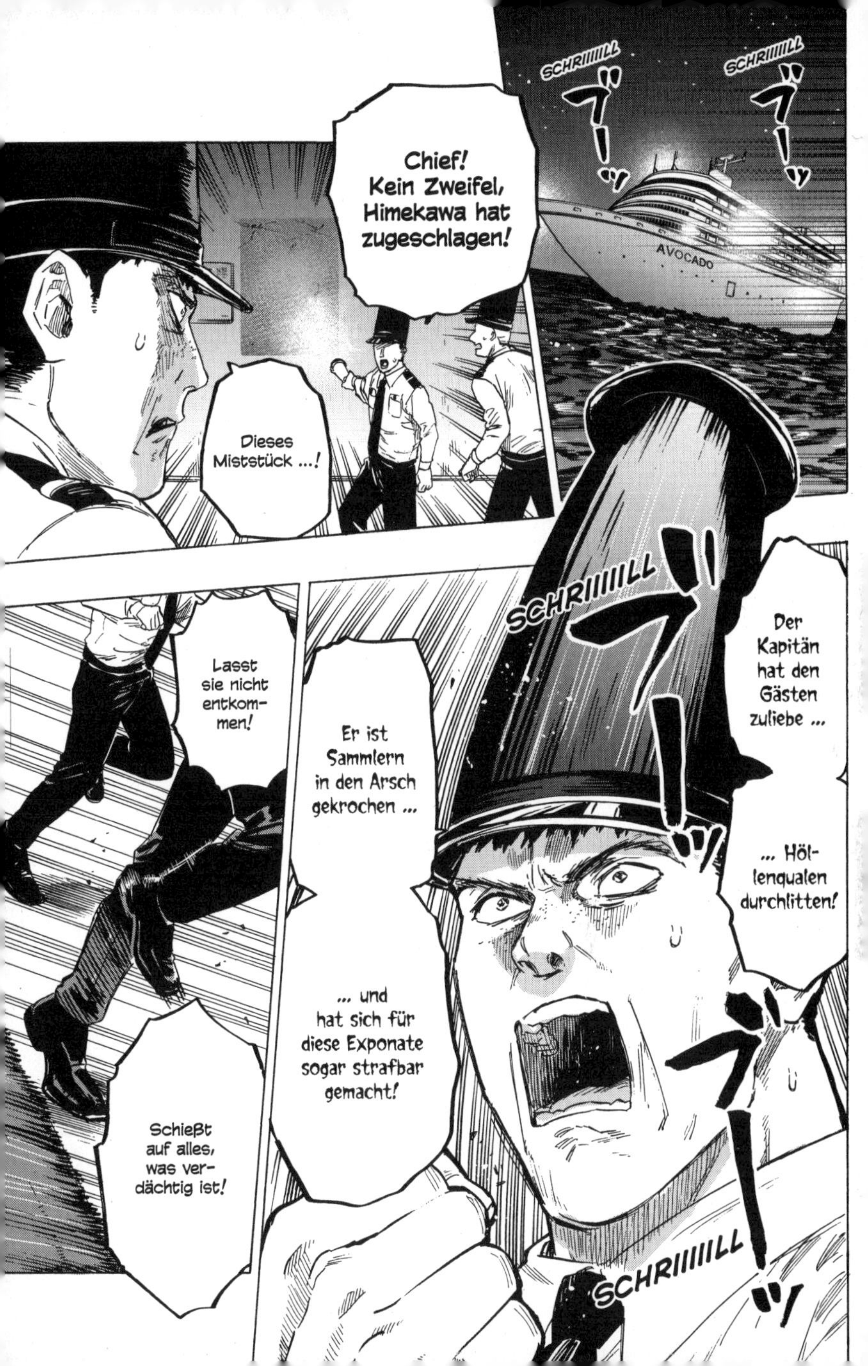
SCHRIIIIILL
SCHRIIIIILL
Chief! Kein Zweifel, Himekawa hat zugeschlagen!
Dieses Miststück ...!
SCHRIIIIILL
Der Kapitän hat den Gästen zuliebe ...
... Höllenqualen durchlitten!
Er ist Sammlern in den Arsch gekrochen ...
... und hat sich für diese Exponate sogar strafbar gemacht!
SCHRIIIIILL
Lasst sie nicht entkommen!
Schießt auf alles, was verdächtig ist!

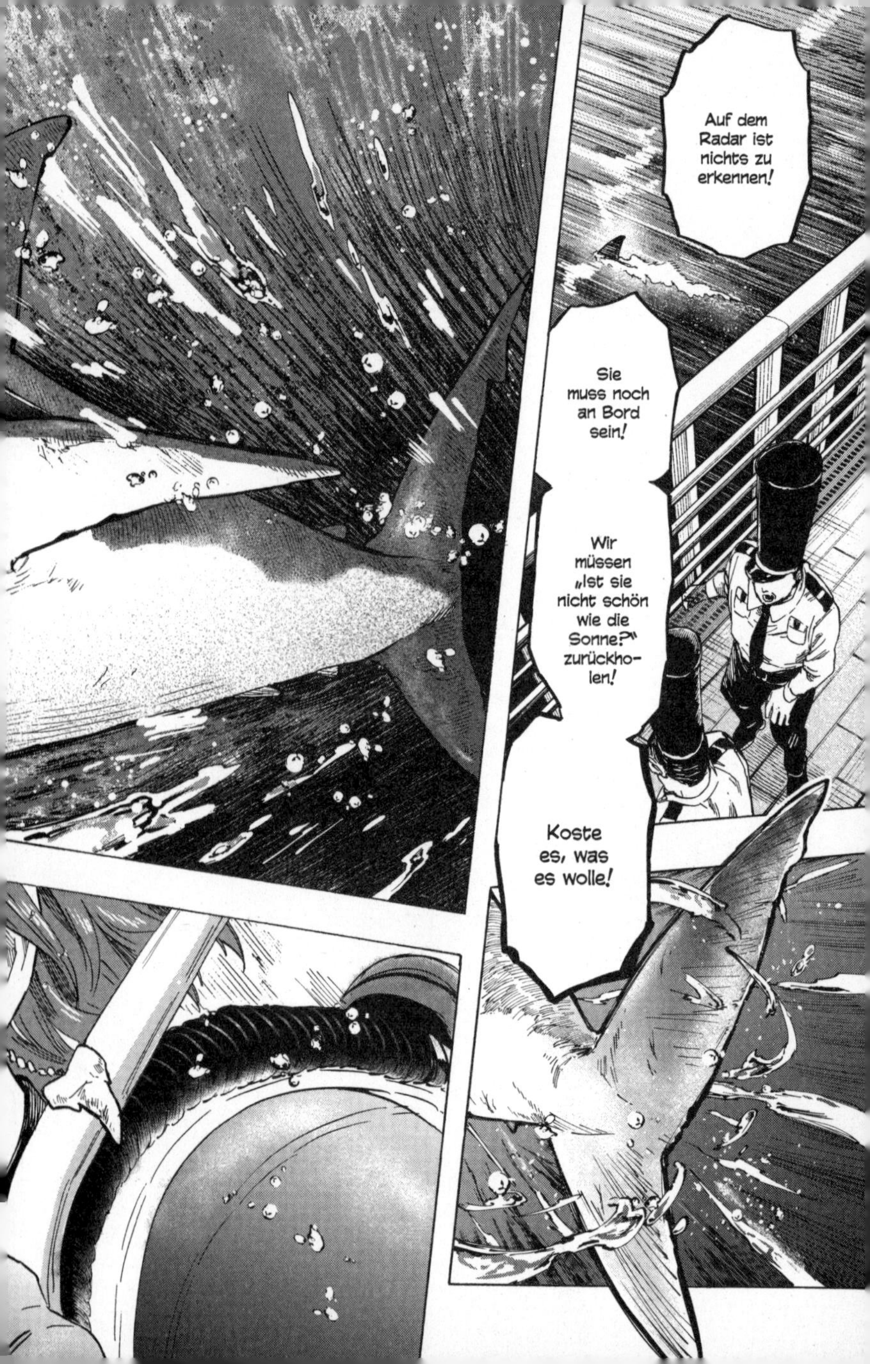
Auf dem Radar ist nichts zu erkennen!
Sie muss noch an Bord sein!
Wir müssen „Ist sie nicht schön wie die Sonne?" zurückholen!
Koste es, was es wolle!

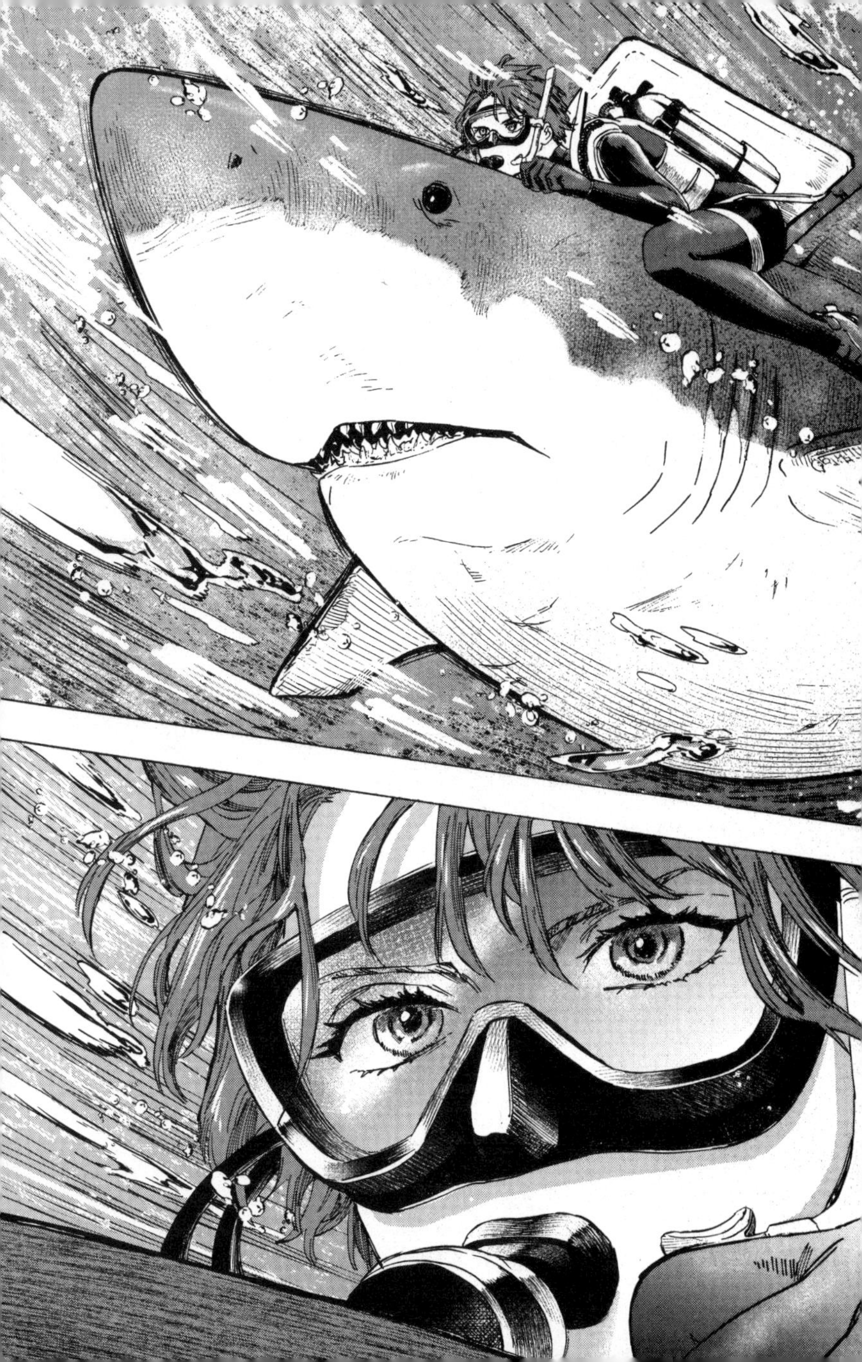

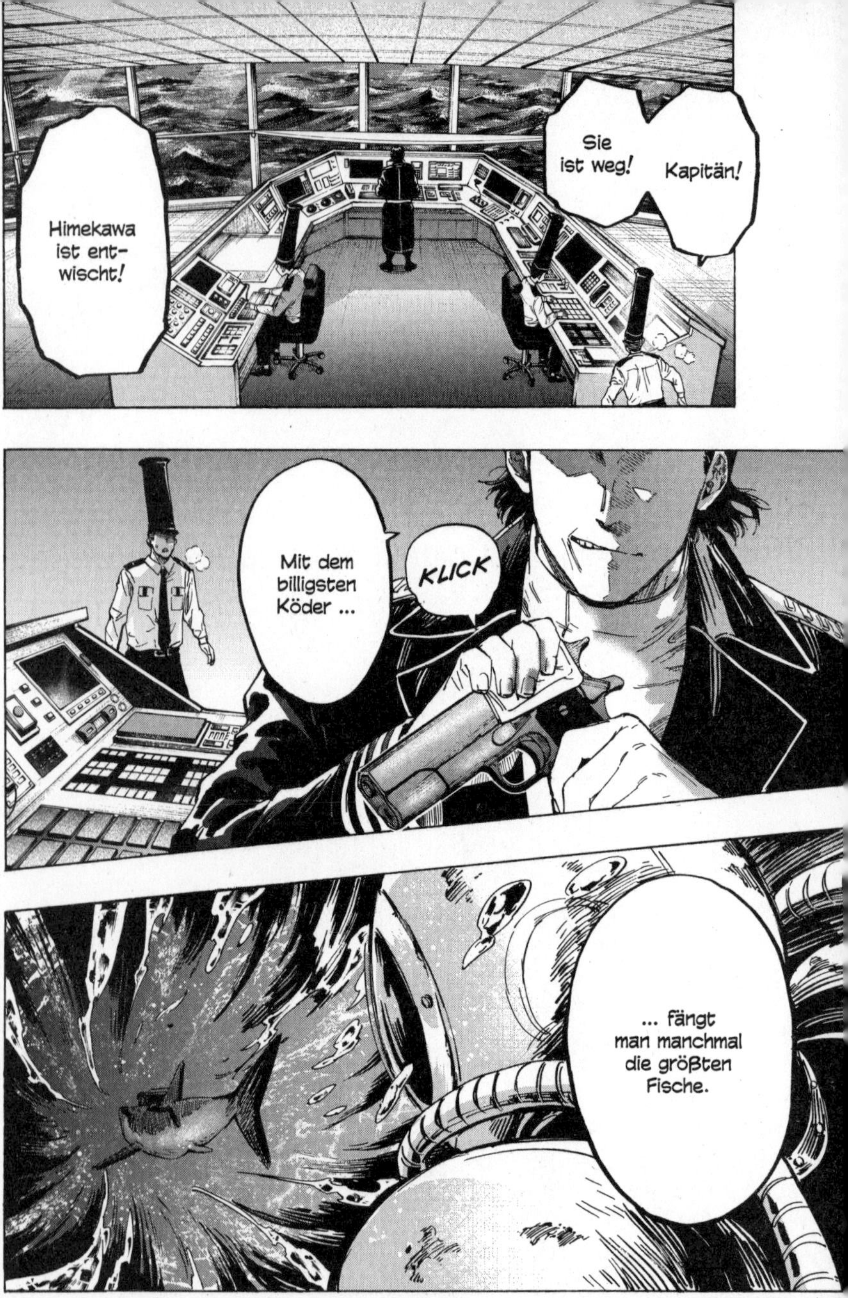
Kapitän!
Sie ist weg!
Himekawa ist entwischt!
KLICK
Mit dem billigsten Köder ...
... fängt man manchmal die größten Fische.

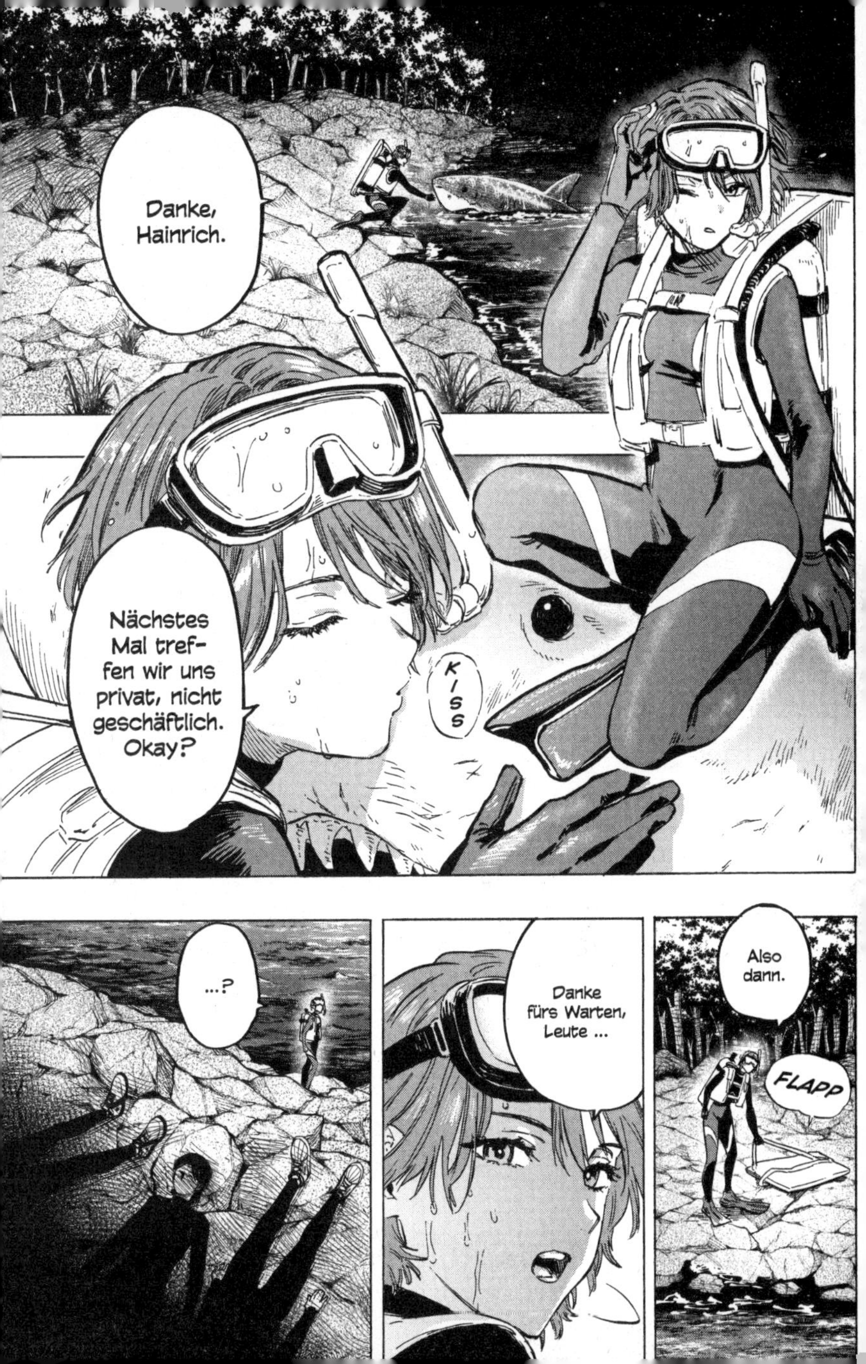
Danke, Hainrich.
Nächstes Mal tref-fen wir uns privat, nicht geschäftlich. Okay?
KISS
Also dann.
FLAPP
Danke fürs Warten, Leute ...
...?

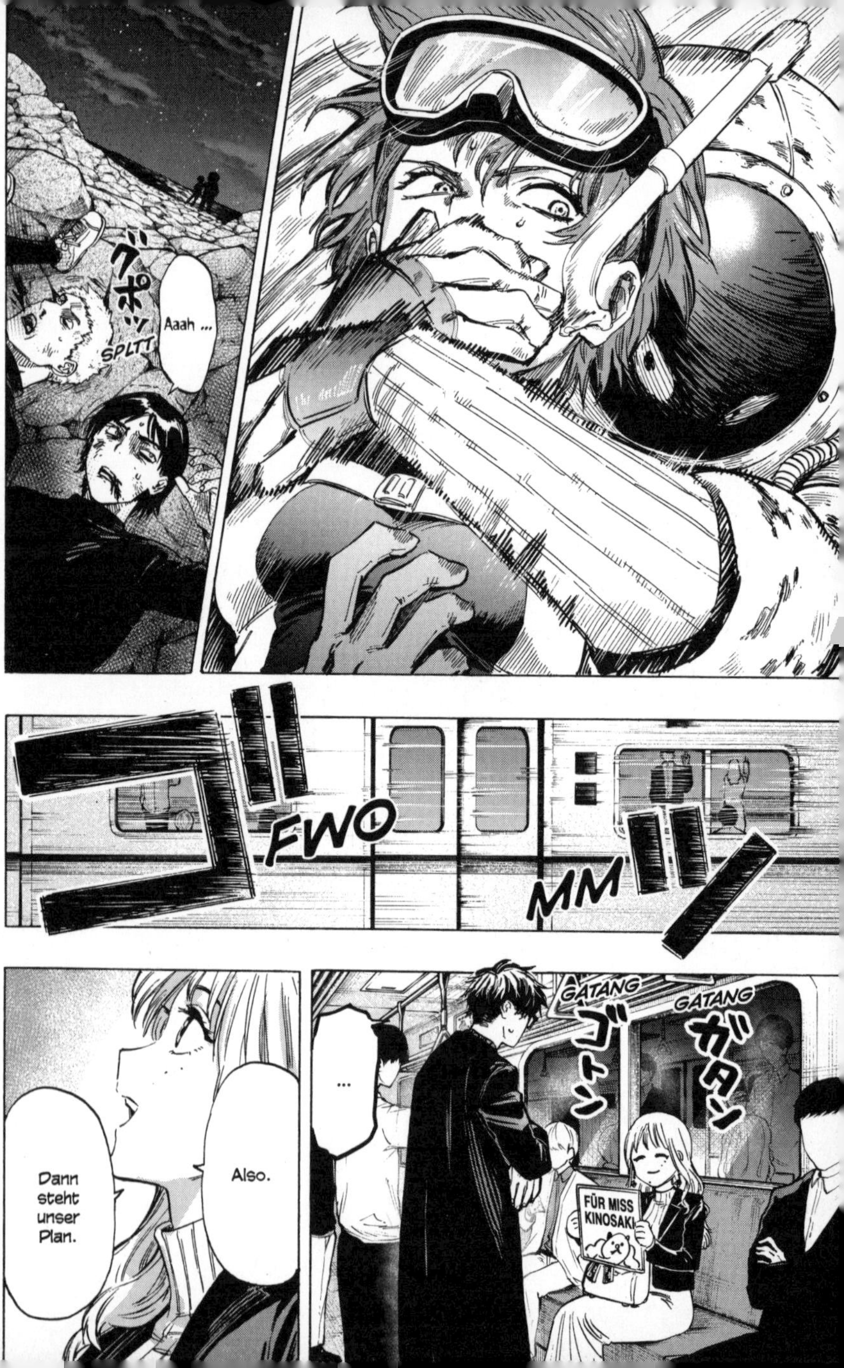

グポッ
SPLTT
Aaah ...
FWO
MM
GATANG
ガタン
GATANG
ゴトン
...
FÜR MISS KINOSAKI
Also.
Dann steht unser Plan.

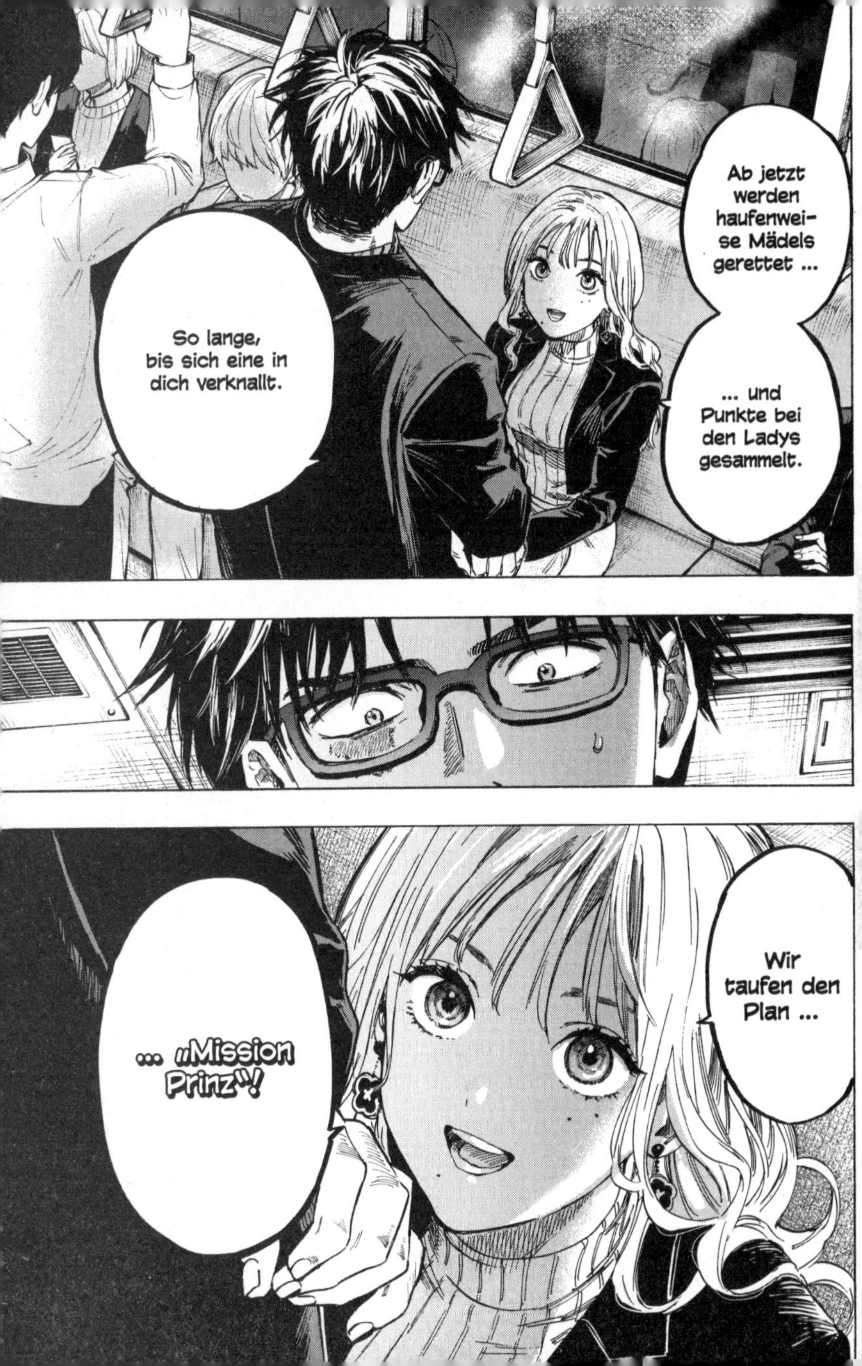
Ab jetzt werden haufenweise Mädels gerettet ...
... und Punkte bei den Ladys gesammelt.
So lange, bis sich eine in dich verknallt.
Wir taufen den Plan ...
... „Mission Prinz"!

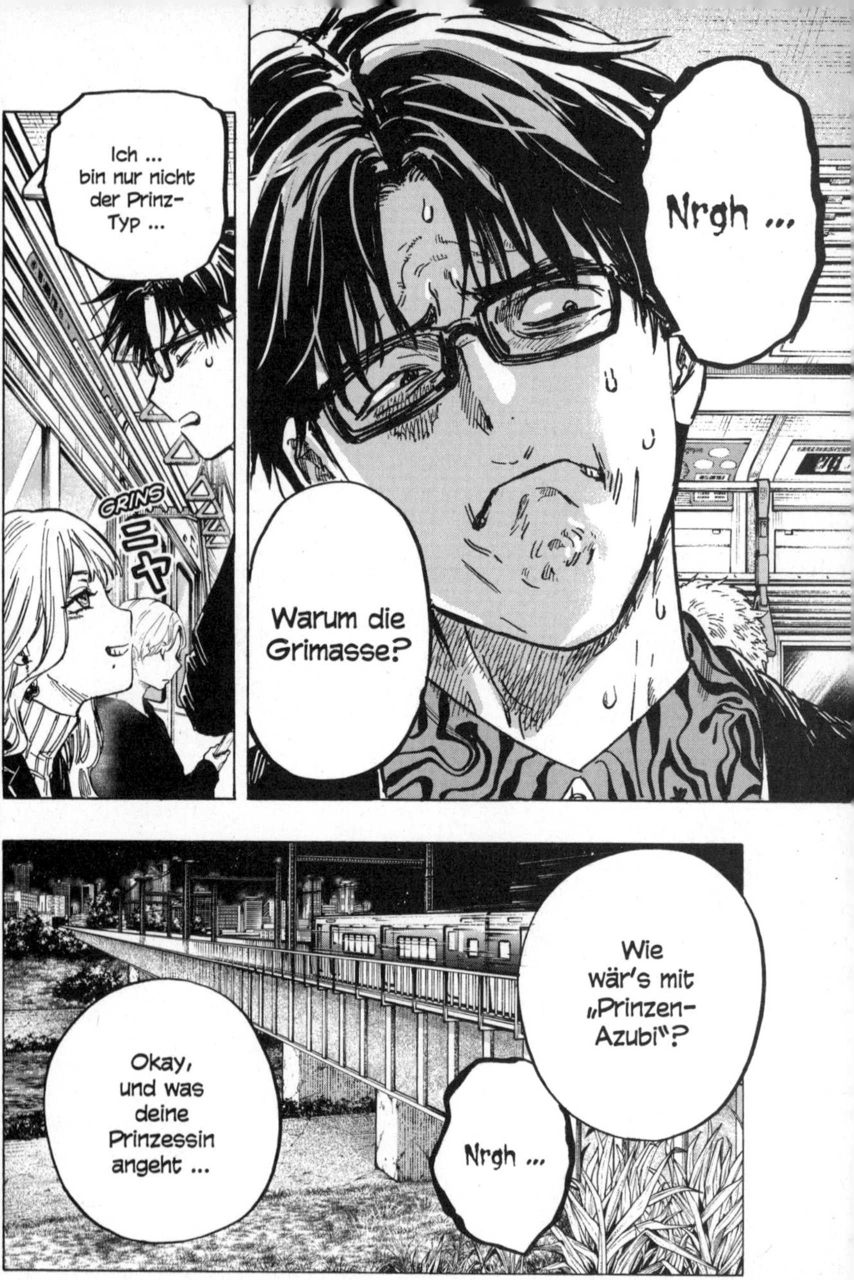
Nrgh ...
Warum die Grimasse?
Ich ... bin nur nicht der Prinz-Typ ...
GRINS
ニヤ
Wie wär's mit „Prinzen-Azubi"?
Nrgh ...
Okay, und was deine Prinzessin angeht ...

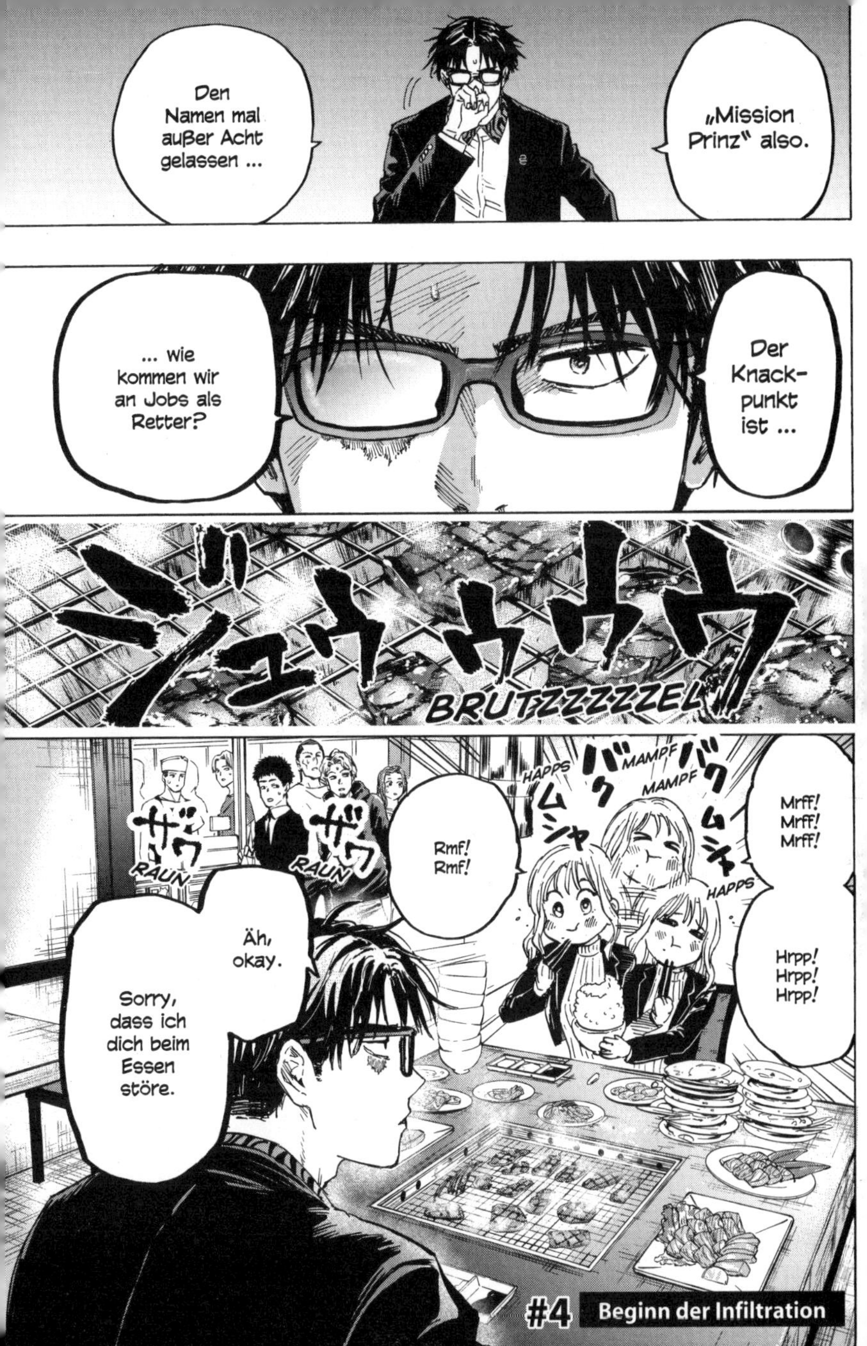
„Mission Prinz" also.
Den Namen mal außer Acht gelassen ...
Der Knackpunkt ist ...
... wie kommen wir an Jobs als Retter?
BRUTZZZZZZEL
MAMPF
MAMPF
HAPPS
HAPPS
Mrff! Mrff! Mrff!
Hrpp! Hrpp! Hrpp!
Rmf! Rmf!
RAUN
RAUN
Äh, okay.
Sorry, dass ich dich beim Essen störe.
#4 Beginn der Infiltration

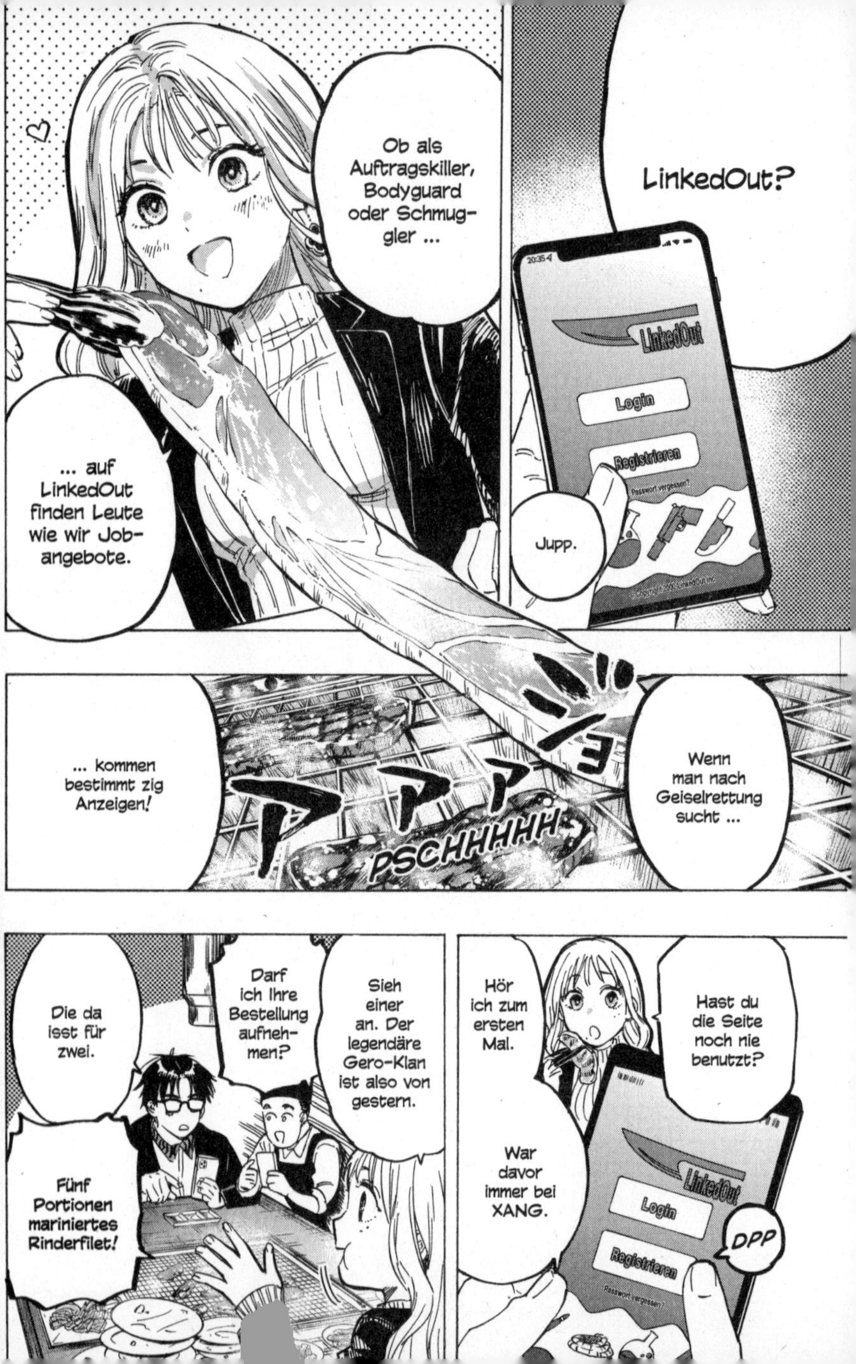
LinkedOut?
LinkedOut
Login
Registrieren
Passwort vergessen?
Jupp.
Ob als Auftragskiller, Bodyguard oder Schmuggler ...
... auf LinkedOut finden Leute wie wir Jobangebote.
Wenn man nach Geiselrettung sucht ...
PSCHHHHH
... kommen bestimmt zig Anzeigen!
Hast du die Seite noch nie benutzt?
Hör ich zum ersten Mal.
War davor immer bei XANG.
DPP
LinkedOut
Login
Registrieren
Sieh einer an. Der legendäre Gero-Klan ist also von gestern.
Darf ich Ihre Bestellung aufnehmen?
Die da isst für zwei.
Fünf Portionen mariniertes Rinderfilet!

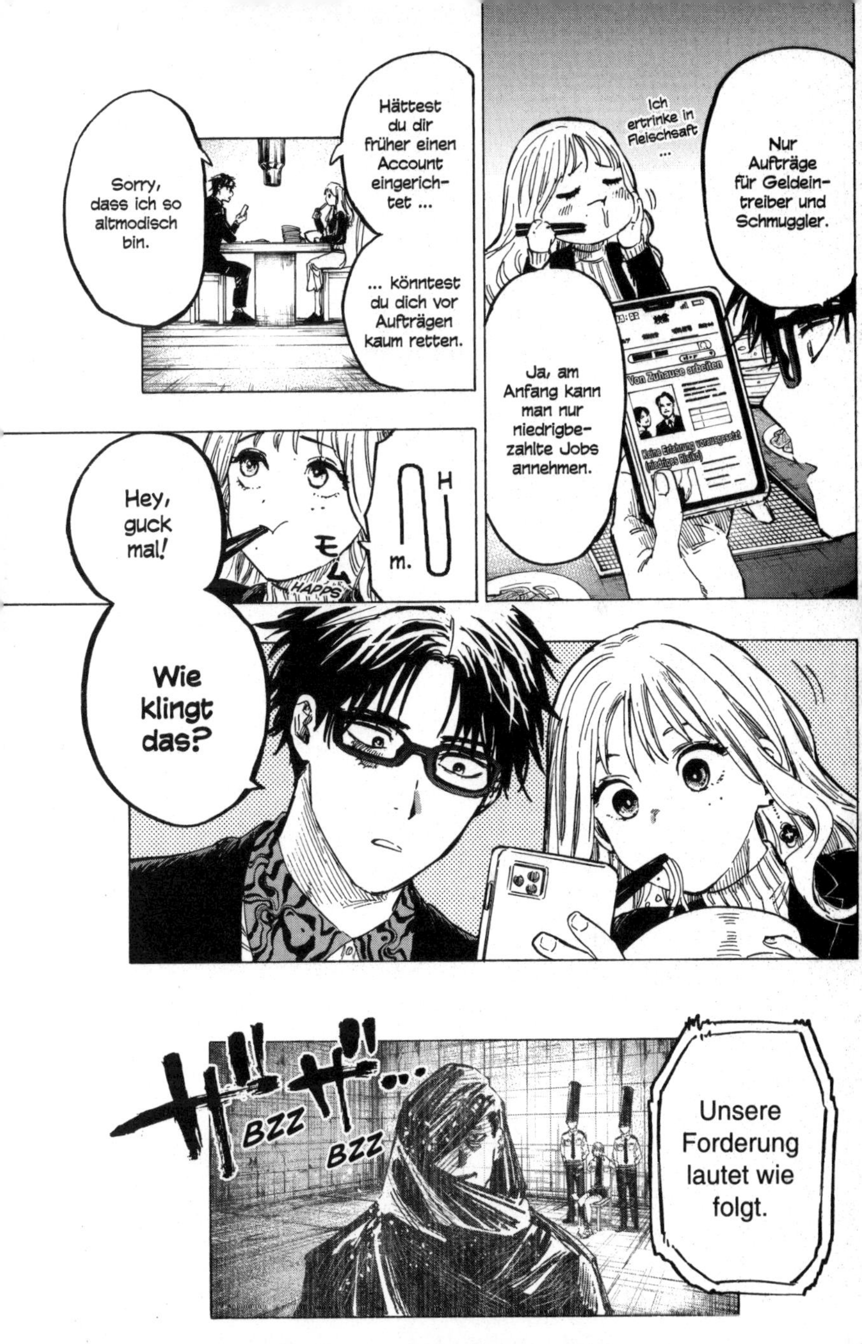
Nur Aufträge für Geldeintreiber und Schmuggler.
Ich ertrinke in Fleischsaft ...
Ja, am Anfang kann man nur niedrigbezahlte Jobs annehmen.
Von Zuhause arbeiten
Keine Erfahrung vorausgesetzt (niedriges Risiko)
Hättest du dir früher einen Account eingerichtet ...
... könntest du dich vor Aufträgen kaum retten.
Sorry, dass ich so altmodisch bin.
Hm.
HAPPS
Hey, guck mal!
Wie klingt das?
BZZ
BZZ
Unsere Forderung lautet wie folgt.

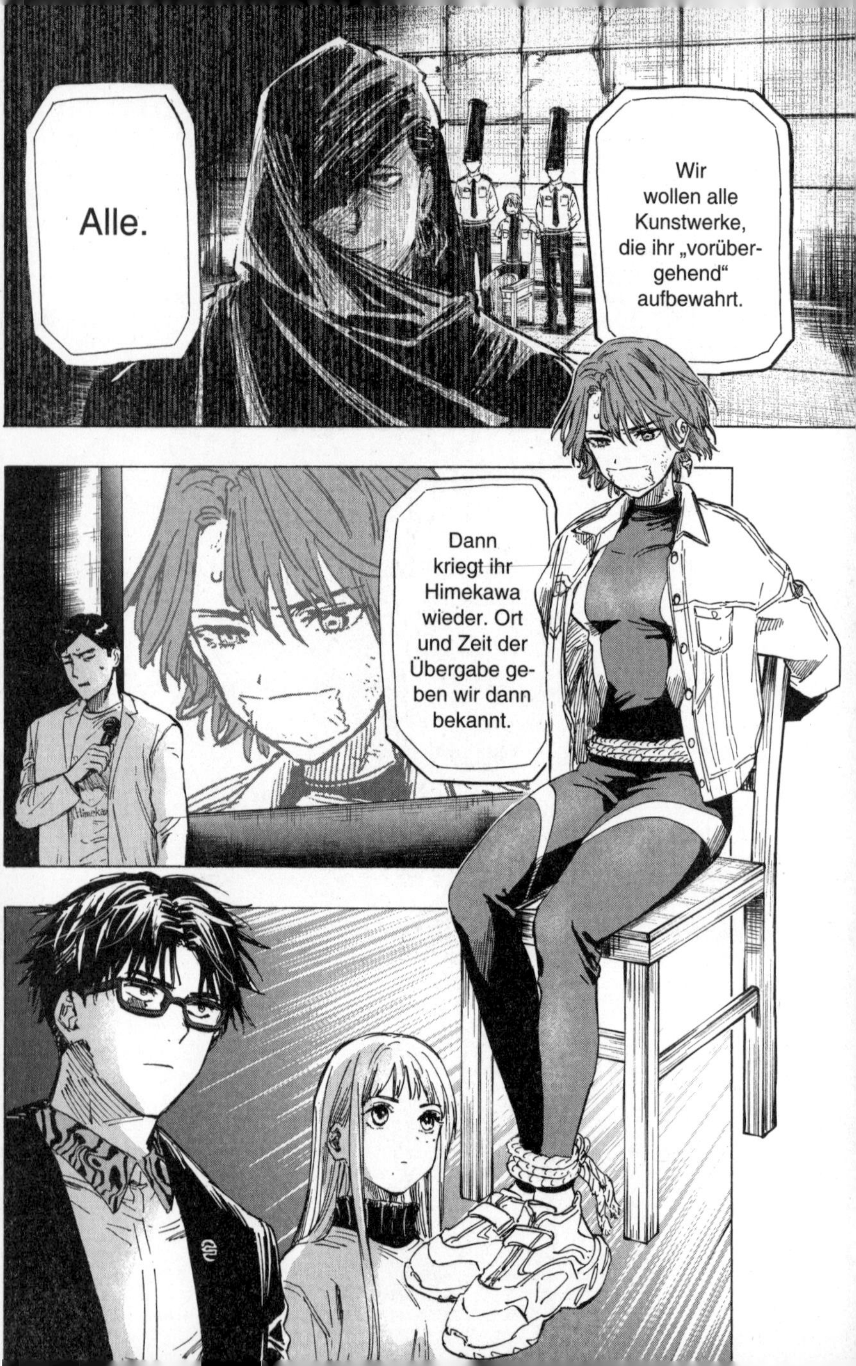
Wir wollen alle Kunstwerke, die ihr „vorübergehend“ aufbewahrt.
Alle.
Dann kriegt ihr Himekawa wieder. Ort und Zeit der Übergabe geben wir dann bekannt.

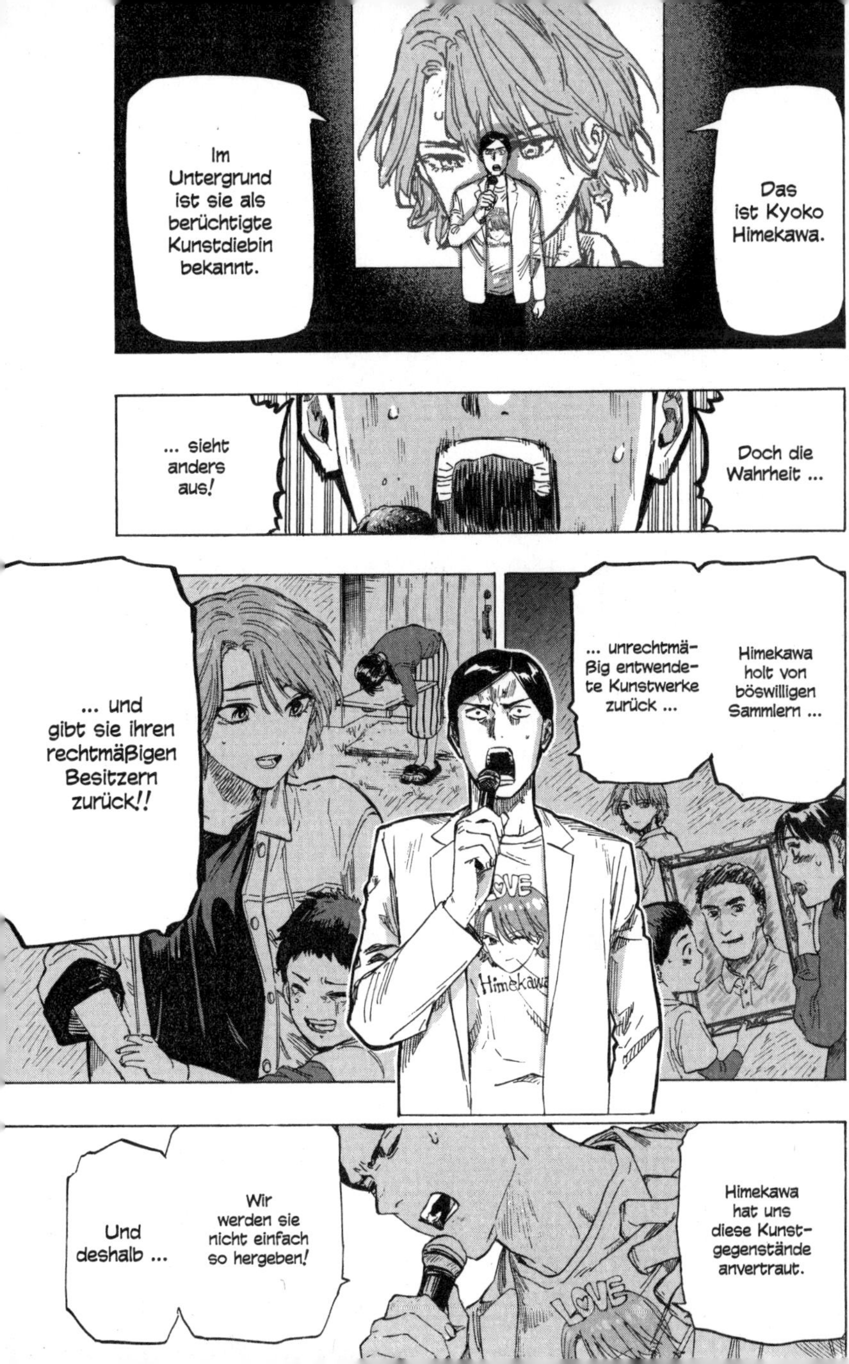
Das ist Kyoko Himekawa.
Im Untergrund ist sie als berüchtigte Kunstdiebin bekannt.
Doch die Wahrheit ...
... sieht anders aus!
Himekawa holt von böswilligen Sammlern ...
... unrechtmäßig entwendete Kunstwerke zurück ...
... und gibt sie ihren rechtmäßigen Besitzern zurück!!
Himekawa hat uns diese Kunstgegenstände anvertraut.
Wir werden sie nicht einfach so hergeben!
Und deshalb ...

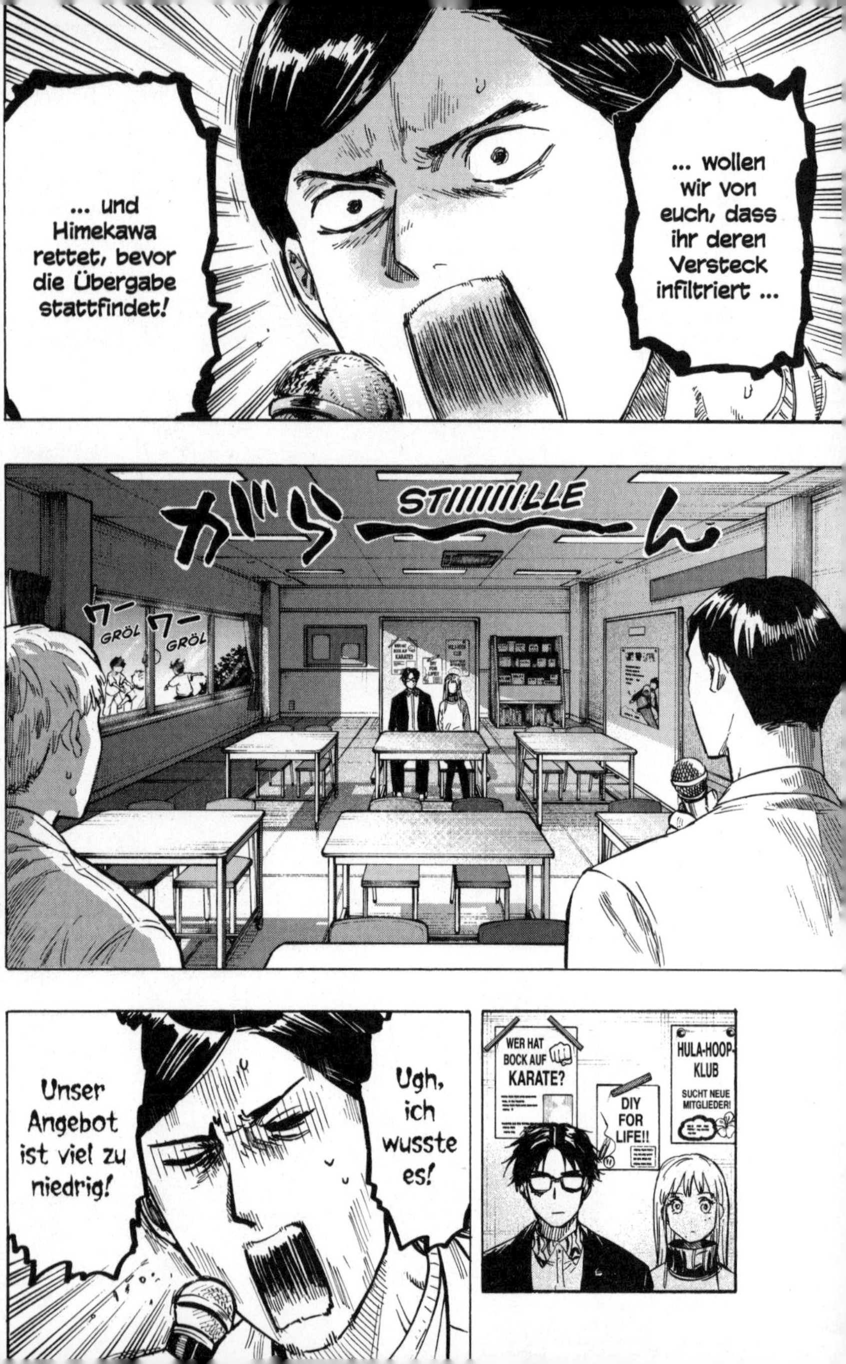
... wollen wir von euch, dass ihr deren Versteck infiltriert ...
... und Himekawa rettet, bevor die Übergabe stattfindet!
がらーーーん
STIIIIIIILLE
ワー GRÖL
ワー GRÖL
WER HAT BOCK AUF KARATE?
DIY FOR LIFE!!
HULA-HOOP-KLUB SUCHT NEUE MITGLIEDER!
Ugh, ich wusste es!
Unser Angebot ist viel zu niedrig!

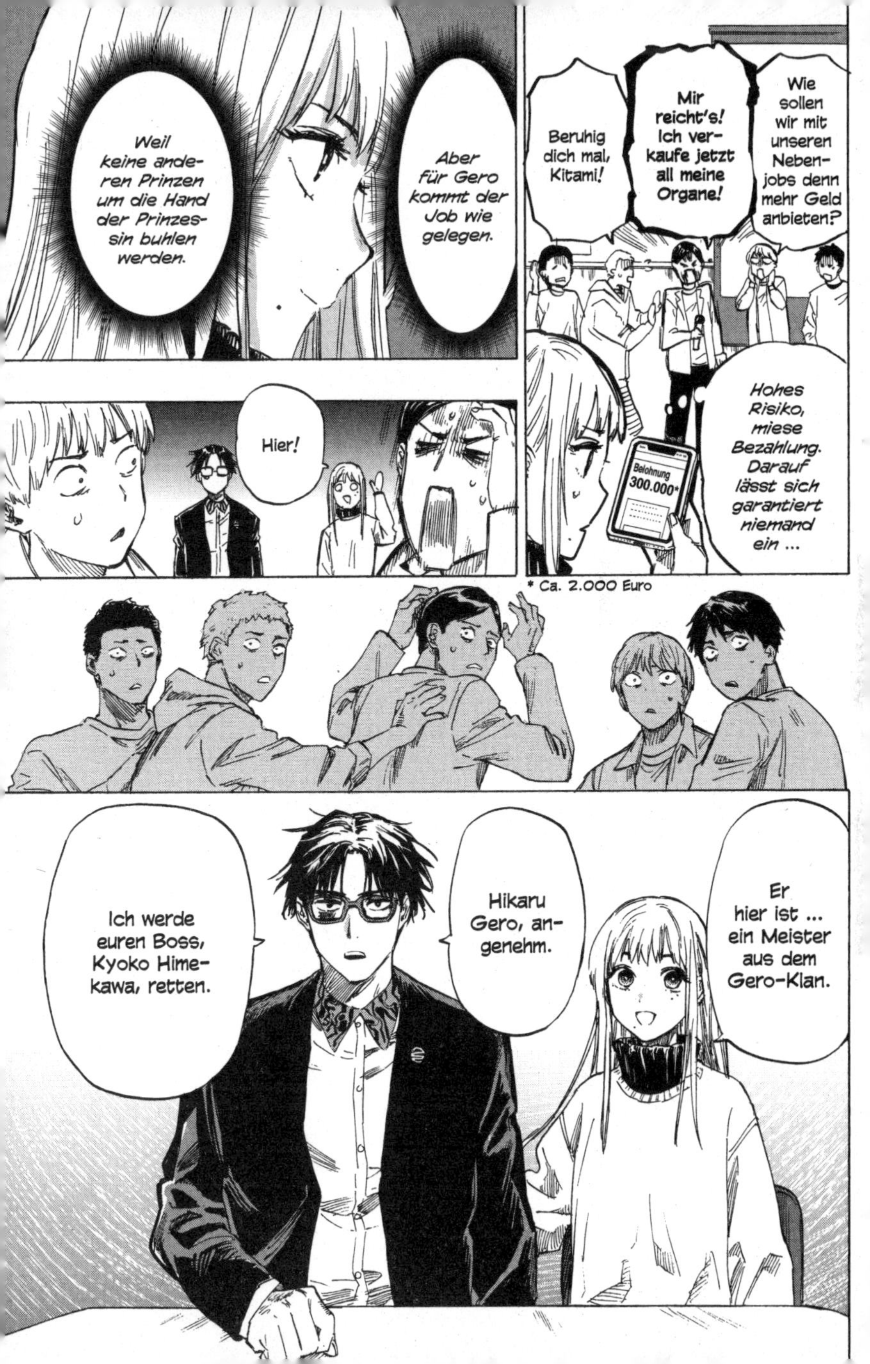
Wie sollen wir mit unseren Nebenjobs denn mehr Geld anbieten?
Mir reicht's! Ich verkaufe jetzt all meine Organe!
Beruhig dich mal, Kitami!
Belohnung 300.000*
Hohes Risiko, miese Bezahlung. Darauf lässt sich garantiert niemand ein ...
Aber für Gero kommt der Job wie gelegen.
Weil keine anderen Prinzen um die Hand der Prinzessin buhlen werden.
Hier!
Er hier ist ... ein Meister aus dem Gero-Klan.
Hikaru Gero, angenehm.
Ich werde euren Boss, Kyoko Himekawa, retten.

* Ca. 2.000 Euro

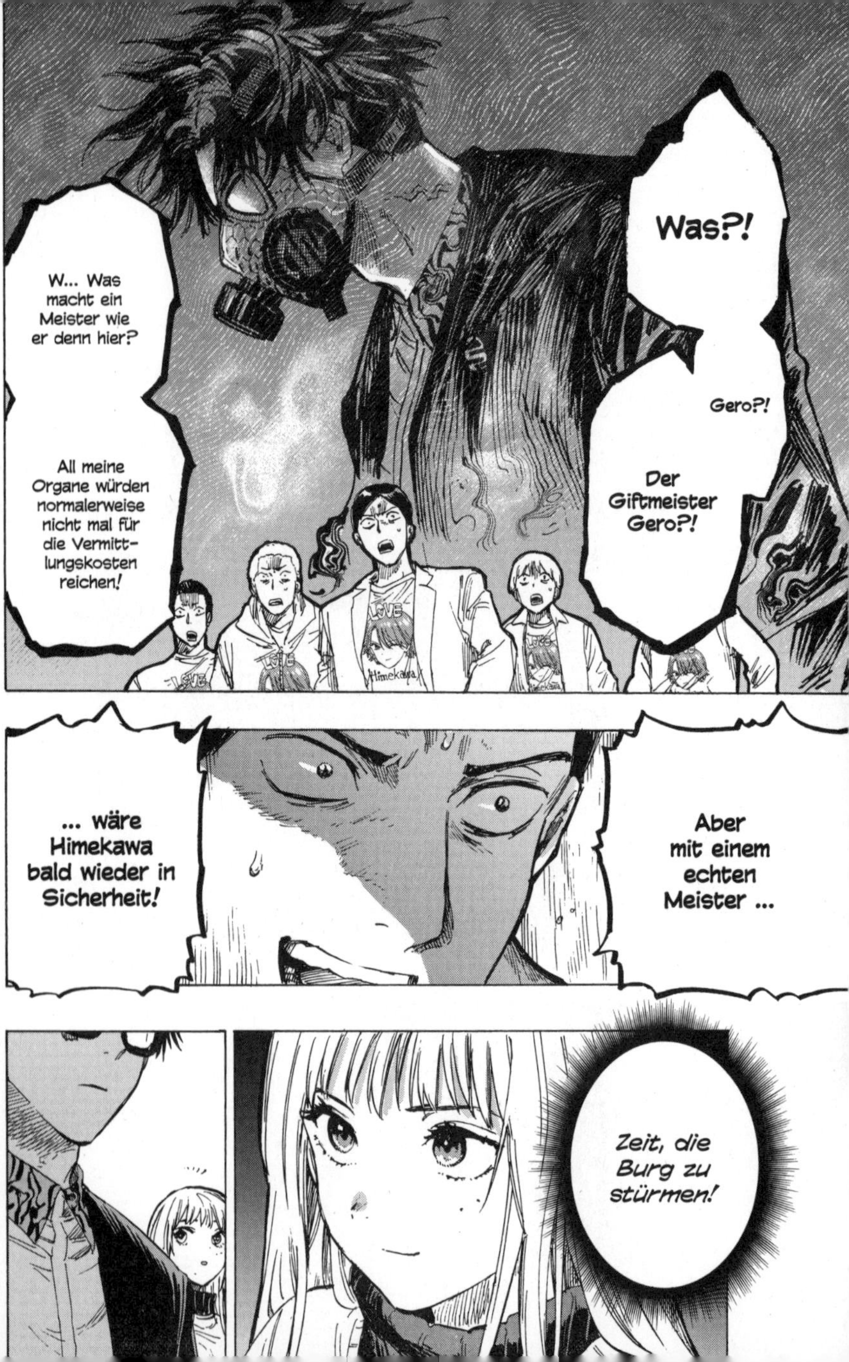
Was?!
Gero?!
Der Giftmeister Gero?!
W... Was macht ein Meister wie er denn hier?
All meine Organe würden normalerweise nicht mal für die Vermittlungskosten reichen!
Aber mit einem echten Meister ...
... wäre Himekawa bald wieder in Sicherheit!
Zeit, die Burg zu stürmen!

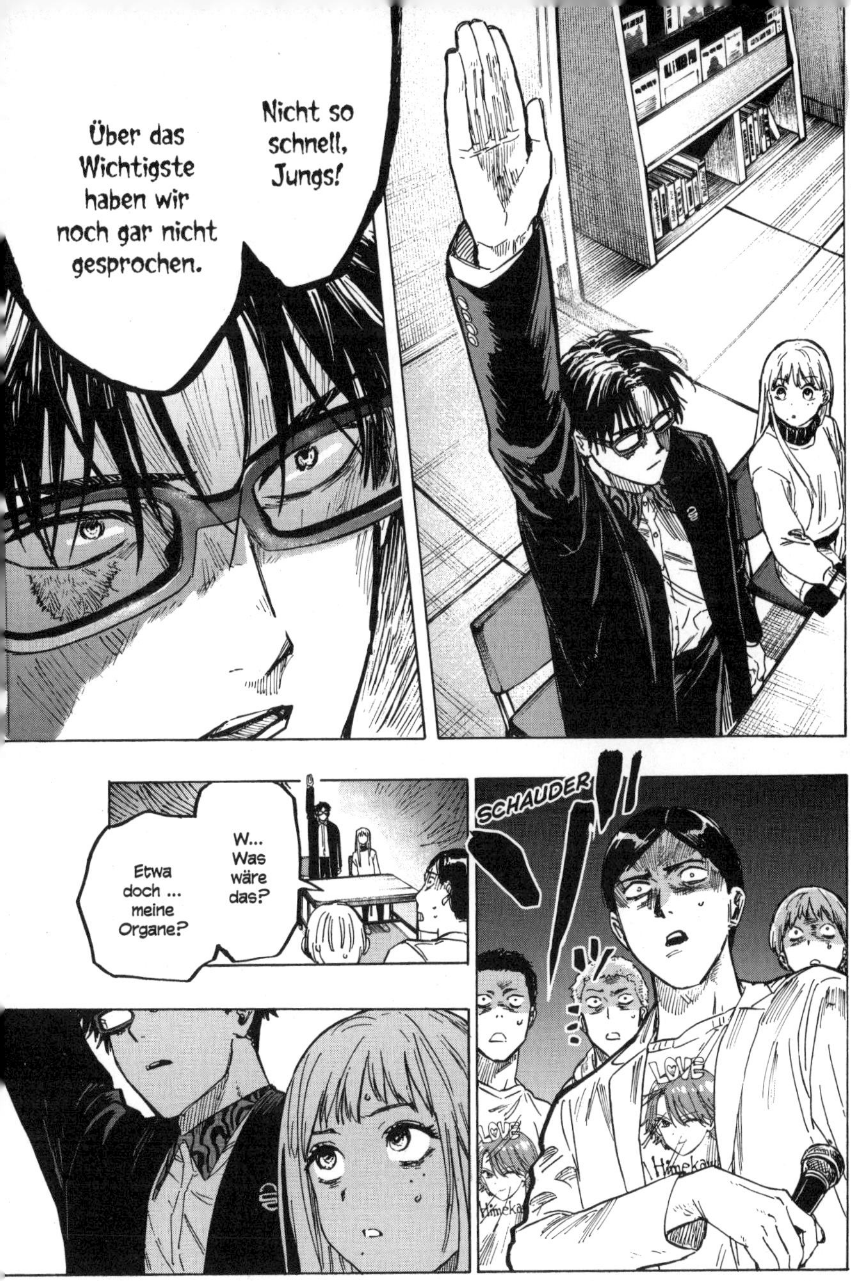
Nicht so schnell, Jungs!
Über das Wichtigste haben wir noch gar nicht gesprochen.
SCHAUDER
W... Was wäre das?
Etwa doch ... meine Organe?
LOVE
Himeka
LOVE
Himeka

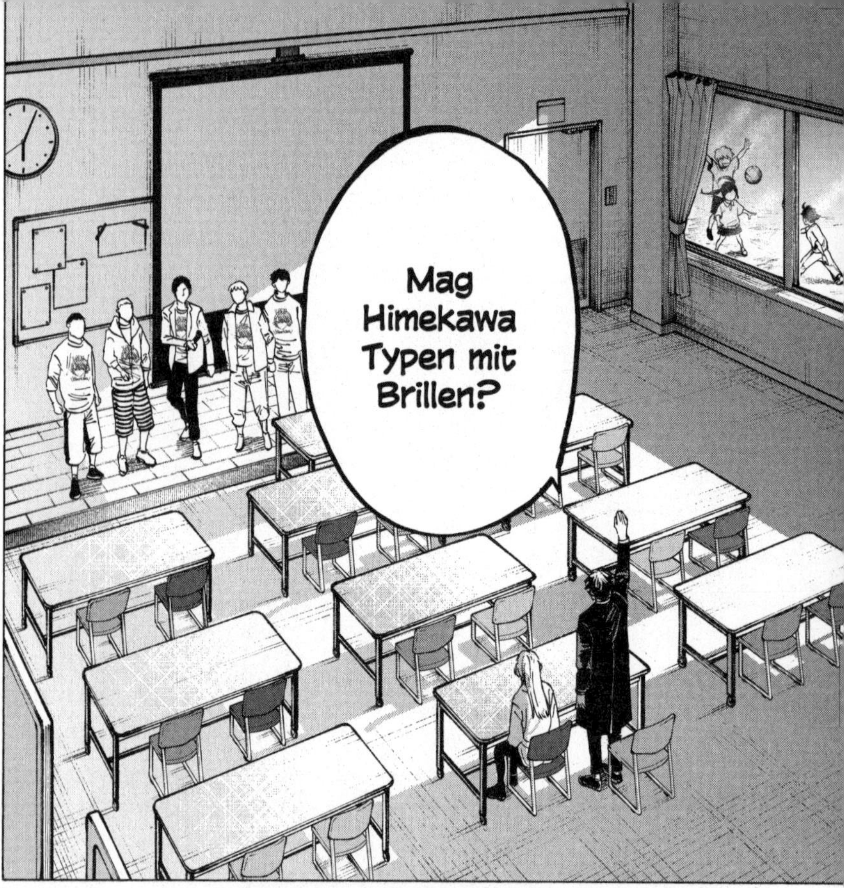
Mag Himekawa Typen mit Brillen?

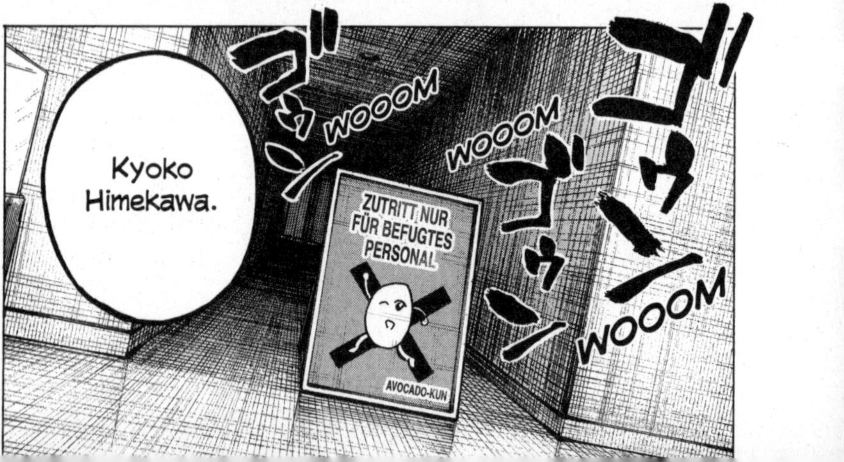
WOOOM
WOOOM
WOOOM
Kyoko Himekawa.
ZUTRITT NUR FÜR BEFUGTES PERSONAL
AVOCADO-KUN

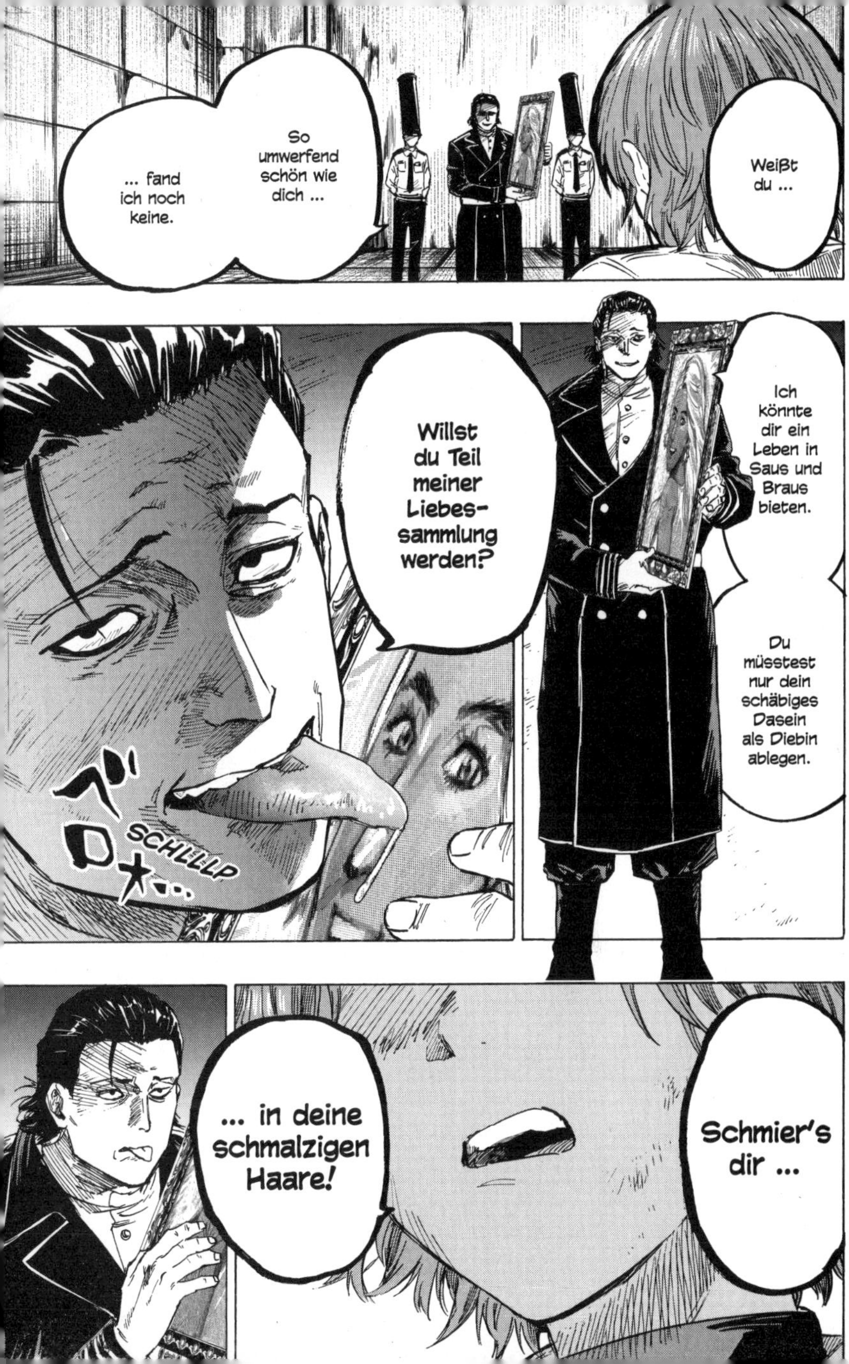
Weißt du ...
So umwerfend schön wie dich ...
... fand ich noch keine.
Ich könnte dir ein Leben in Saus und Braus bieten.
Du müsstest nur dein schäbiges Dasein als Diebin ablegen.
Willst du Teil meiner Liebes-sammlung werden?
SCHLLLP
Schmier's dir ...
... in deine schmalzigen Haare!

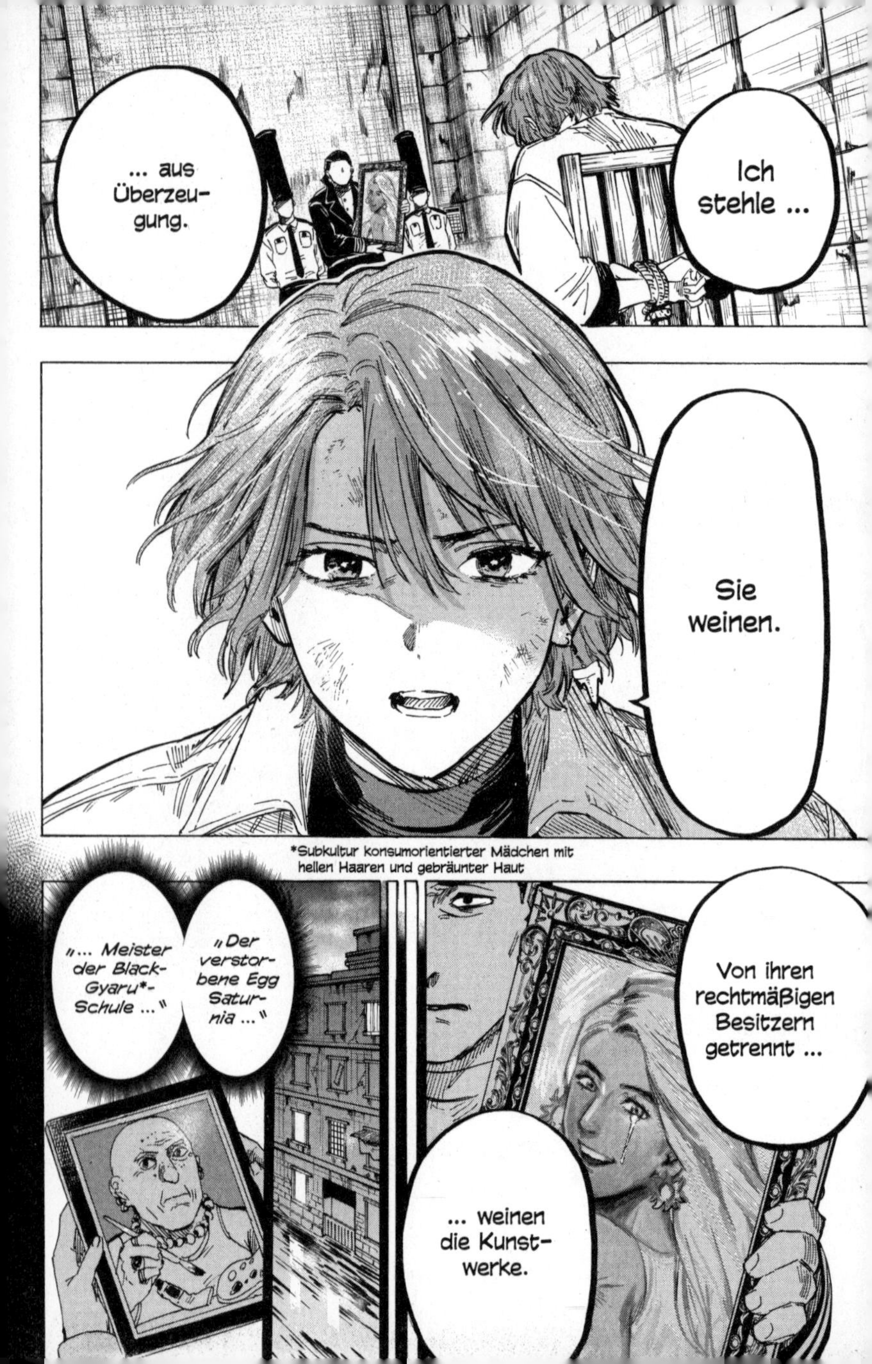
Ich stehle ...
... aus Überzeugung.
Sie weinen.
*Subkultur konsumorientierter Mädchen mit hellen Haaren und gebräunter Haut
Von ihren rechtmäßigen Besitzern getrennt ...
... weinen die Kunstwerke.
„Der verstorbene Egg Saturnia ..."
„... Meister der Black-Gyaru*-Schule ..."

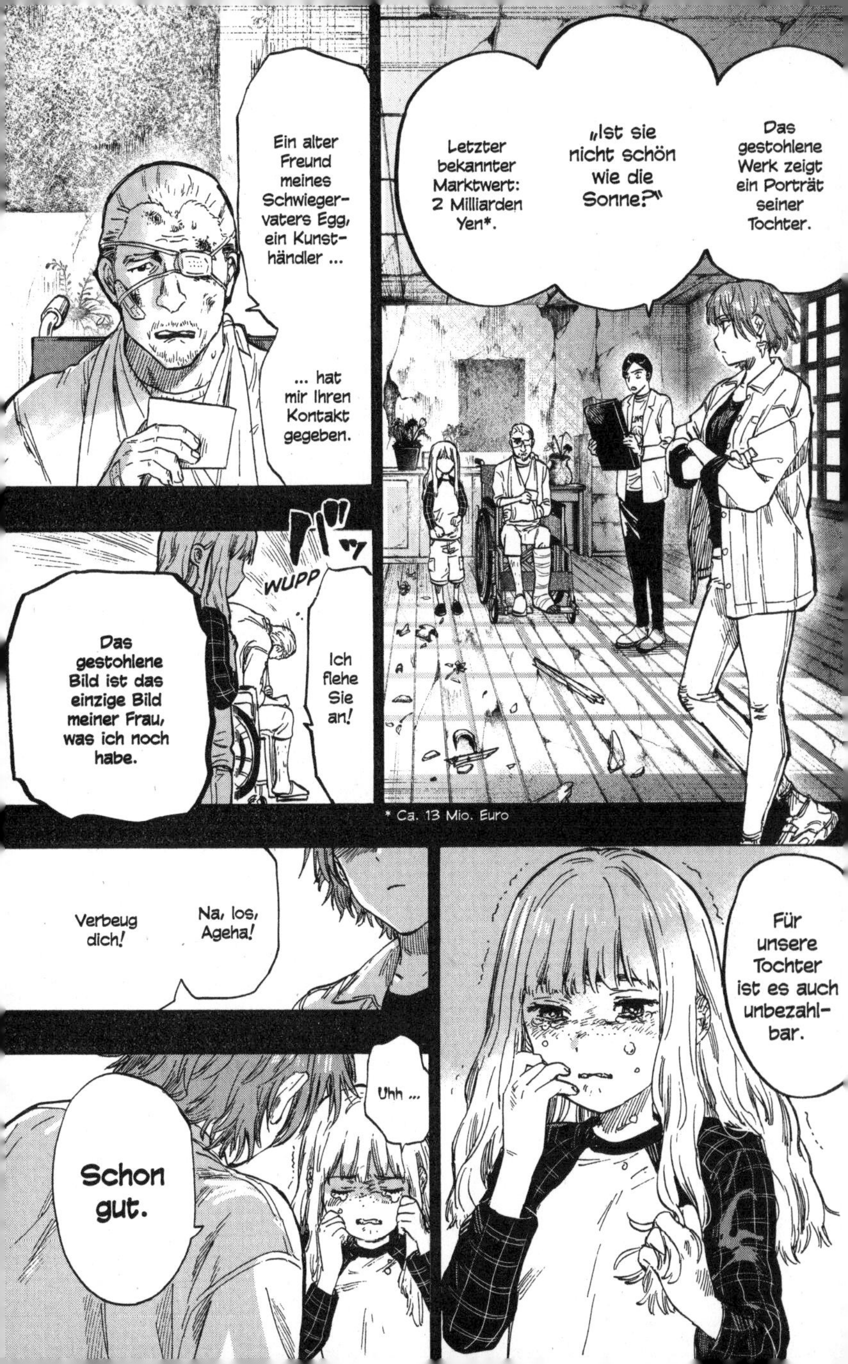

* Ca. 13 Mio. Euro

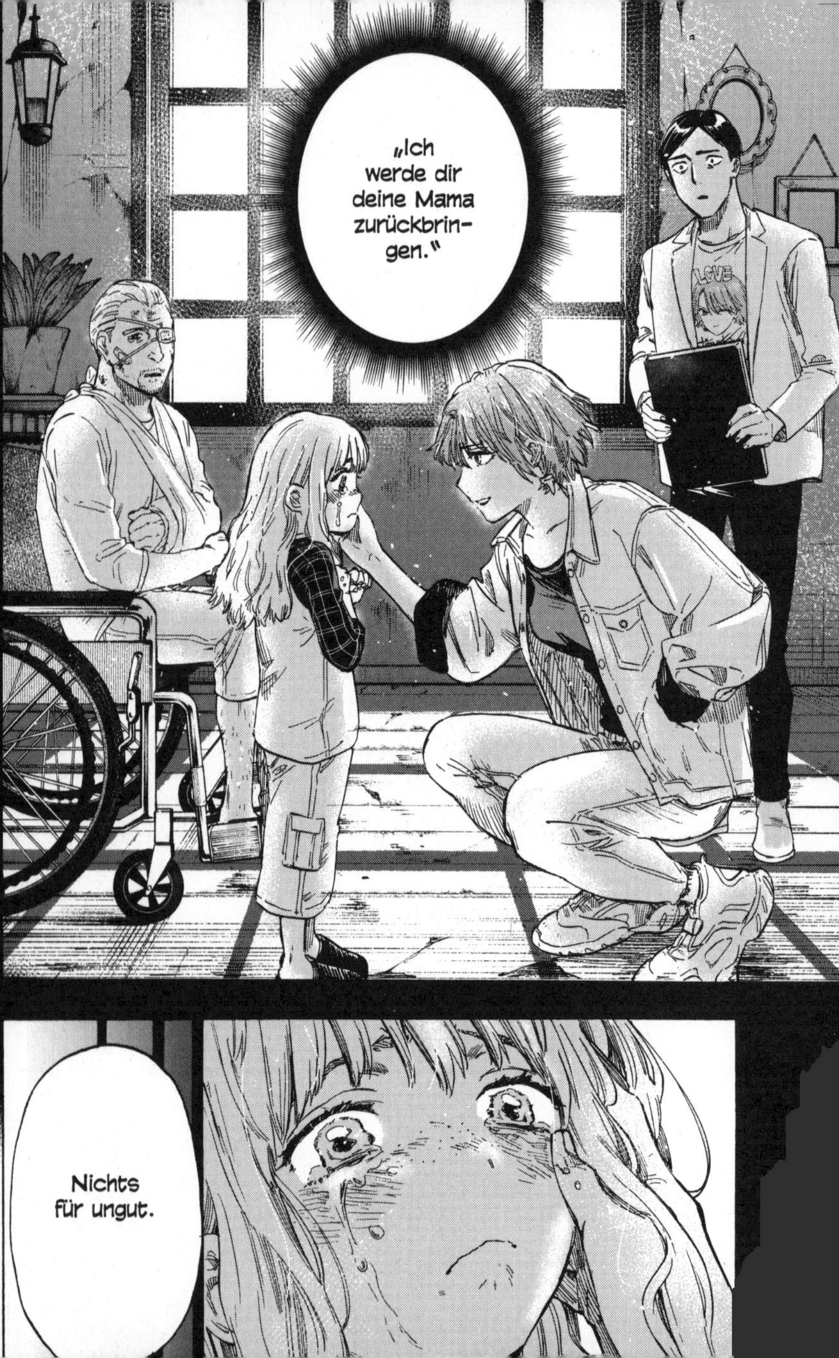
„Ich werde dir deine Mama zurückbringen."
Nichts für ungut.

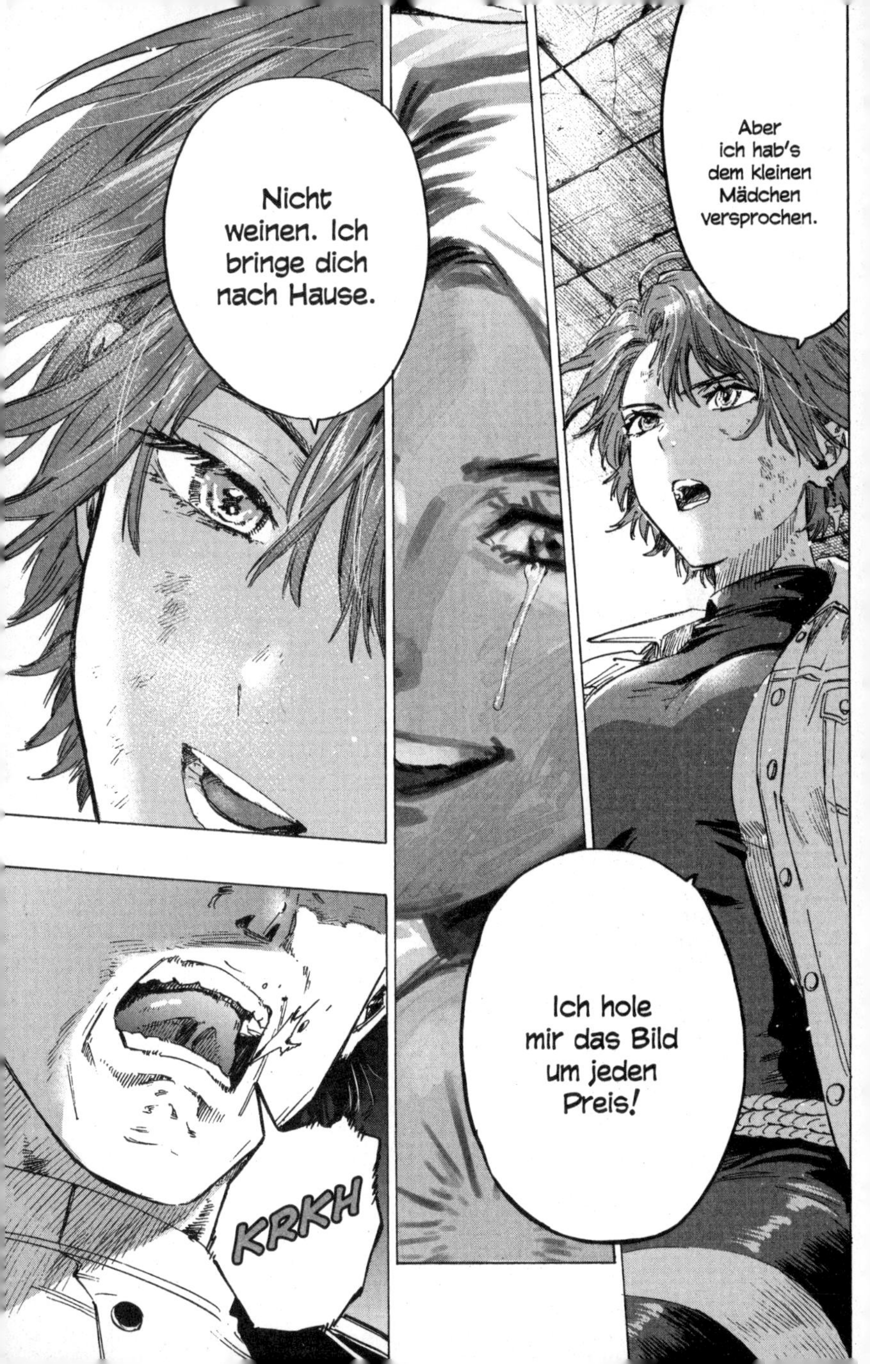

Aber ich hab's dem kleinen Mädchen versprochen.
Nicht weinen. Ich bringe dich nach Hause.
Ich hole mir das Bild um jeden Preis!
KRKH

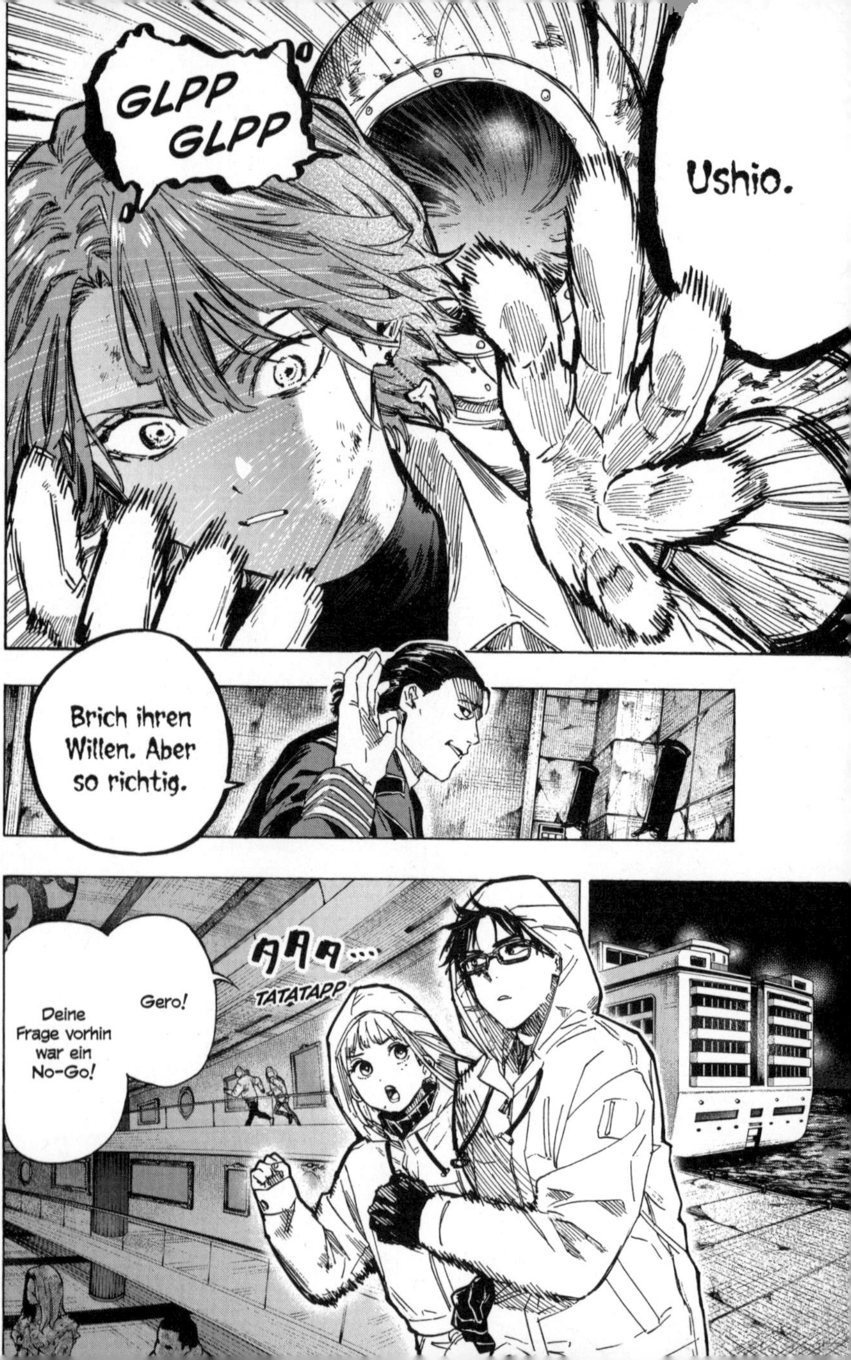
Ushio.
GLPP GLPP
Brich ihren Willen. Aber so richtig.
TATATAPP
Gero!
Deine Frage vorhin war ein No-Go!

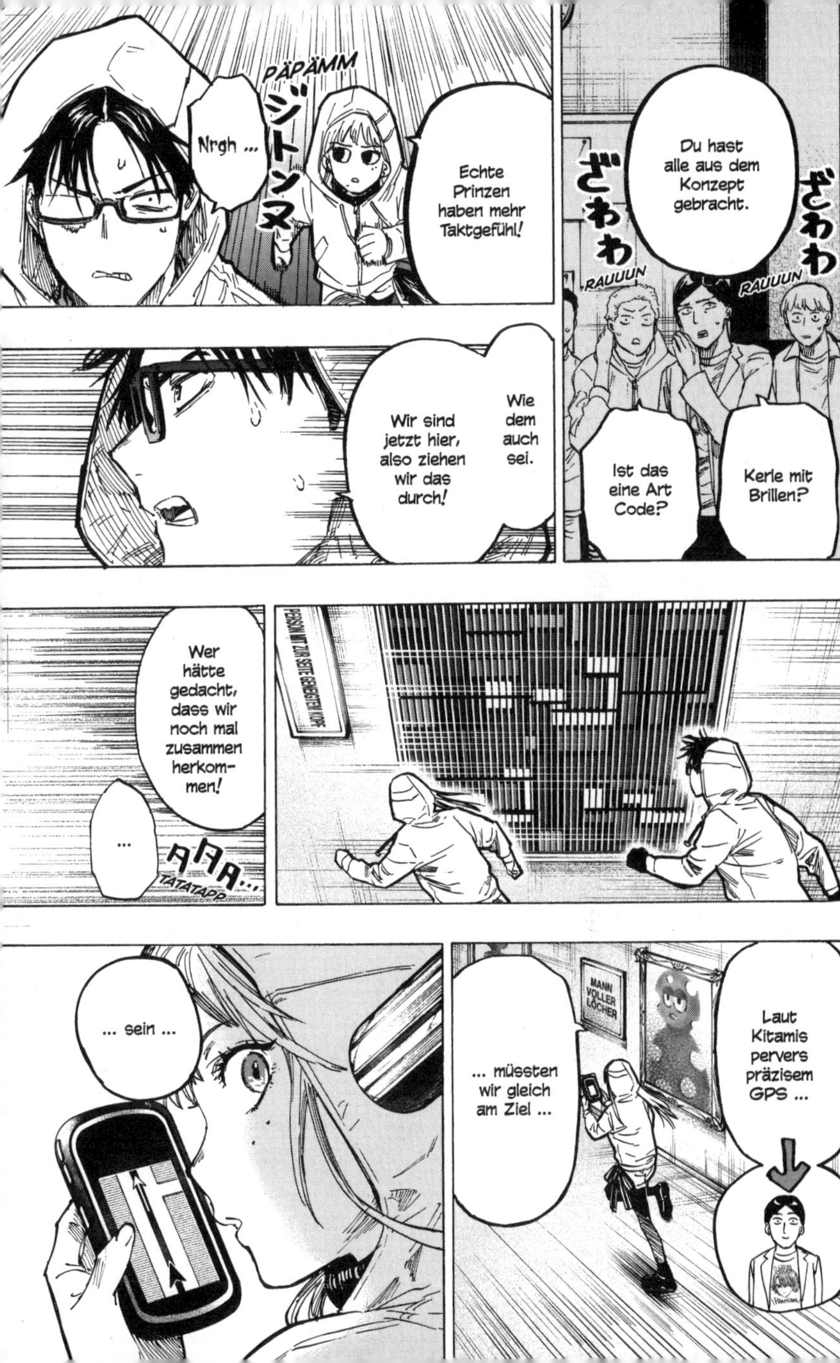

Du hast alle aus dem Konzept gebracht.
ざわわ
RAUUUN
ざわわ
RAUUUN
Kerle mit Brillen?
Ist das eine Art Code?
Echte Prinzen haben mehr Taktgefühl!
PÄPÄMM
ジトンヌ
Nrgh ...
Wie dem auch sei.
Wir sind jetzt hier, also ziehen wir das durch!
PERSON MIT ZUR SEITE GENEIGTEM KOPF
Wer hätte gedacht, dass wir noch mal zusammen herkommen!
...
TATATAPP
Laut Kitamis pervers präzisem GPS ...
MANN VOLLER LÖCHER
... müssten wir gleich am Ziel ...
... sein ...

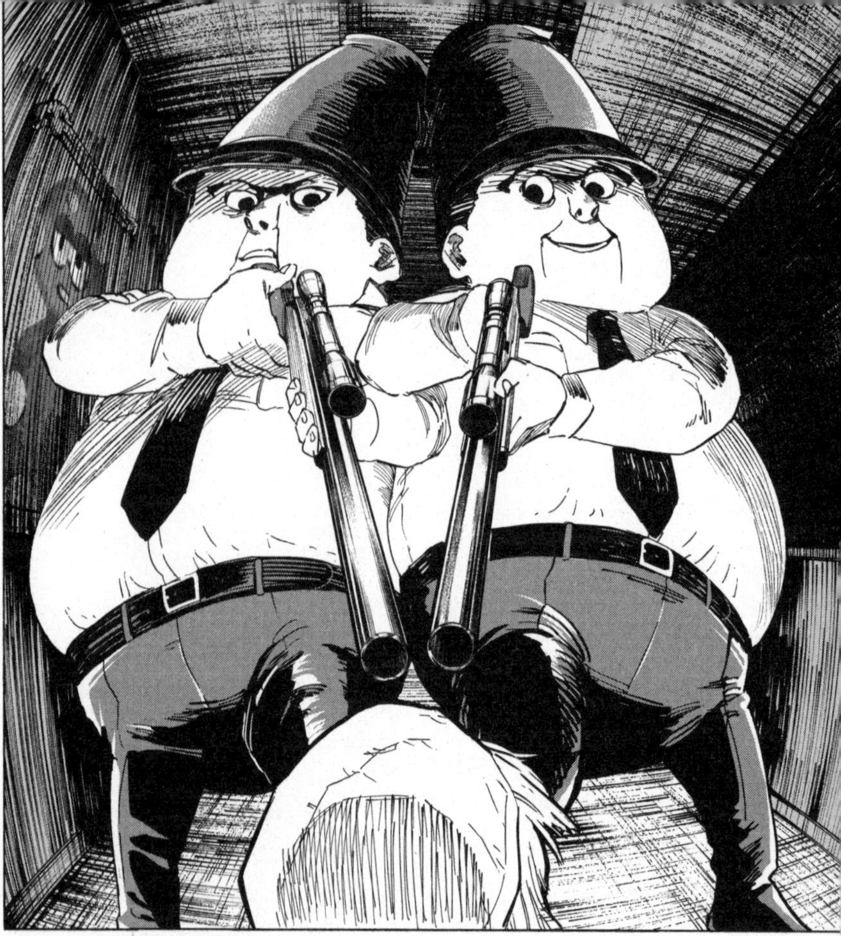
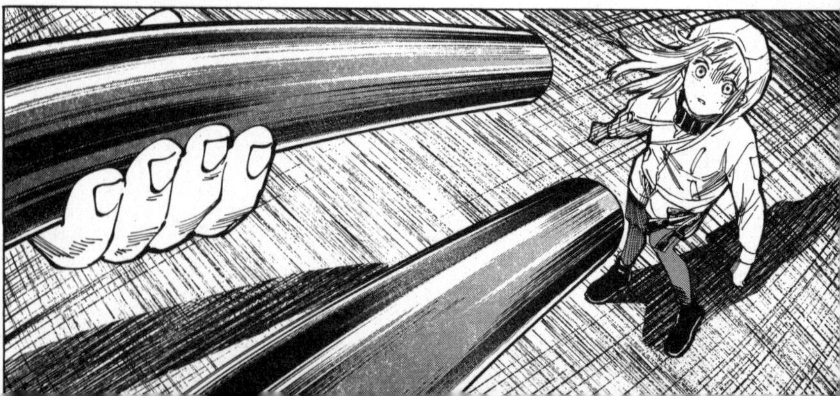

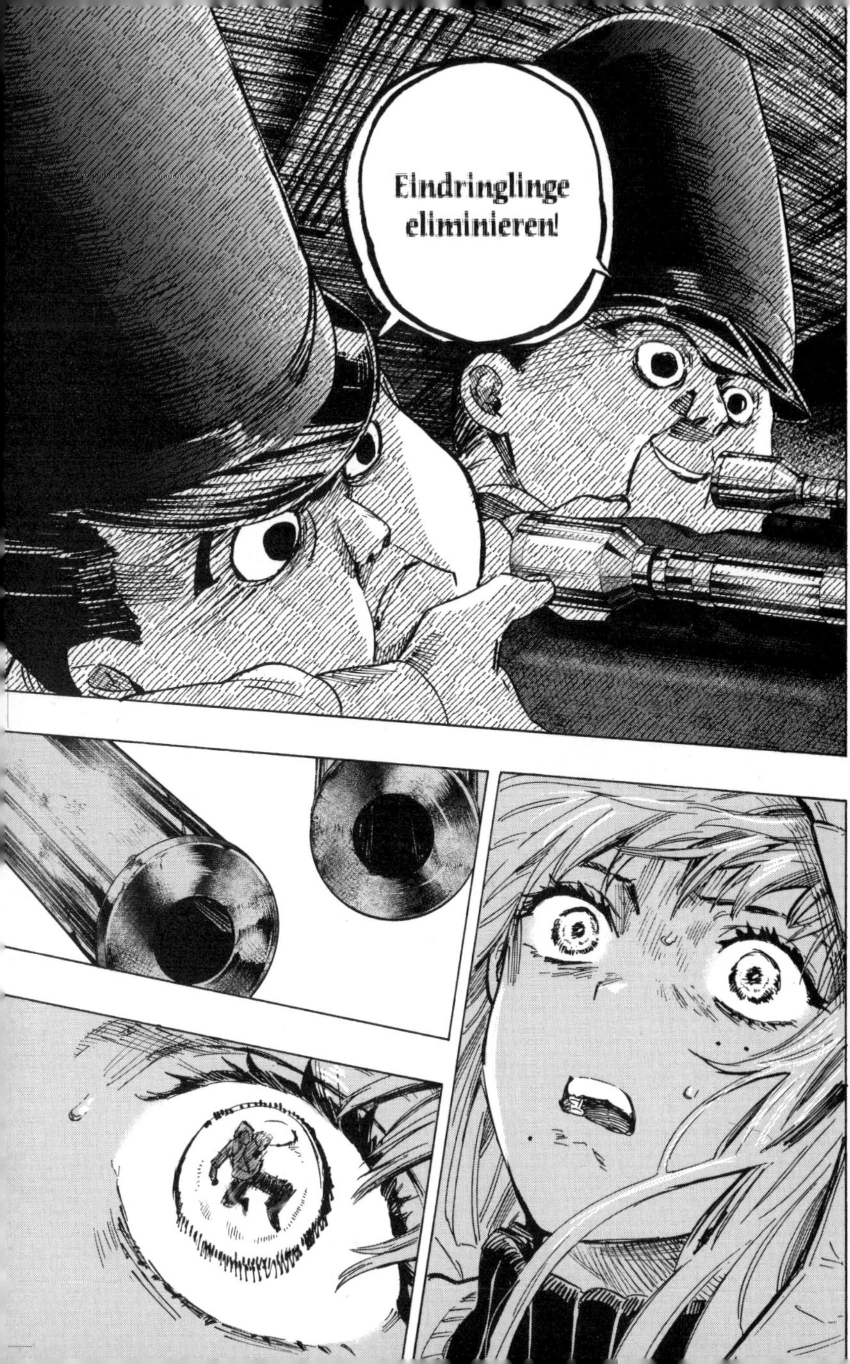
Eindringlinge
eliminieren!

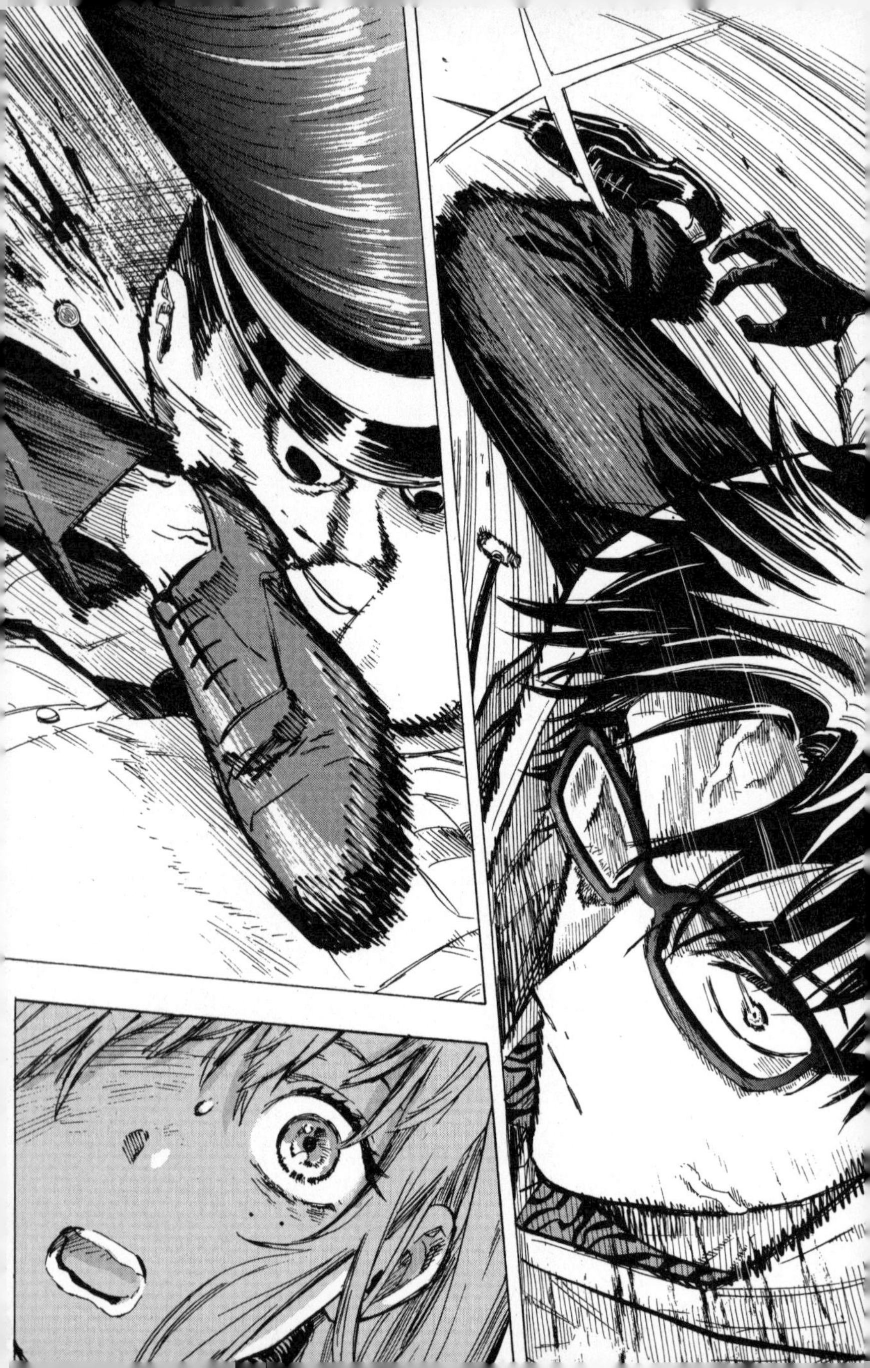

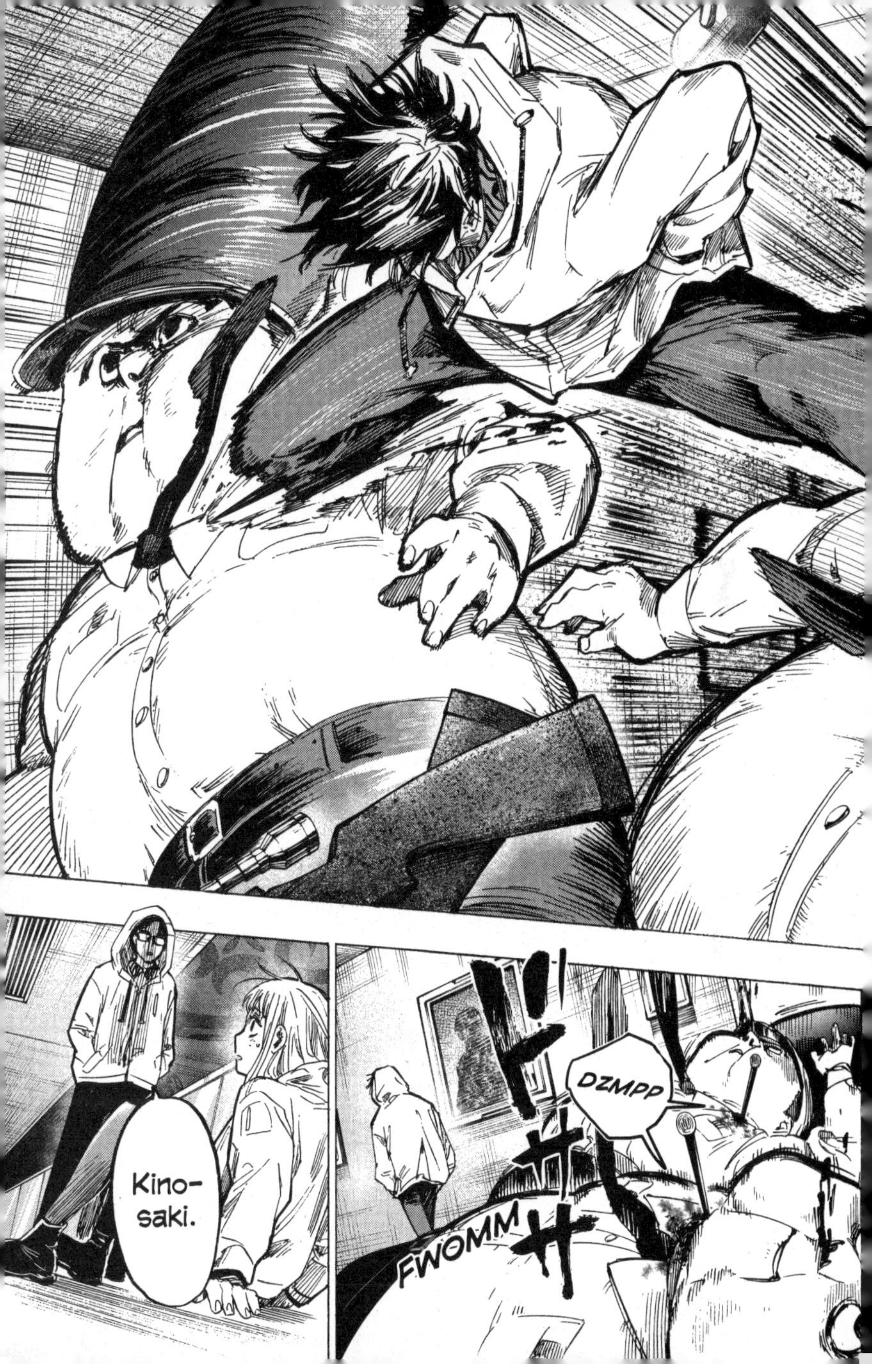
Kino-
saki.
DZMPP
FWOMM

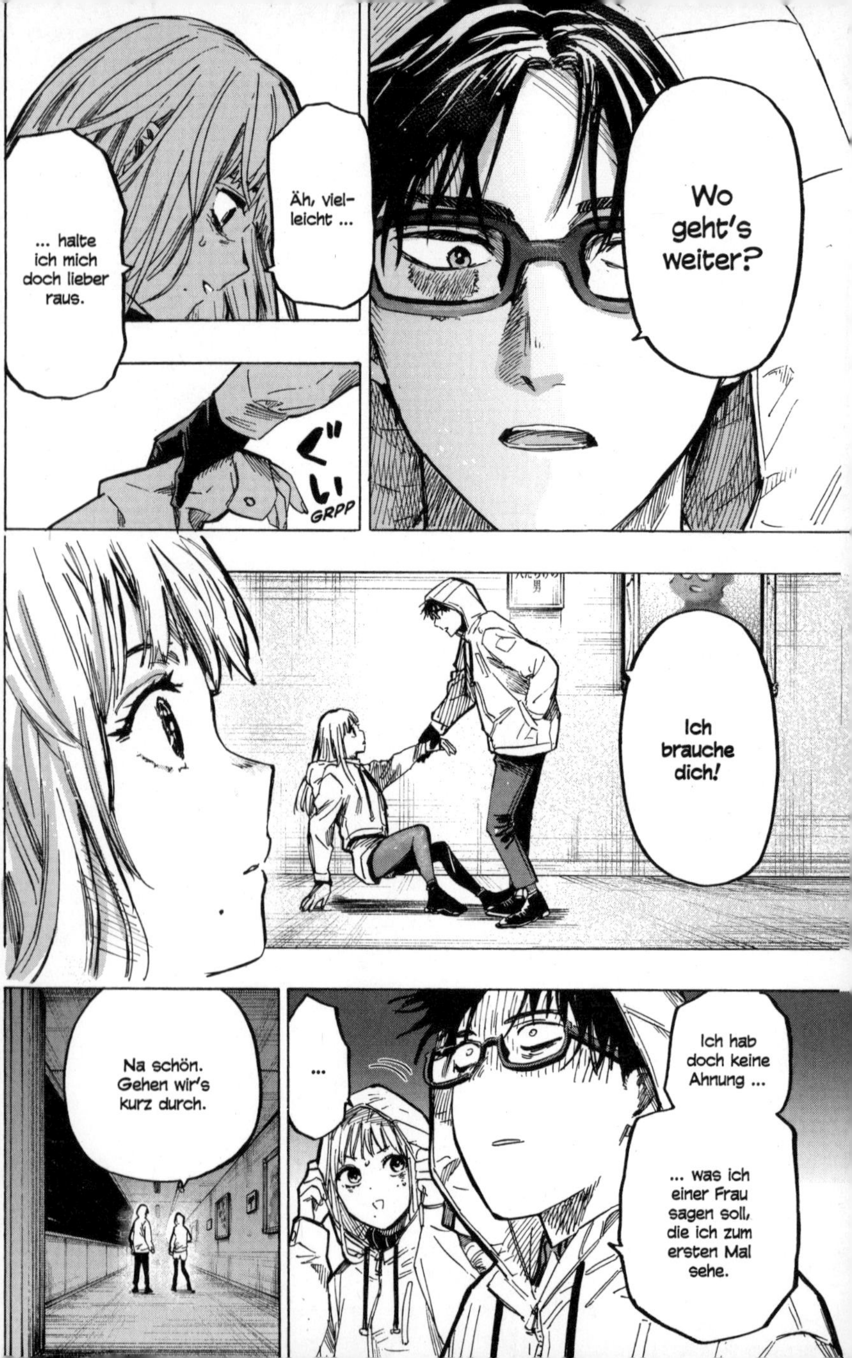
Wo geht's weiter?
Äh, viel-leicht ...
... halte ich mich doch lieber raus.
ぐい
GRPP
Ich brauche dich!
Ich hab doch keine Ahnung ...
... was ich einer Frau sagen soll, die ich zum ersten Mal sehe.
...
Na schön. Gehen wir's kurz durch.

#5 Illusion

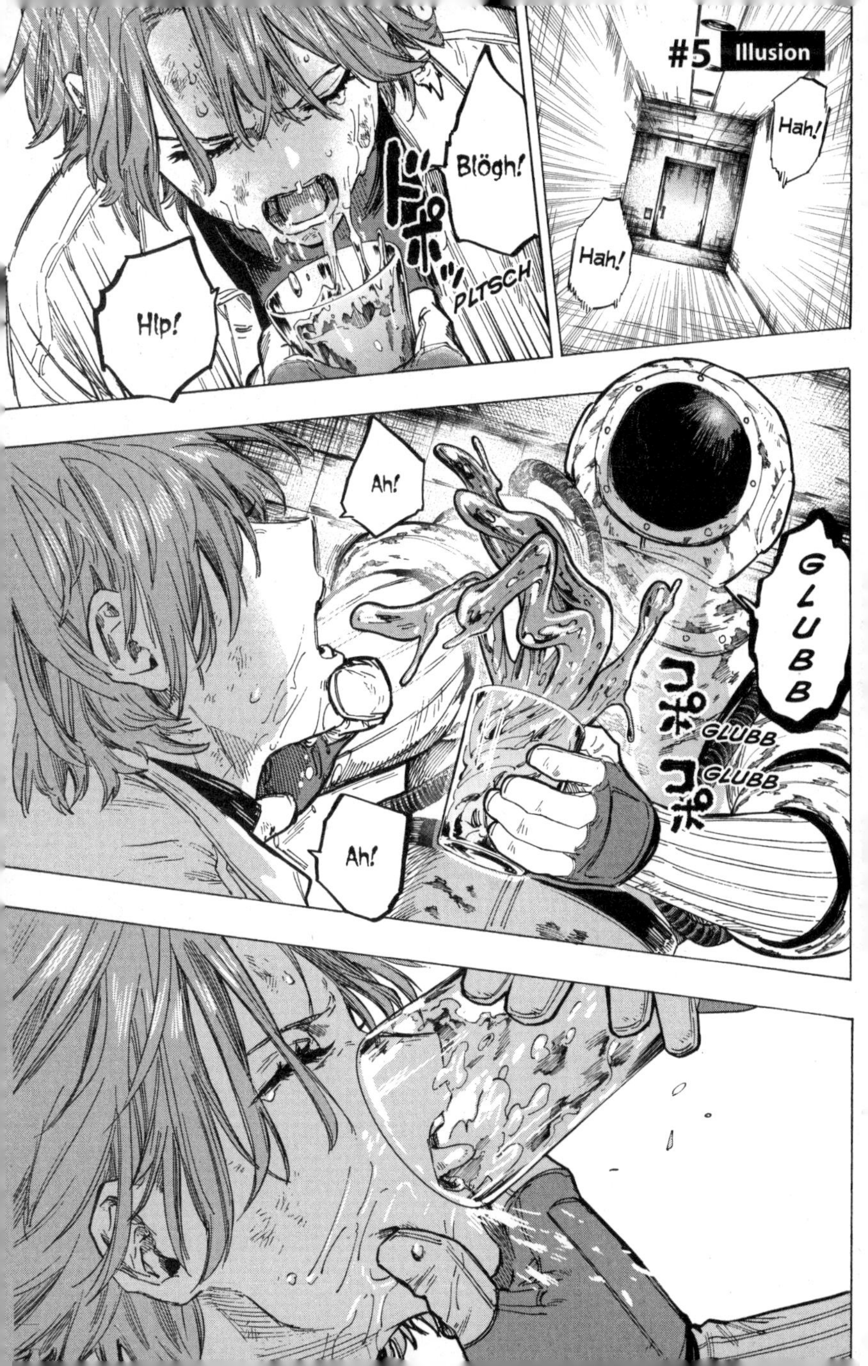

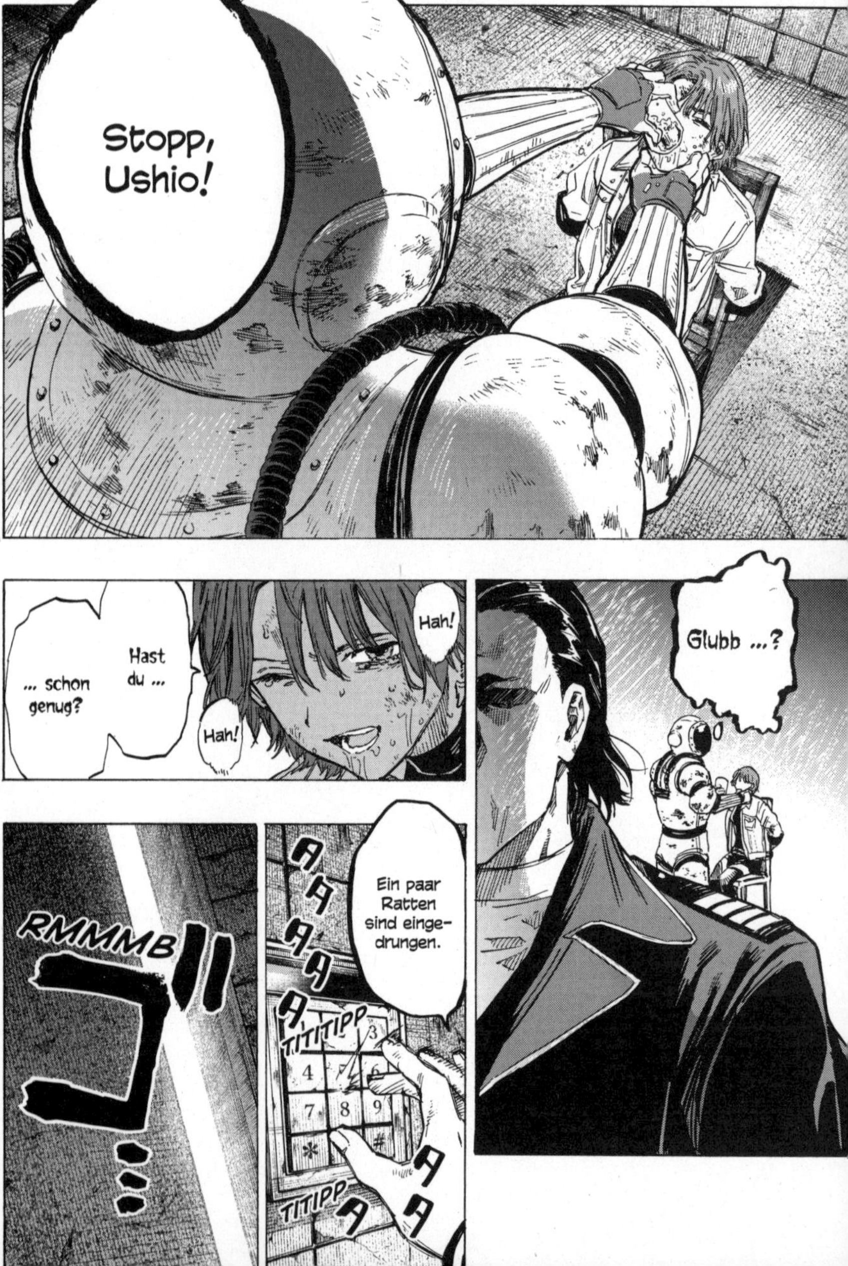
Stopp, Ushio!
Glubb ...?
Hah!
Hast du ...
... schon genug?
Hah!
Ein paar Ratten sind einge-drungen.
TITITIPP
TITIPP
RMMMB

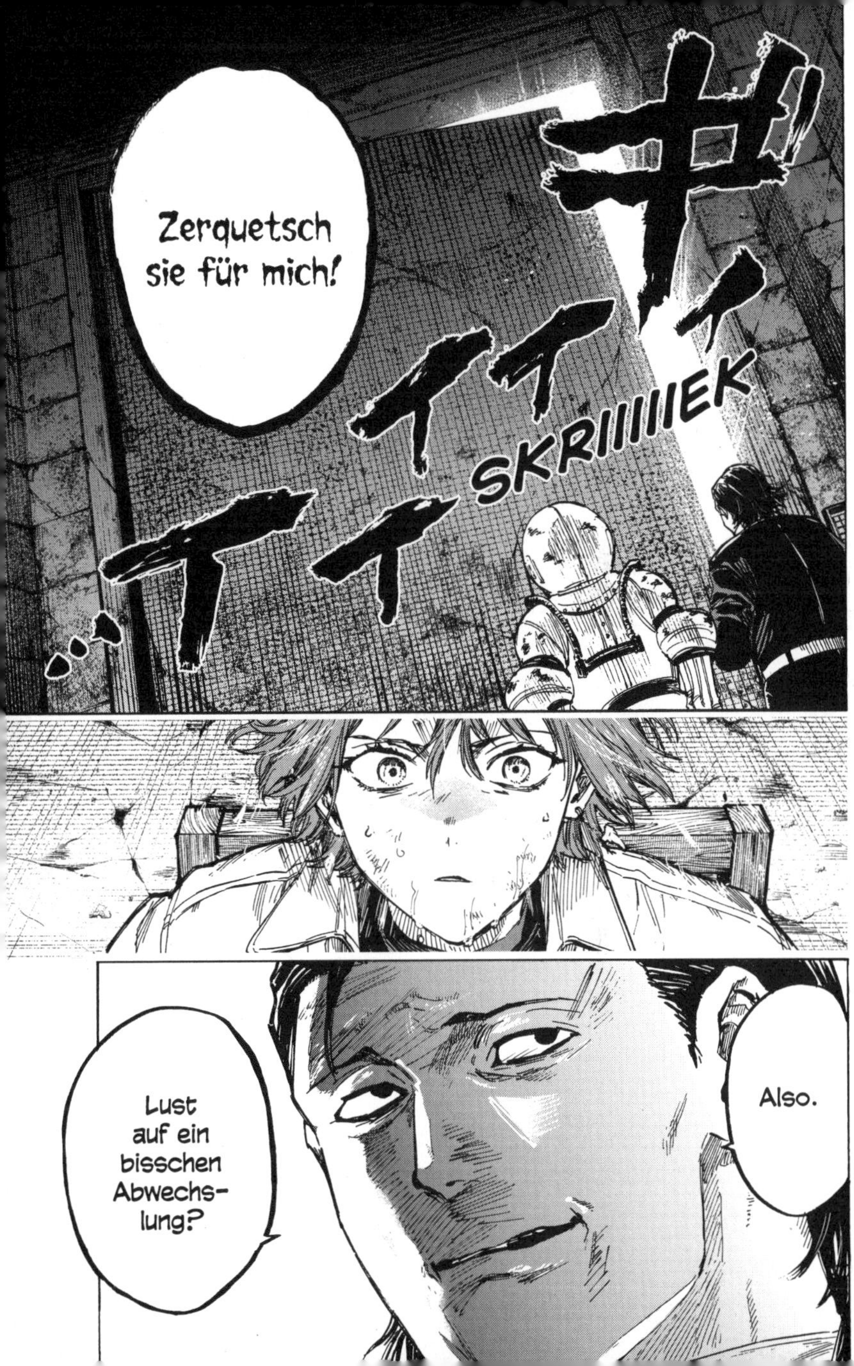
Zerquetsch sie für mich!
SKRIIIIIIEK
Also.
Lust auf ein bisschen Abwechs-lung?

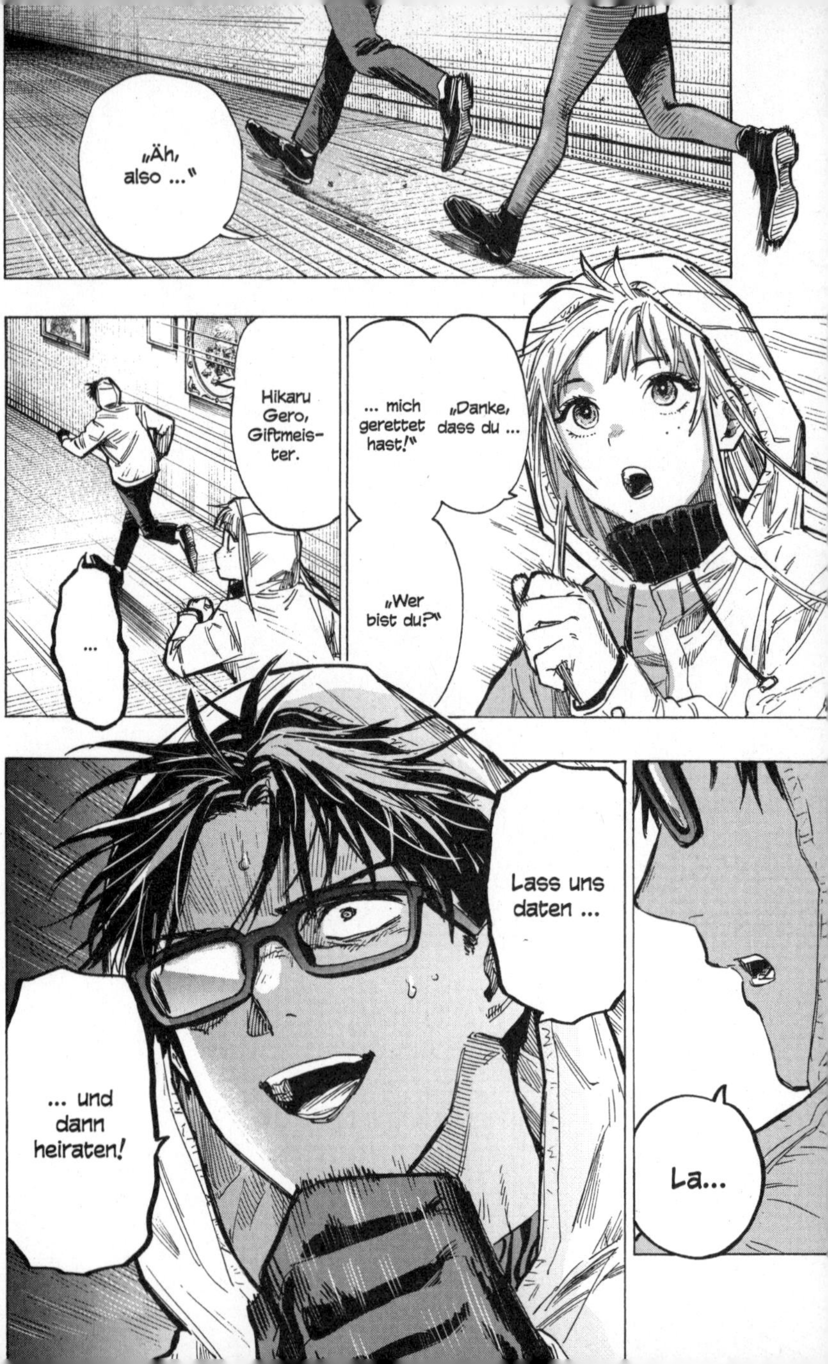
„Äh, also ...“
„Danke, dass du ...
... mich gerettet hast!“
„Wer bist du?“
Hikaru Gero, Giftmeister.
...
La...
Lass uns daten ...
... und dann heiraten!

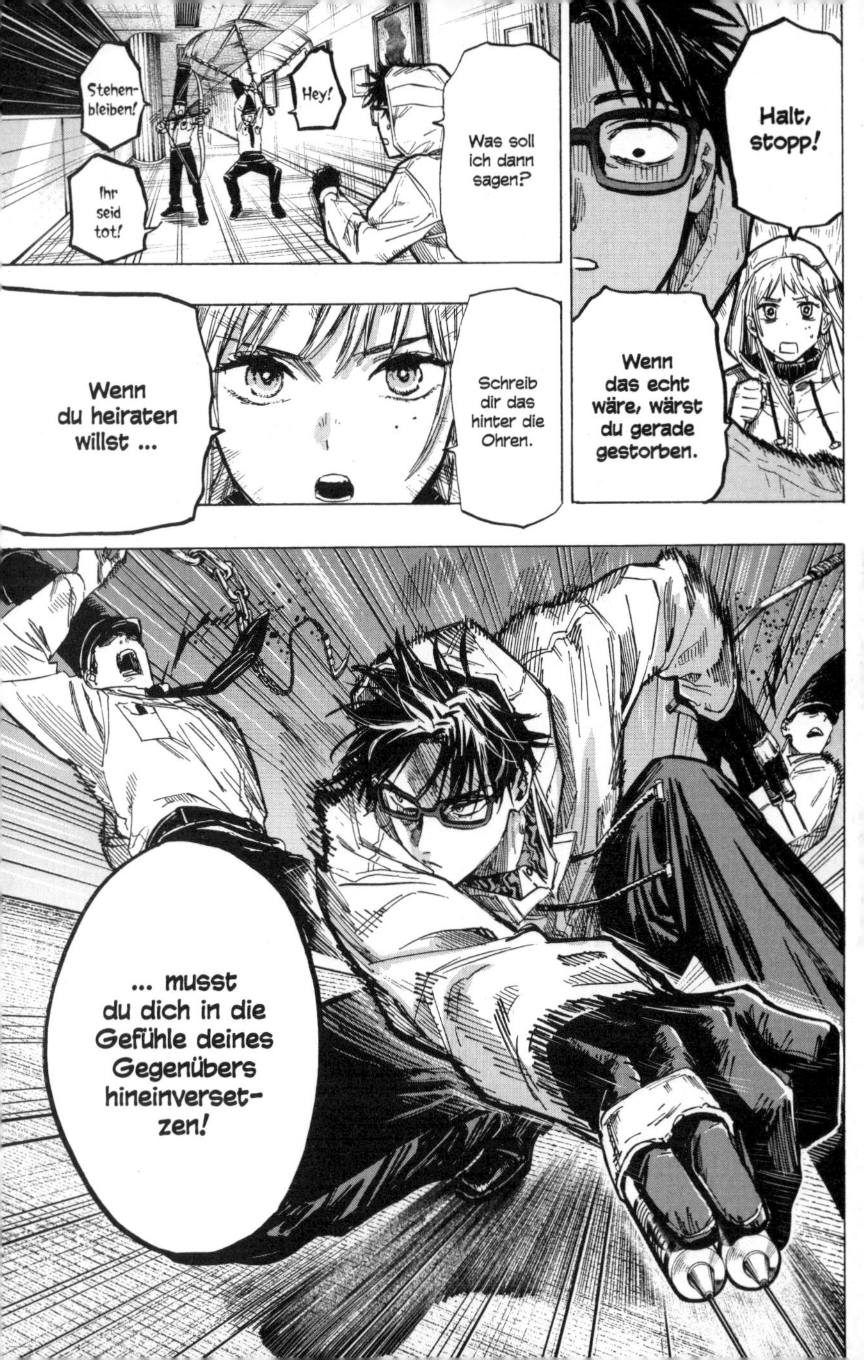
Stehen-
bleiben!
Ihr
seid
tot!
Hey!
Was soll
ich dann
sagen?
Halt,
stopp!
Wenn
das echt
wäre, wärst
du gerade
gestorben.
Schreib
dir das
hinter die
Ohren.
Wenn
du heiraten
willst ...
... musst
du dich in die
Gefühle deines
Gegenübers
hineinverset-
zen!

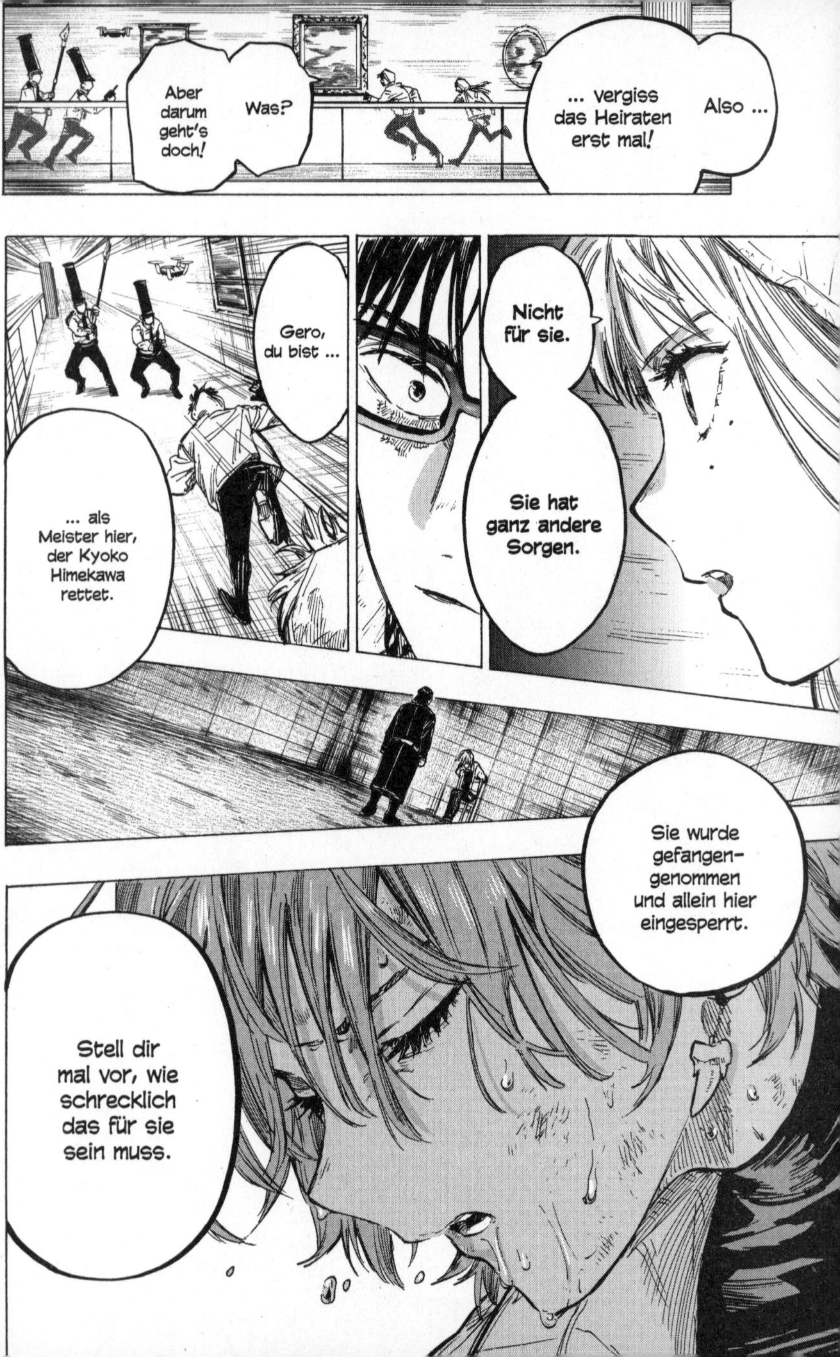
Also ...
... vergiss das Heiraten erst mal!
Was?
Aber darum geht's doch!
Gero, du bist ...
... als Meister hier, der Kyoko Himekawa rettet.
Nicht für sie.
Sie hat ganz andere Sorgen.
Sie wurde gefangen-genommen und allein hier eingesperrt.
Stell dir mal vor, wie schrecklich das für sie sein muss.

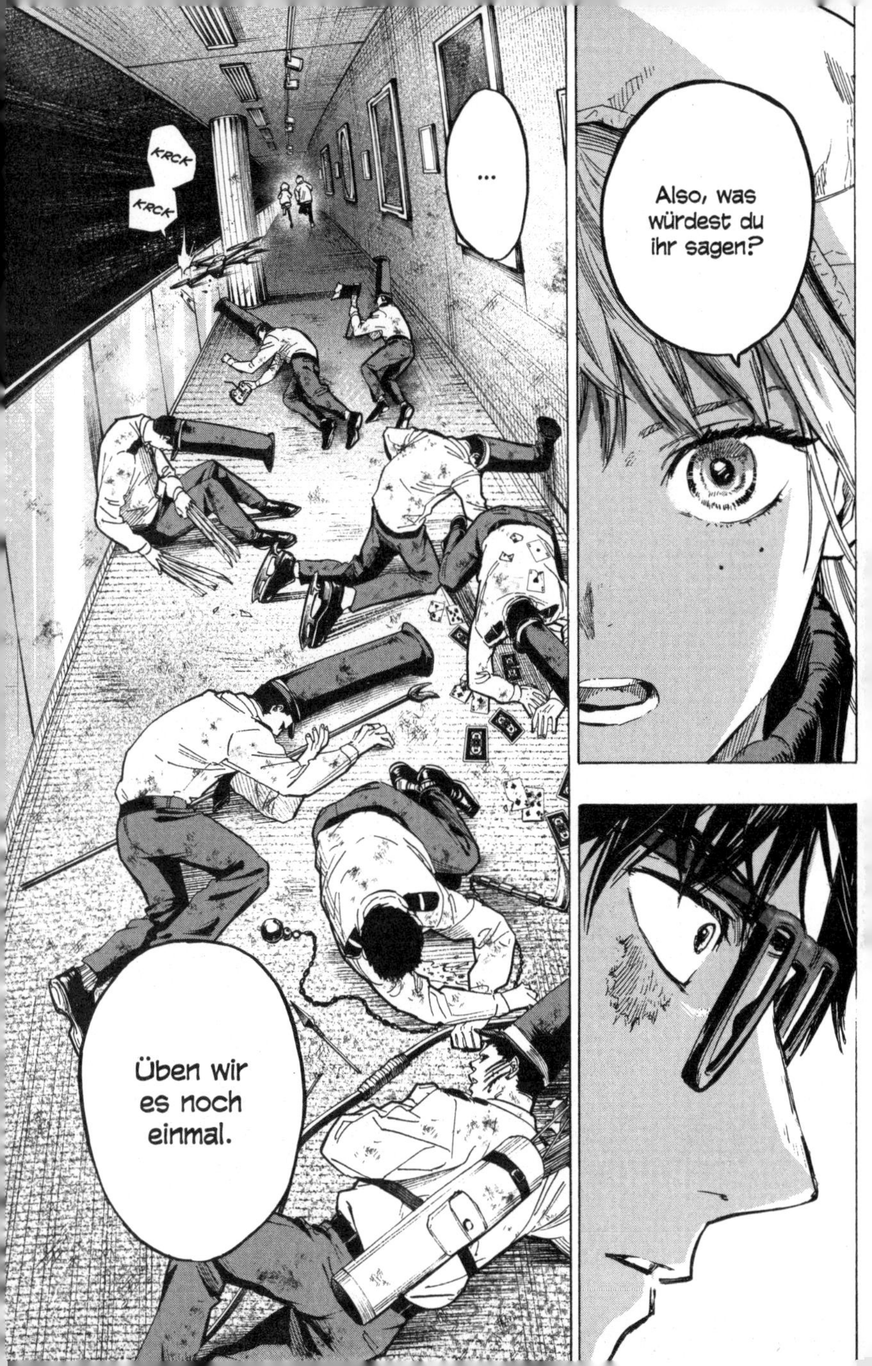
Also, was würdest du ihr sagen?
...
KRCK
KRCK
Üben wir es noch einmal.

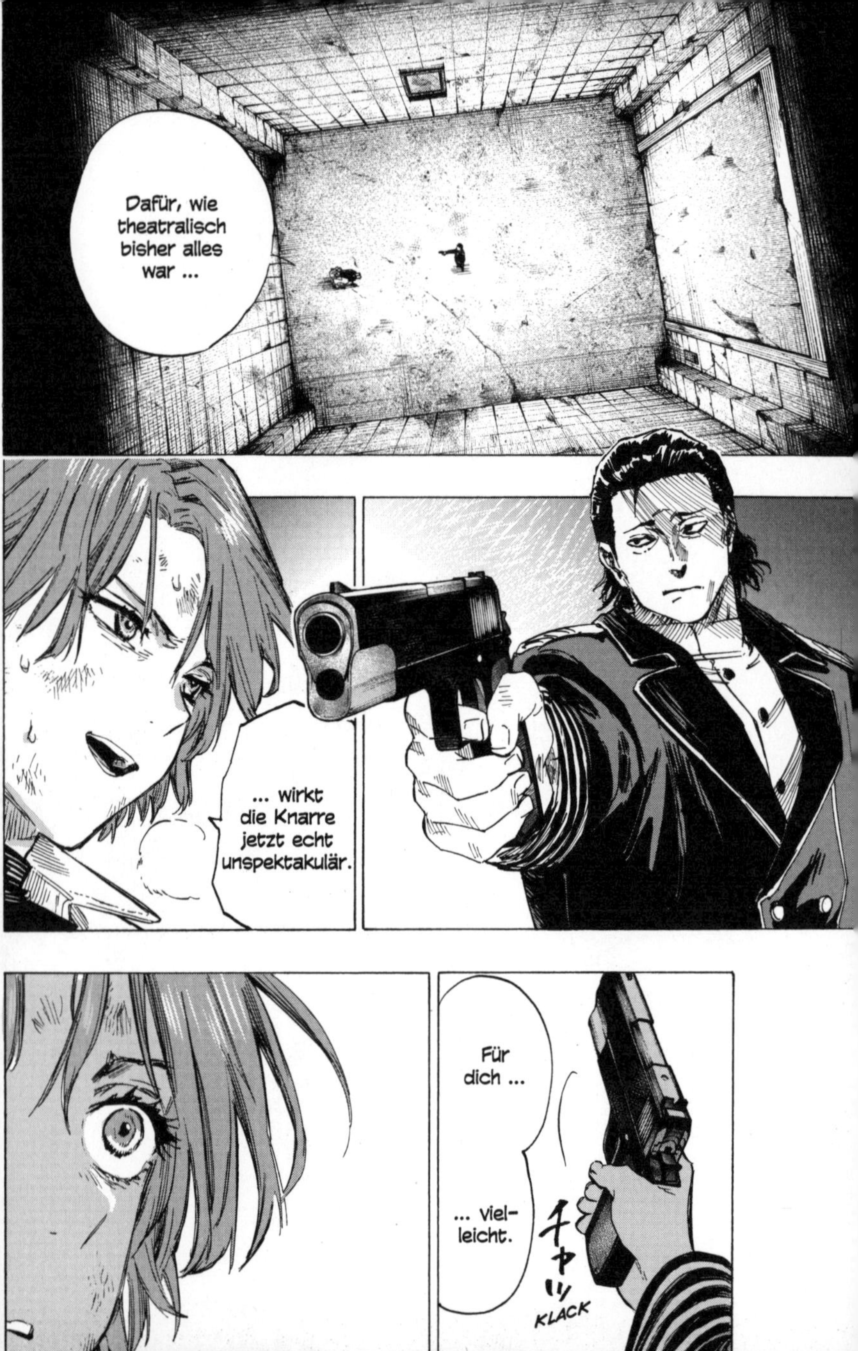
Dafür, wie theatralisch bisher alles war ...
... wirkt die Knarre jetzt echt unspektakulär.
Für dich ...
... viel-leicht.
チャッ
KLACK

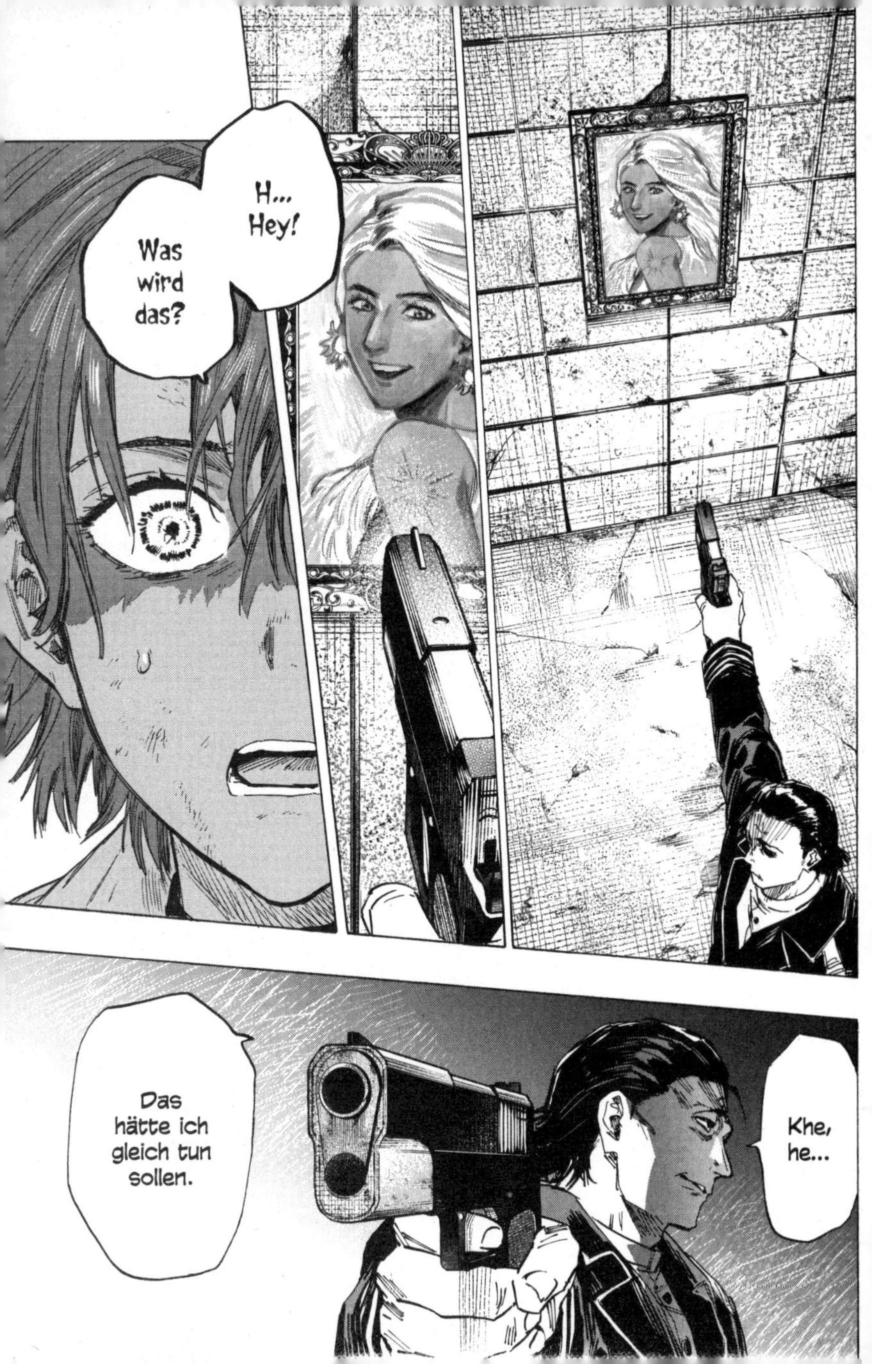
H... Hey!
Was wird das?
Khe, he...
Das hätte ich gleich tun sollen.

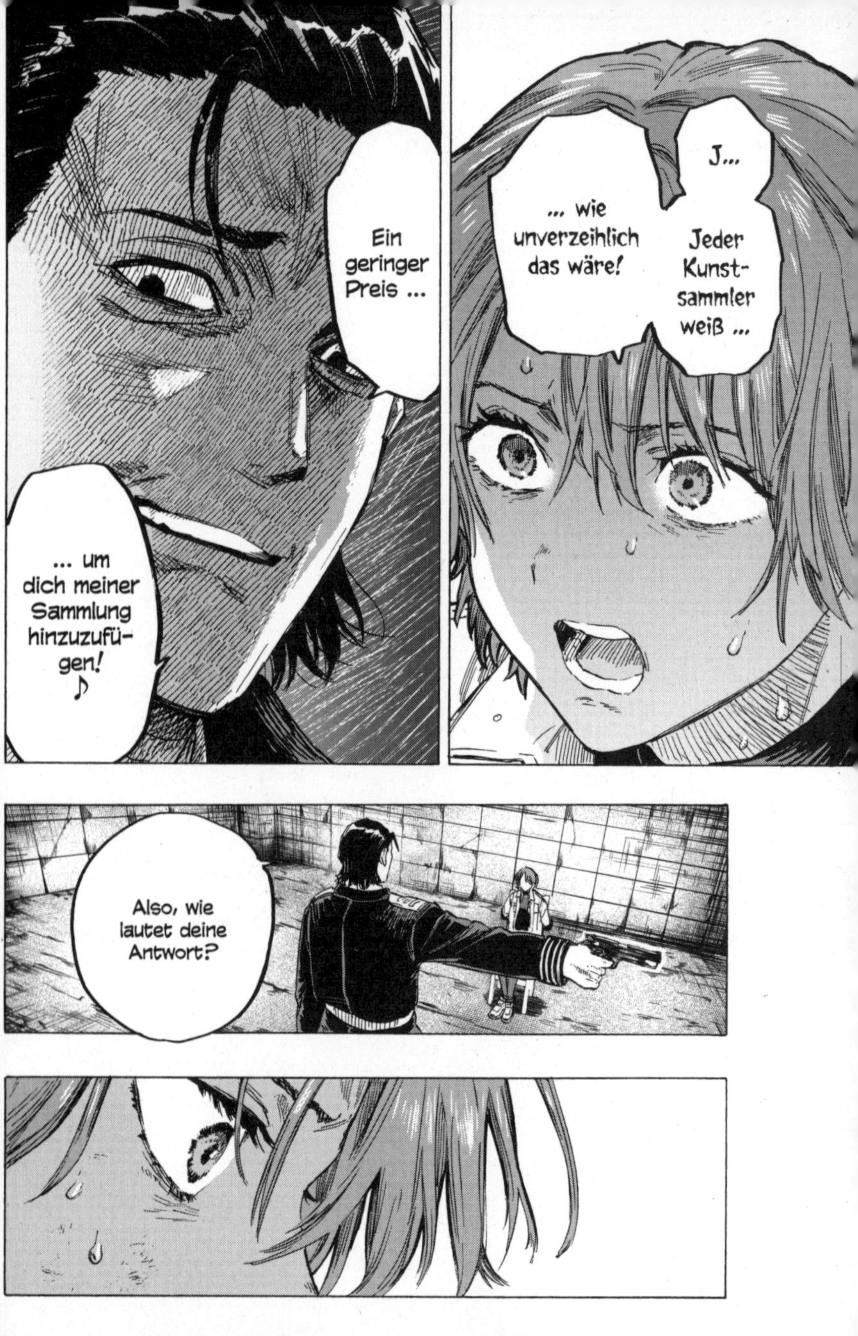
J...
Jeder Kunst- sammler weiß ...
... wie unverzeihlich das wäre!
Ein geringer Preis ...
... um dich meiner Sammlung hinzuzufü- gen! ♪
Also, wie lautet deine Antwort?

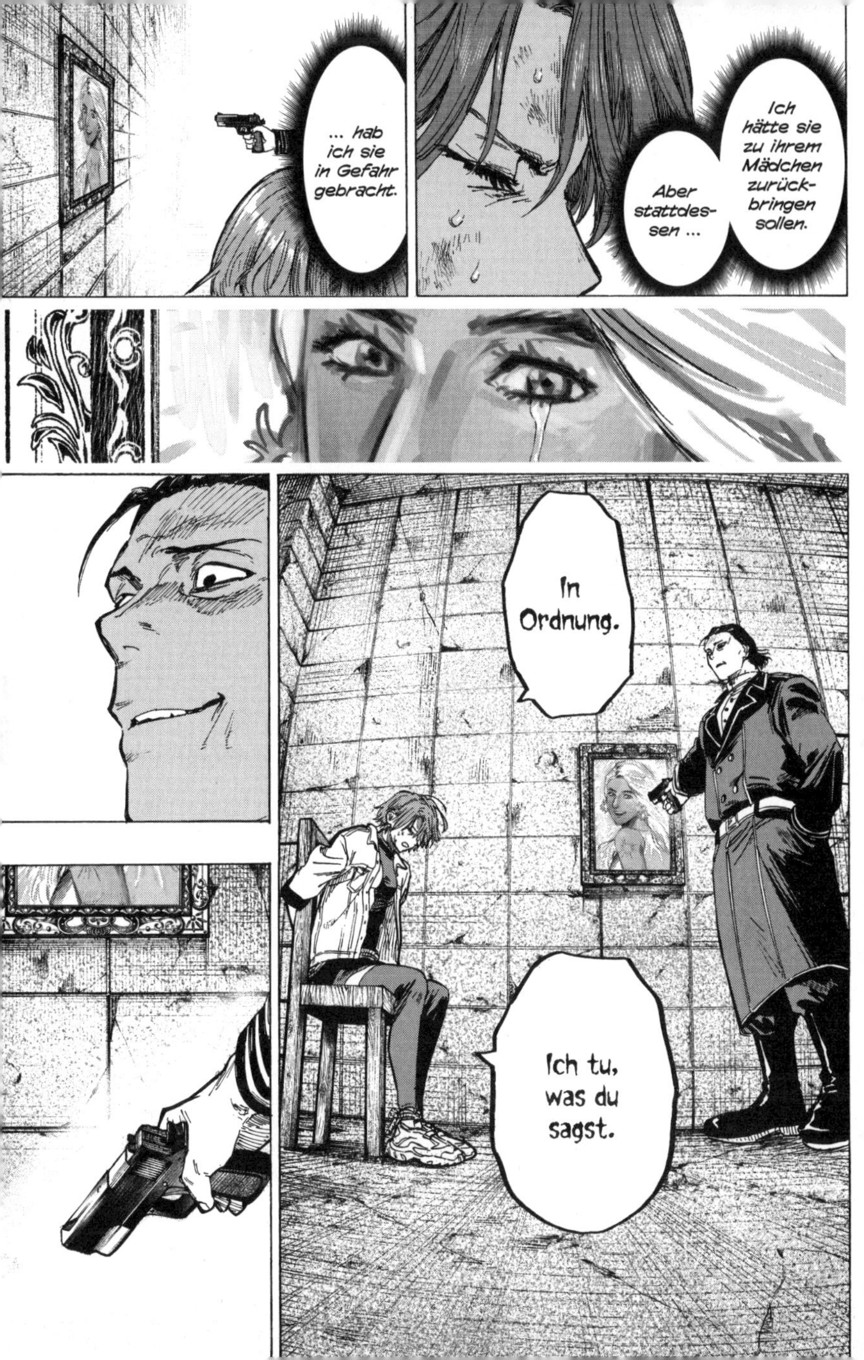

Ich hätte sie zu ihrem Mädchen zurückbringen sollen.
Aber stattdessen ...
... hab ich sie in Gefahr gebracht.
In Ordnung.
Ich tu, was du sagst.

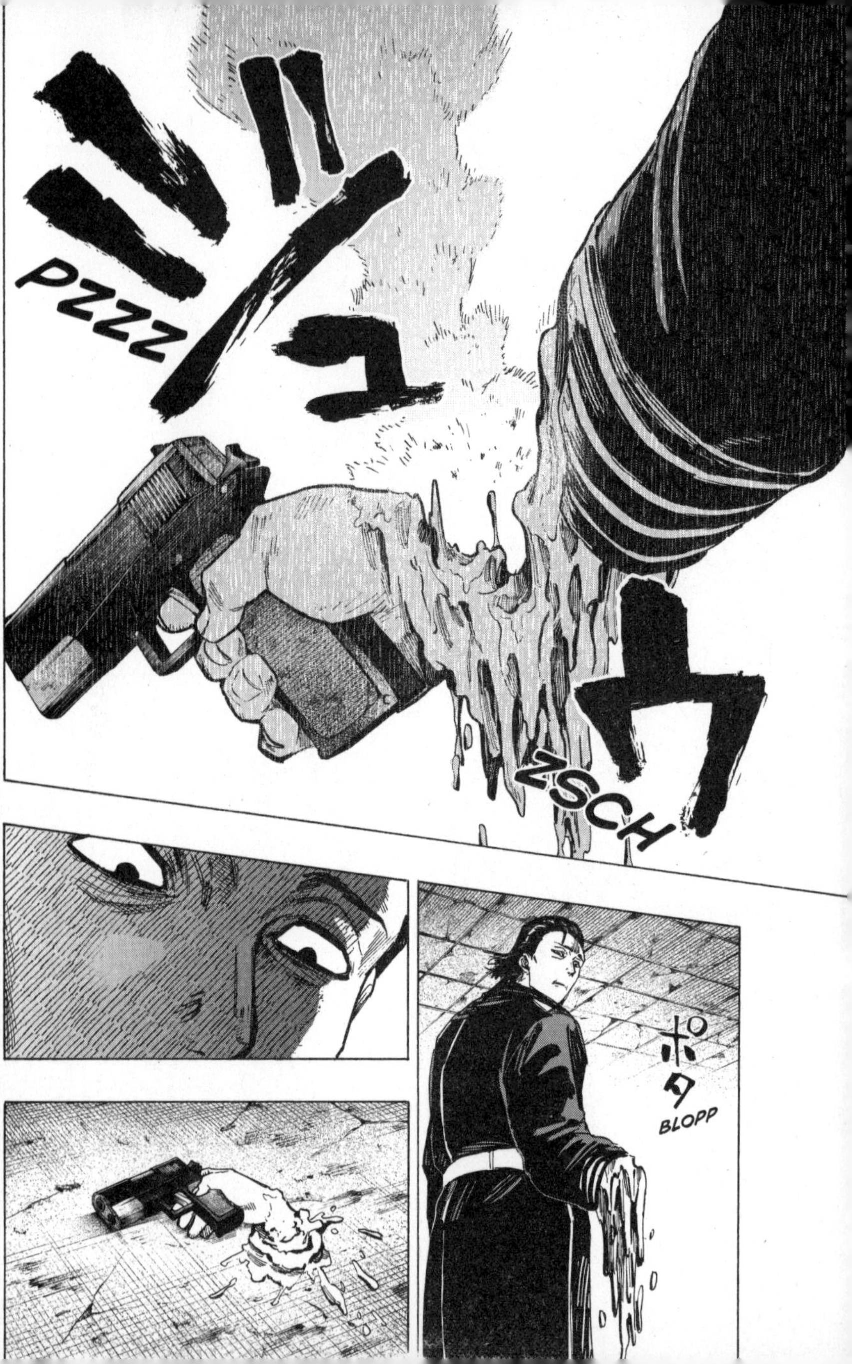
ジュ
PZZZ
ゥ
ZSCH
ポタ
BLOPP

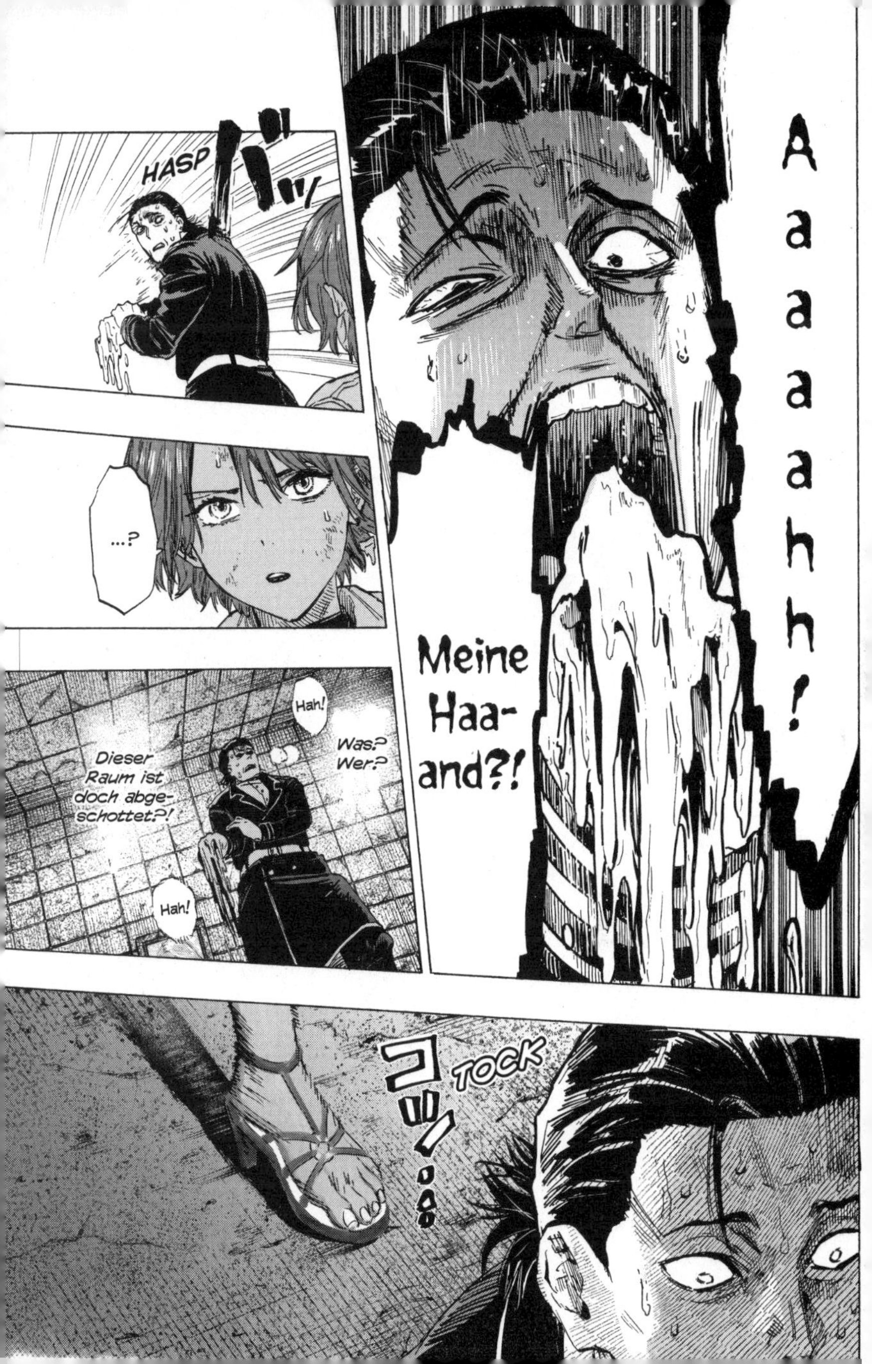

Aaaaahh!
Meine Haa-and?!
HASP
...?
Hah!
Was? Wer?
Dieser Raum ist doch abgeschottet?!
Hah!
TOCK

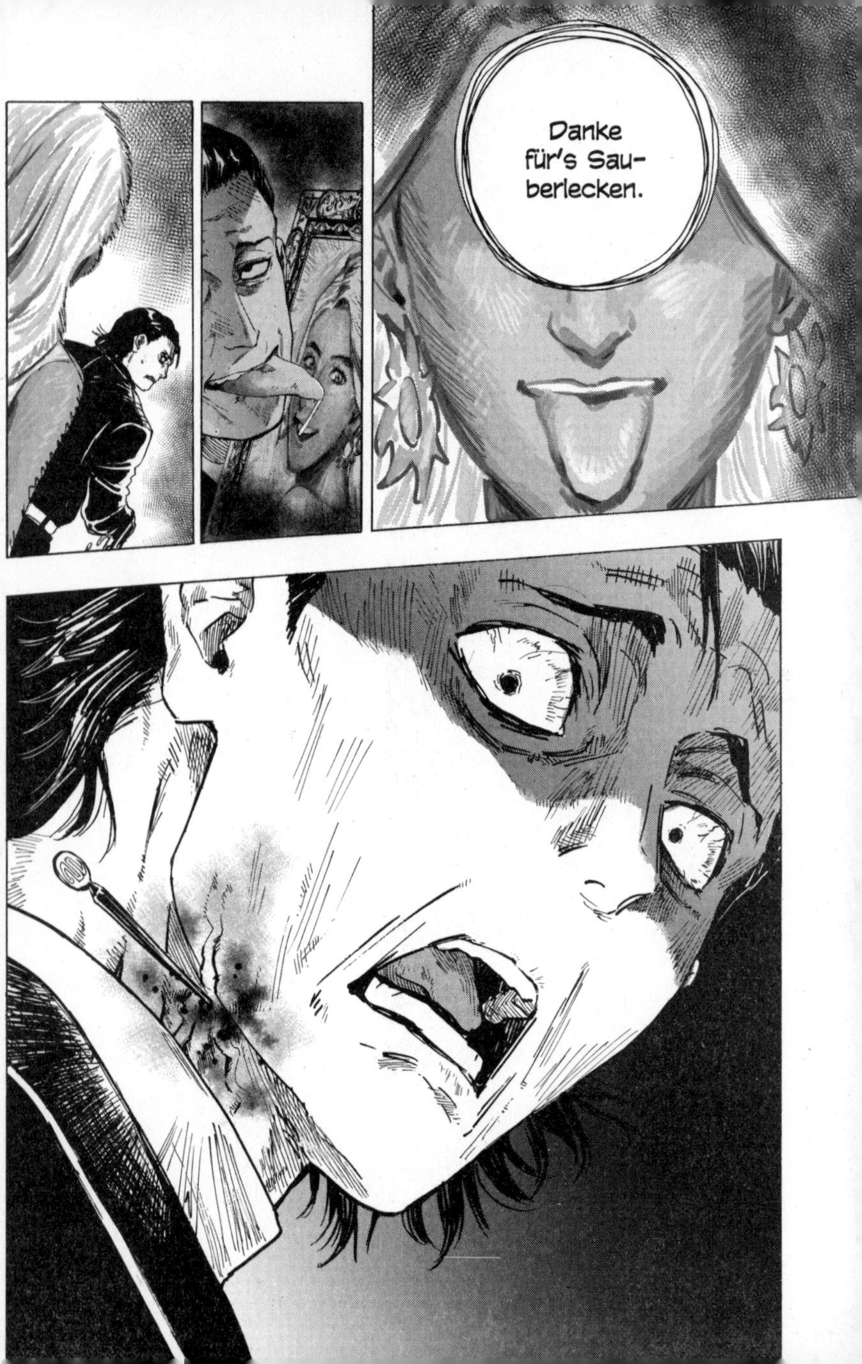
Danke für's Sauberlecken.

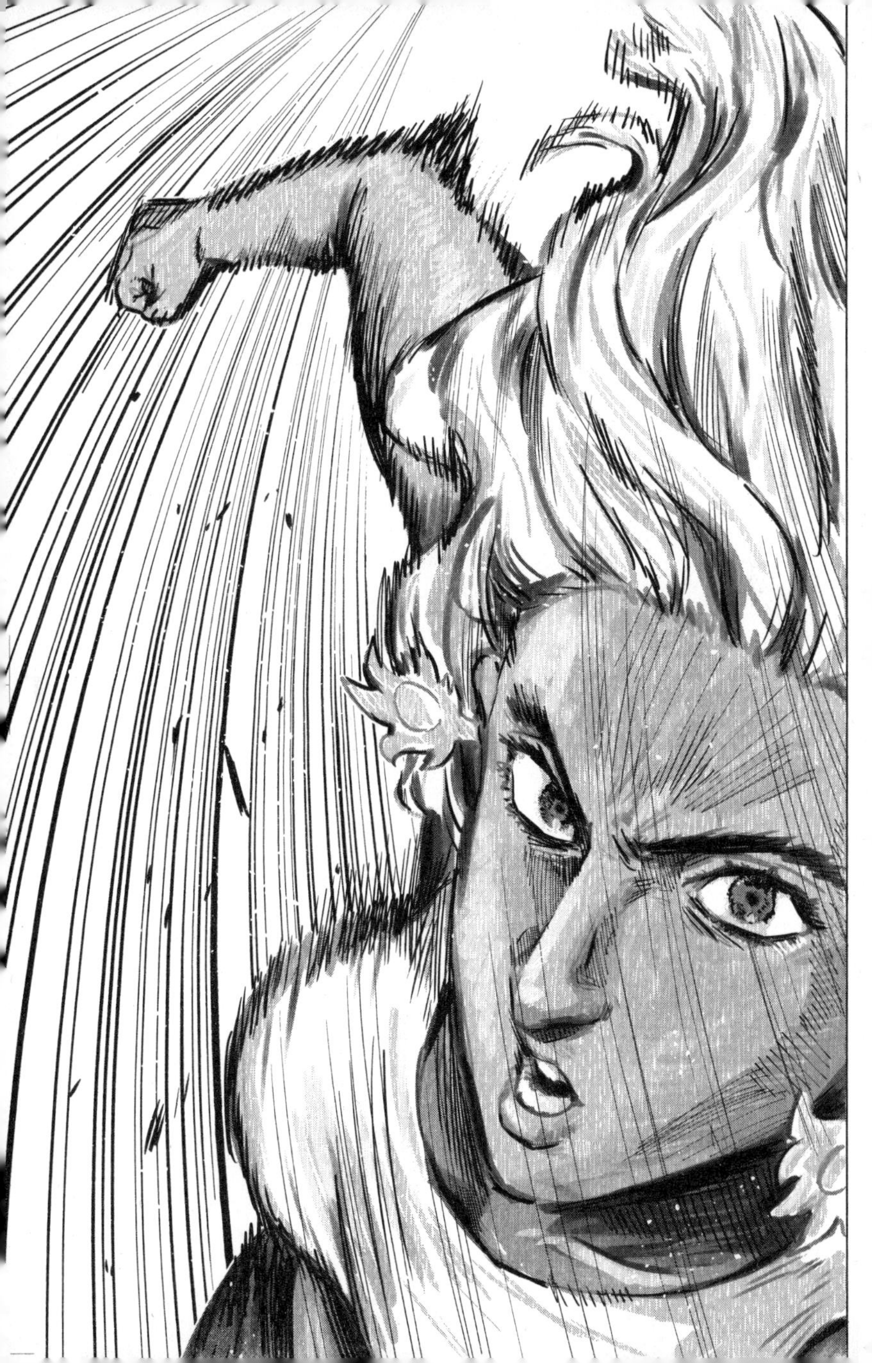

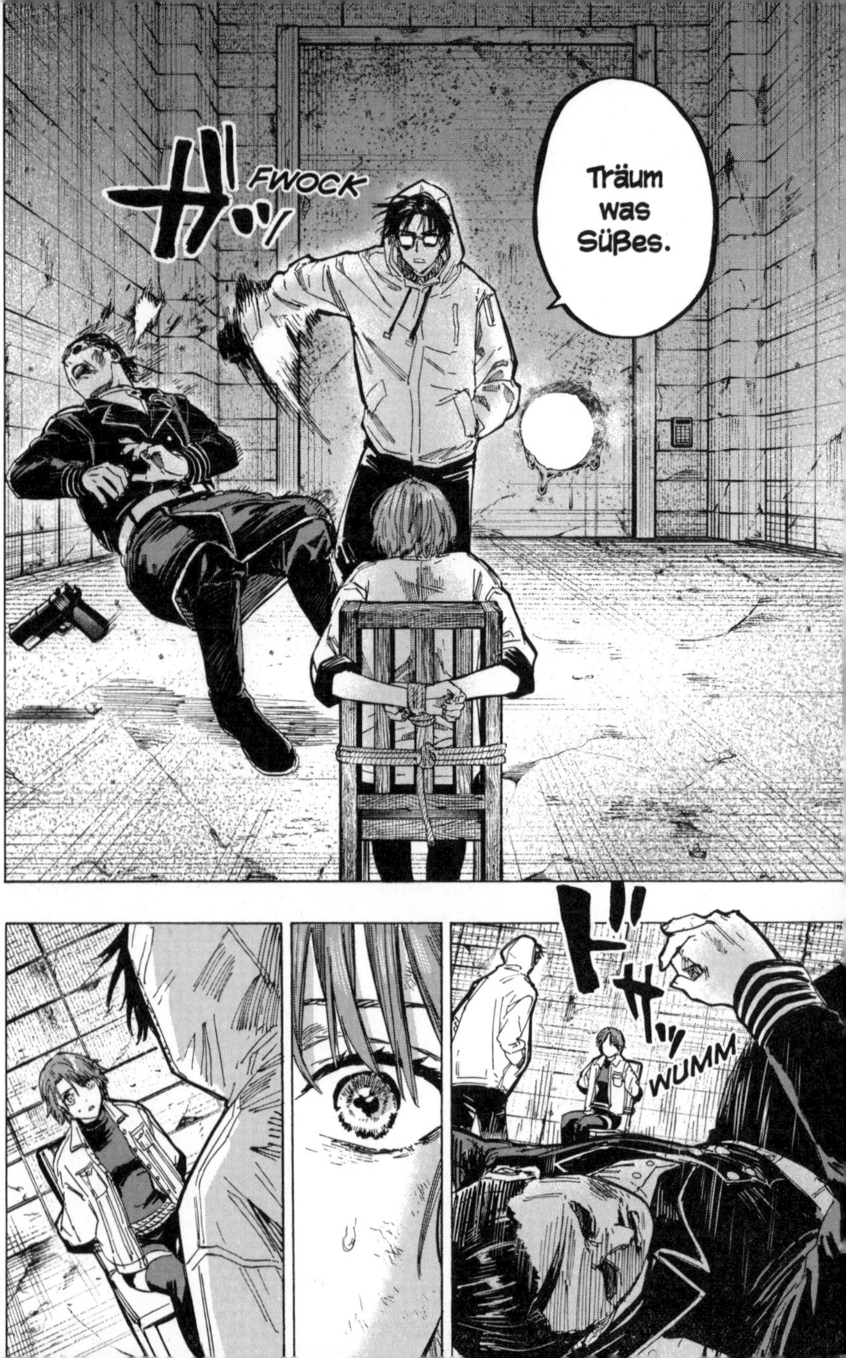
Träum was Süßes.
FWOCK
WUMM

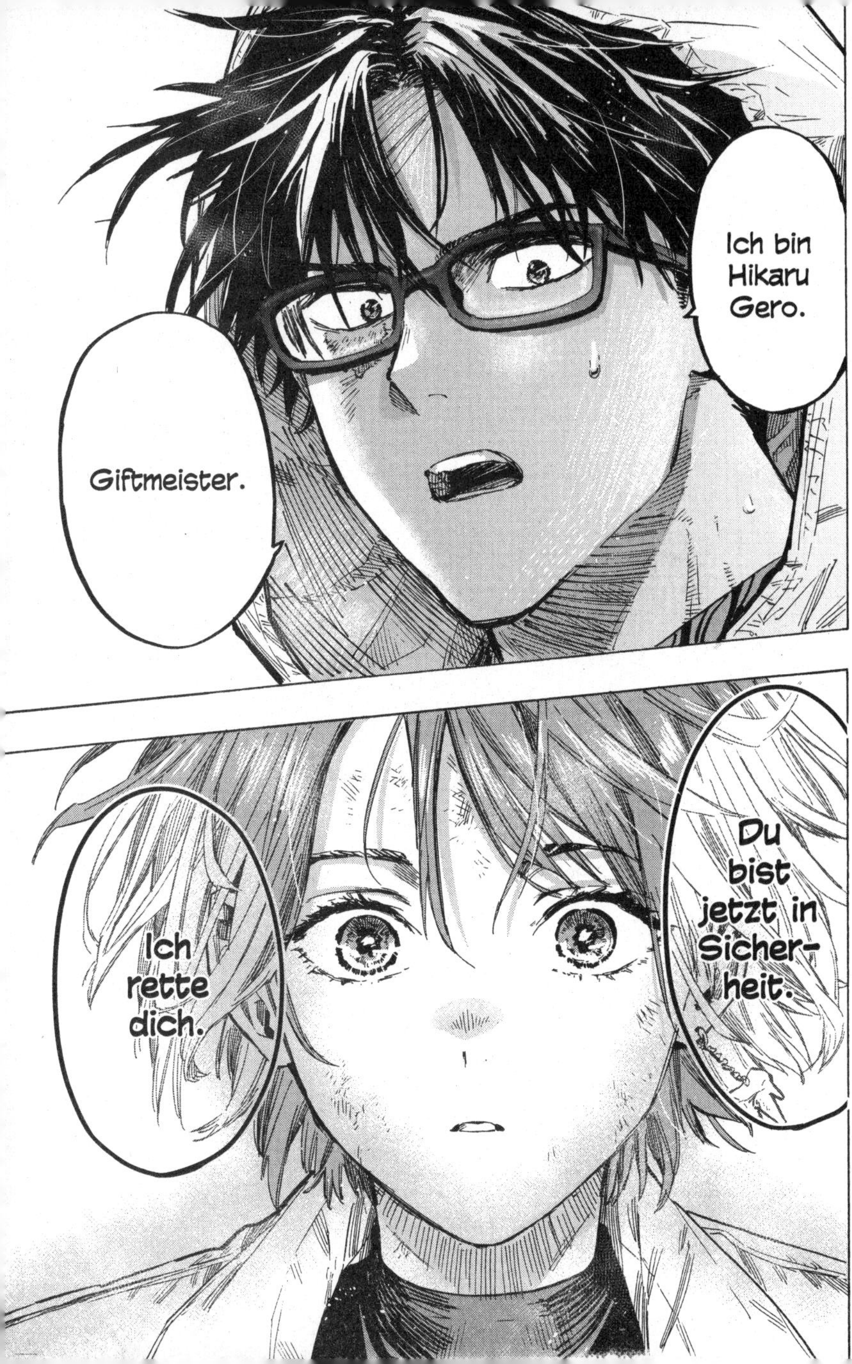
Ich bin Hikaru Gero.
Giftmeister.
Du bist jetzt in Sicherheit.
Ich rette dich.

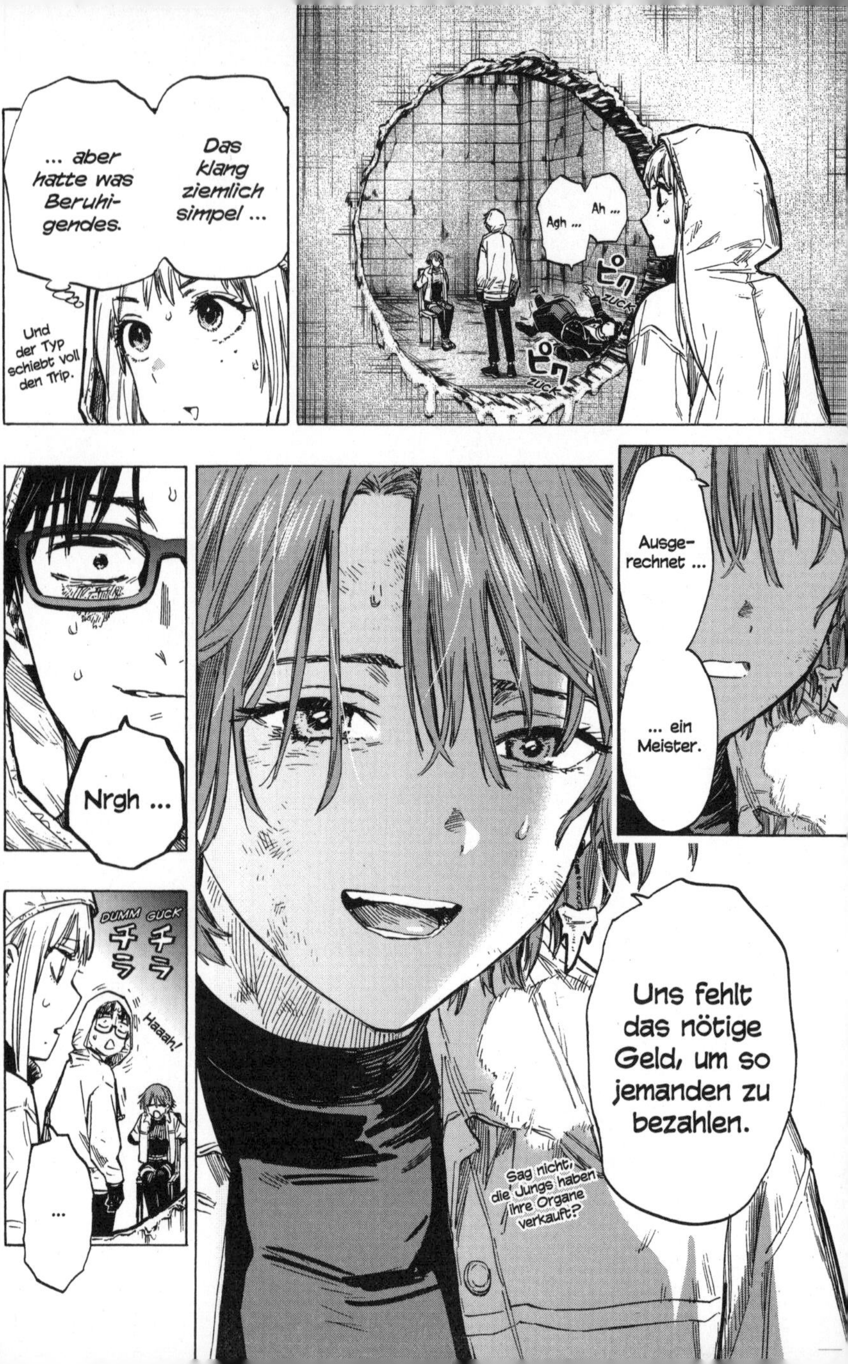

Ah ...
Agh ...
ピク
ZUCK
ピク
ZUCK
Das klang ziemlich simpel ...
... aber hatte was Beruhigendes.
Und der Typ schiebt voll den Trip.
Ausgerechnet ...
... ein Meister.
Nrgh ...
Uns fehlt das nötige Geld, um so jemanden zu bezahlen.
Sag nicht, die Jungs haben ihre Organe verkauft?
チラ
GUCK
チラ
DUMM
Haaah!
...

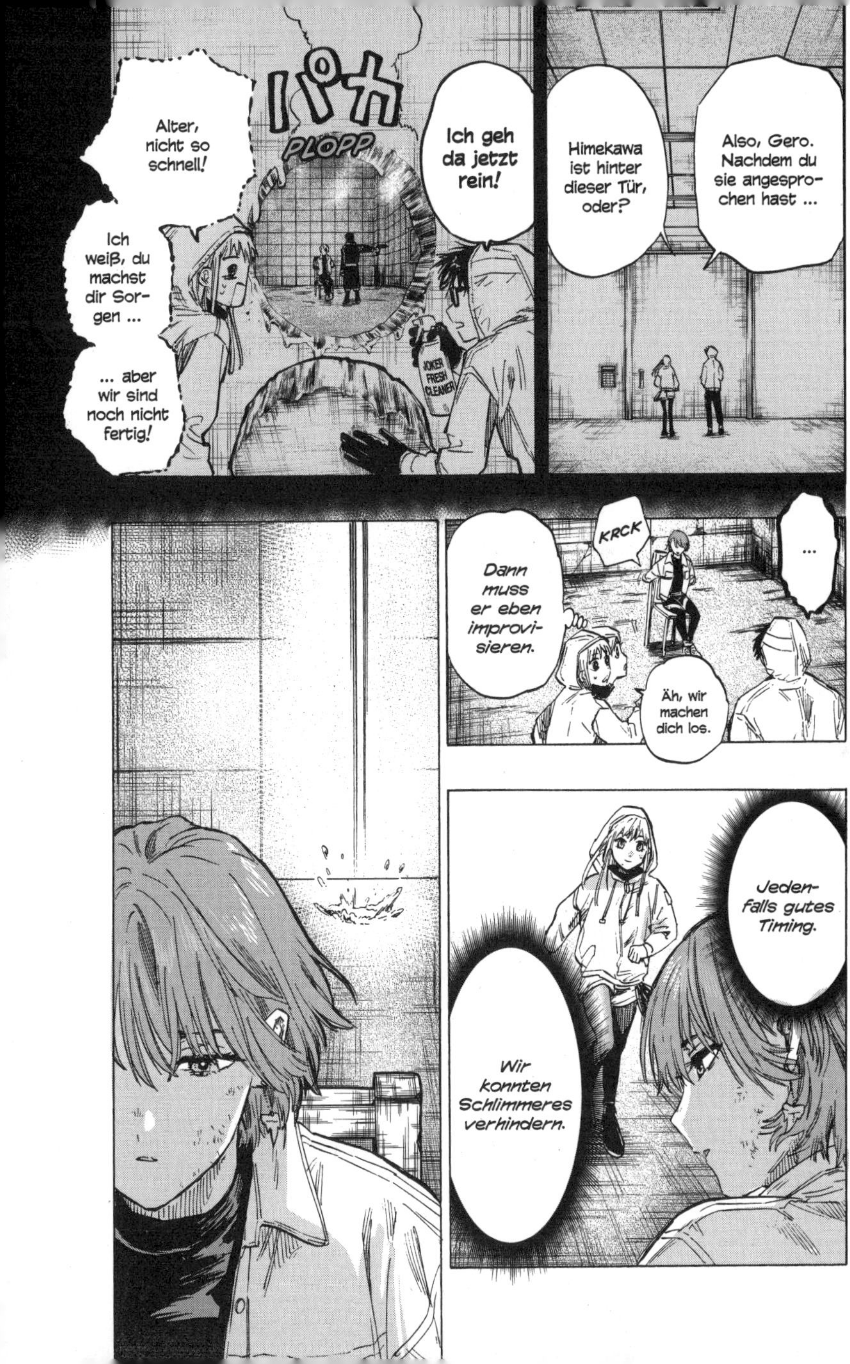
Also, Gero. Nachdem du sie angesprochen hast ...
Himekawa ist hinter dieser Tür, oder?
Ich geh da jetzt rein!
パカ
PLOPP
Alter, nicht so schnell!
Ich weiß, du machst dir Sorgen ...
... aber wir sind noch nicht fertig!
JOKER FRESH CLEANER
...
KRCK
Dann muss er eben improvisieren.
Äh, wir machen dich los.
Jedenfalls gutes Timing.
Wir konnten Schlimmeres verhindern.

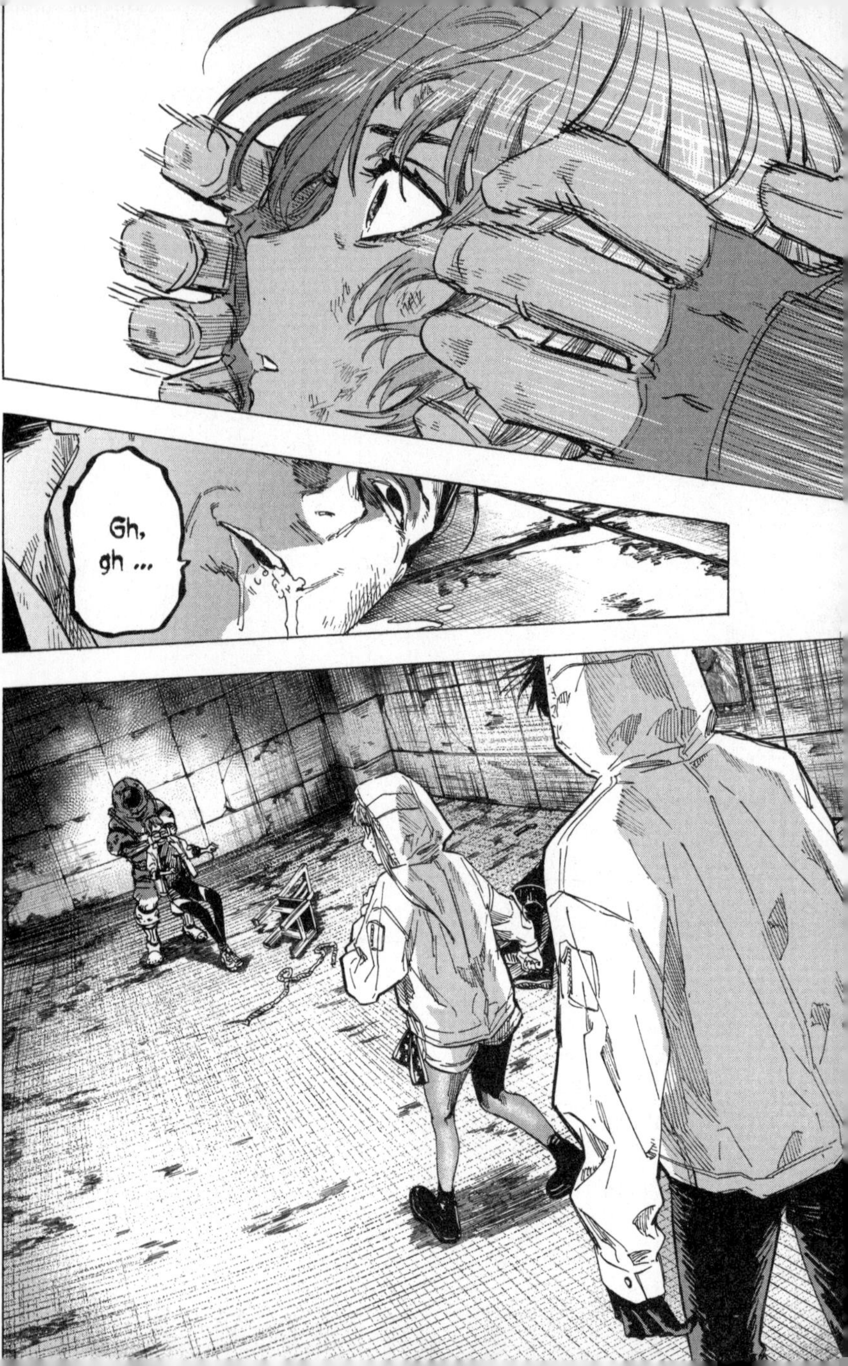
Gh,
gh ...

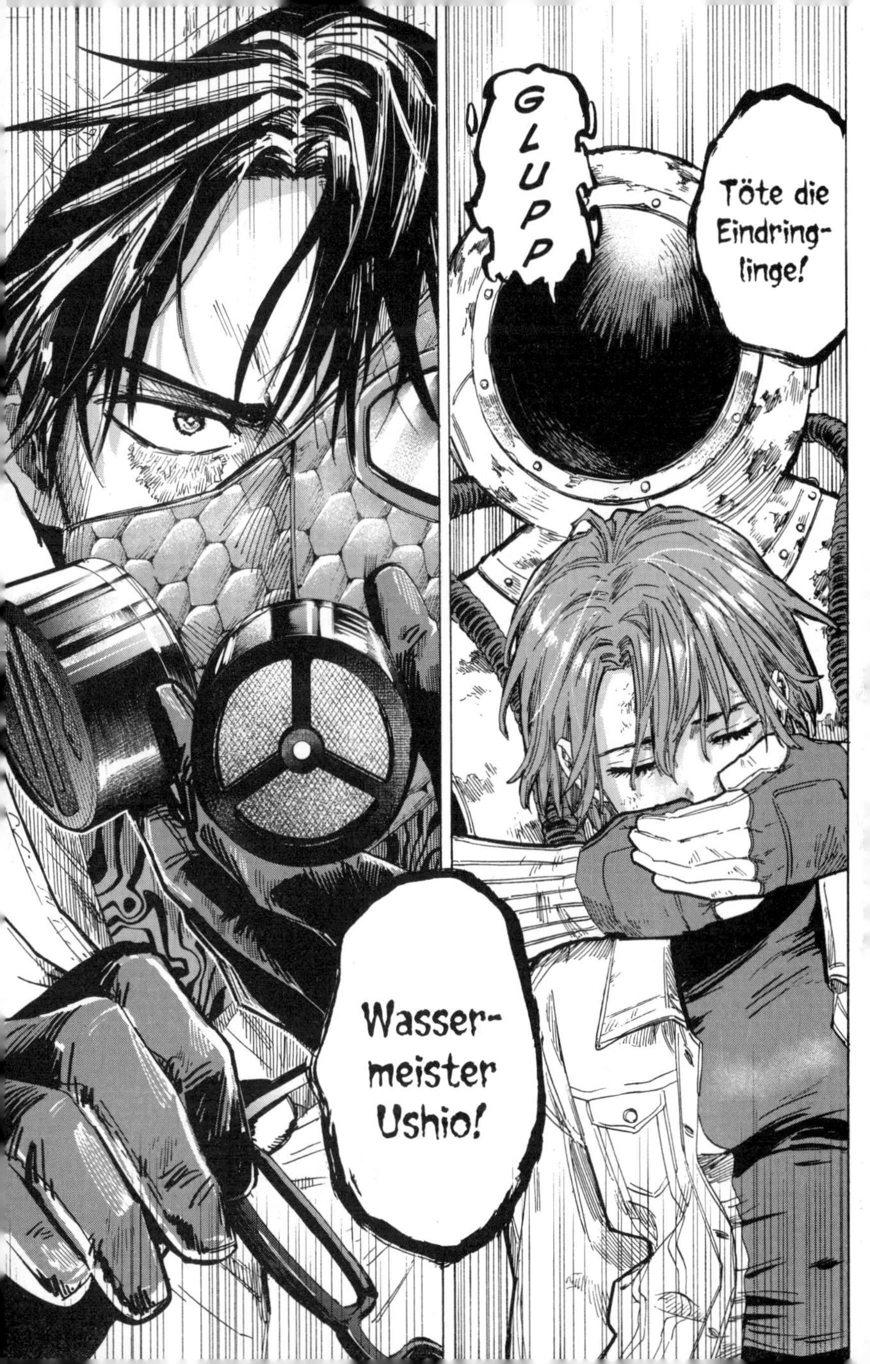
GLUPP
Töte die Eindring-linge!
Wasser-meister Ushio!

Tomohisa Itabashi

Geburtstag:	**Blutgruppe:**
26. März	**0**

Talent: Verschüttet jede Flüssigkeit, die er in den Mund nimmt.
Momentaner Job: Vorstand für das operative Geschäft der Reinigungsfirma Itabashi.

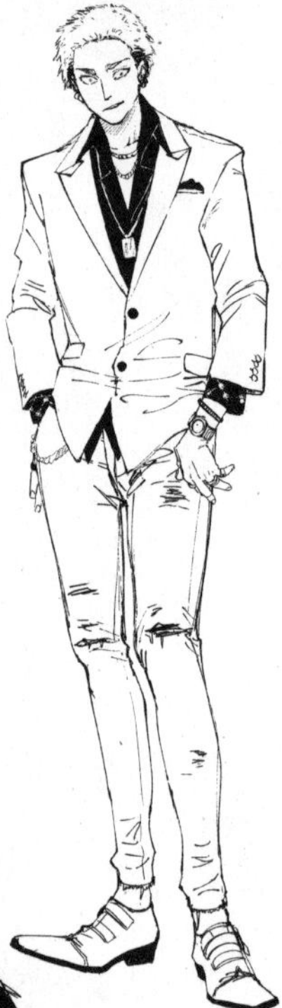

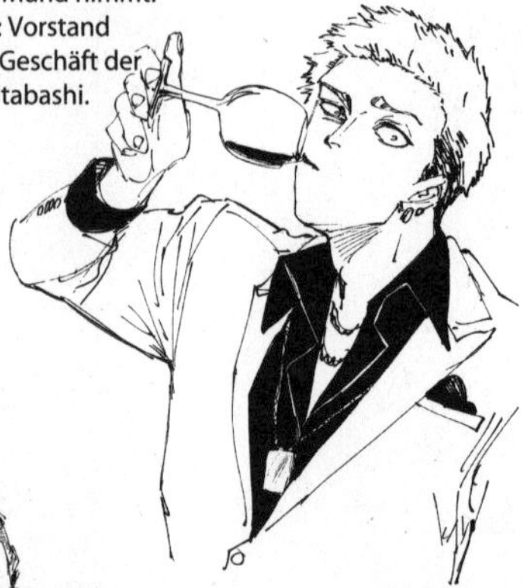

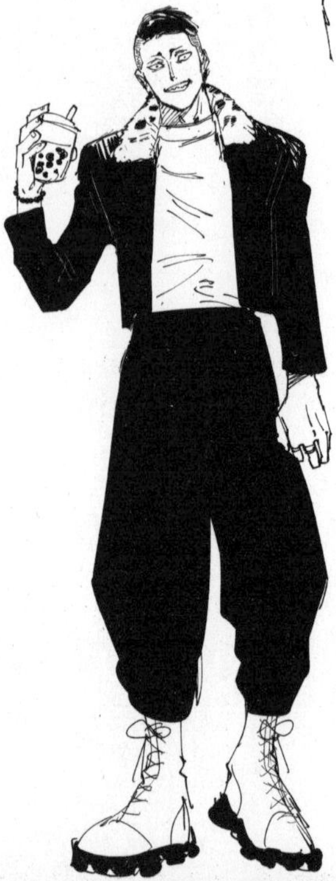

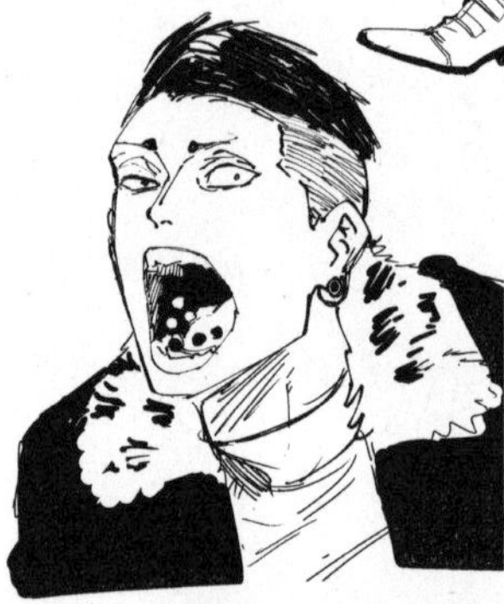

Yosuke Itabashi

Geburtstag:	**Blutgruppe:**
6. Mai	**B**

Talent: Bleikugel zerkauen.
Momentaner Job: Technischer Vorstand der Reinigungsfirma Itabashi.

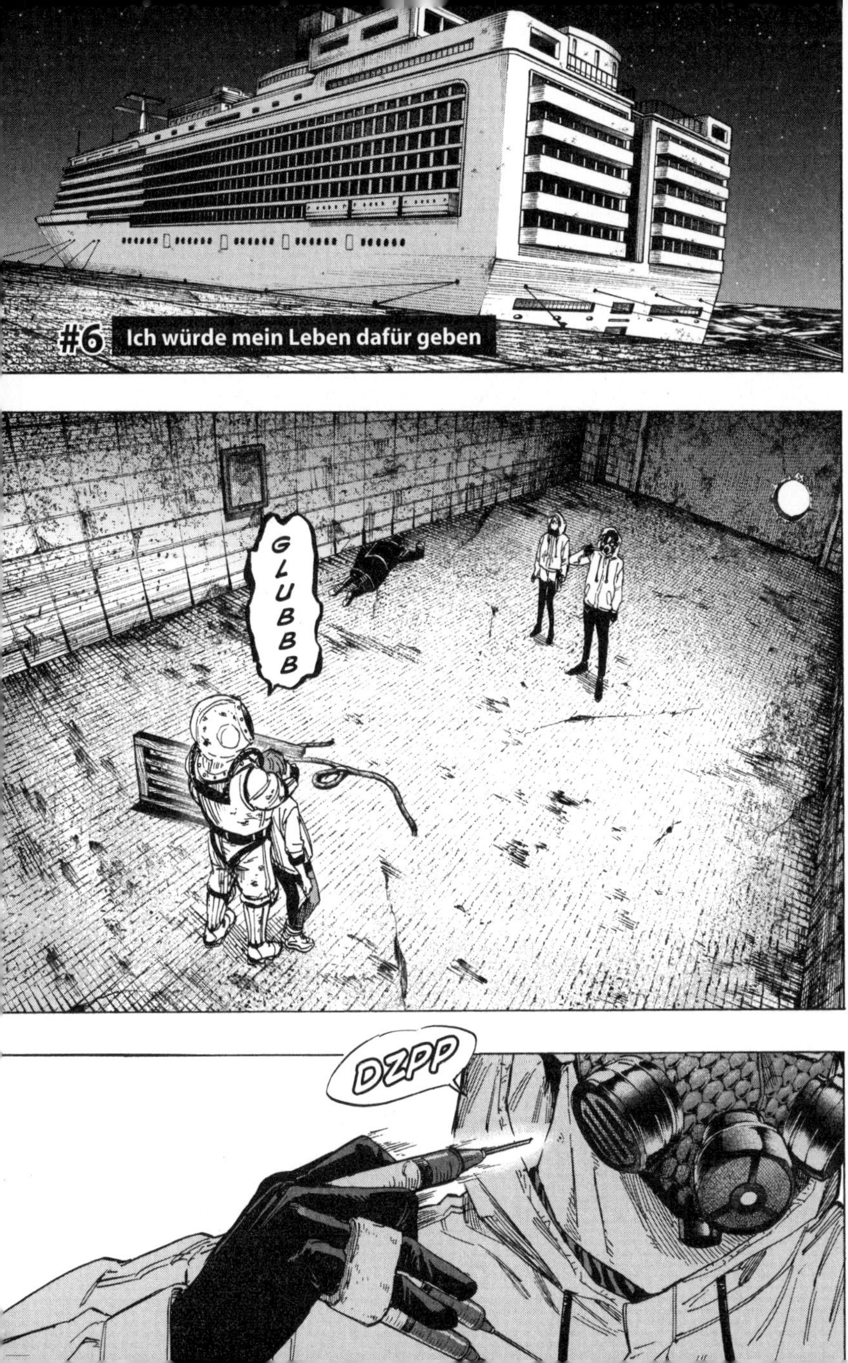
#6 Ich würde mein Leben dafür geben
GLUBBB
DZPP

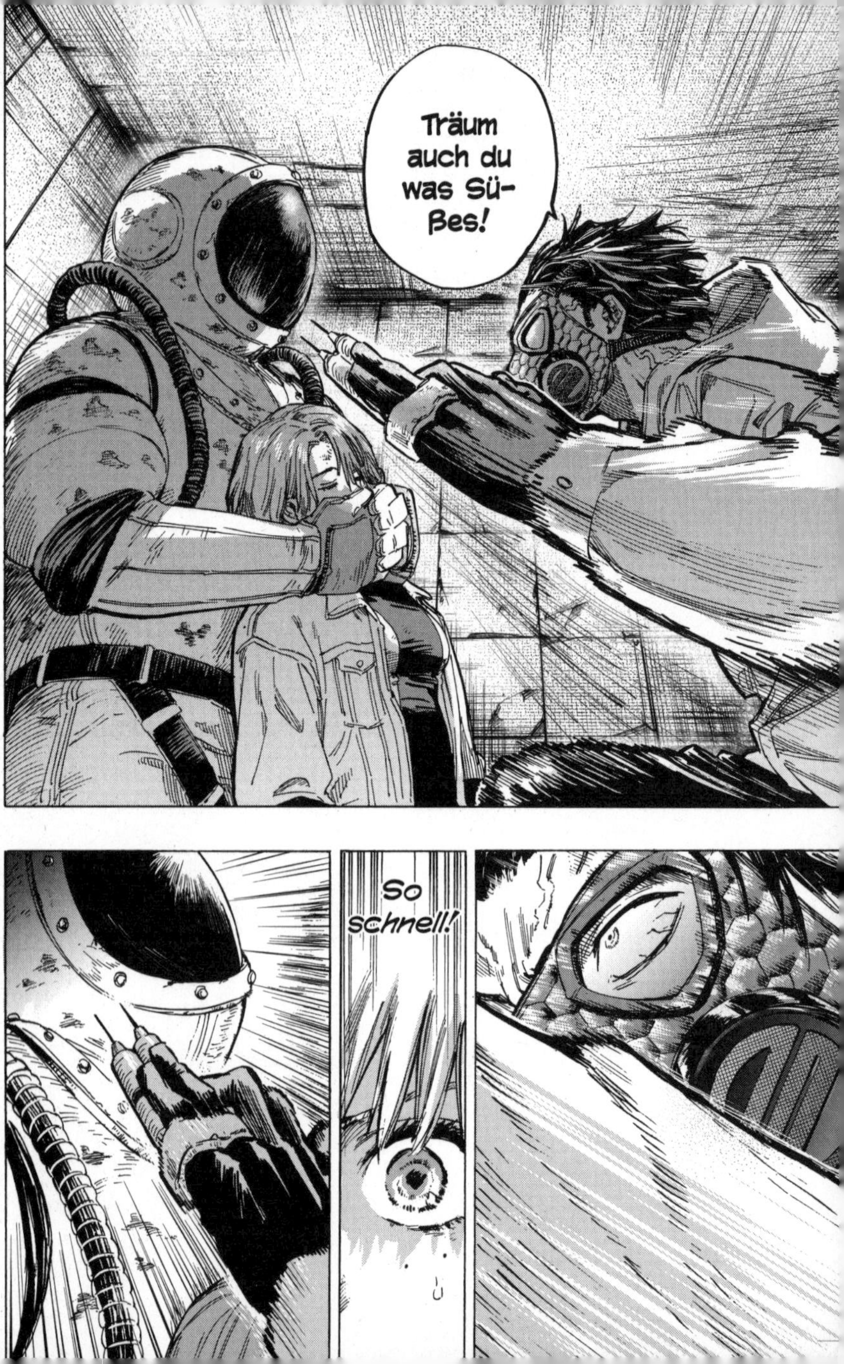
Träum auch du was Sü-ßes!
So schnell!

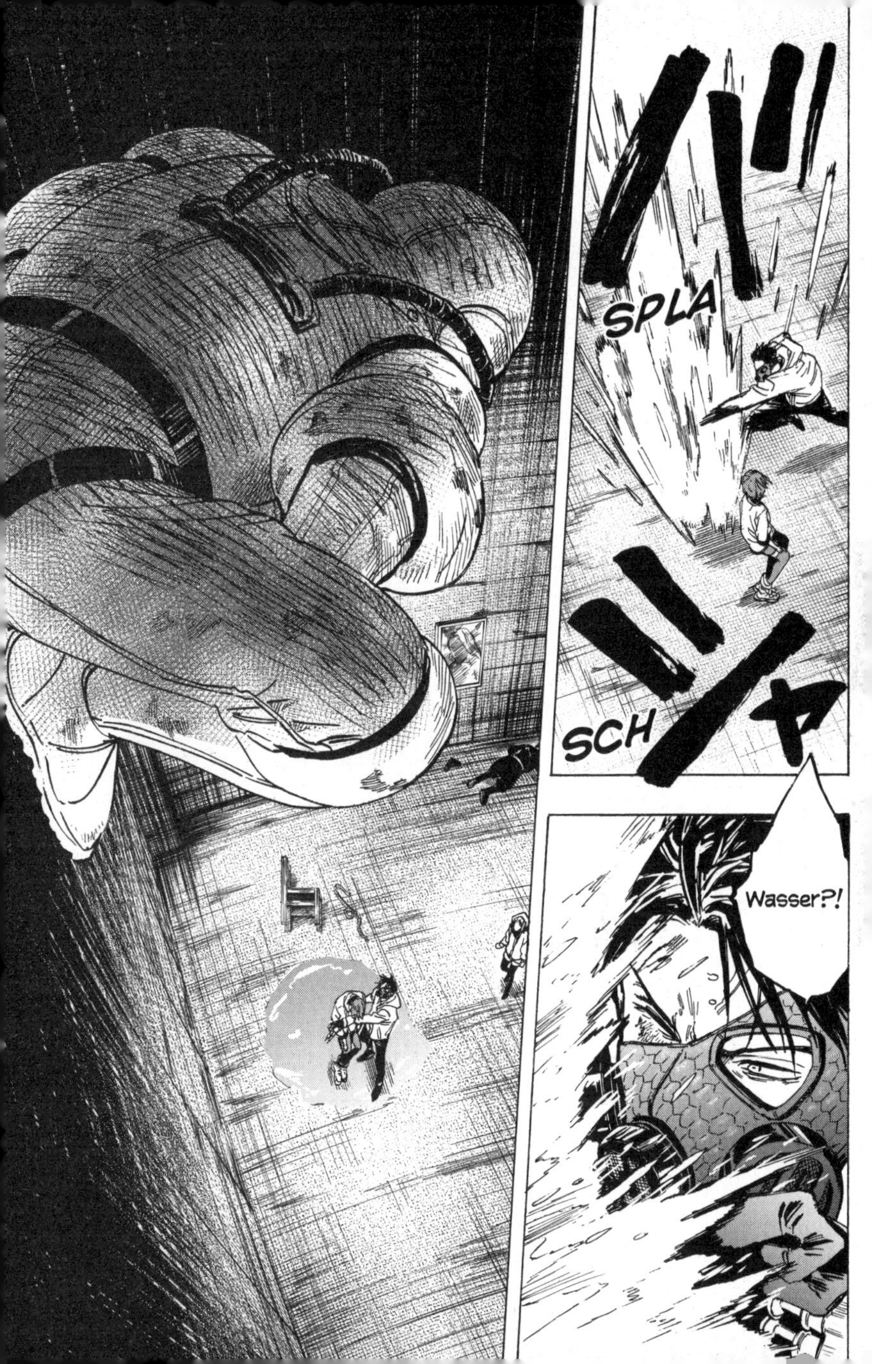
SPLA
SCH
Wasser?!

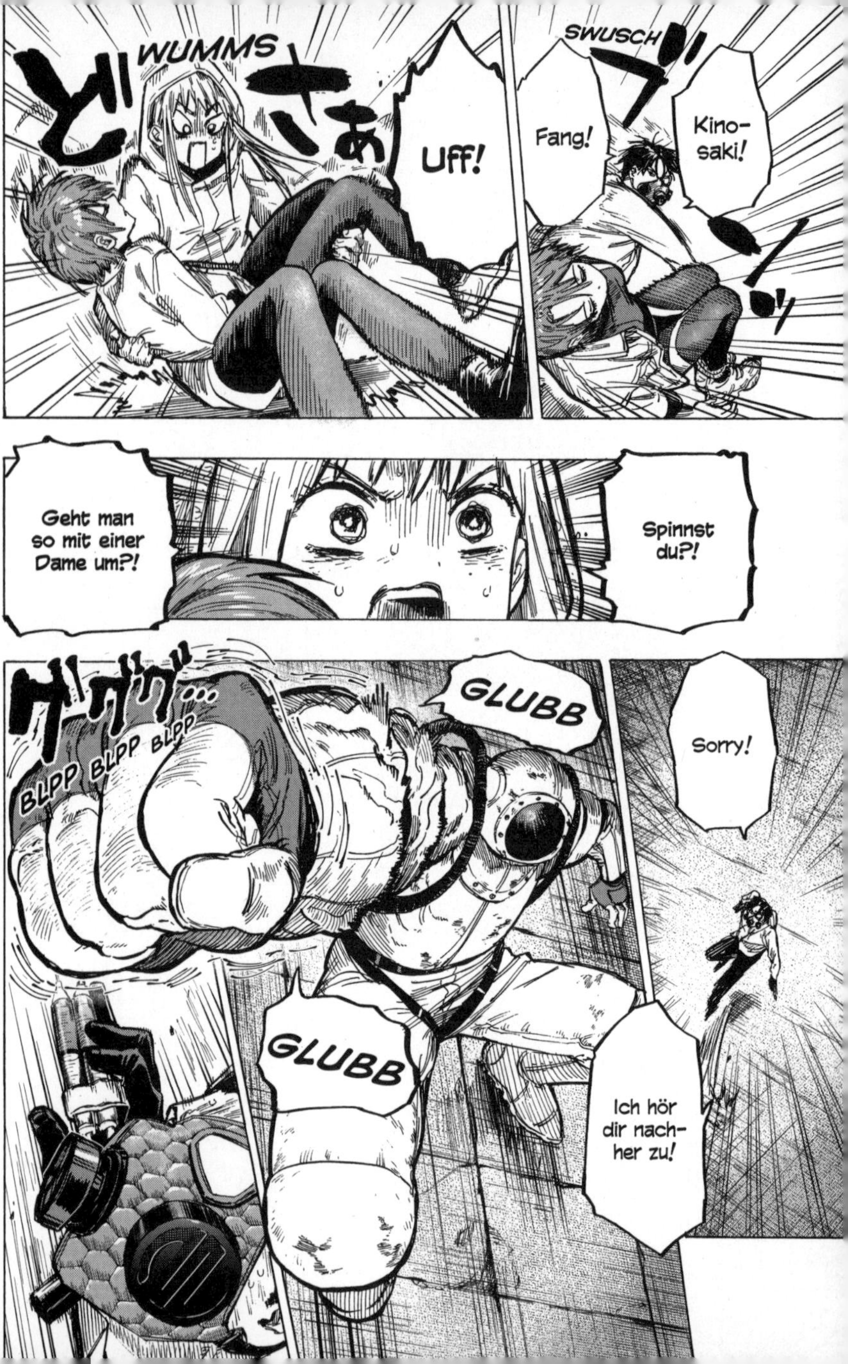
SWUSCH
Kino-saki!
Fang!
Uff!
WUMMS
Spinnst du?!
Geht man so mit einer Dame um?!
Sorry!
Ich hör dir nachher zu!
GLUBB
GLUBB
BLPP BLPP BLPP

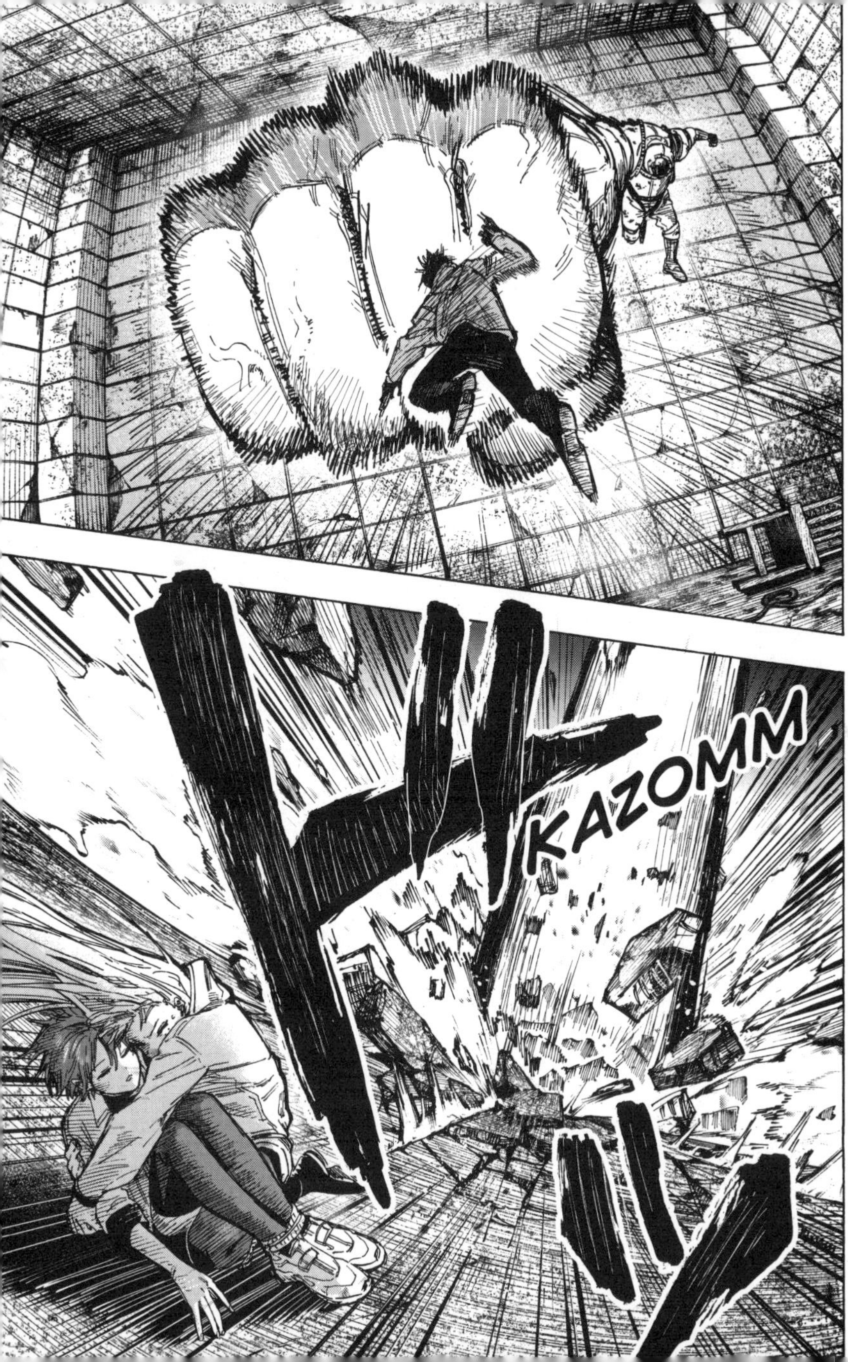
KAZOMM

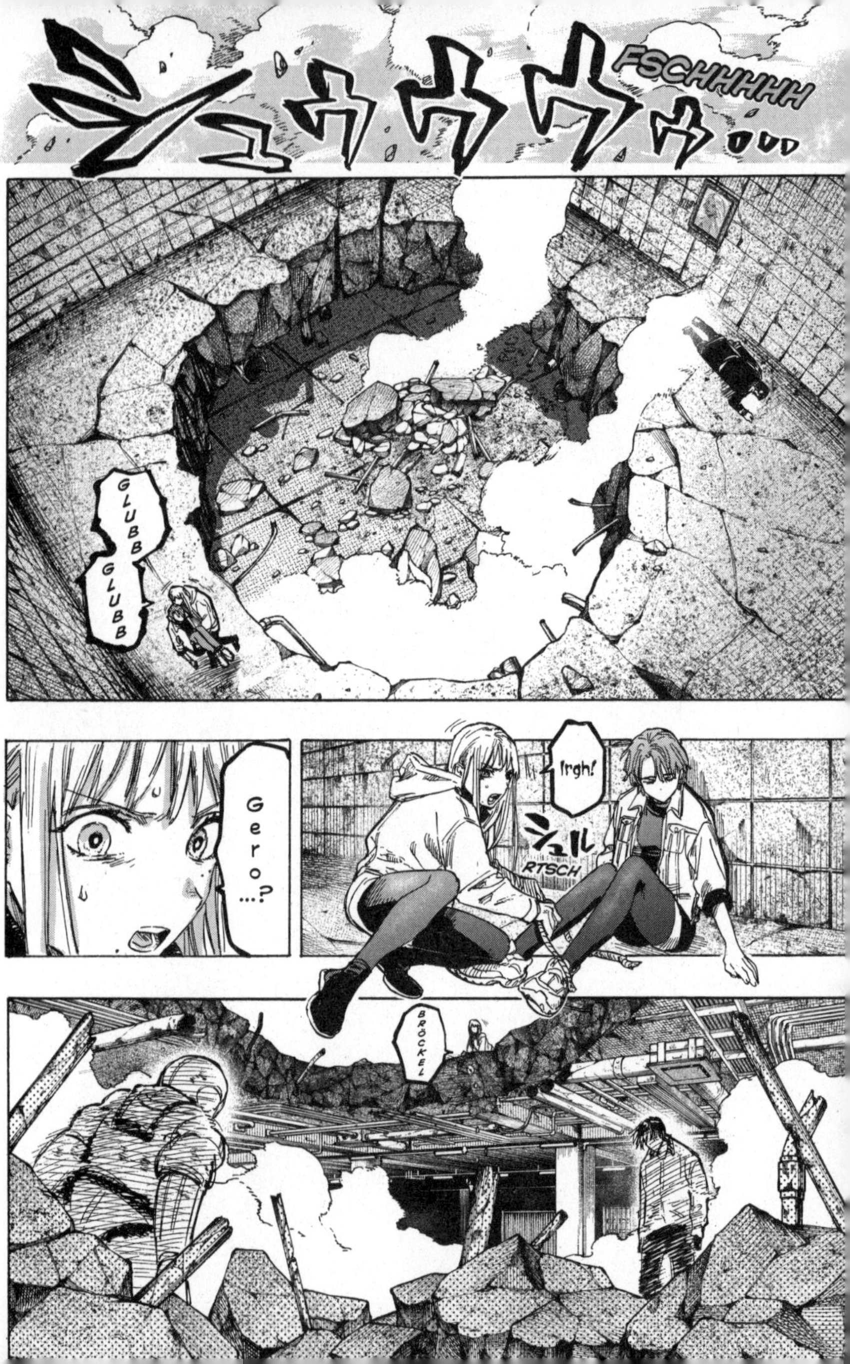
シュウウウウウ…
FSCHHHHHH
GLUBB GLUBB
Irgh!
シュル
RTSCH
Gero …?
BRÖCKEL

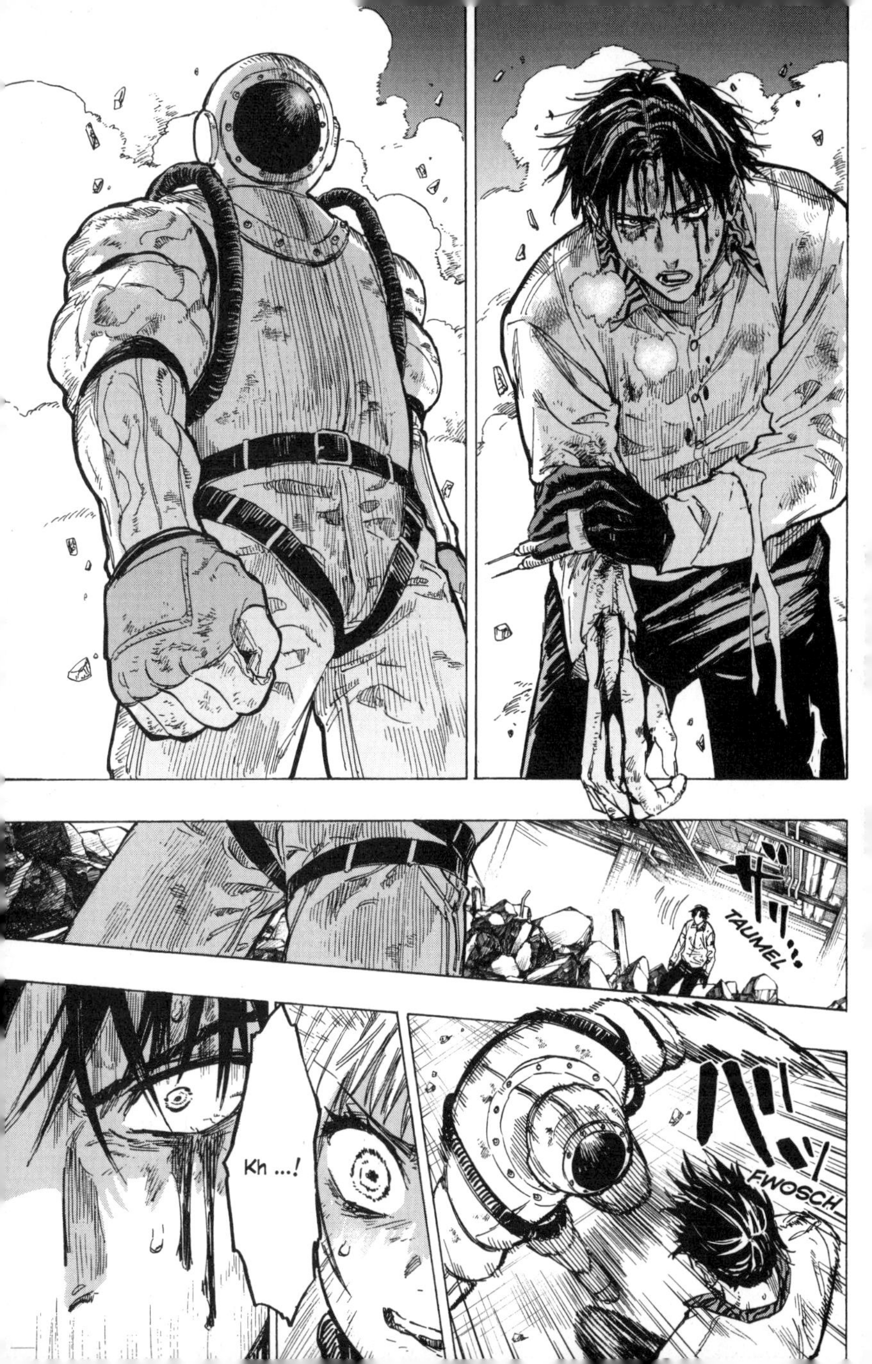
TAUMEL ...
FWOSCH
Kh ...!

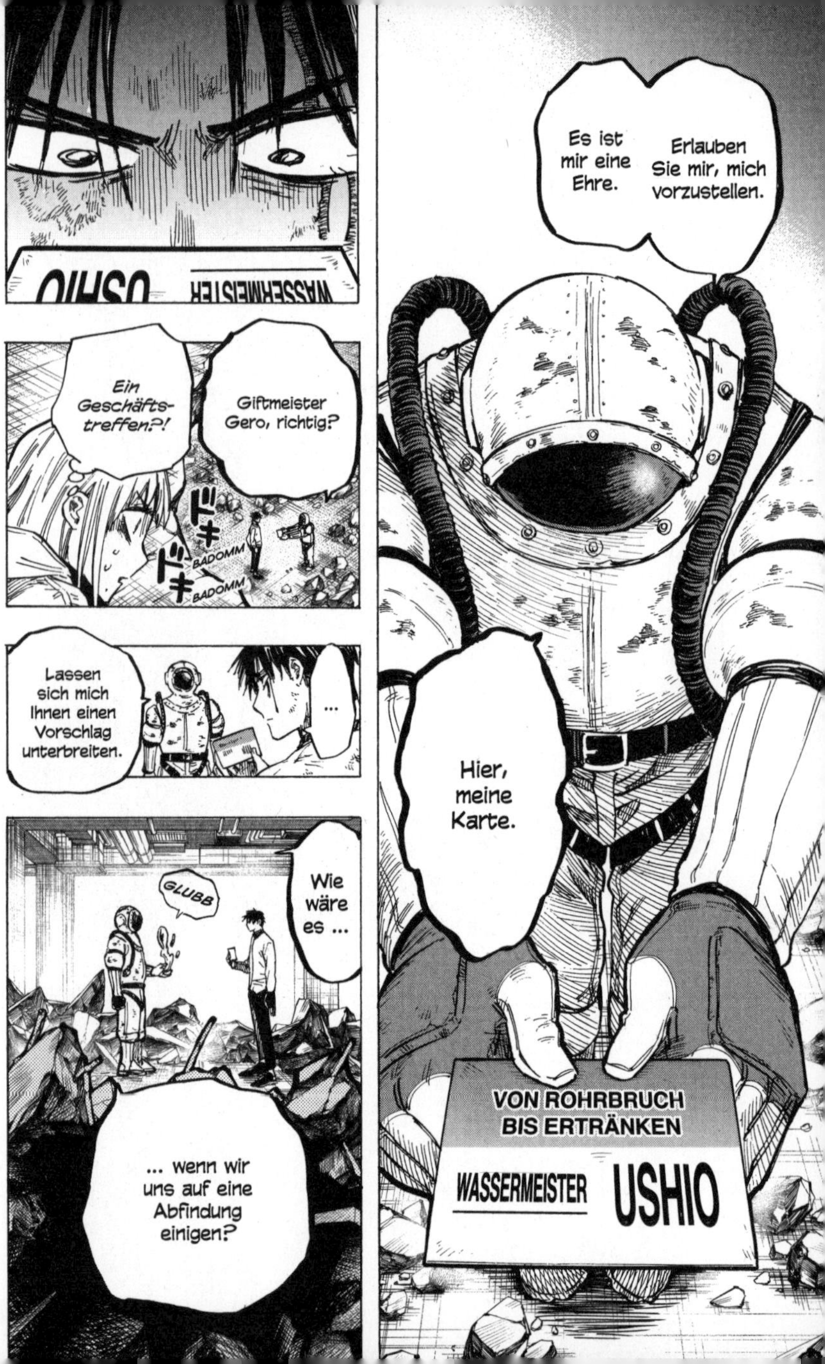
Erlauben Sie mir, mich vorzustellen.
Es ist mir eine Ehre.
Hier, meine Karte.
VON ROHRBRUCH BIS ERTRÄNKEN
WASSERMEISTER USHIO
Giftmeister Gero, richtig?
Ein Geschäfts-treffen?!
ドキ BADOMM
ドキ BADOMM
...
Lassen sich mich Ihnen einen Vorschlag unterbreiten.
Wie wäre es ...
GLUBB
... wenn wir uns auf eine Abfindung einigen?

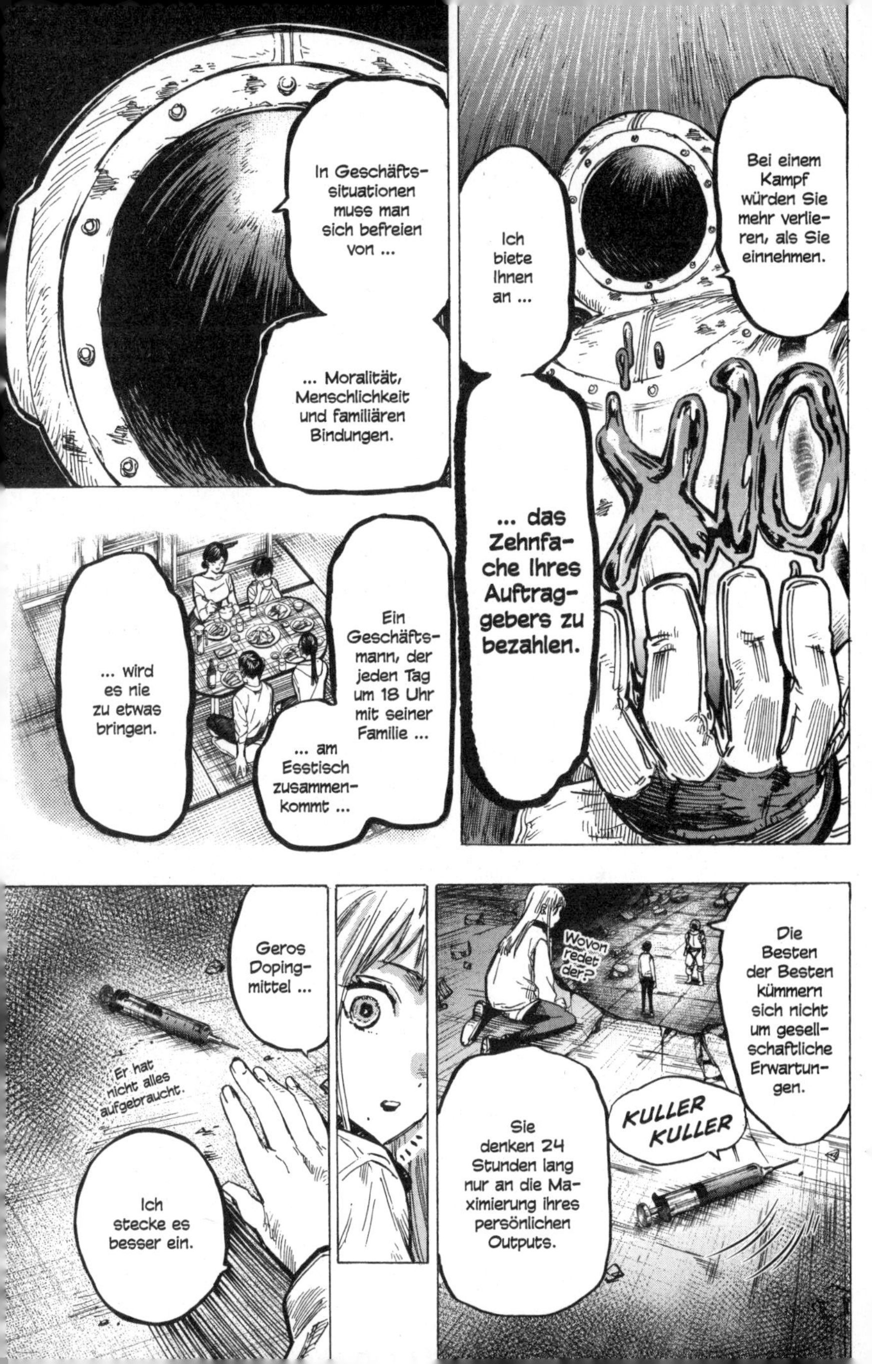

Bei einem Kampf würden Sie mehr verlieren, als Sie einnehmen.
Ich biete Ihnen an ...
... das Zehnfache Ihres Auftraggebers zu bezahlen.
In Geschäftssituationen muss man sich befreien von ...
... Moralität, Menschlichkeit und familiären Bindungen.
Ein Geschäftsmann, der jeden Tag um 18 Uhr mit seiner Familie ...
... am Esstisch zusammenkommt ...
... wird es nie zu etwas bringen.
Die Besten der Besten kümmern sich nicht um gesellschaftliche Erwartungen.
Wovon redet der?
Sie denken 24 Stunden lang nur an die Maximierung ihres persönlichen Outputs.
KULLER KULLER
Geros Dopingmittel ...
Er hat nicht alles aufgebraucht.
Ich stecke es besser ein.

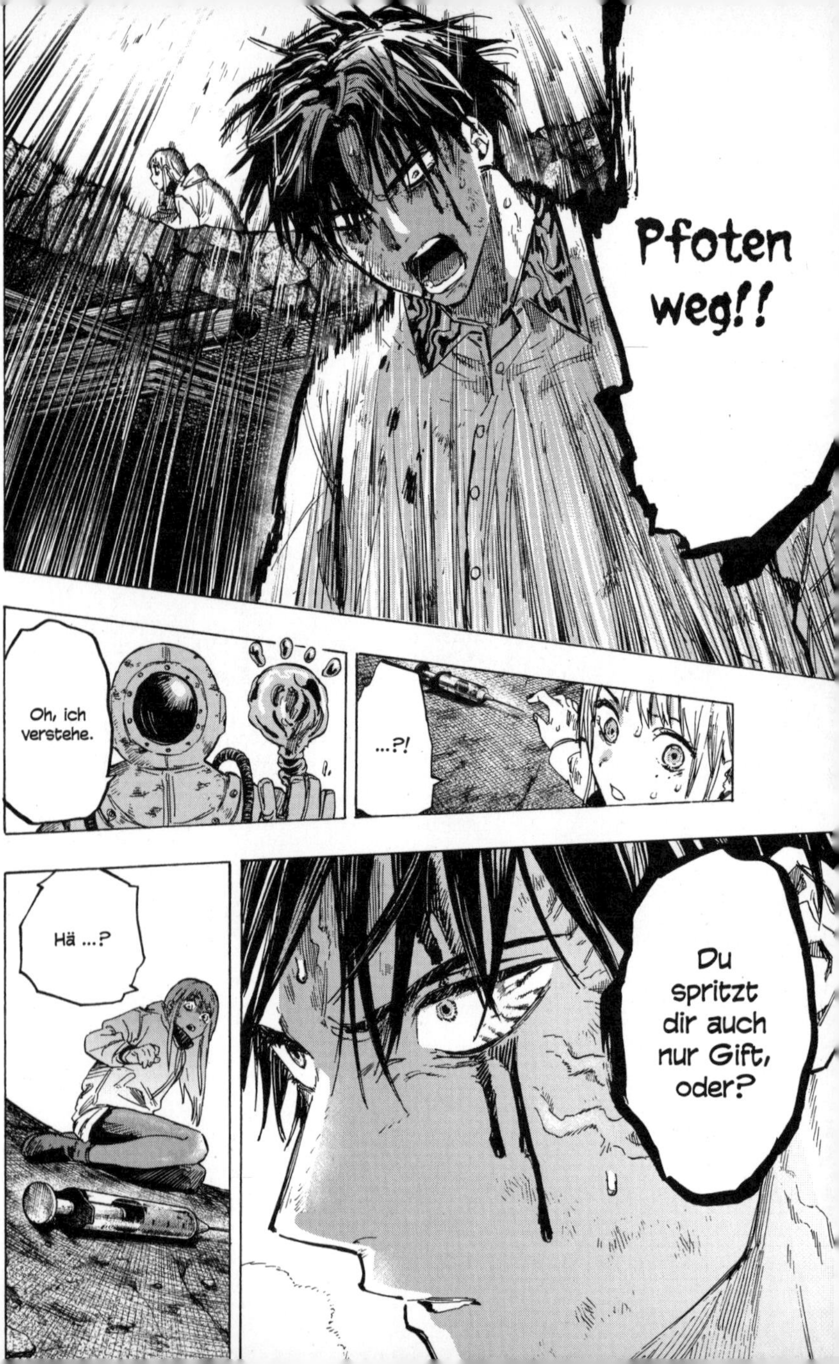

Pfoten weg!!
...?!
Oh, ich verstehe.
Du spritzt dir auch nur Gift, oder?
Hä ...?

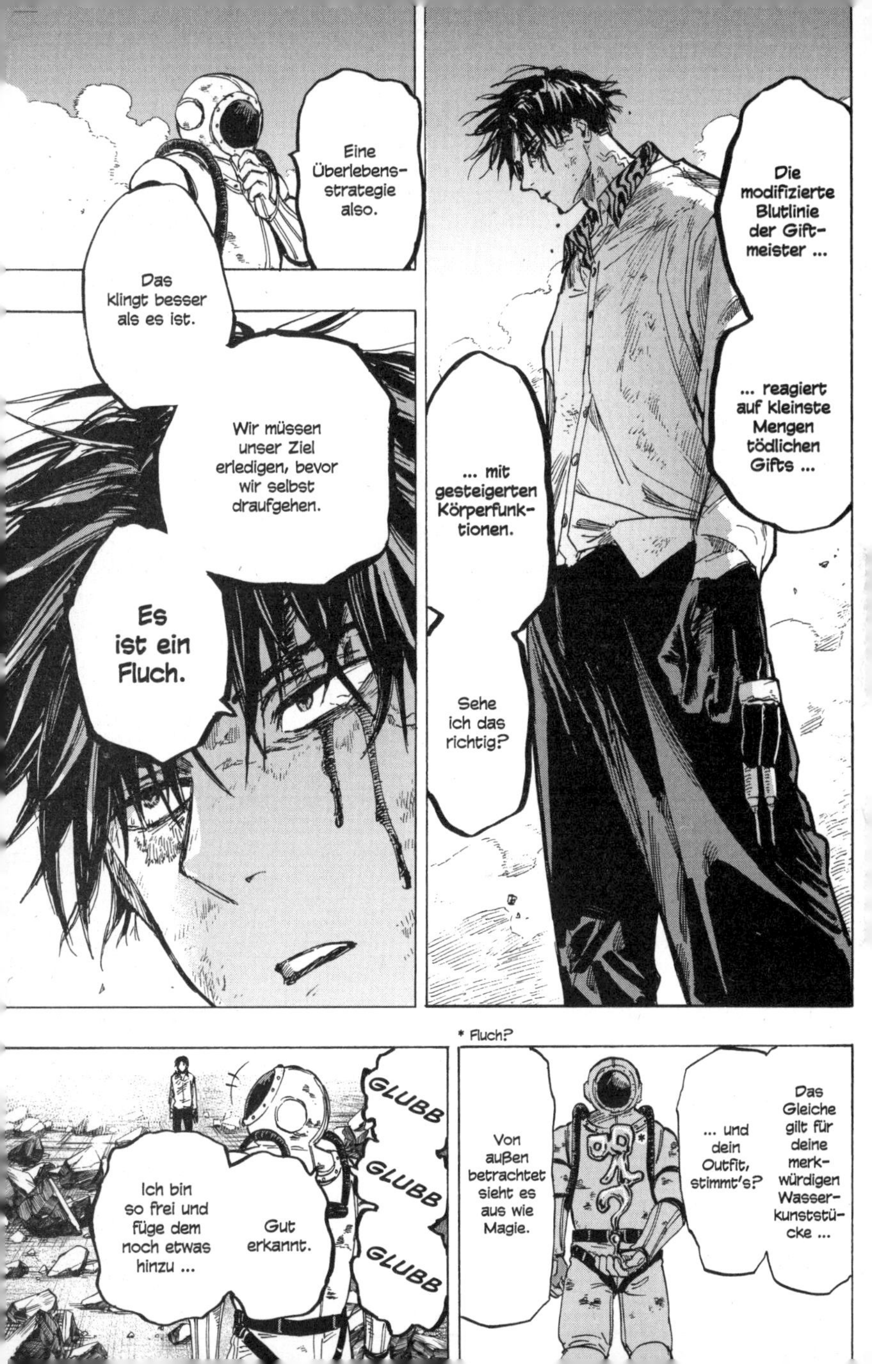

Die modifizierte Blutlinie der Giftmeister ...
... reagiert auf kleinste Mengen tödlichen Gifts ...
... mit gesteigerten Körperfunktionen.
Sehe ich das richtig?
Eine Überlebensstrategie also.
Das klingt besser als es ist.
Wir müssen unser Ziel erledigen, bevor wir selbst draufgehen.
Es ist ein Fluch.
* Fluch?
Das Gleiche gilt für deine merkwürdigen Wasserkunststücke ...
... und dein Outfit, stimmt's?
Von außen betrachtet sieht es aus wie Magie.
GLUBB
GLUBB
GLUBB
Gut erkannt.
Ich bin so frei und füge dem noch etwas hinzu ...

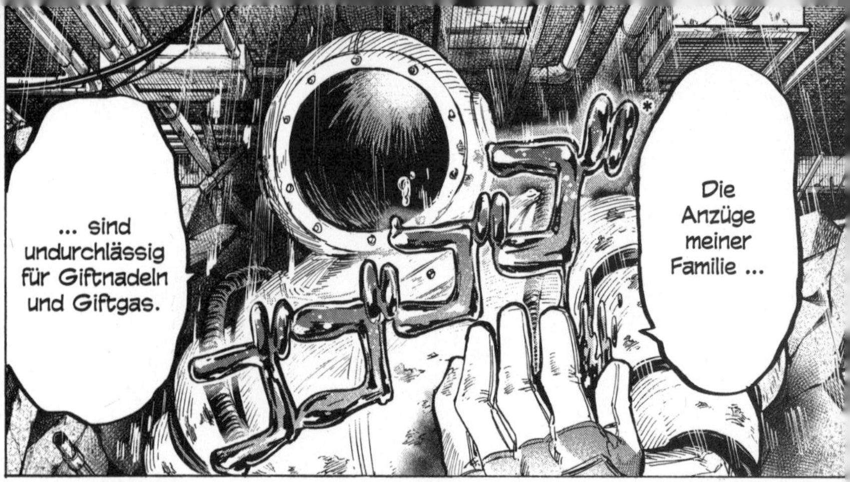

* Rbm Rmb Rmb Rmb Rmb

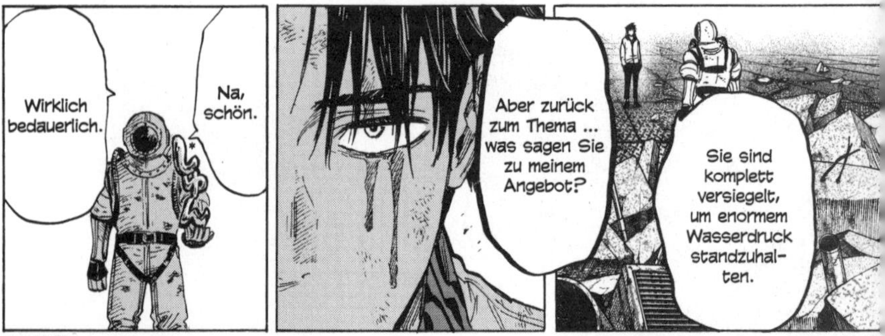

* Schluff

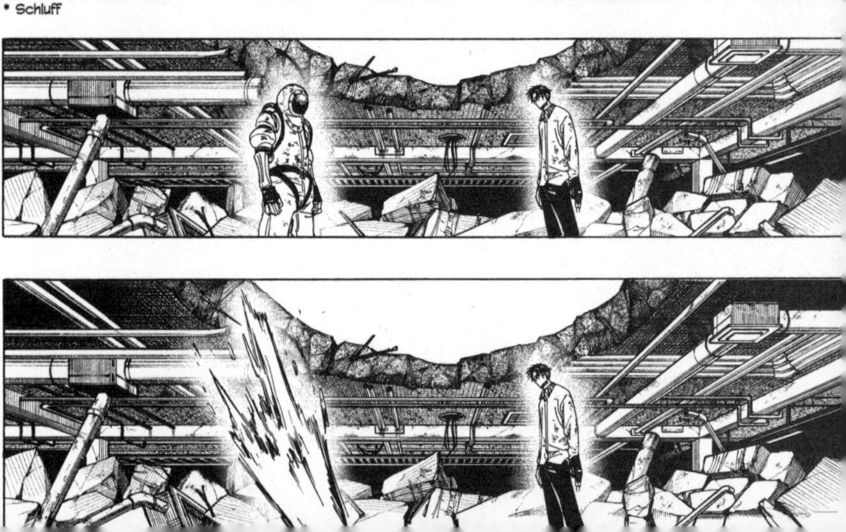

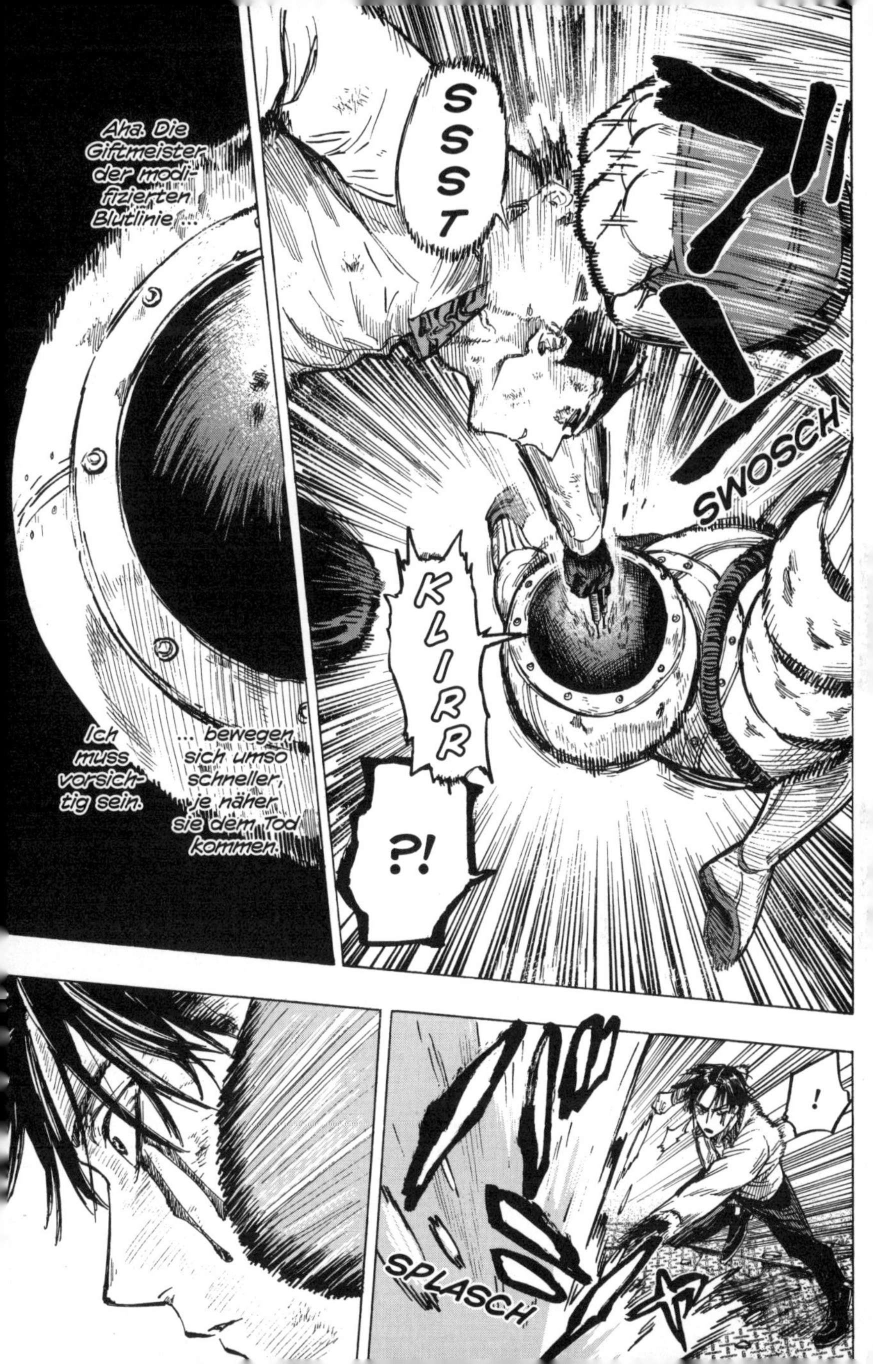

SSST
SWOSCH
Aha. Die Giftmeister der modifizierten Blutlinie ...
KLIRR
?!
... bewegen sich umso schneller, je näher sie dem Tod kommen.
Ich muss vorsichtig sein.
!
SPLASCH

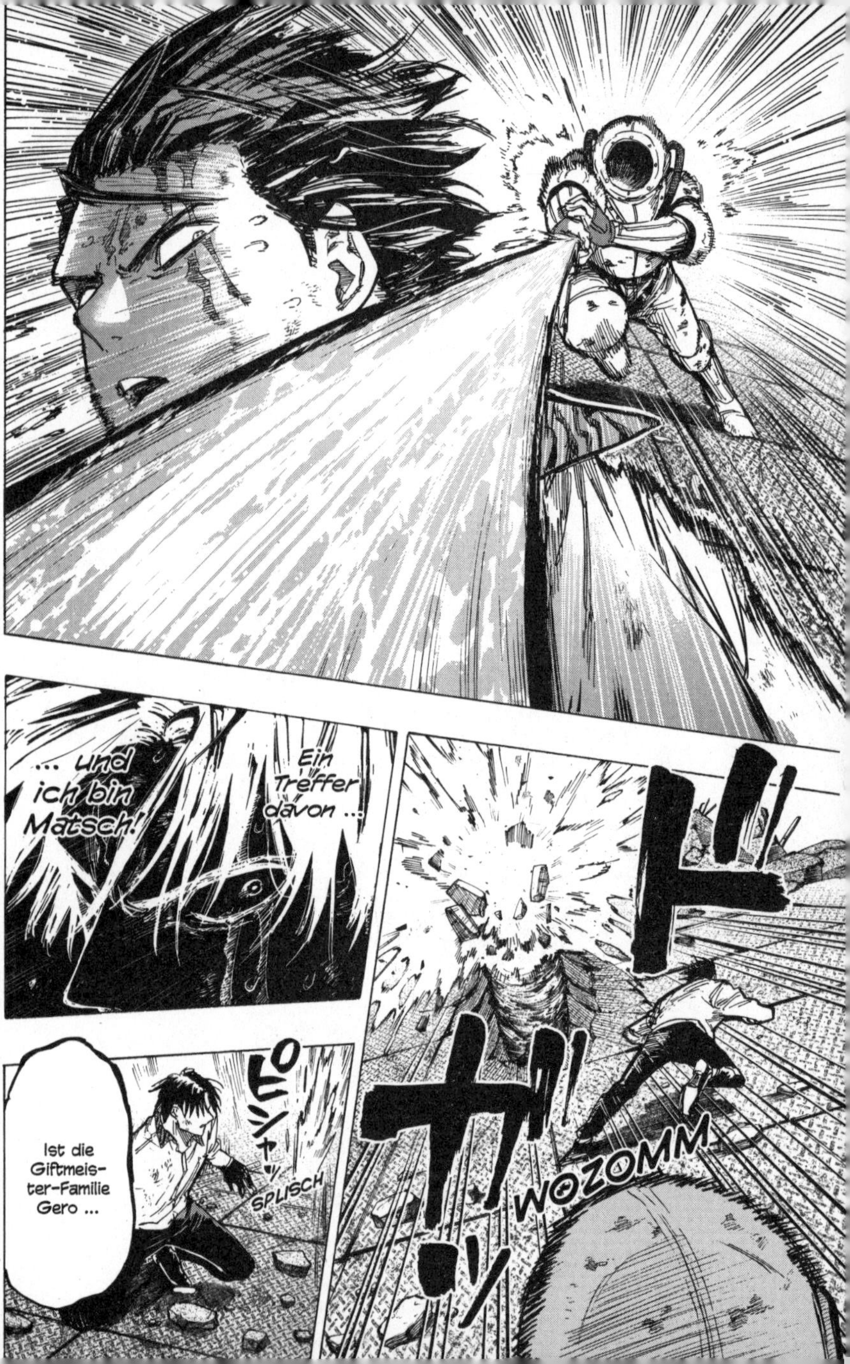
ドザッ
WOZOMM
Ein Treffer davon ...
... und ich bin Matsch!
ピシャッ
SPLISCH
Ist die Giftmeister-Familie Gero ...

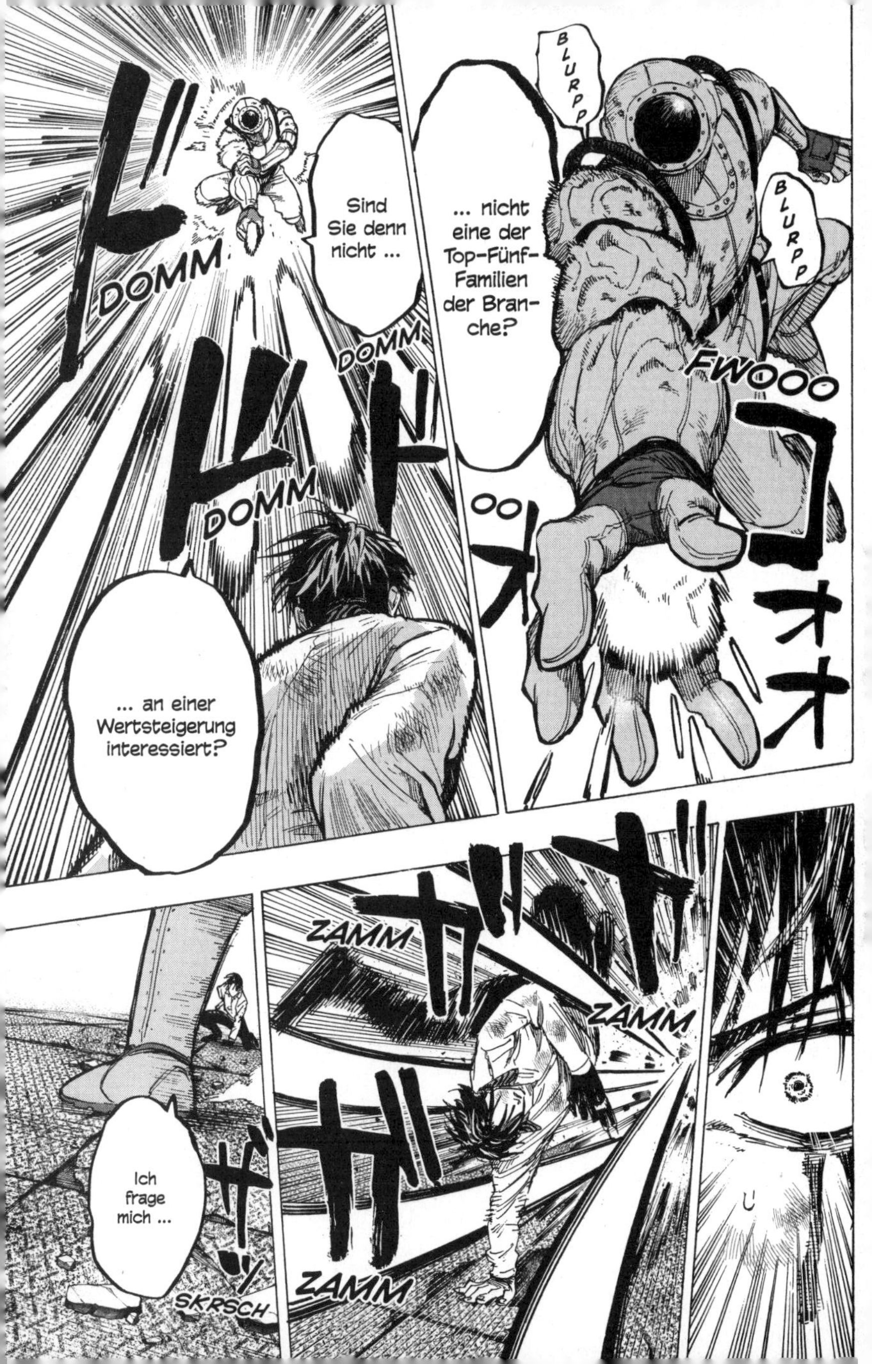
BLURPP
BLURPP
... nicht eine der Top-Fünf-Familien der Bran-che?
FWOOO
OO
Sind Sie denn nicht ...
DOMM
DOMM
DOMM
... an einer Wertsteigerung interessiert?
ZAMM
ZAMM
ZAMM
Ich frage mich ...
SKRSCH

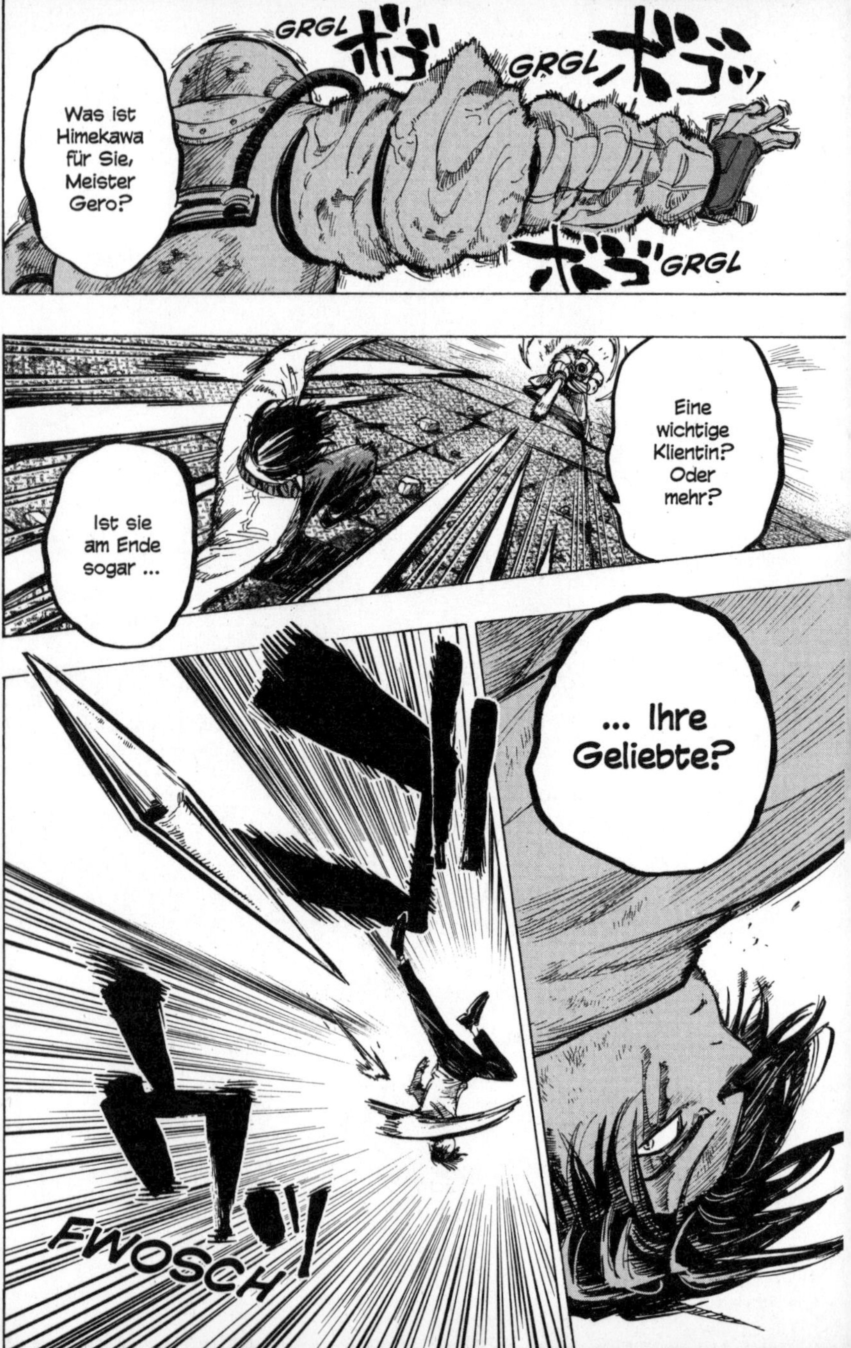
GRGL
GRGL
GRGL
Was ist Himekawa für Sie, Meister Gero?
Eine wichtige Klientin? Oder mehr?
Ist sie am Ende sogar ...
... Ihre Geliebte?
FWOSCH

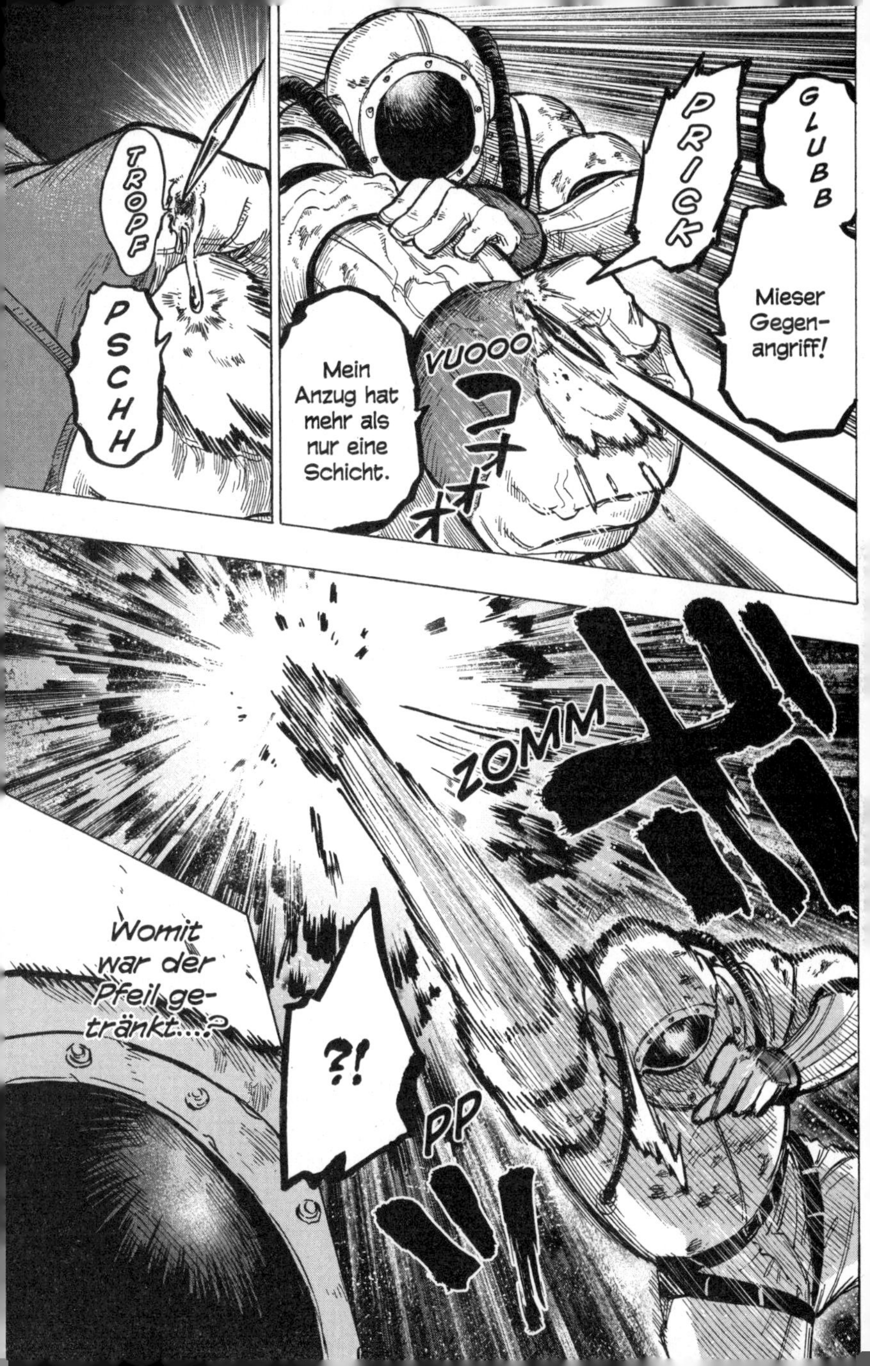
GLUBB
Mieser Gegen-angriff!
PRICK
Mein Anzug hat mehr als nur eine Schicht.
VUOOO
TROPF
PSCHH
ZOMM
Womit war der Pfeil ge-tränkt...?
?!
PP

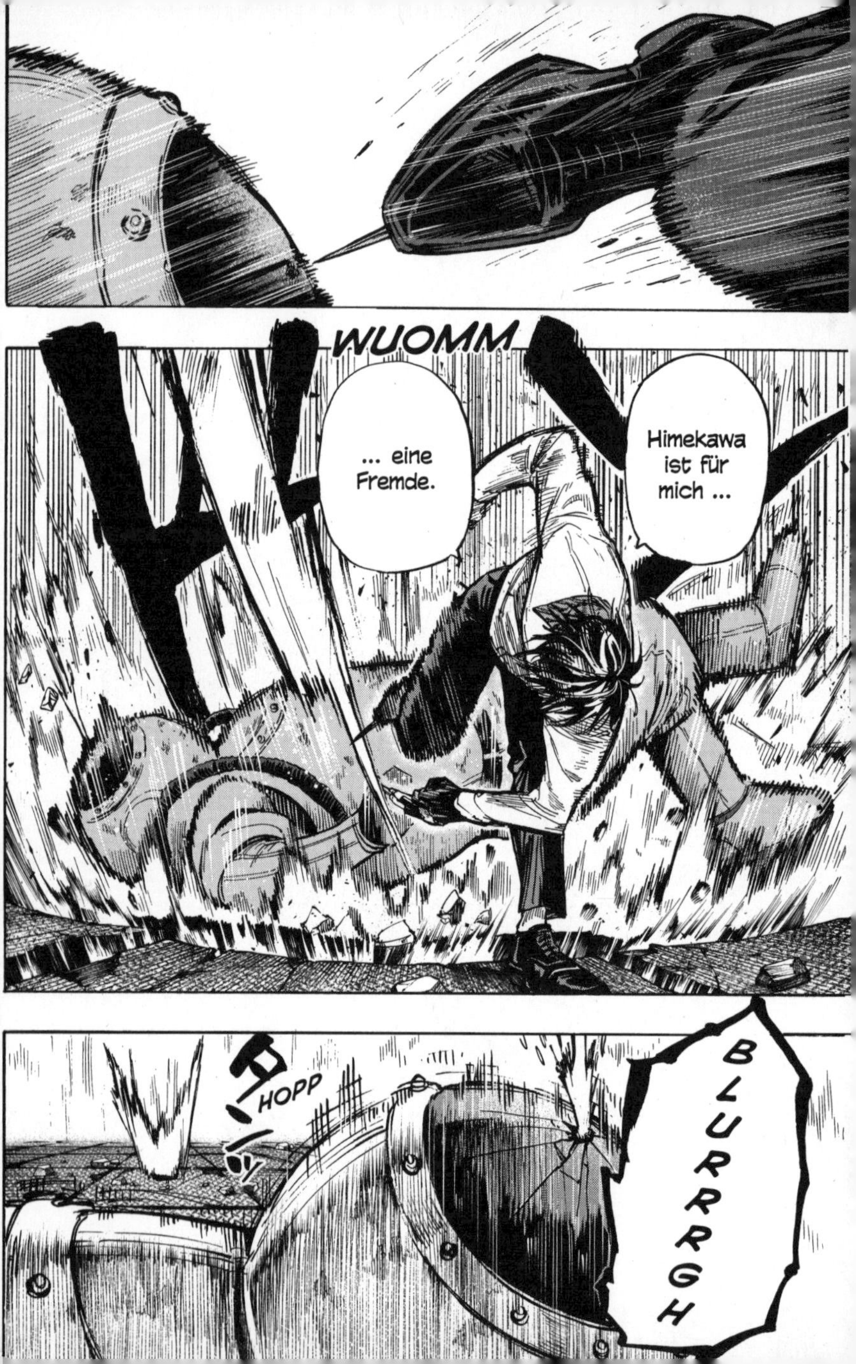
WUOMM
Himekawa ist für mich ...
... eine Fremde.
HOPP
BLURRRGH

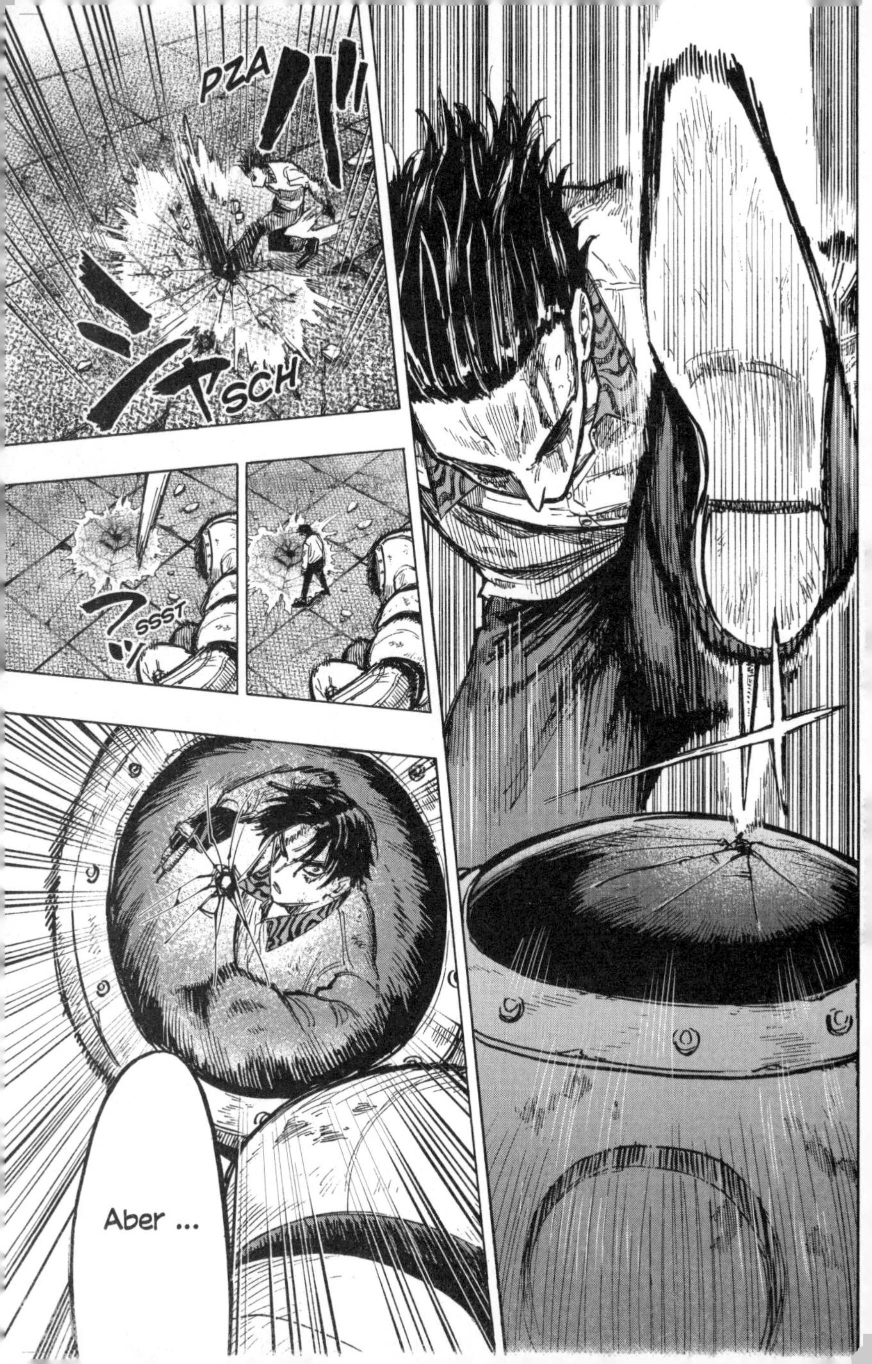
PZA
SCH
SSST
Aber ...

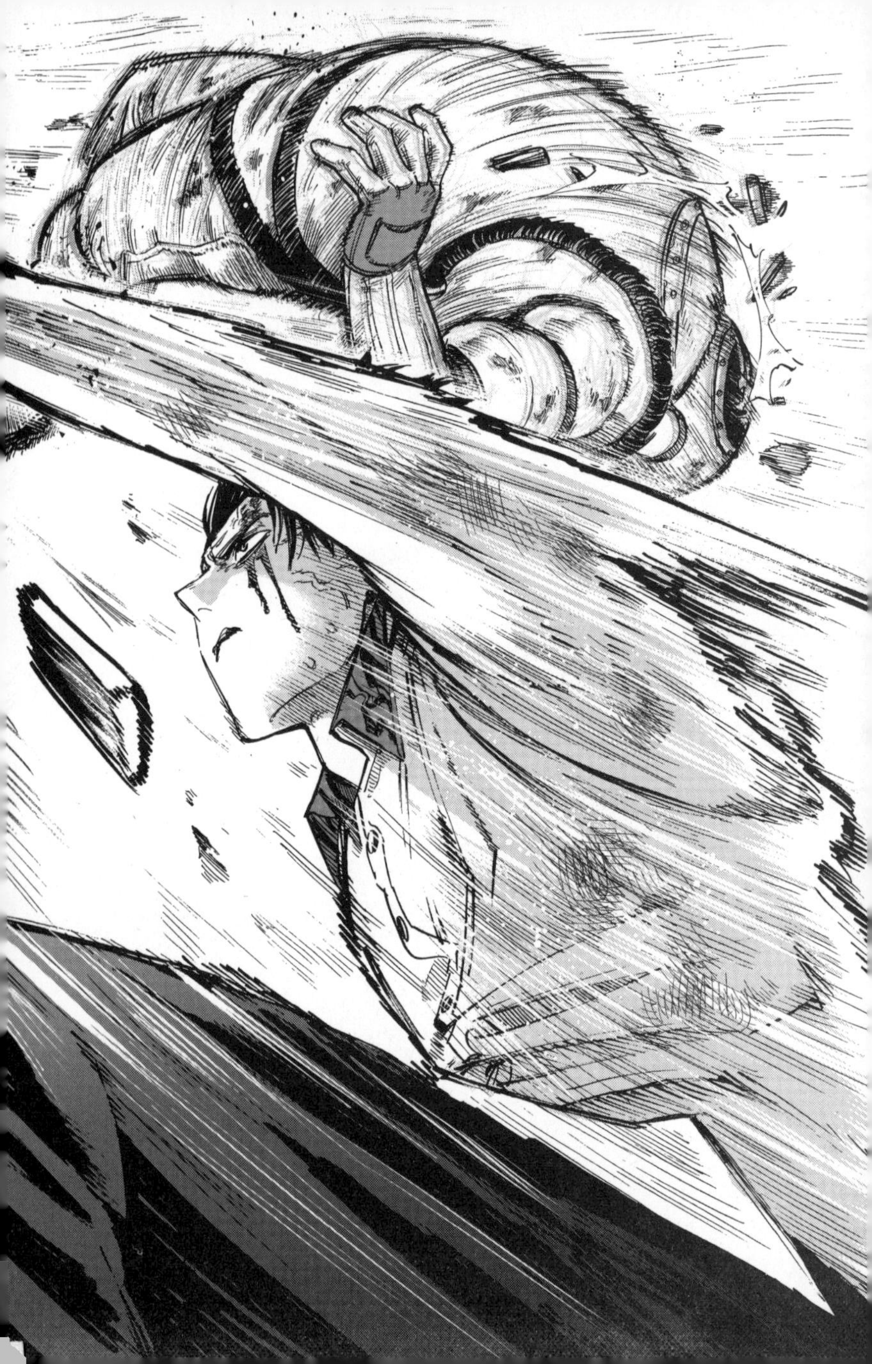

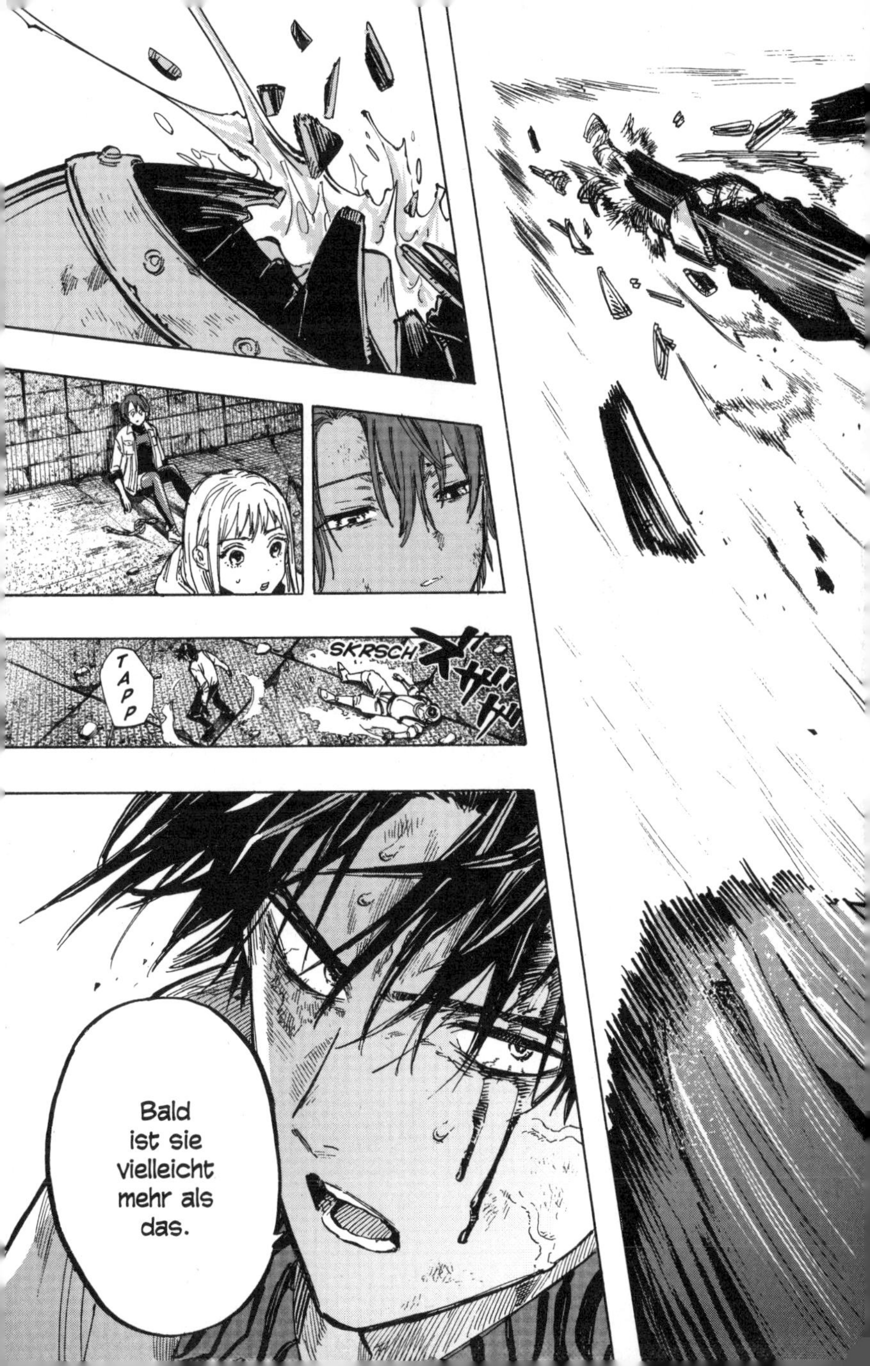
SKRSCH
TAPP TAPP
Bald ist sie vielleicht mehr als das.

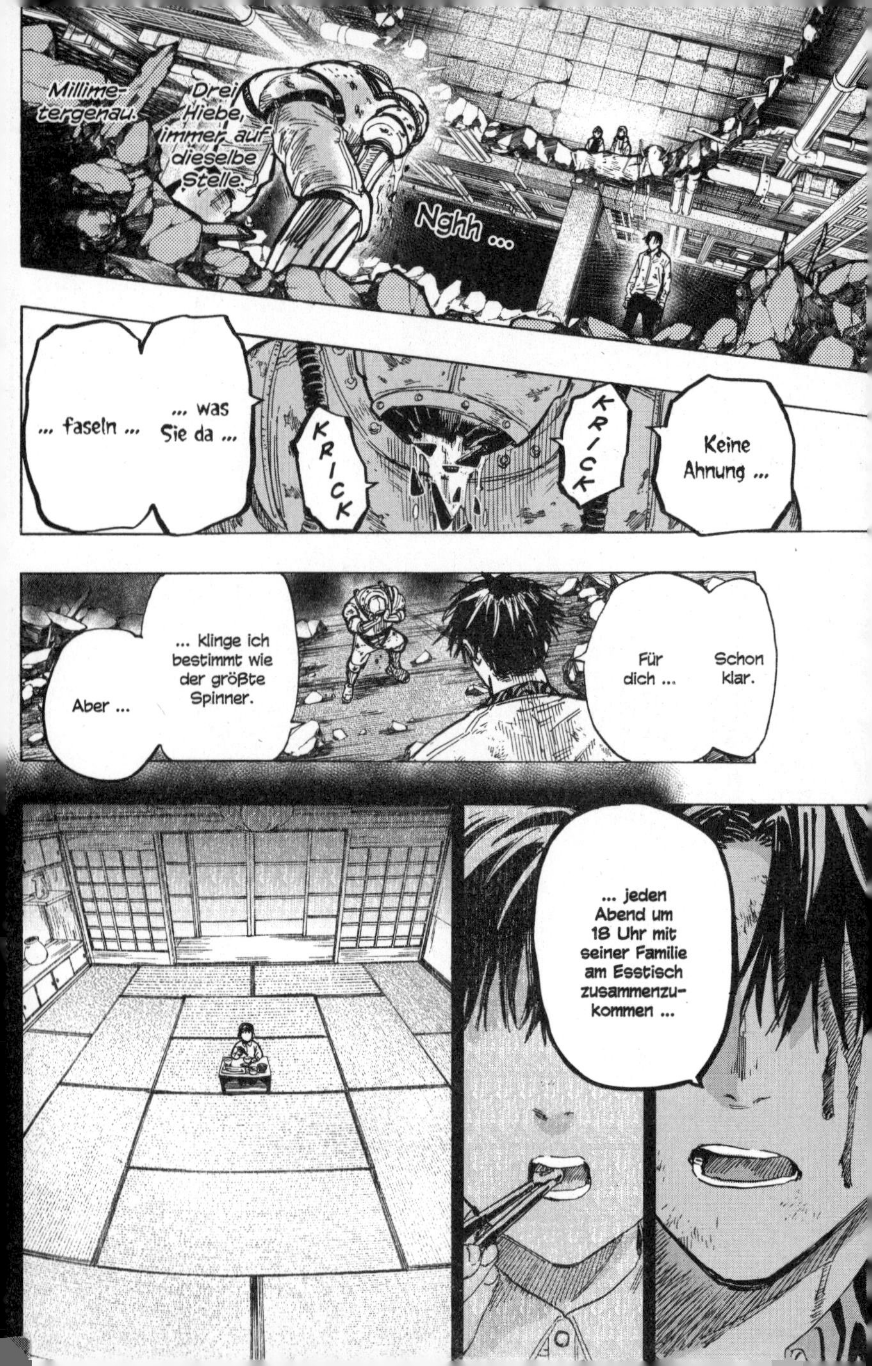
Nghh ...
Drei Hiebe, immer auf dieselbe Stelle.
Millimetergenau.
Keine Ahnung ...
KRICK
KRICK
... was Sie da ...
... faseln ...
Schon klar.
Für dich ...
... klinge ich bestimmt wie der größte Spinner.
Aber ...
... jeden Abend um 18 Uhr mit seiner Familie am Esstisch zusammenzukommen ...

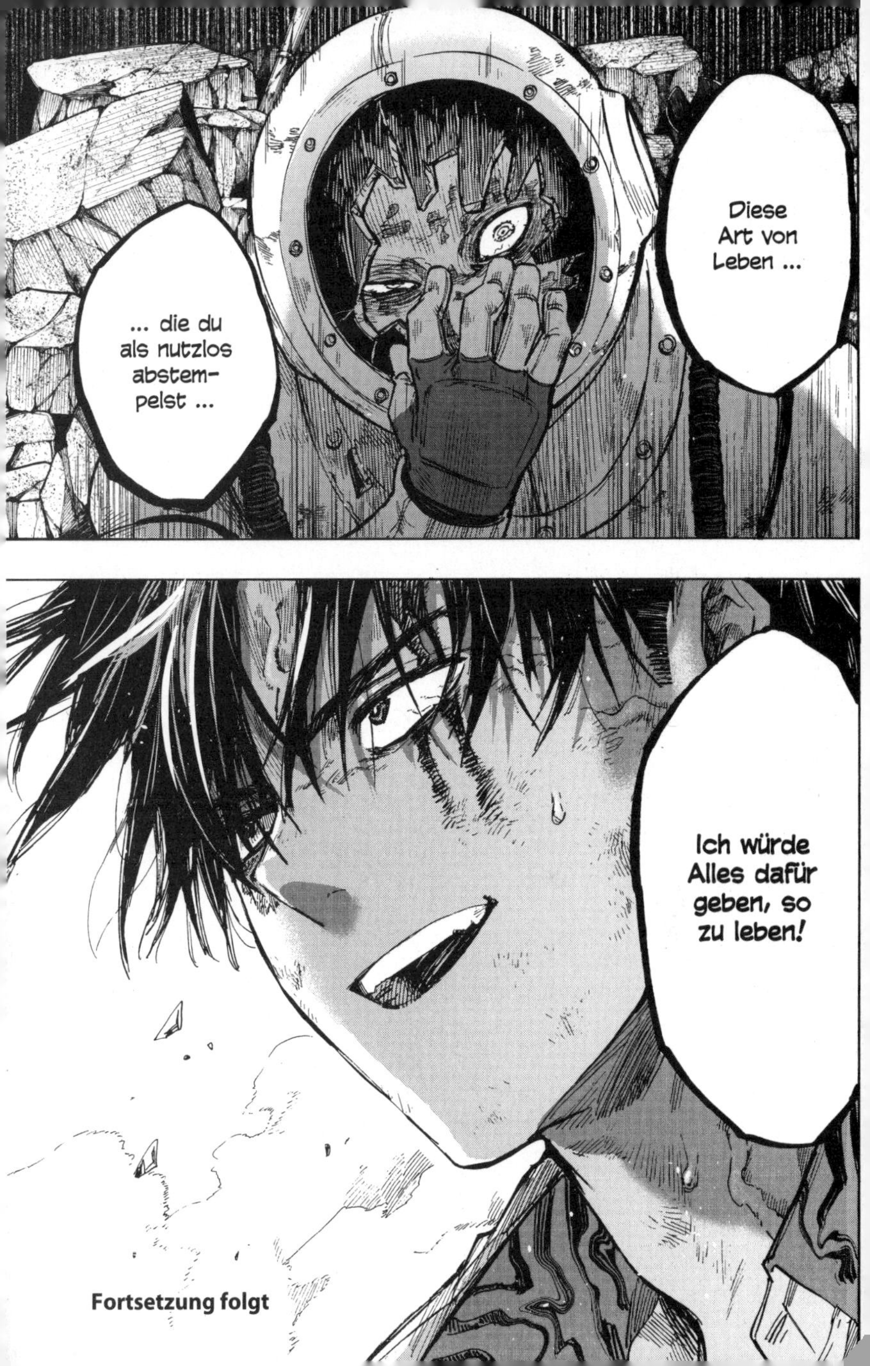
Diese Art von Leben ...
... die du als nutzlos abstem- pelst ...
Ich würde Alles dafür geben, so zu leben!
Fortsetzung folgt

SUTOPPU!

**Koko wa kono manga no owari dayo.
Hantaigawa kara yomihajimete ne!
Dewa omatase shimashita!
Tanoshii hitotoki wo dozo!**

Egmont-Manga-Chiimu

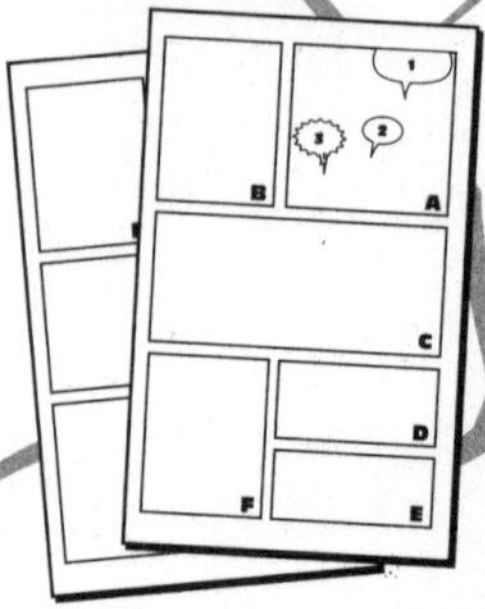

STOPP!

**Das ist der Schluss des Mangas.
Fangt bitte am anderen Ende an!
Und nun genug der Vorrede,
viel Spaß beim Lesen!**

Euer Egmont-Manga-Team

---

www.egmont-manga.de
Unsere Bücher findest du im
Buch- und Fachhandel und auf

EGMONT Shop

www.egmont-shop.de

„Marriage Toxin" von Joumyaku und Mizuki Yoda
Aus dem Japanischen von Gandalf Bartholomäus
Originaltitel: „Marriage Toxin" Vol. 1

Originalausgabe:

First published in Japan in 2022 by SHUEISHA Inc., Tokyo.
German translation rights in Germany, Austria and German-speaking Switzerland arranged by SHUEISHA Inc. through VME PLB SAS, France.

Deutschsprachige Ausgabe:

verlegt durch Egmont Verlagsgesellschaften mbH,
Ritterstraße 26, 10969 Berlin.

1. Auflage 2024
Verantwortliche Redakteurin: Manuela Rudolph
Textbearbeitung: Lucia Müther
Gestaltung: Anke Koopmann - Designomicon
Koordination: Angelika Schönhuber
Printed in the EU
ISBN 978-3-7555-0284-5
ISBN Special Edition 978-3-7555-0285-2

story house EGMONT